KB162636

한 권으로 다지는

머신러닝&딥러닝

with 파이썬

알베르토 아르타산체스, 프라틱 조시 지음
여인춘 옮김

Packt> ㅐㅐ 한빛미디어 Hanbit Media, Inc.

지은이 · 옮긴이 소개

지은이 **알베르토 아르타산체스**Alberto Artasanchez

데이터 과학자로서 25년이 넘게 여러 포춘 500대 기업과 스타트업에서 컨설팅을 했다. 인공지능과 알고리즘에 관한 폭넓은 경험이 있다. AWS Big Data Specialty와 Machine Learning Specialty를 포함해 여덟 가지 AWS 자격증을 보유하고 있다. AWS 엠버서더이며 다양한 데이터 과학 블로그에 자주 글을 쓴다. 데이터 과학, 빅데이터와 분석, 언더라이팅 최적화, 이상거래 탐지와 같은 주제로 강연을 한다. 인공지능을 사용한 데이터 레이크 구축에 특히 관심이 있다.

지은이 **프라틱 조시**Prateek Joshi

플루토시프트의 창립자이며 인공지능에 관한 책 아홉 권을 집필했다. TEDx, 글로벌 빅데이터 콘퍼런스, 머신러닝 개발자 콘퍼런스, 실리콘밸리 딥러닝 콘퍼런스 등에 초청받아 강연을 했다. 인공지능 외에도 정수론, 암호 기법, 양자컴퓨팅에 흥미가 있다. 가장 큰 목표는 인공지능이 전 세계 수십억 사람에게 영향을 끼칠 수 있도록 모두에게 접근 가능하게 만드는 것이다.

옮긴이 **여인춘**

텍사스 A&M 대학에서 컴퓨터공학 박사 학위를 취득했다. 삼성전자 DMC 연구소의 수석 연구원으로서 근무했으며, 퇴사 전까지 삼성전자 인공지능 개발 팀에서 일했다. 현재 텍사스 대학에서 Health and Science 교수로 재직 중이며 휴스턴 대학교에서 인공지능 관련 연구를 수행하고 있다. 모바일 프로그래밍, 프로그래밍 언어 등 다양한 분야의 기술 서적을 20여 권 집필하고 번역했다.

한 권으로 다지는
머신러닝&딥러닝
with 파이썬

한 권으로 다지는 머신러닝&딥러닝 with 파이썬

인공지능 핵심 개념과 사용 사례부터 예제로 살펴보는 애플리케이션 개발 방법까지

초판 1쇄 발행 2021년 10월 21일
초판 2쇄 발행 2023년 4월 21일

지은이 알베르토 아르타산체스, 프라틱 조시 / **옮긴이** 여인춘 / **펴낸이** 김태헌
펴낸곳 한빛미디어(주) / **주소** 서울시 서대문구 연희로2길 62 한빛미디어(주) IT출판2부
전화 02-325-5544 / **팩스** 02-336-7124
등록 1999년 6월 24일 제25100-2017-000058호 / **ISBN** 979-11-6224-487-6   93000

총괄 송경석 / **책임편집** 서현 / **기획** 서현, 최민이 / **편집** 최민이
디자인 표지 윤혜원 내지 박정화 / **전산편집** 이경숙
영업 김형진, 장경환, 조유미 / **마케팅** 박상용, 한종진, 이행은, 고광일, 성화정, 김한솔 / **제작** 박성우, 김정우

이 책에 대한 의견이나 오탈자 및 잘못된 내용에 대한 수정 정보는 한빛미디어(주)의 홈페이지나 아래 이메일로
알려주십시오. 잘못된 책은 구입하신 서점에서 교환해드립니다. 책값은 뒤표지에 표시되어 있습니다.
한빛미디어 홈페이지 www.hanbit.co.kr / **이메일** ask@hanbit.co.kr

지금 하지 않으면 할 수 없는 일이 있습니다.
책으로 펴내고 싶은 아이디어나 원고를 메일(**writer@hanbit.co.kr**)로 보내주세요.
한빛미디어(주)는 여러분의 소중한 경험과 지식을 기다리고 있습니다.

언론에서 도깨비방망이처럼 소개하는 인공지능 기술은 실제보다 상당히 과장됐다는 생각이 듭니다. 마치 1~2년 내에 인간의 개입이 전혀 필요 없는 무인 자동차가 대중화되거나, 수년 내에 집안일을 도와주는 서비스 로봇이 등장할 것이라는 장밋빛 미래를 소개하는 내용이 대부분입니다. 그러나 인공지능 분야를 연구하는 학자로서, 현재 인공지능 기술은 이제 막 걸음마를 뗀 아이 수준이며 여전히 인간의 노력이 많이 필요한 수준이라고 말할 수 있습니다.

스마트폰이 등장하고 유튜브, 틱톡 등 동영상 서비스나 페이스북, 인스타그램의 세계화 그리고 아마존을 선두로 하는 온라인 쇼핑 업체들의 대중화에 따라 2~3년 전에 비해 수십 배에서 수백 배의 데이터가 쌓이는 추세입니다.

하루에도 수백 페타(1페타=1,000테라) 데이터가 쌓이지만, 정작 그 중에서 가치 있는 데이터를 추려내거나 데이터 간의 관계를 분석하는 작업은 고도의 전문가들만의 영역입니다.

인공지능과 데이터 분석에 대한 수요가 폭증하는 데 반해 능력 있는 데이터 분석가는 극소수입니다. 그 이유는 문자, 소리, 영상 등 데이터의 종류는 다양하지만 결국 그 데이터에서 '가치'를 뽑아내는 작업은 '수학'을 기반으로 하기 때문입니다.

이는 그동안 머신러닝과 딥러닝으로 대표되는 인공지능 서적들이 대부분 복잡한 수학식으로 도배된 이유이기도 합니다. 인공지능을 배우고 싶어도 막상 인공지능 책을 펼쳐보면 이해하기 어려운 수학식만 나열돼 있어 데이터 분석가가 되기를 쉽게 포기하게 됩니다.

이 책 역시 중간에 수학식이 등장하지만 대부분 중고등학교 교육 과정을 마쳤다면 충분히 이해할 수 있는 내용입니다. 어려운 수학식 대신 파이썬의 머신러닝 라이브러리에서 제공하는 함수를 사용합니다.

또한 이 책은 머신러닝의 가장 첫 단추인 데이터 전처리 방법부터 고난이도인 강화 학습까지, 거의 대부분의 머신러닝/딥러닝 영역을 다룹니다. 독자는 각 장에서 다루는 개념들을 파이썬으로 쉽게 실행해보고, 직접 결과를 확인할 수 있습니다. 필자 역시 인공지능 관련 논문을 작성할 때 이 책에서 다룬 코드를 이용하기도 했습니다.

이 책은 수학식만 나열된 기존 서적을 공부하며 어려움을 겪은 사람들이 파이썬 코드를 기반으로 머신러닝과 딥러닝을 쉽게 이해할 수 있도록 설명합니다. 워낙 복잡한 개념들을 광범위하게 다루다보니 아주 깊은 내용까지는 아니더라도 머신러닝과 딥러닝의 맛은 볼 수 있습니다.

이 책이 나올 수 있도록 그동안의 인연을 잊지 않고 연락을 주신 한빛미디어 서현 팀장님과, 한국어로 된 용어를 몰라 영어 단어를 그대로 사용한 무례를 범한 저 때문에 고생한 최민이 편집자님께 감사를 드립니다.

비록 머신러닝과 딥러닝의 첫술을 뜬 상태이지만 이 책을 디딤돌 삼아 앞으로 능력 있는 데이터 분석가와 데이터 과학자들이 등장하기를 기대합니다.

2021년 9월 18일(추석 연휴 첫날)

텍사스에서

여인춘

이 책에 대하여

최근 인공지능(AI)의 발전은 인간에게 엄청난 능력을 가져다줬다. 하지만 막강한 능력만큼 그에 합당한 책임이 따른다. 자율 주행 자동차, 챗봇, 점차 정확해지는 미래 예측 등 몇 가지 예만 봐도 인류의 성장과 발전을 돕는 AI의 능력을 알 수 있다.

AI는 우리 삶의 모든 측면에서 사고방식을 바꾸는 핵심적이고 혁신적인 경로가 되고 있다. 또한 AI는 여러 산업에 영향을 미치며 일상 생활에 점점 더 널리 퍼지고 스며들고 있다. 가장 흥미로운 점은 AI가 아직 초기 단계에 있다는 사실이다. AI 혁명은 이제 막 시작됐다.

점점 더 많은 데이터를 수집하고, 더 빠르고 더 나은 알고리즘으로 데이터를 처리함에 따라 AI를 사용해 더 정확한 모델을 구축할 수 있다. 그리고 이를 통해 점점 복잡해지며 이전에는 다루기 힘들었던 질문에 대응할 수 있다. AI를 충분히 활용하는 능력은 가치 상승을 위한 기술이 될 것이다.

이 책에서는 다양한 실제 시나리오를 살펴보며 관련 AI 알고리즘을 적용하는 방법을 학습한다. 가장 기본적인 개념부터 시작해 점차 어려운 문제를 해결해나간다. 책이 끝날 무렵 독자는 여러 AI 기술을 언제 어떻게 적용해야 할지에 관해 확신을 갖게 될 것이다. 먼저 다양한 AI 영역을 살펴본 뒤 익스트림 랜덤 포레스트, 은닉 마르코프 모델, 유전 알고리즘, 인공 신경망, 합성곱 신경망과 같이 더 복잡한 알고리즘을 알아본다.

이 책은 AI 알고리즘을 사용해 실제 애플리케이션을 개발하려는 파이썬 개발자를 위한 책이다. 파이썬 초보자에게도 친숙하지만 파이썬 프로그래밍에 익숙하다면 예제 코드를 다양하게 활용할 수 있어 유익하다. 이미지, 텍스트, 음성 등 다양한 데이터를 이해하는 애플리케이션을 구축하고 싶다면 이 책이 확실히 도움이 될 것이다! 책에 수록된 예제 코드는 다음 링크에서 다운로드할 수 있으며, 각 절 예제 코드의 파일명은 예제 마지막 부분에 표기했다.

- *https://git.io/JahHZ*

책에 수록된 그림의 컬러 이미지는 다음 링크에서 다운로드할 수 있다.

- *https://static.packt-cdn.com/downloads/9781839219535_ColorImages.pdf*

CONTENTS

CHAPTER **1 인공지능 소개**

CONTENTS

CHAPTER 6 앙상블 학습을 이용한 예측 분석

CONTENTS

CHAPTER **7** 비지도 학습을 이용한 패턴 감지

CHAPTER **8** 추천 시스템 구축

CONTENTS

CHAPTER **11** 유전 알고리즘과 유전 프로그래밍

CHAPTER **12** 클라우드를 이용한 인공지능

CHAPTER 13 인공지능을 이용한 게임 개발

CONTENTS

CONTENTS

CHAPTER 20 합성곱 신경망을 이용한 딥러닝

CHAPTER 21 순환 신경망과 기타 딥러닝 모델

CONTENTS

01 인공지능 소개

인공지능 애플리케이션을 구축하는 데 필요한 핵심 개념을 학습한다. 파이썬 3 설치 방법도 알아본다.

이 장의 학습 목표
- 인공지능의 정의와 분류
- 머신러닝의 다섯 가지 그룹
- 지능의 정의와 에이전트 구축
- 파이썬 3과 관련 패키지 설치 방법

이 장에서는 **인공지능**Artificial Intelligence (AI)이 무엇이며 실제로 어떻게 적용되는지 알아본다. 우리는 일상에서 많은 시간을 스마트 시스템을 사용하며 보낸다. 예를 들어 인터넷 검색을 하거나 얼굴 인식을 사용하거나 음성을 텍스트로 변환하는 작업이 이에 해당한다. AI는 이러한 작업의 핵심이며 현대 라이프스타일에서 점점 더 중요한 부분을 차지하고 있다. 이러한 시스템은 복잡한 애플리케이션이며 AI는 수학과 알고리즘을 통해 문제를 해결한다. 이 책에서는 이러한 애플리케이션을 만들기 위해 알아야 하는 기본 개념과 방법을 배운다. 가장 중요한 목표는 일상에서 접하는 새롭고 도전적인 AI 문제를 해결하는 일이다.

이 장에서 다루는 내용은 다음과 같다.

- AI의 정의와 AI를 공부해야 하는 이유
- AI 애플리케이션 예시
- AI 기술의 분류
- 머신러닝의 다섯 가지 그룹
- 튜링 테스트란 무엇인가?
- 합리적 에이전트란 무엇인가?
- 일반 문제 해결사란 무엇인가?
- 지능형 에이전트 구축 방법
- 파이썬 3과 관련 패키지를 설치하는 방법

1.1 AI란 무엇인가

AI를 정의하는 방법은 사람마다 매우 다르다. 철학적 관점에서 **'지능**intelligence'이란 무엇인가? AI 개념은 사람이 지능을 인식하는 방법과 같이 정의된다. AI 분야의 광범위하고 낙관적인 정의는 '일반적으로 스스로의 지각이 필요한 작업을 기계가 수행하는 방법을 연구하는 컴퓨터 과학 분야'다. 이러한 정의에 따르면 컴퓨터에서 두 수를 곱하는 작업과 같이 단순한 것 '인공지능(AI)'이라고 주장할 수도 있다. 입력을 받아 독립적으로 논리적 출력을 생성하도록 기계를 설계했기 때문이다.

AI를 좀 더 회의적이고 제한적으로 정의하기도 한다. 예를 들면 AI는 '기계가 사람의 지능을 거의 유사하게 모방하는 방법을 연구하는 컴퓨터 과학 분야'다. 이러한 정의에 따라 회의론자들은 오늘날 우리가 사용하는 AI는 AI가 아니라고 주장하기도 한다. 지금까지 그들은 컴퓨터가 수행하지 못하는 작업을 예로 들며, 해당 기능을 만족스럽게 수행할 수 없으므로 컴퓨터는 아직 '생각'할 수 없다고 주장해왔다.

이 책은 AI에 대해 보다 낙관적인 관점을 취하며, 컴퓨터가 현재 수행할 수 있는 다양한 작업에 초점을 맞춘다.

앞서 언급한 곱셈 작업에서는 두 수가 충분히 크다면 분명히 컴퓨터가 인간보다 빠르고 정확하다. 반면에 인간이 현재 컴퓨터의 성능을 능가하는 영역도 있다. 예를 들어 인간은 몇 가지 예를 사용해 개체를 인식하고 레이블링하고 분류할 수 있지만, 현재 컴퓨터가 동일한 정확도로 작업하려면 수천 가지 예가 필요하다. 이와 관련해 끊임없는 연구와 개선이 이뤄지고 있으며, 불과 몇 년 전까지만 해도 컴퓨터로 해결하기 불가능했던 여러 문제가 점점 해결 가능해지고 있다. 이 책을 통해 학습하면서 다양한 사례와 예제를 살펴볼 것이다.

어떤 면에서는 AI를 우리가 알고 있는 가장 매혹적인 컴퓨터, 즉 '뇌'를 연구하는 과학 분야로 볼 수도 있다. AI를 통해 뇌의 시스템과 동작 방식의 일부를 컴퓨터에 반영하려는 시도가 이뤄지고 있으며, 이러한 개념을 신경 과학과 같은 분야에 적용하고 있다.

1.2 AI를 왜 공부해야 하는가

AI는 우리 삶의 모든 측면에 영향을 미칠 수 있다. AI 분야에서는 개체의 패턴과 행동을 이해하고자 하며, 우리는 AI를 통해 스마트 시스템을 구축하고 지능이라는 개념을 이해하고자 한다. 우리가 구축하는 지능 시스템은 인간의 뇌와 같은 지능 시스템이 어떻게 다른 지능 시스템을 구축하는지 이해하는 데 매우 유용하다.

인간의 뇌가 정보를 처리하는 방법을 살펴보자.

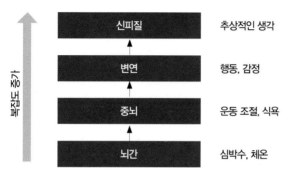

그림 1-1 뇌의 기본 구성 요소

수세기 전부터 존재한 수학이나 물리학 같은 분야와 비교하면 AI는 상대적으로 초기 단계지만, 지난 20년간 **자율 주행 자동차**self-driving car나 스스로 걷는 지능형 로봇 등 멋진 제품들이 생산됐다. 인공지능의 확보는 분명 앞으로 다가올 우리 삶에 큰 영향을 미칠 것이다.

인간의 뇌는 어떻게 그토록 쉽게, 그토록 많은 일을 처리할까? 우리는 뇌를 통해 사물을 인식하고, 언어를 이해하고, 새로운 것을 배우는 등 수많은 정교한 작업을 수행한다. 뇌는 어떻게 이러한 작업을 할 수 있을까? 질문에 대한 답은 아직 많지 않다. 인간의 뇌가 수행하는 작업을 기계로 모방해보면 작업 능률이 훨씬 떨어짐을 알 수 있다. 뇌는 여러 측면에서 기계보다 훨씬 더 복잡하고 능력이 뛰어나다.

우리가 만약 외계 생명체나 시간 여행 같은 것을 찾고자 한다면 그것이 존재하는지, 찾으려는 노력이 가치가 있는지조차 알 수 없다. 반면에 AI는 이상적인 모델이 존재한다. 바로 우리 뇌다. 우리가 할 일은 뇌 기능을 모방해 뇌와 비슷하거나 더 나은 지능 시스템을 만드는 일이다.

원시 데이터가 여러 처리 단계를 통해 어떻게 지능으로 변환되는지 살펴보자.

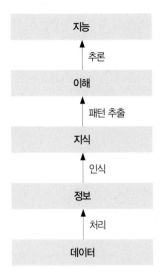

그림 1-2 데이터를 지능으로 변환하는 과정

AI를 학습하는 주된 이유는 AI가 많은 일을 자동화하기 때문이다. 우리가 사는 세상은 다음과 같다.

- 인간은 엄청난 양의 데이터를 처리하는데, 뇌는 그만큼 많은 데이터를 추적하지 못한다.
- 데이터는 여러 소스에서 동시에 생성되며, 체계화돼 있지 않고 제멋대로다.
- 데이터는 계속 변하므로 데이터에서 파생한 지식은 지속적으로 갱신돼야 한다.
- 감지sensing와 작동actuation은 높은 정밀도를 기반으로 실시간으로 이뤄져야 한다.

인간의 뇌는 주변 사물을 잘 분석하지만 이러한 조건을 모두 충족하지는 못한다. 따라서 이를 수행할 지능형 기계를 설계하고 개발할 필요가 있다. 다음과 같은 AI 시스템이 필요하다.

- 많은 데이터를 효율적으로 처리한다. 클라우드 컴퓨팅의 등장으로 이제 엄청난 양의 데이터를 저장할 수 있다.
- 지연 없이 여러 소스에서 동시에 데이터를 수집한다. 통찰력을 도출하는 방식으로 데이터를 인덱싱하고 구조화한다.
- 새로운 데이터로부터 학습하고, 올바른 학습 알고리즘을 사용해 지속적으로 갱신한다. 상태에 따라 실시간으로 생각하고 상황에 대응한다.
- 피곤해지지 않으며 휴식 없이 작업을 계속한다.

AI 기술은 기존 기계를 더 스마트하게 만들고, 더 빠르고 효율적으로 실행하기 위해 활발히 사용된다.

1.3 AI 종류

주어진 문제를 해결하는 데 적합한 프레임워크를 선택하려면 다양한 AI 연구 분야를 이해해야한다. AI를 분류하는 방법에는 여러 가지가 있다.

- 지도 학습 / 비지도 학습 / 강화 학습
- 인공 일반 지능(AGI) / 좁은 인공지능(ANI)
- 인간의 기능에 따른 분류
  - 머신 비전
  - 머신러닝
  - 자연어 처리
  - 자연어 생성

공통적인 분류는 다음과 같다.

머신러닝과 패턴 인식

가장 인기 있는 AI 분야는 **머신러닝**machine learning일 것이다. 데이터로부터 학습하는 소프트웨어를 설계하고 개발하며, 학습 모델을 기반으로 새로운 데이터에 대한 예측을 수행한다. 다만 이러한 프로그램은 데이터의 능력에 따라 제한된다.

데이터세트가 작으면 학습 모델도 제한된다. 일반적인 머신러닝 시스템이 어떤 모습인지 보자.

그림 1-3 일반적인 컴퓨터 시스템

처음 접하는 데이터가 시스템에 입력되면, 이전에 인식한 데이터(훈련 데이터)의 패턴을 통해 새로운 데이터를 추론한다. 예를 들어 얼굴 인식 시스템에서 소프트웨어는 기존 사용자 데이터 베이스에서 얼굴을 찾기 위해 눈, 코, 입술, 눈썹 등의 패턴을 일치시킨다.

논리 기반 AI

컴퓨터 프로그램을 실행하는 데 수학적 논리를 사용한다. 논리 기반 AI로 작성된 프로그램은 기본적으로 문제 영역에 대한 사실과 규칙을 표현하는 논리 형식의 문장 집합이다. 논리 기반 AI는 패턴 일치, 언어 구문 분석, 의미 분석 등에 광범위하게 사용된다.

검색

검색 기술은 AI 프로그램에서 광범위하게 사용되며, 프로그램은 많은 가능성을 검토한 뒤 최적의 경로를 선택한다. 체스와 같은 전략 게임이나 네트워킹, 리소스 할당, 스케줄링 등에 사용된다.

지식 표현

우리 세계에 관한 여러 사실을 시스템에서 이해할 수 있도록 어떤 방식으로든 표현해야 한다. 이때 수학적 논리의 언어가 자주 사용된다. 효율적으로 지식을 표현한다면 시스템은 더 지능적이고 스마트해질 수 있다. 밀접한 분야인 **온톨로지**ontology는 존재하는 객체의 종류를 다루며, 도메인에 존재하는 개체의 속성 및 관계의 공식 정의다. 일반적으로 분류taxonomy나 일종의 계층 구조로 이뤄진다. 다음 그림은 정보information와 지식knowledge의 차이를 나타낸다. 왼쪽 그림처럼 흩어져 있는 정보는 오른쪽 그림처럼 서로 연결되고 관계돼야 지식으로서 가치가 있다.

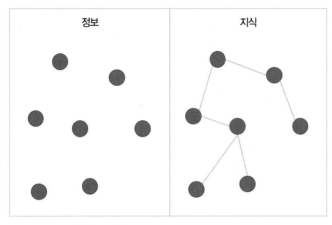

그림 1-4 정보와 지식의 차이

계획

최소 비용으로 최대 수익을 내는 최적의 계획을 다룬다. 이러한 소프트웨어 프로그램은 상황에 대한 사실과 목표에 대한 진술로부터 시작한다. 또한 세계에 존재하는 여러 사실에 관한 정보를 인지하고 있고, 따라서 규칙이 무엇인지 알고 있다. 프로그램은 이 정보로부터 목표를 달성하기 위한 최적의 계획을 만든다.

휴리스틱

휴리스틱heuristic은 주어진 문제를 해결하기 위해 사용하는 기술로, 단기간에 문제를 해결하는 데 실용적이고 유용하다. 하지만 최적이라고 보장되지는 않으며, 문제를 해결하는 방법은 각자의 경험을 통해 추측해 결정한다. AI 분야에서는 최상의 옵션을 선택하기 위해 모든 기능성을 확인할 수 없는 상황이 빈번하므로 휴리스틱을 사용한다. 휴리스틱은 로봇공학, 검색 엔진 등에서 광범위하게 사용된다.

유전 프로그래밍

유전 프로그래밍genetic programming은 프로그램 매칭과 최적값 선택을 통해 문제를 해결하는 프로그래밍 방법이다. 주어진 작업을 잘 수행하는 프로그램을 얻기 위해 사용하며, 이 프로그래밍은 유전자 세트로 인코딩된다.

1.4 머신러닝의 다섯 가지 그룹

머신러닝을 분류하는 방법은 다양하다. 주로 사용하는 방법은 **페드로 도밍고스**Pedro Domingos가 저서 『마스터 알고리즘』(The Master Algorithm)에서 제시한 분류법이다. 그는 아이디어가 생겨난 과학 분야에 따라 머신러닝을 분류했다. 예를 들어 유전 알고리즘은 생물학 개념으로부터 생겨났다. 다음은 도밍고스가 분류한 각 그룹의 이름 및 주요 알고리즘과 주목할 만한 지지자들이다.

표 1-1

그룹	근본 분야	주요 알고리즘	지지자
기호주의자Symbolists	논리 및 철학	역추론	톰 미첼 스티브 머그레톤 로스 쿠인랜
연결주의자Connectionists	신경과학	역전파	얀 르쿤 제프리 힌튼 요슈아 벤지오
진화주의자Evolutionaries	생물학	유전 프로그래밍	존 코자 존 홀랜드 허드 립슨
베이즈주의자Bayesians	통계학	확률적 추론	데이빗 해커맨 주디아 펄 마이클 조던
유사주의자Analogizers	심리학	커널 머신	피터 하트 블레드미르 뱁닉 더글러스 홉스데터

기호주의자

기호주의자는 귀납이나 역추론 개념을 주요 도구로 사용한다. 전제에서 시작해 결론을 찾는 귀납법과 달리, 역추론은 일련의 전제와 결론으로 시작해 누락된 부분을 채워나가는 백워드 backward로 작동한다.

추론의 예는 다음과 같다.

소크라테스는 인간이다 + 모든 인간은 죽는다 = 무엇을 추론할 수 있는가?(소크라테스는 죽는다)

귀납의 예는 다음과 같다.

소크라테스는 인간이다 + ? = 소크라테스는 죽는다(인간은 죽는다?)

연결주의자

연결주의자는 주로 신경망인 뇌를 기본 도구로 사용하거나, 최소한 뇌에 관한 약간의 지식을 사용한다. 신경망은 뇌를 느슨하게 모델링한 알고리즘이며 패턴을 인식하도록 설계된다. 신경망은 벡터에 포함된 숫자 패턴을 인식한다. 따라서 이 방법을 사용하려면 이미지, 사운드, 텍스트, 시계열과 같은 입력을 모두 숫자 벡터로 변환해야 한다.

요즘은 잡지나 뉴스에서 '**딥러닝**deep learning'과 관련된 기사를 자주 접하는데, 딥러닝은 신경망의 특수한 형태다.

진화주의자

진화주의자는 진화, 자연선택, 게놈, DNA 돌연변이 개념을 사용하고, 이러한 개념을 데이터 처리에 적용하는 데 중점을 둔다. 진화 알고리즘은 알려지지 않은 조건과 프로세스에 따라 지속적으로 변화하고 진화하며 적응한다.

베이즈주의자

베이즈주의자는 확률적 추론을 통해 불확실성을 처리하는 데 중점을 둔다. 예를 들어 시각 학습과 스팸 필터링에 베이지안 접근 방식이 적용된다. 일반적으로 베이지안 모델은 가설을 취하고 일부 결과가 더 가능성 있다는 가정하에 '선험적' 추론 유형을 적용한다. 그런 다음 더 많은 데이터를 사용해 가설을 갱신한다.

유사주의자

유사주의자는 예제 간의 유사성을 찾는 기술에 중점을 둔다. 가장 유명한 유사주의자 모델은 **K-최근접 이웃**K-nearest neighbors 알고리즘이다.

1.5 튜링 테스트를 사용한 지능 정의

전설적인 컴퓨터 과학자이자 수학자인 앨런 튜링Alan Turing은 지능을 정의하기 위해 **튜링 테스트**Turing test를 제안했다. 튜링 테스트는 기계가 인간의 행동을 모방하는 방법을 학습할 수 있는지 확인한다. 튜링은 '지능적인 행동'을 대화 중에 인간 수준의 지능을 달성하는 능력으로 정의했다. 기계의 답변이 인간에게서 나온다고 생각하도록 질문자를 속이는 데 성공하면 이러한 능력이 있다고 판단한다.

튜링은 기계가 이러한 작업을 수행할 수 있는지 확인하고자 다음과 같은 테스트 설정을 제안했다. 사람이 텍스트 인터페이스를 통해 기계를 심문하고, 질문자는 심문의 반대편에 무엇이 있는지 알 수 없다. 즉 심문의 반대편은 기계일 수도 있고 인간일 수도 있다. 설정을 활성화하기 위해 사람은 텍스트 인터페이스를 통해 두 개체와 상호작용한다. 두 개체를 응답자라고 한다. 둘 중 하나는 인간이고, 다른 하나는 기계다.

질문자가 응답이 기계로부터 오는지 인간으로부터 오는지 알지 못하면 응답 기계는 테스트를 통과한다. 다음 그림은 튜링 테스트의 설정을 나타낸다.

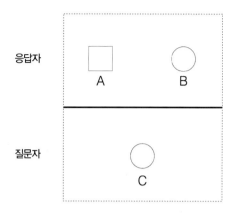

응답자

질문자

그림 1-5 튜링 테스트

응답 기계가 테스트를 통과하기는 상당히 어렵다. 대화 중에는 많은 일이 일어나며, 기계는 적어도 다음 기능에 능숙해야 한다.

- **자연어 처리**: 기계가 질문자와 대화하려면 자연어 처리가 필요하다. 기계는 구문을 분석하고 문맥을 추출하며 적절한 답변을 해야 한다.
- **지식 표현**: 기계는 질문을 받기 전에 얻은 정보를 저장해야 한다. 또한 대화 중에 얻는 정보를 추적해 해당 질문이 다시 나오면 적절하게 대응해야 한다.
- **추론**: 기계는 저장된 정보를 해석하는 방법을 이해해야 한다. 인간은 실시간으로 결론을 내리기 위해 추론을 자동으로 수행하는 경향이 있다.
- **머신러닝**: 기계가 새로운 조건에 실시간으로 적응하려면 머신러닝이 필요하다. 기계는 추론을 도출할 수 있도록 패턴을 분석하고 감지해야 한다.

튜링 테스트에서 텍스트 인터페이스를 사용하는 이유가 궁금할 것이다. 튜링에 따르면 지능에는 사람의 물리적 시뮬레이션이 필요하지 않다. 따라서 튜링 테스트에서는 인간과 기계 간의 직접적인 물리적 상호작용을 피한다.

시각과 움직임을 다루는 **토탈 튜링 테스트**Total Turing Test도 있다. 테스트를 통과하려면 기계가 컴퓨터 비전을 사용해 물체를 보고 로봇을 사용해 이동해야 한다.

1.6 기계가 인간처럼 생각하도록 만들기

인간은 수십 년 동안 기계가 인간처럼 생각하도록 만들기 위해 노력해왔다. 이를 실현하려면 인간이 처음에 어떻게 생각하는지 이해해야 한다. 인간 사고의 본질은 어떻게 이해할까? 한 가지 방법은 우리가 사물에 어떻게 반응하는지 기록하는 것이다. 하지만 기록할 내용이 너무 많으므로 이 방법은 금방 어려워진다. 또 다른 방법은 미리 정의된 형식을 기반으로 실험을 수행하는 것이다. 인간에 관한 다양한 주제를 포괄하는 질문 몇 가지를 개발해 사람들이 어떻게 반응하는지 확인한다.

충분한 데이터를 수집하면 인간 프로세스를 시뮬레이션하는 모델을 만들 수 있고, 이 모델을 인간처럼 생각하는 소프트웨어를 만드는 데 사용할 수 있다. 물론 말처럼 쉽지는 않다. 고려할 것은 주어진 입력에 대한 프로그램의 출력이다. 프로그램의 행동 방식이 인간의 방식과 일치한다면 인간과 유사한 사고 메커니즘을 가진다고 말할 수 있다.

다음 다이어그램은 다양한 사고 수준과 뇌가 사물의 우선순위를 지정하는 방법을 나타낸다.

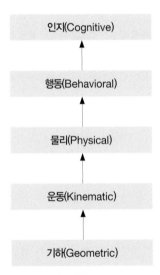

그림 1-6 사고 수준

컴퓨터 과학에는 인간의 사고 과정을 시뮬레이션하는 **인지 모델링**Cognitive Modeling이라는 연구 분야가 있다. 이 분야는 인간이 문제를 어떻게 해결하는지 연구한다. 문제 해결 과정에 들어가는 정신 과정mental process을 소프트웨어 모델로 바꾸고, 모델을 사용해 인간 행동을 시뮬레이션한다.

인지 모델링은 딥러닝, 전문가 시스템, 자연어 처리, 로보틱스 등 다양한 AI 애플리케이션에 사용된다.

1.7 합리적 에이전트 구축

AI에 관한 여러 연구는 **합리적 에이전트**rational agent 구축에 초점을 맞춘다. 합리적 에이전트가 정확히 무엇일까? 먼저 AI의 맥락에서 합리성rationality을 정의하자. 합리성이란 바람직한 결과를 얻기 위해 일련의 규칙을 관찰하고 논리적 의미를 따름을 의미한다. 이는 작업을 수행하는 개체에 최대 이익이 되도록 수행돼야 한다. 따라서 에이전트가 정해진 규칙하에 목표를 달성하기 위해 어떤 조치를 취하면 '합리적으로 행동'한다고 한다. 에이전트는 사용 가능한 정보에 따라 인지하고 행동한다. AI 분야에서 이러한 시스템은 알 수 없는 지형을 탐색하는 로봇을 설계하는 데 많이 사용된다.

바람직하다desirable는 개념은 어떻게 정의할까? 답은 에이전트의 목표에 달려 있다. 에이전트는 지능적이고 독립적이어야 한다. 새로운 상황에 적응하는 능력을 지니려면 에이전트는 주변 환경을 이해하고 그에 따라 최선의 이익이 되는 결과를 얻도록 행동해야 한다. 최선의 이익은 달성하고자 하는 전반적인 목표에 따라 결정된다. 입력이 어떻게 행동으로 변환되는지 살펴보자.

그림 1-7 입력을 행동으로 전환

합리적 에이전트의 성능은 어떻게 측정할까? 성공의 정도에 정비례한다고 말할 수 있다. 에이전트는 특정 작업을 수행하도록 설정돼 있으므로 성능은 작업 완료율에 따라 정해진다. 그러나 합리성 전체를 구성하는 것이 무엇인지 생각해야 한다. 단지 결과만 상관있다면 결과에 이르는 행동은 고려하지 않는다.

에이전트가 목표를 달성하려면 합리적으로 행동해야 하므로 올바른 추론은 합리성의 일부다. 올바른 추론은 에이전트가 연속적으로 사용할 결론을 도출하는 데 도움이 된다.

입증할 만한 정확한 일이 없는 상황은 어떻게 해야 할까? 에이전트가 무언가를 해야 하지만 그것이 무엇인지 모르는 상황도 있다.

마지막 요점을 더 명확히 하기 위해 시나리오를 설정하자. 자율 주행 자동차가 시속 100킬로미터로 달리는데 누군가가 갑자기 길을 건너는 상황을 상상해보자. 자동차의 빠른 속력을 고려해볼 때 선택지는 두 가지뿐이다. 탑승자가 죽을 것을 알면서 가드레일에 충돌하거나, 그대로 달려 길을 건너는 보행자를 친다. 어느 것이 옳은 결정일까? 알고리즘은 무엇을 해야 할지 어떻게 알까? 여러분이 운전 중이라면 무엇을 해야 할지 아는가?

이제 합리적 에이전트의 초기 사례인 일반 문제 해결사를 알아보자. 거창한 이름에 비해 모든 문제를 해결할 수는 없지만, 그럼에도 컴퓨터 과학 분야에서는 큰 도약이었다.

1.8 일반 문제 해결사

일반 문제 해결사 General Problem Solver(GPS)는 허벌트 사이먼Herbert Simon, 제이씨 쇼J. C. Shaw, 앨런 뉴웰Allen Newell이 제안한 AI 프로그램으로, AI 세계에 등장한 최초의 유용한 컴퓨터 프로그램이다. 목표는 프로그램이 궁극적인 문제 해결 기계로 동작하도록 만드는 것이었다. 이전에도 유사한 소프트웨어 프로그램이 많았지만 대부분은 특정 작업에만 작동했다. GPS는 일반적인 문제를 해결하도록 개발된 첫 번째 프로그램으로, 모든 문제에 동일한 기본 알고리즘을 사용해 문제를 해결한다.

물론 이러한 프로그램을 만들기는 상당히 어렵다. GPS를 프로그래밍하기 위해 개발자들은 **정보 처리 언어**Information Processing Language(IPL)라는 새로운 언어를 만들었다. 기본 전제는 일련의 잘 구성된 공식으로 문제를 표현하는 것이다. 이러한 공식은 여러 소스와 싱크가 있는 유향 그래프directed graph의 일부다. 그래프에서 소스는 시작 노드를, 싱크는 끝 노드를 나타낸다. GPS의 경우 소스는 공리axiom를 나타내고 싱크는 결론을 나타낸다.

GPS는 범용 목적으로 고안됐음에도, 기하학과 논리에서 수학적 정리를 증명하는 것처럼 명확히 정의된 문제만 해결할 수 있었다. 단어 퍼즐을 풀고 체스를 둘 수도 있었는데, 이러한 문제는 합리적으로 공식화할 수 있기 때문이다. 그러나 현실 세계에서는 가능한 경로가 매우 많으므로 빠르게 처리하기가 어렵다. 그래프에서 진행하는 단계 수를 세어 무차별 대입해서 문제를 풀려고 하면 계산이 불가능해진다.

1.8.1 GPS를 사용한 문제 해결

GPS를 사용해 문제를 해결하기 위해 주어진 문제를 구성하는 방법을 살펴보자.

1 목표를 정의한다. 목표는 식료품점에서 우유를 사는 것이다.
2 전제 조건을 정의한다. 전제 조건은 목표와 관련 있다. 식료품점에서 우유를 구입하려면 운송 수단이 있어야 하며 식료품점은 우유를 판매해야 한다.
3 오퍼레이터operator를 정의한다. 교통수단이 자동차라면 자동차에 연료가 부족할 때 비용을 지불하고 주유할 수 있어야 한다. 또한 식료품점에서 우유를 구입할 비용이 있어야 한다.

오퍼레이터는 조건과 이에 영향을 미치는 모든 것을 관리하며 여러 행동, 전제 조건, 행동으로 인한 변경으로 구성된다. 예시에서 행동은 식료품점에 돈을 지불하는 것이다. 물론 행동은 첫째로 전제 조건인 돈이 있는지 여부에 달려 있다. 돈을 지불하는 행위는 자금 여건을 변화시키며, 이는 우유를 구입하는 결과를 만든다.

이처럼 문제를 하나의 틀, 즉 프레임으로 만들 수 있다면 GPS가 작동한다. 이때 제약은 이러한 작업을 수행하는 데 검색 프로세스를 사용한다는 점이다. 검색 프로세스는 실제 애플리케이션에서는 너무 복잡하고 시간이 많이 걸리는 작업이다.

이 절에서는 합리적 에이전트가 무엇인지 배웠다. 이제 합리적 에이전트를 보다 지능적이고 유용하게 만드는 방법을 알아보자.

1.9 지능형 에이전트 구축

에이전트에 지능을 전달하는 방법에는 여러 가지가 있다. 가장 일반적으로 사용되는 기술은 머신러닝, 저장된 지식, 규칙 등을 포함하며, 이 절에서는 머신러닝에 중점을 둔다. 머신러닝에서 에이전트에 지능을 전달하는 방식은 데이터와 훈련을 통해 이뤄진다.

지능형 에이전트가 환경과 어떻게 상호작용하는지 살펴보자.

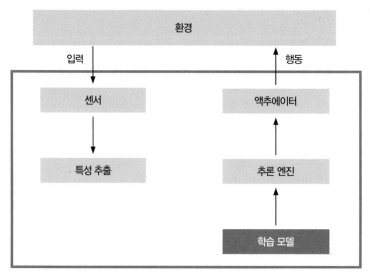

지능형 에이전트

그림 1-8 환경과 지능형 에이전트의 상호작용

우리는 때때로 주어진 문제를 해결하기 위해 기계를 레이블이 지정된 데이터를 사용하도록 프로그래밍한다. 기계는 데이터와 관련 레이블을 통해 패턴과 관계를 추출하는 방법을 학습한다.

[그림 1-8]에서 지능형 에이전트는 학습 모델을 기반으로 추론 엔진을 실행한다. 센서는 입력을 감지해 특성 추출 블록으로 보낸다. 관련 특성이 추출되면 훈련된 추론 엔진이 학습 모델을 기반으로 예측을 수행한다. 이 학습 모델은 머신러닝을 통해 구축된다. 추론 엔진이 다음으로 어떤 행동을 할지에 관한 결정을 내린 뒤 그 결정을 액추에이터로 보낸다. 액추에이터는 실제 세계에서 추론 엔진으로부터 전송받은 작업을 수행한다.

오늘날 다양한 머신러닝 애플리케이션이 이미지 인식, 로봇공학, 음성 인식, 주식시장 행동 예측 등에 사용된다. 머신러닝을 이해하고 완전한 솔루션을 구축하려면 패턴 인식, 인공 신경망,

데이터 마이닝, 통계 등 여러 분야의 기술에 익숙해야 한다.

1.9.1 모델 유형

AI 세계에는 분석 모델analytic model과 학습된 모델learned model이라는 두 가지 유형이 있다. 계산하는 기계가 등장하기 전까지 인간은 분석 모델에 의존했다.

분석 모델은 수학 방정식을 사용해 이끌어냈으며, 기본적으로 최종 방정식에 도달하기 위해 따르는 일련의 단계였다. 이 접근 방식의 문제점은 인간의 판단에 근거했다는 점이다. 따라서 이러한 모델은 몇 개의 매개변수만 사용하기 때문에 단순하고 부정확한 경우가 많았다. 컴퓨터가 등장하기 전에 뉴튼Newton을 비롯한 과학자들이 어떻게 계산을 했는지 생각해보자. 모델은 종종 작업 공식이 도출되기까지 장기간의 유도와 오랜 시행착오를 수반했다.

이후에 컴퓨터가 등장했다. 컴퓨터는 데이터 분석에 능숙했고 사람들은 점점 더 학습된 모델을 사용하기 시작했다. 이러한 모델은 훈련 과정을 통해 얻는다. 훈련 중에 기계는 방정식에 도달하기 위해 많은 입력과 출력 예시를 살펴본다. 학습된 모델은 일반적으로 복잡하고 정확하며, 수천 개의 매개변수를 사용한다. 따라서 예측에 사용 가능한 데이터를 관리하는 매우 복잡한 수학 방정식이 생성된다.

우리는 머신러닝을 통해 추론 엔진에서 사용할 수 있는 학습된 모델을 얻는다. 이에 대해 좋은 점은 기본 수학 공식을 도출할 필요가 없다는 사실이다. 기계가 데이터를 기반으로 공식을 도출하므로 복잡한 수학은 알 필요 없이, 입력과 그에 해당하는 출력의 목록을 만들기만 하면 된다. 우리가 얻는 학습된 모델은 레이블이 지정된 입력과 원하는 출력 간의 관계다.

1.10 파이썬 3 설치

이 책에서는 파이썬 3Python 3을 사용한다. 다음 명령을 입력해 컴퓨터에 최신 버전이 설치돼 있는지 확인하자.

```
$ python3 —version
```

화면에 파이썬 3.x.x(x.x는 버전 번호)와 같은 내용이 출력된다면 이미 설치가 돼 있는 경우다. 그렇지 않은 경우 간단하게 설치해보자.

1.10.1 우분투에 설치하기

우분투^{Ubuntu} 14.xx 이상 버전에는 파이썬 3이 기본적으로 설치돼 있다. 설치돼 있지 않다면 다음 명령을 사용해 설치하자.

```
$ sudo apt-get install python3
```

최신 버전이 설치돼 있는지 확인한다.

```
$ python3 --version
```

버전 번호가 화면에 출력될 것이다.

1.10.2 맥OS에 설치하기

맥OS^{macOS}를 사용한다면 홈브루^{Homebrew}를 사용해 파이썬 3을 설치하는 편이 좋다. 홈브루는 훌륭한 맥OS용 패키지 설치 프로그램이며 사용하기 쉽다. 홈브루가 없다면 다음 명령으로 설치하자.

```
$ ruby -e "$(curl -fsSL https://raw.githubusercontent.com/Homebrew/install/
master/install)"
```

패키지 관리자를 업데이트한다.

```
$ brew update
```

파이썬 3을 설치한다.

```
$ brew install python3
```

최신 버전이 설치돼 있는지 확인한다.

```
$ python3 --version
```

버전 번호가 화면에 출력될 것이다.

1.10.3 윈도우에 설치하기

윈도우를 사용한다면 파이썬 3의 **SciPy-stack** 호환 배포를 사용하는 편이 좋다. 아나콘다Anaconda는 상당히 인기 있고 사용하기 쉽다.

파이썬 3의 다른 SciPy-stack 호환 배포판을 확인하려면 *http://www.scipy.org/install.html*에서 찾을 수 있다. 이 배포판의 좋은 점은 필요한 패키지가 모두 미리 설치돼 있어 별도로 설치할 필요가 없다는 점이다.

설치한 후에는 이전과 같은 명령을 실행해 버전을 확인하자.

```
$ python3 --version
```

버전 번호가 화면에 출력될 것이다.

1.11 패키지 설치

이 책에서는 **넘파이**NumPy, **사이파이**SciPy, **사이킷런**scikit-learn, **맷플롯립**matplotlib과 같은 다양한 패키지를 사용한다. 먼저 패키지를 설치했는지 확인하자. 우분투나 맥OS를 사용한다면 명령 한 줄로 간단히 패키지를 설치할 수 있다. 다음은 설치 관련 링크다.

- **넘파이**: *http://docs.scipy.org/doc/numpy-1.10.1/user/install.html*

- **사이파이**: *http://www.scipy.org/install.html*
- **사이킷런**: *http://scikit-learn.org/stable/install.html*
- **맷플롯립**: *http://matplotlib.org/1.4.2/users/installing.html*

윈도우를 사용한다면 파이썬 3의 **SciPy-stack** 호환 버전을 설치해야 한다.

1.12 데이터 로딩

학습 모델을 구축하려면 실제 세상을 대표하는 데이터가 필요하다. 필요한 파이썬 패키지는 모두 설치했으니, 패키지를 사용해 데이터와 상호작용하는 방법을 살펴보자. 다음 명령을 입력해 파이썬 명령 프롬프트로 진입한다.

```
$ python3
```

모든 데이터 세트가 포함된 패키지를 가져오자.

```
>>> from sklearn import datasets
```

주택 가격 데이터 세트를 로드한다.

```
>>> house_prices = datasets.load_boston()
```

데이터를 출력한다.

```
>>> print(house_prices.data)
```

다음과 비슷한 결과가 출력된다.

```
>>> print(house_prices.data)
[[  6.32000000e-03   1.80000000e+01   2.31000000e+00 ...,   1.53000000e+01
    3.96900000e+02   4.98000000e+00]
 [  2.73100000e-02   0.00000000e+00   7.07000000e+00 ...,   1.78000000e+01
    3.96900000e+02   9.14000000e+00]
 [  2.72900000e-02   0.00000000e+00   7.07000000e+00 ...,   1.78000000e+01
    3.92830000e+02   4.03000000e+00]
 ...,
 [  6.07600000e-02   0.00000000e+00   1.19300000e+01 ...,   2.10000000e+01
    3.96900000e+02   5.64000000e+00]
 [  1.09590000e-01   0.00000000e+00   1.19300000e+01 ...,   2.10000000e+01
    3.93450000e+02   6.48000000e+00]
 [  4.74100000e-02   0.00000000e+00   1.19300000e+01 ...,   2.10000000e+01
    3.96900000e+02   7.88000000e+00]]
```

그림 1-9 입력된 주택 가격의 출력

레이블을 확인해보자. 다음과 같이 출력된다.

```
>>> print(house_prices.target)
[ 24.   21.6  34.7  33.4  36.2  28.7  22.9  27.1  16.5  18.9  15.   18.9
  21.7  20.4  18.2  19.9  23.1  17.5  20.2  18.2  13.6  19.6  15.2  14.5
  15.6  13.9  16.6  14.8  18.4  21.   12.7  14.5  13.2  13.1  13.5  18.9
  20.   21.   24.7  30.8  34.9  26.6  25.3  24.7  21.2  19.3  20.   16.6
  14.4  19.4  19.7  20.5  25.   23.4  18.9  35.4  24.7  31.6  23.3  19.6
  18.7  16.   22.2  25.   33.   23.5  19.4  22.   17.4  20.9  24.2  21.7
  22.8  23.4  24.1  21.4  20.   20.8  21.2  20.3  28.   23.9  24.8  22.9
  23.9  26.6  22.5  22.2  23.6  28.7  22.6  22.   22.9  25.   20.6  28.4
  21.4  38.7  43.8  33.2  27.5  26.5  18.6  19.3  20.1  19.5  19.5  20.4
  19.8  19.4  21.7  22.8  18.8  18.7  18.5  18.3  21.2  19.2  20.4  19.3
  22.   20.3  20.5  17.3  18.8  21.4  15.7  16.2  18.   14.3  19.2  19.6
  23.   18.4  15.6  18.1  17.4  17.1  13.3  17.8  14.   14.4  13.4  15.6
  11.8  13.8  15.6  14.6  17.8  15.4  21.5  19.6  15.3  19.4  17.   15.6
  13.1  41.3  24.3  23.3  27.   50.   50.   50.   22.7  25.   50.   23.8
  23.8  22.3  17.4  19.1  23.1  23.6  22.6  29.4  23.2  24.6  29.9  37.2
  39.8  36.2  37.9  32.5  26.4  29.6  50.   32.   29.8  34.9  37.   30.5
  36.4  31.1  29.1  50.   33.3  30.3  34.6  34.9  32.9  24.1  42.3  48.5
  50.   22.6  24.4  22.5  24.4  20.   21.7  19.3  22.4  28.1  23.7  25.
  23.3  28.7  21.5  23.   26.7  21.7  27.5  30.1  44.8  50.   37.6  31.6
  46.7  31.5  24.3  31.7  41.7  48.3  29.   24.   25.1  31.5  23.7  23.3
```

그림 1-10 예상 주택 가격의 출력

실제 배열은 더 크며, [그림 1-10]은 배열의 값 중 처음 몇 개만을 나타낸다.

사이킷런 패키지에서 사용 가능한 이미지 데이터 세트도 있다. 각 이미지는 8x8 형태다. 이미지를 로드해보자.

```
>>> digits = datasets.load_digits()
```

다섯 번째 이미지를 출력한다.

```
>>> print(digits.images[4])
```

출력은 다음과 같다.

```
>>> print(digits.images[4])
[[  0.   0.   0.   1.  11.   0.   0.   0.]
 [  0.   0.   0.   7.   8.   0.   0.   0.]
 [  0.   0.   1.  13.   6.   2.   2.   0.]
 [  0.   0.   7.  15.   0.   9.   8.   0.]
 [  0.   5.  16.  10.   0.  16.   6.   0.]
 [  0.   4.  15.  16.  13.  16.   1.   0.]
 [  0.   0.   0.   3.  15.  10.   0.   0.]
 [  0.   0.   0.   2.  16.   4.   0.   0.]]
```

그림 1-11 이미지에 대한 사이킷런 배열의 출력

결과에 나타나듯 행과 열이 각각 8개다.

1.13 정리

이 장에서는 다음 내용을 살펴봤다.

- AI가 무엇이며 왜 공부해야 하는가?
- AI의 다양한 분야와 애플리케이션
- 튜링 테스트의 정의와 수행 방법
- 기계가 인간처럼 생각하게 만드는 방법
- 합리적 에이전트 개념과 설계 방법
- 일반 문제 해결사(GPS) 개념과 GPS를 사용해 문제를 해결하는 방법
- 머신러닝을 사용해 지능형 에이전트를 개발하는 방법
- 다양한 머신러닝 모델 유형

또한 다양한 운영체제에서 파이썬 3을 설치하는 방법과 AI 애플리케이션을 구축하는 데 필요한 패키지를 설치하는 방법을 살펴봤다. 패키지를 사용해 사이킷런에서 사용 가능한 데이터를 로드하는 방법도 배웠다.

2장에서는 지도 학습과 분류 및 회귀 모델을 구축하는 방법을 알아보자.

02 인공지능 사용 사례

Chapter

인공지능 알고리즘을 살펴보기에 앞서 오늘날 가장 많이 사용되는 분야와 사용 사례를 분석한다.

이 장의 학습 목표
- 디지털 비서와 챗봇
- 자율 주행 자동차
- 배송과 창고 관리
- 헬스케어와 스마트 홈
- 검색과 추천 시스템
- 게임 및 영화 제작

이 장에서는 인공지능 사용 사례 몇 가지를 알아보자. 여기서 다루는 내용이 전부는 아니며, 인공지능은 점점 더 많은 산업에 영향을 미치고 있다. 하지만 미용사나 배관공 같은 직업은 인공지능으로 대체하기까지 시간이 좀 걸릴 것이다. 이러한 작업에는 로봇이 아직 완벽하게 익히지 못하는 정확성과 세밀함이 필요하다. 필자의 아내만 하더라도 담당이 아닌 다른 미용사에게 헤어스타일을 믿고 맡기기까지는 시간이 필요할 것이다. 로봇은 말할 것도 없다.

이 장에서는 다음 내용을 다룬다.

- 대표적인 AI 사용 사례
- 자동화로 대체하는 데 가장 오래 걸리는 작업
- AI의 영향을 가장 크게 받는 산업

2.1 대표적인 AI 사용 사례

인공지능은 금융에서 의학에 이르는 다양한 산업에 영향을 미친다. 이 절에서는 일상 생활에서 가장 많이 사용하는 AI 응용 사례에 초점을 맞춘다. 또한 최신 기술과 곧 다가올 미래 기술의 현황을 알아본다. 여러분은 이 책을 통해 상상력을 키워서 사회에 긍정적인 영향을 미치는 새롭고 혁신적인 아이디어를 얻을 수 있을 것이다. 어쩌면 그 아이디어가 이 책의 개정판에 실릴지도 모른다!

인공지능, 인지 컴퓨팅, 머신러닝, 딥러닝은 오늘날 급속한 변화를 가능하게 하는 파괴적인 기술 중 일부에 불과하다. 이러한 기술은 클라우드 컴퓨팅, 사물인터넷(IoT), 에지 컴퓨팅의 발전으로 더 빨리 채택된다. 회사나 조직에서는 이러한 기술을 결합해 비즈니스 수행 방식을 새롭게 만든다. 하지만 이것은 시작일 뿐이다. 우리는 아직 첫 번째 이닝도 끝내지 못했고, 첫 번째 스트라이크도 기록하지 못했다.

오늘날 대표적인 AI 애플리케이션을 살펴보자.

2.2 디지털 개인 비서와 챗봇

안타깝게도 일부 콜센터에서는 아직 음성 응답^{interactive voice response}(IVR) 시스템을 사용한다. 하지만 우리는 자연어 처리 분야에서 큰 발전을 이뤘다. 바로 **챗봇**^{chatbot}이다. 가장 널리 사용되는 챗봇은 다음과 같다.

구글 어시스턴트

2016년에 출시된 구글 어시스턴트는 현재 사용 가능한 챗봇 중에서 가장 진보했으며 전화기, 헤드폰, 스피커, 세탁기, TV, 냉장고 등 다양한 기기에서 사용된다. 오늘날 안드로이드 휴대폰은 대부분 구글 어시스턴트를 포함하며, 구글 홈^{Google Home}과 네스트 허브^{Nest Hub}도 구글 어시스턴트를 지원한다.

아마존 알렉사

아마존 알렉사^{Amazon Alexa}는 아마존에서 개발하고 출시한 가상 비서로, 명령을 통해 사용자와 상호작용한다. 음성 및 음악 재생, 할 일 목록 생성, 알람 설정, 오디오북 재생, 질문 답변과 같은 기능이 있다. 농담을 하거나 이야기를 들려주도록 요청할 수도 있다. 호환되는 스마트 장치를 제어할 수 있으며, 개발자가 기능을 추가해 알렉사의 기능을 확장할 수 있다. 알렉사 스킬^{Alexa skill}은 다른 개발 업체에서 개발한 추가 기능이다.

애플 시리

시리는 사용자의 음성 명령을 받고 자연어 처리 사용자 인터페이스를 제공해서 질문에 답하거나, 제안을 하거나, 음성 명령을 구문 분석하고 인터넷 서비스와 연동해 작업을 수행한다. 시리 소프트웨어는 사용자가 사용하는 언어, 검색, 선호도에 적응할 수 있다. 시리는 더 많이 사용할수록 더 많이 배우고 더 좋아진다.

마이크로소프트 코타나

코타나^{Cortana}는 마이크로소프트에서 설계하고 개발한 가상 비서다. 알림이나 알람을 설정할 수 있으며, 자연어 음성 명령을 인식하고 정보를 사용해 질문에 답한다.

가상 비서를 사용해 다음과 같은 작업을 수행할 수 있다.

- 집에 있는 장치 제어하기
- 명령에 따라 음악과 영상 재생하기
- 타이머와 알림 설정하기
- 약속 잡기
- 문자메시지와 이메일 보내기
- 전화 걸기
- 애플리케이션 열기
- 알림 읽기
- 번역하기
- 전자 상거래 사이트에서 주문하기

다음 작업은 아직 지원되지 않을 수도 있지만 점차 보급될 것이다.

- 항공편 체크인
- 호텔 예약
- 음식점 예약

이 플랫폼들은 서드파티 개발자가 자체 애플리케이션을 개발하거나 아마존에서 '스킬'이라고 하는 기능을 개발하도록 지원한다. 가능성은 무궁무진하다.

기존에는 다음과 같은 알렉사 스킬이 있다.

- **MySomm**: 특정 고기와 어울리는 와인을 추천한다.
- **The bartender**: 술 만드는 방법을 알려준다.
- **7-minute workout**: 7분짜리 운동을 지도한다.
- **우버**: 알렉사를 통해 우버 차량을 호출한다.

앞서 나열한 가상 비서 서비스는 고객과의 상호작용을 통해 지속적으로 배우며 계속 발전한다. 서비스는 개발자뿐 아니라 시스템에 의해 개선된다. 시스템은 사용자에 의해 매일 생성되는 데이터 포인트를 활용한다.

클라우드 제공 업체를 통해 챗봇을 매우 쉽게 만들 수 있으며, 기본적인 챗봇은 프로그래밍 언어를 사용하지 않고도 만들 수 있다. 이렇게 개발한 챗봇 서비스는 슬랙Slack, 페이스북 메신저Facebook Messenger, 스카이프Skype, 왓츠앱WhatsApp 등에 어렵지 않게 서비스할 수 있다.

2.3 자율 주행 자동차

자율 주행 자동차 혹은 무인 자동차driverless car는 사람의 도움 없이 미리 설정된 경로를 따라 이동하는 차량을 말한다. 오늘날 자율 주행 자동차는 대부분 단일 센서나 조종법에 의존하지 않고 레이더, 소나, 라이더, 컴퓨터 비전, GPS 등 다양한 기술을 사용한다.

기술이 등장함에 따라 업계는 기술의 진행 상황을 구현하고 측정하는 데 사용할 표준을 만들기 시작한다. 자율 주행 기술도 마찬가지다. 국제자동차기술자협회SAE International는 자동차 자동화를 6단계로 정의하는 표준 J3016을 만들었다. 이 표준에 따라 자동차 제조 업체, 공급 업체, 정책 입안자가 동일하게 차량의 정교함 수준을 분류한다.

레벨 0: 자동화 없음

레벨 0 자동차는 자율 주행 기능이 없다. 운전자가 운전에 전적으로 관여하며 모든 책임을 진다. 인간 운전자는 교통량을 고려해 자동차를 조종, 제동, 가속한다. 오늘날 도로에 보이는 자동차는 대부분 레벨 0에 해당한다.

레벨 1: 운전자 지원

시스템이 특정 조건하에서 자동차의 속도나 방향을 제어한다. 둘을 동시에 제어하지는 않는다. 이외의 작업은 모두 운전자가 수행한다. 운전자는 도로를 모니터링하고 운전자 지원 시스템이 적절하게 작동하지 않을 경우 작업을 맡아서 수행할 책임이 있다. 예를 들어 적응형 순향 제어 장치Adaptive cruise control (ACC)가 레벨 1에 해당한다.

레벨 2: 부분 자동화

시스템은 특정 상황에서 조향, 가속, 제동을 한다. 인간 운전자는 교통 신호를 해석해 대응하거나 차선을 변경하는 등 많은 조작을 수행한다. 차량 제어에 대한 책임은 대부분 운전자에게 있다. 제조 업체는 운전자가 자동차 운행에 완전히 관여하도록 요구한다. 다음과 같은 시스템이 레벨 2에 해당한다.

- 아우디 교통 체증 지원Audi Traffic Jam Assist
- 캐딜락 슈퍼 크루즈Cadillac Super Cruise
- 벤츠 운전자 지원 시스템Mercedes-Benz Driver Assistance Systems
- 테슬라 오토파일럿Tesla Autopilot
- 볼보 파일럿 어시스트Volvo Pilot Assist

레벨 3: 조건부 자동화

레벨 2와 레벨 3을 나누는 포인트는 매우 중요하다. 레벨 3부터는 자동차를 제어하고 모니터링하는 책임이 운전자에서 시스템으로 넘어간다. 적절한 조건하에 시스템은 주변 환경을 모니터링하고 자동차를 제어한다. 시스템이 처리하지 못하는 시나리오에 직면하면 운전자가 관여해 자동차를 직접 제어한다. 보통은 사람이 자동차를 제어하지 않지만 언제든지 관여해 자동차를 제어할 수 있어야 한다. 예를 들면 아우디 트래픽 잼 파일럿Audi Traffic Jam Pilot이 레벨 3에 해당한다.

레벨 4: 높은 자농화

대부분의 조건에서 사람의 개입이 필요하지 않지만 일부 도로, 날씨, 지리 조건에서는 운전자의 지원이 필요하다. 지역이 제한된 공유 자동차 모델에서는 사람이 운전에 전혀 관여하지 않을 수도 있다. 반면에 개인 소유 자동차는, 노면 도로에서는 운전자가 모든 운전 업무를 관리할 수 있으며 고속도로에서는 시스템이 이를 대신한다. 현재 사라진 구글의 파이어플라이 포드카Firefly pod-car가 레벨 4에 해당한다. 이 차량에는 페달이나 핸들이 없다. 속도는 시속 40킬로미터로 제한됐으며 공공 도로에서는 사용되지 않았다.

레벨 5: 완전 자동화

무인 시스템이 모든 도로와 조건(인간 운전자가 운전 가능한 조건)에서 차량을 제어하고 운영한다. 자동차의 '운영자'는 목적지를 입력하기만 하면 된다. 레벨 5 자동차는 아직 출시되지 않았다.

자율 주행 기술을 선도하는 몇몇 기업을 살펴보자.

구글 웨이모

2018년 현재 **웨이모**Waymo의 자율 주행 자동차는 공공 도로에서 800만 마일을 주행했고 시뮬레이션 환경에서 50억 마일을 주행했다. 앞으로 몇 년 안에는 거의 확실히 완전 자율 주행이 가능한 자동차를 구매할 수 있을 것이다. 무엇보다도 테슬라Tesla는 이미 오토파일럿Autopilot이라는 기능으로 운전자 지원을 제공하며 완전한 자율 주행 기능을 제공하는 최초의 회사가 될 것이다.

오늘 태어난 아이가 운전면허를 취득하지 않아도 되는 세상을 상상해보자. AI의 이러한 발전만으로 우리 사회에 초래할 혼란은 엄청날 것이다. 배달 기사, 택시 기사 및 트럭 운전사가 필요하지 않게 될 것이다. 운전자가 없는 미래에도 여전히 교통사고가 발생하겠지만, 부주의한 운전과 음주 운전이 사라지기 때문에 수백만 명의 생명을 구할 수 있다.

웨이모는 2018년 미국 애리조나에서 처음으로 상용 무인 서비스를 시작했으며 미국 전역으로 그리고 전 세계로 확장할 계획이다.

우버 ATG

우버의 첨단기술그룹Advanced Technology Group(ATG)은 자율 주행 기술을 개발하는 우버의 자회사다. 우버는 2016년 피츠버그 거리에서 시험용 자동차 서비스를 시작했다. 우버는 최대 2만

4,000대 볼보 XC90을 구입해 자율 주행 기술을 탑재하고 2021년까지 어느 정도 상용화를 시작할 계획이다.

2018년 3월, 비극적이게도 일레인 허츠버그^{Elaine Herzberg}라는 여성이 우버 무인 자동차 사고로 사망했다. 경찰 보고서에 따르면 그녀는 휴대폰으로 영상을 보면서 길을 건너다가 우버 차량에 치였다. 허츠버그는 무인 자동차 사고로 사망한 최초의 사람이 됐다. 이상적으로는 이 기술로 인해 사고가 발생하지 않기를 바란다. 하지만 현재 교통사고로 인한 위기 상황에서 우리가 요구하는 안전 수준은 완화돼야 한다.

예를 들어 2017년 미국 내 자동차 사고 사망자는 4만 100명이었다. 자동차 사고가 계속 발생할지라도 사망자 수를 줄이면 매년 수천 명의 생명을 구할 수 있다.

앞으로는 인테리어가 현재와 달리 거실 같은 형태인 자율 주행 자동차가 등장할 수도 있다. 핸들과 페달을 포함해 어떠한 수동 제어도 필요하지 않다. 유일하게 필요한 입력은 목적지이며, 이는 자동차 운행을 시작할 때 '말'해줌으로써 제공할 수 있다. 차량은 서비스가 예정돼 있거나 기능에 문제가 있는지를 감지할 수 있으므로 유지 보수 일정을 사람이 기억할 필요가 없다.

자동차 사고의 책임은 운전자에서 차량 제조 업체로 이동할 것이다. 따라서 운전자가 자동차 보험에 가입할 필요가 없어지며, 이는 아마도 자동차 제조 업체가 기술을 느리게 개발하는 이유 중 하나일 것이다. 또한 자동차를 소유하는 대신 필요할 때마다 호출할 수 있으므로 자동차 소유권이라는 개념도 사라질 수 있다.

2.4 배송과 창고 관리

아마존 분류 시설은 인간, 컴퓨터, 로봇 사이에 형성되는 공생 관계의 좋은 예다. 컴퓨터는 고객으로부터 주문을 받아 상품을 배송할 위치를 결정하고, 로봇은 창고에서 주변 팔레트와 재고를 운반하는 노새 역할을 한다. 인간은 각 주문에 필요한 항목들을 직접 선택해 '라스트 마일^{Last Mile}' 문제를 해결한다. 로봇은 같은 작업을 기계적으로 여러 번 반복하는 데 능숙하다. 이때 관련 패턴이 필요하며, 패턴을 형성하려면 일정 수준의 사전 훈련을 해야 한다. 그럼에도 로봇이 90킬로그램짜리 상자를 선택하거나 달걀을 깨지 않고 즉시 잡도록 하는 일은 로봇공학에서 어려운 문제다. 로봇은 크기, 무게, 모양, 취약성이 각기 다른 물건들을 처리하는 데 능숙하지 않다. 이는 많은 사람이 쉽게 수행하는 작업이다. 따라서 로봇이 잘하지 못하는 작업은 사람이 처리한다. 이와 같이 컴퓨터, 로봇, 인간은 잘 조율된 오케스트라가 되어 거의 실수 없이 매일 상자 수백만 개를 배송한다.

2019년 5월, 아마존 풀필먼트fulfillment 로봇 서비스 담당 이사인 스캇 앤더슨Scott Anderson은 창고를 완전히 자동화하려면 적어도 10년이 걸린다는 사실을 인정했다. 따라서 당분간 전 세계 창고는 앞서 설명한 형태일 것이다.

2.5 인간의 건강

AI는 건강과학health science에 매우 다양하게 적용된다. 그중 몇 가지만 살펴보자.

신약 개발

AI는 신약 후보(의료 분야 적용을 위해 테스트할 물질)들을 생성한 뒤 일부 후보를 빠르게 제거하는 데 도움을 줄 수 있다. 이때 제약 충족constraint satisfaction이나 실험 시뮬레이션을 사용한다(제약 충족 프로그래밍은 **10.3 '제약 충족 문제'**에서 자세히 알아본다). 이러한 접근 방식을 사용하면 신약 후보 수백만 개를 빠르게 생성하고, 특정 제약 조건을 충족하지 않는 후보를 빠르게 폐기함으로써 신약 발견 속도를 높일 수 있다.

어떤 경우에는 비용이 훨씬 큰 실제 신약 실험 대신에 컴퓨터 실험을 통해 시뮬레이션할 수 있다. 혹은 실제 실험을 수행하되 로봇을 사용해 프로세스 속도를 높이기도 한다. 이러한 새로운 분야를 **고 처리량 스크리닝**high throughput screening(HTS)과 **가상 고 처리량 스크리닝**virtual high throughput screening(VHTS)이라고 한다.

임상 시험을 향상하기 위해 머신러닝을 점점 더 많이 사용한다. 컨설팅 회사인 액센츄어Accenture는 지능형 임상 시험intelligent clinical trials(ITP)이라는 도구를 개발했다. 이 도구는 임상 시험 기간을 예측하는 데 사용한다.

놀랍게도 **자연어 처리**natural language processing(NLP) 또한 신약 개발에 사용된다. 게놈 데이터는 일련의 문자를 사용해 표현할 수 있으며 NLP 기술을 사용해 게놈 서열의 의미를 처리하거나 '이해'할 수 있다.

보험 가격결정

머신러닝 알고리즘은 피보험자에게 얼마를 지출하게 될지, 피보험자가 운전을 얼마나 잘하고 얼마나 오래 살지를 정확하게 예측함으로써 보험료를 더 잘 결정하는 데 사용할 수 있다.

예를 들어 인실리코 메디슨Insilico Medicine의 young.ai 프로젝트는 사람의 혈액 샘플과 사진을 통해 얼마나 오래 살지를 어느 정도 정확하게 예측한다. 혈액 샘플은 콜레스테롤 수치, 염증 마커, 헤모글로빈 수치, 알부민 수치 등 바이오 마커 21개를 제공하며, 이는 머신러닝 모델의 입력으로 사용된다. 또 다른 입력으로는 사람의 인종, 연령, 사진이 있다.

흥미롭게도 지금은 누구나 young.ai(*https://young.ai*)를 방문해 필요한 정보를 입력하면 서비스를 무료로 이용할 수 있다.

환자 진단

의사는 정교한 규칙 엔진과 머신러닝을 사용해 더 나은 진단을 내리고 진료 효율을 높일 수 있다. 예를 들어 캉장Kang Zhang[1]이 실시한 샌디에이고 캘리포니아 대학교의 최근 연구에서, 한 시스템은 주니어 소아과 의사보다 더 높은 정확도로 어린이의 질병을 진단했다. 이 시스템은 다음 질병을 90%~97% 정확도로 진단했다.

- 선열
- 홍역
- 인플루엔자
- 수두
- 손, 발, 구강 질환

입력 데이터 세트는 2016년부터 2017년까지 중국 광저우 지역에서 의사를 방문한 어린이 130만 명의 의료 기록으로 구성됐다.

의료 영상 해석

의료 영상 데이터는 환자에 관한 복잡하고 풍부한 정보 소스다. CT, MRI, 엑스레이는 나른 망

---

1 Willingham, Emily. (2019). A Machine Gets High Marks for Diagnosing Sick Children. Scientific America.
링크: *https://www.scientificamerican.com/article/a-machine-gets-high-marks-for-diagnosing-sick-children*

법으로는 얻을 수 없는 정보를 포함한다. 이러한 데이터를 해석할 수 있는 방사선 의사와 임상 의가 부족하므로, 이미지에서 결과를 얻는 데 며칠이 걸리거나 때로는 잘못 해석할 수도 있다. 최근 연구에 따르면 머신러닝 모델은 인간보다 더 잘하지는 못하더라도 유사한 수준으로 해석할 수 있다.

데이터 과학자들이 개발한 AI 지원 플랫폼은 MRI 촬영과 방사선 이미지를 며칠이 아닌 몇 분 만에 해석하며 기존 방법보다 정확도가 더 높다. 미국방사선학회American College of Radiology의 리더 들은 AI의 출현이 의사를 위한 훌륭한 도구라고 판단한다. 이 분야의 추가 개발을 촉진하기 위해 미국방사선학회 데이터 과학 연구소American College of Radiology Data Science Institute(ACR DSI)는 의료 영상 분야의 AI 사용 사례 몇 가지를 발표했으며 더 많은 제품을 계속 출시할 계획이다.

정신 분석

정신과 의사와 한 시간 정도 면담하려면 수백 달러가 들 수도 있다. 우리는 AI 챗봇으로 행동을 시뮬레이션할 수 있는 단계에 와 있다. 이 챗봇은 최소한 정신과 의사와의 면담에서 후속 치료를 제공하거나, 면담 일정 사이사이에 치료를 도울 수 있다.

초창기 자동화 상담사의 한 가지 예는 엘리자Eliza다. 1966년에 조셉 와이젠바움Joseph Weizenbaum 이 개발했다. 사용자는 로제리안 심리 치료Rogerian psychotherapist를 모방하는 컴퓨터와 '대화'할 수 있다. 엘리자는 자연스럽게 느껴지지만 놀랍게도 코드가 수백 줄에 불과하며 본질적으로 AI를 많이 사용하지 않는다.

좀 더 진화되고 근래에 가까운 예는 엘리Ellie다. 서던캘리포니아 대학교University of Southern California 의 창의기술센터Institute for Creative Technologies에서 개발했으며 우울증이나 외상 후 스트레스 장애 (PTSD) 환자의 치료에 도움이 된다. 엘리는 가상 치료사(화면에 나타남)이며, 감정적 단서 에 반응하고, 적절한 때에 고개를 끄덕이고, 자세를 바꾼다. 사람 얼굴에서 66개 지점을 감지 하고, 이러한 입력을 사용해 사람의 감정 상태를 읽는다. 엘리는 분명히 인간이 아니므로 사람 들이 더 편하게 마음을 열고, 자신을 재단한다는 느낌을 덜 받게 된다.

스마트 건강 기록

의학 분야는 전자 데이터 방식으로 바뀌는 데 뒤처져 있다. 데이터 과학은 환자 데이터 캡처를 간소화하는 다양한 방법을 제공한다. 여기에는 OCR, 필기 인식, 음성-텍스트 캡처, 환자의 활력 징후에 대한 실시간 읽기와 분석이 포함된다. 미래에는 인공지능 엔진이 이 정보를 실시간으로 분석해 체내 포도당 수치를 조정하거나, 약을 투여하거나, 응급 시 의료 지원을 요청하는 등 결정을 내릴 수도 있을 것이다.

질병 감지와 예측

인간 게놈은 데이터 세트의 극치다. 머지않아 우리는 인간 게놈을 머신러닝 모델에 입력으로 사용할 수 있으며, 이 방대한 데이터 세트를 통해 다양한 질병과 상태를 감지하고 예측할 수 있다.

게놈 데이터 세트를 머신러닝 입력으로 사용하는 작업은 빠르게 발전하고 있으며, 의학과 건강 관리에 혁명을 일으킬 흥미로운 영역이다.

인간 게놈에는 30억 개가 넘는 염기쌍이 있으며 현재 다음 두 가지 측면에서 진전이 이뤄지고 있다.

- 게놈 생물학 이해의 지속적인 발전
- 방대한 데이터를 더 빠르게 처리하기 위한 빅데이터 컴퓨팅의 발전

유전학 분야에서 많은 연구에 딥러닝이 적용됐다. 아직 초기 단계지만 딥러닝은 유전학에서 다음과 같은 분야에 정보를 제공할 잠재력이 있다.

- 기능유전체학
- 종양학
- 집단유전학
- 임상유전학
- 작물 수확량 향상
- 역학 및 공중보건
- 진화 및 계통 발생 분석

2.6 지식 검색

어떤 경우에는 우리가 AI를 사용하고 있다는 사실조차 깨닫지 못한다. 우리가 어떤 기술 혹은 제품이 어떻게 작동하는지 굳이 생각하지 않는다는 것은 그 기술이 좋다는 신호가 된다. 구글

검색은 이를 보여주는 완벽한 예다. 구글 검색은 일상 어디에서나 볼 수 있으며 우리는 이 제품이 놀라운 결과를 내기 위해 AI에 얼마나 의존하는지 알지 못한다. 구글 제안Google Suggest 기술에서 결과의 관련성을 지속적으로 개선하기까지, AI는 검색 프로세스에 깊숙이 포함돼 있다.

블룸버그Bloomberg에 따르면 2015년 초 구글은 랭크브레인RankBrain이라는 딥러닝 시스템을 사용해 검색 쿼리 응답 생성을 지원하기 시작했다. 블룸버그 기사는 랭크브레인을 다음과 같이 설명한다.

> *"랭크브레인은 AI를 사용해 컴퓨터가 이해할 수 있는 벡터라는 수학적 개체에 방대한 인간 언어를 삽입한다. 랭크브레인이 익숙하지 않은 단어나 구를 발견하면 기계는 어떤 단어나 구가 비슷한 의미를 가지는지 추측한다. 그에 따라 결과를 필터링해 이전에 보지 못한 검색을 보다 효과적으로 처리한다."*
>
> *– 잭 클락[2]*

지난 보고서에 따르면 랭크브레인은 구글 검색 쿼리 수십억 개 중에서 많은 부분을 차지하고 있다. 구글은 랭크브레인이 정확히 어떻게 작동하는지 밝히지 않으며, 심지어 구글조차도 작동 방식을 설명하기 어려울 수도 있다. 이는 딥러닝의 한 가지 딜레마다. 딥러닝은 대부분의 경우 매우 정확한 결과를 제공할 수 있지만 일반적으로 딥러닝 알고리즘이 특정 답변을 제공한 이유를 이해하기는 어렵다. 규칙 기반 시스템과 다른 머신러닝 모델(예를 들면 랜덤 포레스트)은 훨씬 쉽게 해석할 수 있다.

딥러닝 알고리즘의 부족한 설명 가능성은 법적 의미를 포함해 중요한 의미를 갖는다. 최근 구글과 페이스북은 결과가 편향됐는지 확인하기 위해 세부적으로 검사하고 있다. 미래에 입법자와 규제 당국은 이러한 거대 기술 기업이 특정 결과에 대한 정당성을 제공하도록 요구할 수 있다. 딥러닝 알고리즘이 설명 가능성이 없으면 정확도가 비교적 낮은 다른 알고리즘을 사용해야 할 수 있다.

랭크브레인은 초기에는 구글 쿼리의 약 15%만 지원했지만 이제는 거의 모든 사용자 쿼리에 관여한다. 그러나 쿼리가 일반적인 쿼리이거나 알고리즘이 이해하는 내용이라면 랭크브레인 랭

---

2 Clark, Jack (2015). Google Turning Its Lucrative Web Search Over to AI Machines. Bloomberg.
링크: *https://www.bloomberg.com/news/articles/2015-10-26/google-turning-its-lucrative-web-search-over-to-ai-machines*

크 점수에는 가중치가 거의 부여되지 않는다. 랭크브레인 점수는 알고리즘이 이전에 본 적이 없는 쿼리이거나 그 의미를 이해하지 못할 때 훨씬 더 관련이 높다.

2.7 추천 시스템

추천 시스템은 우리 일상에 밀접하게 연결된 AI 기술이다. 아마존, 유튜브, 넷플릭스, 링크드인, 페이스북은 모두 추천 기술에 의존하지만 우리는 그것을 사용하고 있다는 사실조차 깨닫지 못한다. 추천 시스템은 데이터에 크게 의존하며 처리하는 데이터가 많을수록 더 강력해진다. 앞서 언급한 회사들이 세계에서 가장 큰 시가총액을 보유하는 것은 우연이 아니며, 고객 데이터에 숨겨진 힘을 활용할 수 있다는 점에서 비롯한다. 이러한 추세는 앞으로도 계속될 것으로 예상된다.

추천이란 무엇일까? 질문에 답하기에 앞서 추천이 아닌 것부터 알아보자. 확실한 답은 없다. "2 더하기 2는 무엇일까?" 혹은 "토성에는 위성이 몇 개일까?"와 같은 질문은 확실한 답이 있고 주관성의 여지가 없다. 반면에 "좋아하는 영화는 무엇인가?" 혹은 "무를 좋아하는가?"는 완전히 주관적이며 답변이 사람마다 다르다. 일부 머신러닝 알고리즘은 이러한 '모호함'으로 점점 발전한다. 다시 말하지만 추천은 엄청난 의미를 가질 수 있다.

아마존이 두 제품 중에서 하나만 지속적으로 추천한다면 어떻게 될까? 아마존이 추천하는 제품을 만드는 회사는 번창할 것이고, 추천하지 않는 제품을 만드는 회사는 제품을 배포하고 판매할 대안을 찾지 못하면 폐업할 수도 있다.

추천 시스템을 개선하는 방법 한 가지는 시스템 사용자가 이전에 선택한 항목을 사용하는 것이다. 전자 상거래 사이트를 처음 방문해 주문 내역이 없다면 사이트에서 맞춤 추천을 하기가 어려울 것이다. 이때 예를 들어 운동화를 구매하면 웹사이트에 시작점으로 사용할 수 있는 데이터 포인트가 하나 생긴다. 시스템의 정교함에 따라 다른 운동화나 운동용 양말을 추천하거나, 구매한 운동화가 농구화라면 농구공을 추천할 수도 있다.

좋은 추천 시스템을 만드는 중요한 구성 요소 한 가지는 때때로 초기 사용자의 선택과 관련이 없을 수 있는 이상한 추천을 하는 무작위 요인이다. 추천 시스템은 과거 정보를 통해 유사한 추천을 할 뿐 아니라 처음에는 관련이 없을 수도 있는 새로운 추천을 시도한다. 예를 들어 어떤 넷플릭스 사용자가 영화 〈대부〉를 시청하면 넷플릭스는 알 파치노의 영화나 마피아 영화를 추천할 수 있다. 하지만 〈본 아이덴터티〉를 추천할 수도 있다. 이때 사용자가 추천을 받지 않거나 영화를 보지 않으면 알고리즘이 이를 학습하고 〈본 아이덴터티〉와 같은 영화(예를 들면 제이슨 본이 주인공인 영화)를 추천하지 않는다.

추천 시스템이 개선됨에 따라 가능성은 흥미진진해진다. 디지털 개인 비서에 힘을 실어주고 개인 집사가 된다. 사용자가 좋아하는 것과 싫어하는 것에 관한 지식을 가지고 있고, 사용자가 생각하지 못했던 훌륭한 제안을 할 수도 있다. 다음과 같은 영역에서 활용될 수 있다.

- 음식점
- 영화
- 음악
- 잠재적 파트너(온라인 데이트)
- 책과 기사
- 검색 결과
- 금융 서비스(로보어드바이저)

주목할 만한 예 몇 가지를 자세히 살펴보자.

넷플릭스 상

넷플릭스 상Netflix Prize은 추천 시스템 커뮤니티에 많은 화제를 불러일으켰다. 넷플릭스는 2006년부터 2009년까지 대상 상금이 1백만 달러인 대회를 후원했다. 넷플릭스는 평가rating 데이터 세트를 1억 개 이상 제공했다.

넷플릭스는 추천 정확도가 가장 높고 넷플릭스의 기존 추천 시스템보다 10% 더 정확한 팀에게 상금을 지급했다. 경쟁은 새롭고 더 정확한 알고리즘에 대한 연구를 활성화했다. 2009년 9월 벨코어BellKor의 프래그매틱 카오스Pragmatic Chaos 팀이 대상을 수상했다.

판도라

판도라Pandora는 최고의 음악 서비스 중 하나다. 애플이나 아마존 같은 회사와 달리 판도라는 음악 서비스에 초점을 맞춘다. 핵심적인 서비스 기능은 맞춤형 라디오 방송국이다. 이 '방송국'을 통해 사용자는 장르별로 음악을 재생할 수 있다. 이 기능의 핵심 또한 추천 시스템이다.

판도라의 추천은 여러 계층으로 구축된다.

- 먼저 음악 전문가 팀이 장르, 리듬, 진행에 따라 노래에 주석을 추가한다.
- 주석은 노래 유사성을 비교하기 위해 벡터로 변환된다. 이 접근 방식은 '롱 테일(소량으로 판매되는 많은 수의 제품)'이나, 청취자에게 적합하지만 아직 알려지지 않은 아티스트의 음악이 드러나도록 한다.
- 이 서비스는 사용자 피드백에 크게 의존해 서비스를 지속적으로 향상한다. 판도라는 청취자 선호도에 관한 피드백 데이터 포인트를 750억 개 이상 수집했다.
- 판도라 추천 엔진은 이전 선택, 지리 데이터, 인구 통계 데이터를 사용해 청취자 선호도에 따라 개인화된 필터링을 수행한다.

판도라의 추천은 약 70개의 알고리즘을 사용한다. 10개는 콘텐츠를 분석하는 데, 40개는 집단 지능을 처리하는 데, 나머지 30개 정도는 개인화된 필터링을 수행하는 데 사용한다.

베터먼트

로보어드바이저^{Robo-advisor}는 최소한의 인력 개입으로 투자나 금융 자문 및 관리를 제공하는 추천 엔진이다. 이 서비스는 머신러닝을 사용해 고객의 자산 조합을 자동으로 할당, 관리, 최적화한다. 기존 어드바이저보다 오버헤드가 적고 접근 방식이 더 확장 가능하므로 저렴한 비용으로 서비스를 제공한다.

100개가 넘는 회사가 이러한 서비스를 제공하며 치열하게 경쟁하고 있다. 로보어드바이저는 엄청난 혁신으로 간주된다. 이전에 자산 관리 서비스는 순자산이 높은 사람을 위한 독점적이고 값비싼 서비스였다. 로보어드바이저는 사람의 서비스보다 낮은 비용으로 더 많은 사용자에게 유사한 서비스를 제공한다. 로보어드바이저는 잠재적으로 주식, 채권, 선물, 상품, 부동산을 비롯해 다양한 투자 상품에 투자할 수 있다. 그러나 투자는 보통 간단한 상장지수펀드(ETF)로 제한된다.

앞서 언급했듯 많은 회사에서 로보어드바이스를 제공한다. 예를 들어 베터먼트^{Betterment}라는 회사를 통해 이 주제에 관해 자세히 알아볼 수 있다. 위험 설문지를 제출하면 베터먼트는 사용자에게 맞춤화된 다양한 포트폴리오를 제공한다. 일반적으로 수수료가 낮은 주식과 채권 인덱스 펀드의 조합을 권장한다. 베터먼트는 관리 수수료(포트폴리오의 일성 비율)를 부과하시만 대부분 인력이 제공하는 서비스보다 저렴하다(이 서비스를 홍보하는 것이 아니며 금융 분야 추천 엔진의 예로 언급할 뿐이다).

2.8 스마트 홈

일반적으로 사람들은 AI가 곧 인간 노동자를 대체할 것이라고 생각하지 않는다. 그들은 사람들이 여전히 집안일을 많이 해야 한다는 사실을 지적한다. AI는 기술적으로 가능해야 할 뿐 아니라 상용화되려면 경제적으로도 실현 가능해야 한다. 가사 도우미는 일반적으로 저임금 직업이므로 이를 대체하는 자동화 기기는 가격이 같거나 더 저렴해야 한다. 또한 집안일은 섬세함을 요하며 반복적이지 않은 작업도 포함한다. 자동화 기기가 숙련되려면 다음과 같은 작업을 수행해야 한다.

- 옷 세탁 및 건조
- 옷 개기
- 저녁 요리
- 이불 정리
- 바닥에서 물건 줍기
- 걸레질, 먼지 털기, 진공 청소
- 설거지
- 집안 모니터링

일부는 기계가 수행하기 쉽지만(심지어 AI 없이도) 일부는 매우 어렵다. 이러한 이유와 경제적인 문제로 인해 가정은 아마도 완전히 자동화되려면 오랜 시간이 걸릴 것이다. 그럼에도 이 분야에 몇 가지 놀라운 발전이 있었다. 하나씩 자세히 살펴보자.

홈 모니터링

홈 모니터링은 이미 훌륭한 솔루션들이 출시된 분야다. 아마존의 링^{Ring} 비디오 초인종과 구글 네스트^{Google Nest} 온도조절기는 현재 널리 사용되는 스마트 홈 기기로 저렴하게 구입할 수 있다. 자세히 살펴보자.

링 비디오 초인종은 인터넷에 연결된 스마트 홈 기기로, 사용자가 집에서의 활동(방문자 등)을 스마트폰으로 확인할 수 있다. 이 시스템은 항상 녹화를 하지 않으며 누군가가 초인종을 누르거나 동작 감지기가 활성화되면 녹화를 한다. 링 초인종을 사용하면 집주인이 방문자의 활동을 확인하거나 내장 마이크와 스피커로 소통할 수 있다. 일부 모델에서는 스마트 잠금장치를 통해 원격으로 문을 열 수 있다.

네스트 러닝 서모스탯Nest Learning Thermostat은 네스트 랩Nest Labs에서 처음 개발한 스마트 홈 기기이며 이후에 구글에서 인수했다. 토니 파델Tony Fadell, 벤 필슨Ben Filson, 프레드 볼드Fred Bould가 설계했다. 이 기기는 프로그래밍이 가능하고 와이파이를 지원하며 자가 학습이 가능하다. 인공지능을 사용해 에너지를 절약하면서 실내 온도를 최적화한다.

사용 첫 주에 온도조절기를 원하는 값으로 설정하면 이 값이 기준이 된다. 온도조절기는 사용자의 일정과 선호하는 온도를 학습한다. 집에 사람이 없을 때는 온도조절기의 내장 센서와 휴대폰의 위치를 사용해 에너지 절약 모드로 전환된다.

2011년부터 네스트 서모스탯은 전 세계 수백만 가정에서 수십억kWh 에너지를 절약했다. 대학 내 독립 연구에 따르면 난방비는 평균 10~12%, 냉방비는 15% 절약됐다. 따라서 약 2년 내에 서모스탯 구매 비용을 상쇄할 수 있다.

진공 청소와 걸레질

많은 가정에서 진공 청소와 걸레질을 로봇에 맡기고 있다. 로봇 진공청소기는 AI를 사용해 표면(바닥)을 청소하는 자율 로봇 진공청소기다. 일부 모델은 회전 브러시를 사용해 좁은 모서리를 청소하며, 일부 모델은 진공 기능 외에도 걸레질이나 자외선 소독과 같은 기능을 포함한다. 이 기술을 대중화한 공로의 대부분은 아이로봇iRobot이라는 회사(영화가 아님)에 있다.

아이로봇은 1990년 MIT 인공지능 연구소에서 일하던 로드니 브룩스Rodney Brooks, 콜린 앵글Colin Angle, 헬렌 그레이너Helen Greiner가 만나 시작됐다. 룸바Roomba라는 진공청소기로 가장 잘 알려져 있지만 오랫동안 군용 로봇 개발에 전념하는 부서도 있었다. 룸바는 2002년에 판매되기 시작했다. 2012년까지 아이로봇은 가정용 로봇이 800만 개 이상의 가정용 로봇을 판매했으며 5,000개 이상의 방위 및 보안 로봇을 만들었다.

아이로봇의 폭탄 처리 로봇 팩봇PackBot은 미군에 의해 이라크와 아프가니스탄에서 광범위하게 사용됐다. 또한 후쿠시마 다이치Fukushima Daiichi 원자력 재해 현장에서 위험한 상황에서 정보를 수집하는 데 사용됐다. 시글라이더Seaglider는 멕시코 만의 딥워터 호라이즌Deepwater Horizon 기름 유출 사고로 인한 수중 기름 웅덩이를 감지하는 데 사용됐다.

또 다른 제품은 브라바Braava 시리즈다. 브라바는 바닥을 쓸고 닦는 작은 로봇으로 욕실이나 주방 같은 작은 공간에 사용된다. 물을 뿌린 뒤 다양한 패드를 사용해 효과적이고 소음 없이 청소한다. 일부 모델에는 내비게이션 시스템이 내장돼 있다. 브라바는 깊은 얼룩을 제거할 힘이 없으므로 인간을 완전히 대체하지는 못하지만 널리 사용되고 높은 평가를 받았다. 앞으로도 계속 인기를 얻을 것으로 기대한다.

스마트 홈 기기의 잠재적인 시장은 거대하며, 아직 개발되지 않은 이 시장을 활용하려는 탄탄한 기업과 스타트업의 시도가 계속될 것이다.

어질러진 물건 정리

배송 사용 사례에서 봤듯 무게, 치수, 모양이 각기 다른 물체를 들어올리는 작업은 자동화하기 매우 어렵다. 로봇은 특정 로봇이 특정 작업을 전문으로 하는 작업 현장처럼 균일한 조건하에서만 효율적으로 수행할 수 있다. 반면에 의자를 집고 나서 신발을 집는 작업은 매우 어렵고 비용이 많이 들 수 있다. 따라서 집안일을 수행하는 로봇이 빨리, 저렴하게 상용화되기는 기대하기 어렵다.

개인 요리사

바닥에서 물건을 집는 작업과 마찬가지로 요리를 할 때도 다양한 물건을 집어야 한다. 하지만 '자동 요리'는 보다 빨리 이루어질 것으로 예상된다. 두 가지 이유가 있다.

- 어떤 음식점에서는 요리를 수백 달러에 판매하고 숙련된 요리사에게 높은 임금을 지불할 수 있다. 따라서 더 많은 수익을 내려면 고임금 요리사를 대체하기 위해 기술을 사용할 수도 있다. 그 예로 별 5개 초밥 레스토랑이 있다.
- 몇몇 주방 일은 반복적이므로 자동화에 적합하다. 햄버거와 감자튀김을 수백 명이 만들어야 하는 패스트푸드점을 생각해보자. 기계 한 대가 서로 다른 조리 과정을 전부 처리하는 대신 일련의 기계가 각각의 반복 작업을 단계를 개별적으로 처리할 수 있다.

스마트 보형물은 AI가 인간을 대체하기보다는 능력을 향상하는 훌륭한 예다. 사고로 팔을 잃거나 선천적으로 팔다리가 없는 셰프가 적지 않다.

한 가지 예로 미쉐린 2스타 음식점을 운영하는 마이클 케인즈^{Michael Caines}가 있다. 셰프 케인즈는 끔찍한 교통사고로 팔을 잃었다. 그는 2016년 1월까지 영국 데본에 있는 기드레이 파크^{Gidleigh Park}에서 수석 셰프로 일했다.[3] 현재는 엑세터^{Exeter}와 엑스머스^{Exmouth} 사이에 있는 림프스톤 마

---

3 _https://www.michaelcaines.com/michael-caines/about-michael_

노^{Lympstone Manor} 호텔의 수석 셰프다. 그가 만든 음식의 질을 보면 의수로 요리했다는 사실을 결코 알 수 없다.

또 다른 예는 운동선수이자 셰프인 에두아르도 가르시아^{Eduardo Garcia}다. 운동과 요리 모두 세계에서 가장 진보한 생체공학 손^{bionic hand} 덕분에 가능해졌다. 가르시아는 2011년 10월 엘크를 사냥하다가 몬타나 오지에서 감전을 당했다. 그는 혼자 사냥을 하던 중 오지에서 죽은 새끼 흑곰을 보고 확인하러 갔다. 무릎을 꿇고 칼로 새끼 흑곰을 건드린 순간 2,400볼트의 전기가 그의 몸을 통과했다. 새끼 곰은 사실 땅에 묻혀 있던 전선에 의해 죽은 것이었다. 가르시아는 살아남았지만 이 사고로 팔을 잃었다.

2013년 9월 가르시아는 터치 바이오닉스^{Touch Bionics}가 설계한 생체공학 손으로 Advanced Arm Dynamics에 선정됐다. 생체공학 손은 가르시아의 팔뚝 근육에 의해 제어되며 25가지 방법으로 물건을 잡을 수 있다. 이 손으로 가르시아는 일반적으로 큰 손재주를 요하는 작업을 할 수 있다. 하지만 여전히 몇 가지 한계가 있다. 예를 들어 무거운 것을 들 수 없다. 하지만 한편으로는 예전에 불가능했던 일을 할 수 있게 됐다. 뜨거운 오븐에 데지 않고 물건을 집을 수 있으며 손가락을 자를 일도 없다.

반대로 로봇이 인간의 능력을 향상하기보다는 주방에서 인간을 완전히 대체할 수도 있다. 그 예는 로봇 주방 몰리^{Moley}다. 현재 생산되지는 않지만 몰리 로보틱스 키친^{Moley Robotic Kitchen}의 가장 진보한 프로토타입에는 두 개의 로봇 팔이 있다. 이 팔에는 촉각 센서, 조리기(가스레인지), 오븐, 식기세척기, 터치스크린 장치로 구성된 손이 있다. 인공 손은 칼, 거품기, 숟가락, 믹서를 비롯한 대부분의 주방 장비를 들어올리고, 잡고, 상호작용을 할 수 있다.

몰리는 3D 카메라와 장갑을 사용해 요리사가 식사를 준비하는 과정을 기록한 뒤 자세한 단계와 지침을 저장소에 업로드한다. 요리사의 동작은 제스처 인식 모델을 통해 로봇 동작으로 변환된다. 이 모델은 스탠퍼드 대학교, 카네기 멜런 대학교와 공동으로 제작됐다. 몰리는 요리 단계들을 재현해 똑같은 식사를 처음부터 요리한다.

현재 프로토타입에서 사용자는 식재료를 미리 준비하고 미리 설정한 위치에 배치해 터치스크린이나 스마트폰 애플리케이션으로 조작할 수 있다. 회사의 장기적인 목표는 사용자가 2,000개 이상의 레시피 목록에서 옵션을 선택하면 몰리가 몇 분 안에 식사를 준비하도록 하는 것이다.

2.9 게임

인공지능에 대한 경외심은 무엇보다 게임 분야의 발전에서 느낄 수 있다. 인간은 본질적으로 경쟁적이며 게임에서 기계가 인간을 이기는 것은 인공지능 분야의 돌파구를 측정할 수 있는 흥미로운 척도다. 컴퓨터는 오래전부터 체커처럼 기초적이고 결정적이며 컴퓨팅 집약적인 게임에서 인간을 이길 수 있었다. 기계가 어려운 게임의 마스터를 지속적으로 이기게 된 것은 불과 몇 년 전이다. 이 절에서는 세 가지 예를 살펴보자.

스타크래프트 2

비디오게임은 AI 시스템의 성능을 테스트하기 위한 벤치마크로 수십 년간 사용돼왔다. 성능이 향상됨에 따라 연구자들은 다양한 유형의 지능이 필요한 더 복잡한 게임으로 발전시켰다. 이러한 게임을 통해 개발한 전략과 기술은 실제 문제 해결에도 적용할 수 있다. 스타크래프트 2는 비디오게임 기준에서는 오래됐지만 가장 어려운 게임 중 하나로 간주된다.

딥마인드^{DeepMind}의 팀은 스타크래프트 2를 플레이할 수 있는 알파스타^{AlphaStar}라는 프로그램으로 최고의 프로 선수를 처음으로 이겼다. 2018년 12월에 열린 경기에서 알파스타는 5대0의 점수로 세계에서 가장 강력한 프로 스타크래프트 선수 중 한 명인 그레고리 코민츠(마나)의 팀을 이겼다. 게임은 전문적인 프로 경기 조건하에서 게임 제한 없이 진행됐다.

알파스타는 이전에 어느 정도 제약점을 갖는 AI를 사용해 게임을 마스터했던 시도와 달리 제한 없이 전체 게임을 플레이할 수 있다. 지도 학습과 강화 학습을 사용해 원래의 게임 데이터로 학습한 심층 신경망을 사용한다. 스타크래프트 2가 어려운 한 가지 이유는 장기 목표와 단기 목표 사이에서 균형을 맞추고 예상치 못한 시나리오에 적응해야 하기 때문이다. 이는 이전 AI 시스템에서는 일반적으로 엄청난 어려움이었다.

스타크래프트는 그저 어려운 게임일 뿐이지만 알파스타에서 나오는 개념과 기술은 실제 문제를 해결하는 데 유용하다. 예를 들어 알파스타의 아키텍처는 불완전한 정보를 기반으로 동작들의 매우 긴 시퀀스를 모델링할 수 있다(게임은 한 시간까지 지속되며 수만 번의 움직임이 있다). 긴 데이터 시퀀스에 대해 복잡한 예측을 수행하는 개념은 실제 문제에서도 쉽게 찾을 수 있다. 그 예는 다음과 같다.

- 날씨 예측
- 기후 모델링
- 자연어 이해

알파스타가 스타크래프트를 통해 입증한 성공은 현존하는 가장 어려운 비디오게임에서 중요한 과학적 돌파구를 보여준다. 이는 중요한 실제 문제를 해결하는 데 유용한 AI 시스템을 만들기 위한 큰 발전이다.

제오파디

IBM과 왓슨^{Watson} 팀은 2011년 가장 성공적인 제오파디^{Jeopardy} 챔피언 두 명을 이길 수 있는 시스템을 고안함으로써 새로운 역사를 썼다. 켄 제밍스^{Ken Jennings}는 74회 연속 출연으로 쇼 역사상 가장 긴 무패를 기록했으며 브래드 러터^{Brad Rutter}는 총 325만 달러로 가장 큰 상금을 차지했다. 두 선수는 왓슨과의 시범 경기에 동의했다. 왓슨은 자연어로 제기된 질문에 답할 수 있는 질의 응답 시스템으로, 수석 연구원인 데이빗 페루치^{David Ferrucci}가 이끄는 IBM의 DeepQA 연구 팀이 처음 개발했다. 왓슨이 사용하는 질의 응답 기술은 일반 검색(구글 검색 등)과 차이가 있다. 일반 검색은 키워드를 입력으로 사용하고 쿼리 관련성에 따라 순위가 지정된 문서 목록으로 응답한다. 반면에 왓슨이 사용하는 질의 응답 기술은 자연어로 표현된 질문을 받고, 더 깊은 수준에서 질문을 이해하고, 질문에 정확한 답을 제공하려고 한다.

왓슨의 소프트웨어 아키텍처는 다음을 사용한다.

- IBM의 DeepQA 소프트웨어
- 아파치 UIMA(비정형 정보 관리 아키텍처)
- Java, C ++, 프롤로그 등 다양한 언어
- SUSE 리눅스 엔터프라이즈 서버
- 분산 컴퓨팅을 위한 아파치 하둡

체스

많은 사람이 1996년에 딥블루^{Deep Blue}가 체스의 거장 가리 카스파로프^{Gary Kasparov}를 이겼을 때의 뉴스를 기억할 것이다. 딥블루는 IBM이 만든 체스 게임 애플리케이션이다.

첫 번째 대결에서 딥블루는 가리 카스파로프와의 첫 경기에서 이겼다. 하지만 여섯 경기가 예정돼 있었고, 이어서 카스파로프가 3승을 기록했으며 남은 두 경기는 무승부로 끝났다. 결과는 4대2로 카스파로프가 승리했다.

이후 딥블루 팀은 소프트웨어를 많이 개선하고 1997년 카스파로프와 다시 경기를 치렀다. 재대결 결과는 3.5대2.5로 딥블루의 승리였다. 딥블루는 표준 체스 토너먼트 규칙 및 시간 제어에 따라 세계 챔피언을 이긴 최초의 컴퓨터 시스템이 됐다.

크게 알려지지 않았지만 알파제로AlphaZero 팀의 성취 또한 인간을 이기는 기계가 보편화되고 있다는 신호를 보여준다. 2017년 알파제로 연구 팀의 구글 연구원들이 개발한 시스템은 체스 규칙을 4시간만 학습하고도 당시 가장 발전된 세계 챔피언 체스 프로그램인 스톡피시Stockfish를 이긴다. 이제 컴퓨터와 인간 중에 누가 더 체스를 잘하는지에 관한 문제는 해결됐다.

잠시 멈추고 이 점을 생각해보자. 체스라는 고전 게임에 관한 인류의 모든 지식은, 아침에 배우기 시작하면 점심 때 학습이 완료되는 시스템에 의해 압도당했다. 시스템에는 체스의 규칙만 주어질 뿐 전략이나 추가 지식은 제공되지 않았다. 그럼에도 불과 몇 시간 만에 알파제로는 스톡피시를 이길 정도로 게임을 마스터했다. 연속 100회 경기에서 알파제로는 흰색으로 경기할 때 25회 승리했다(흰색은 게임에서 먼저 시작하므로 유리하다). 또한 검은색으로 경기할 때는 3회 승리했다. 나머지 게임은 동점이었다. 스톡피시는 단 한 번도 이기지 못했다.

알파고

바둑Go은 체스와 비교할 수 없을 정도로 난도가 높다. 19x19 보드 위의 가능한 수는 눈에 보이는 우주의 원자 수보다 많으며, 체스 게임의 수는 바둑의 수에 비하면 무시해도 될 정도로 작다. 따라서 바둑은 체스보다 최소한 몇 배 더 복잡하다. 게임의 흐름이 이동할 때마다 가능한 수가 많기 때문이다. 바둑을 두다 보면, 돌 하나가 전체 보드 상황에 영향을 미칠 수 있는 동작의 수도 체스보다 훨씬 더 많다.

딥마인드는 바둑 게임을 할 수 있는 강력한 프로그램인 **알파고**AlphaGo를 개발했다. 또한 알파고 마스터AlphaGo Master, 알파고 제로AlphaGo Zero, 알파제로라는 훨씬 더 강력한 후속 제품도 있다.

2015년 10월 오리지널 알파고는 풀 사이즈 19x19 보드에서 핸디캡 없이 인간 프로 바둑 기사를 이기는 최초의 컴퓨터 바둑 프로그램이 됐다. 그리고 2016년 3월 5일 경기에서 이세돌을 이겼다. 바둑 프로그램이 핸디캡 없이 9단 프로 기사를 이긴 사례는 처음이었다. 알파고는 네 번째 경기에서 이세돌 기사에 패했지만 이세돌 기사가 최종 경기에서 기권해 최종 점수는 4대1을 기록했다.

2017 바둑의 미래 서밋Future of Go Summit에서 알파고의 후속작인 알파고 마스터는 커제 9단을 이겼다. 커제는 당시 세계 1위 선수였다. 그 후 알파고는 중국 바둑 협회에서 프로 9단을 받았다.

알파고와 그 후속 제품들은 **몬테카를로**Monte Carlo 트리 검색 알고리즘을 사용해 이전에 머신러닝에서 '학습된' 지식을 기반으로 동작을 찾는다. 특히 딥러닝과 훈련을 사용해 인간을 상대로 바둑을 둘 수도 있고, 혼자 바둑을 둘 수도 있다. 이 모델은 알파고 자신의 움직임과 승자의 게임을 예측하도록 훈련됐다. 신경망은 트리 검색의 강도를 향상해 다음 게임에서 더 나은 움직임과 더 강력한 수를 제공한다.

2.10 영화 제작

앞으로 수십 년 안에는 분명히 100% 컴퓨터로 제작된 영화를 만들 수 있을 것이다. 입력이 대본이고 출력이 장편영화인 시스템은 이미 상상 가능하다. 게다가 특별한 도구가 필요 없는 경우도 있다. 따라서 결국 스크립트조차 필요하지 않게 된다. 자세히 살펴보자.

딥페이크

딥페이크DeepFake는 'Deep(딥러닝)'과 'Fake(가짜)'의 합성어 또는 혼합어로, 비디오 이미지를 병합하는 AI 기술이다. 일반적인 응용은 사람의 얼굴을 다른 사람의 얼굴과 겹치는 것이다. 이는 포르노 장면에 유명인 얼굴을 합성하거나 리벤지 포르노를 만드는 데 악용되기도 했다. 딥페이크는 가짜 뉴스나 조작물을 만드는 데도 사용될 수 있으므로 오용되면 사회에 심각한 악영향을 줄 수 있다.

최근 비슷한 사례로 자오Zao라는 앱을 개발한 중국 회사가 모모Momo라는 애플리케이션을 개발했다. 타이타닉 같은 짧은 동영상 클립에 얼굴을 합성할 수 있으며 그 결과는 상당히 인상적이다. 이러한 애플리케이션은 항상 논란을 불러일으킨다. 어떤 그룹은 사용자 동의를 받고 사이트에 제출된 사진이 모모의 자산이 돼 나중에 다른 애플리케이션에 사용될 수 있다고 항의한다.

딥페이크 분야 내 기술의 발전을 지켜보면 흥미로울 것이다.

영화 스크립트 생성

아카데미상을 수상하기에는 멀었지만 영화 대본을 제작하는 프로젝트도 있다. 유명한 예는 썬스프링Sunspring이다.

썬스프링은 2016년에 개봉한 실험적인 단편 공상과학영화로 완전히 딥러닝 기술을 사용해 제작됐다. 영화 대본은 벤자민Benjamin이라는 **장단기 메모리**Long Short-Term Memory (LSTM) 모델을 사용해 만들어졌다. 제작자는 BAFTA 후보에 오른 영화 제작자 오스카 샤프Oscar Sharp와 뉴욕 대학교 AI 연구원 로스 굿윈Ross Goodwin이다. 배우는 토마스 미들디치Thomas Middleditch, 엘리자베스 그레이Elisabeth Grey, 험프리 커Humphrey Ker다. 영화 캐릭터들은 이름이 H, H2, C이며 미래에 살고 있다. 그들은 결국 서로 이어지고 삼각관계가 형성된다.

이 영화는 원래 Sci-Fi-London 영화제의 48시간 챌린지에서 상영됐으며 2016년 6월 기술 뉴스 웹사이트인 아르스 테크니카Ars Technica를 통해 온라인으로 공개됐다.

2.11 인수 및 거래 분석

인수(언더라이팅이라고도 함)란 무엇일까? 간단히 말하면 기관이 보험료를 받는 대가로 재정적 위험을 감수할 것인지 결정하는 과정이다. 인수가 필요한 거래를 예로 들면 다음과 같다.

- 보험 증권 발행
  - 건강
  - 생활
  - 가정
  - 운전
- 대출
  - 할부 대출
  - 신용카드
  - 부동산 담보 대출
  - 상업 신용 한도

- 증권 인수 및 기업공개(IPO)

보험 정책이나 대출을 발행해야 하는지 여부와, 잘못된 결정을 내릴 경우 비용이 얼마나 많이 들 수 있는지를 결정한다. 예를 들어 은행이 대출을 발행하고 대출이 불이행되면 손실을 보상하기 위해 수십 개의 다른 대출이 필요하다. 반대로 채무자가 대출금 전부를 지불하면 은행 재정에도 해로울 수 있다. 따라서 은행은 대출 담보의 가치뿐 아니라 대출자의 신용 가치를 결정하기 위해 대출을 분석하거나 '인수'하는 데 상당한 시간을 소비한다.

그럼에도 불구하고 보험회사는 잘못해서 채무자에게 무도하거나 우회하는 대출을 발행할 수 있다. 현재 인수 과정은 일정 기준을 따르지만 소규모 은행의 경우 과정에 사람의 주관이 개입될 가능성이 있다. 이것이 반드시 나쁜 것만은 아니다. 다음 시나리오를 보며 자세히 알아보자.

순자산이 높은 개인이 최근 세계 여행을 마치고 돌아왔다. 3개월 전에 유명한 의료기관에 취직했으며 신용 점수는 800점 이상이다.

여러분이라면 이 사람에게 돈을 빌려주겠는가? 주어진 상황을 고려하면 신용 위험도 측면에서는 좋아 보인다. 그러나 일반적인 인수 규칙에 따르면 지난 2년간 근로 활동을 하지 않았기 때문에 자격을 상실할 수 있다. 사람이 처리하고 판단하는 경우에는 전체적인 상황을 보고 아마도 승인할 것이다.

비슷한 상황에서 머신러닝 모델은 이를 가치 있는 계정으로 표시하고 대출을 승인할 수 있다. 머신러닝 모델은 엄격하고 견고한 규칙이 아니라 '실례를 통해 학습'한다.

많은 대출 기관이 이미 인수 과정에 머신러닝을 사용하고 있다. 이를 전문으로 하는 회사로 제스트 파이낸스Zest Finance가 있다. 제스트 파이낸스는 AI 기술을 사용해 대출 기관의 인수를 지원한다. AI는 수익을 늘리고 위험을 줄이는 데 도움이 될 수 있다. 가장 중요한 것은 제스트 파이낸스같이 잘 적용된 AI는 기업에서 사용된 AI 모델이 국가의 규정을 준수하는지 확인하는 데 유용하다는 점이다. 일부 AI 모델은 대출 허가 및 거절 이유를 설명하기 어려운 '블랙박스'가 될 수 있다. 제스트 파이낸스는 데이터 모델링 결과를 완전히 설명하고, 비즈니스 영향을 측정하고, 규세 요구 사항을 준수한다. 제스트 파이낸스의 숨은 무기는 비전통적인 데이터를 사용한다는 점이다. 여기에는 대출 기관이 사내에 보유할 수 있는 데이터가 포함된다. 예를 들면 다음과 같다.

- 고객 지원 데이터
- 지불 내역
- 구매 거래

또한 다음과 같은 비전통적인 신용 변수를 고려할 수 있다.

- 고객이 양식을 작성하는 방법
- 고객이 사이트에 도착하는 데 사용하는 방법 혹은 사이트를 탐색하는 방법
- 신청서를 작성하는 데 걸린 시간

2.12 데이터 정리와 변환

기름이 자동차에 동력을 공급하듯 데이터는 AI의 생명선이다. '콩 심은 데 콩 나고 팥 심은 데 팥 난다'라는 오래된 속담은 슬프지만 사실이다. 따라서 일관되고, 재현 가능하고, 정확한 AI 모델을 생성하려면 깨끗하고 정확한 데이터를 확보하는 일이 가장 중요하다.

데이터 정리 중 일부에는 인간의 노력이 개입돼야 한다. 연구 결과에 따르면 데이터 과학자는 입력 데이터를 정리하고, 준비하고, 변환하는 데 총 시간의 80%를 사용하며 나머지 20%는 모델을 실행하고 최적화하는 데 소비한다고 한다. 이미지넷^{ImageNet}과 MS-COCO 이미지 데이터 세트를 예로 들 수 있다. 두 데이터 세트 모두 레이블링된 이미지 100만 개 이상을 포함한다. 이 데이터 세트는 다양한 카테고리와 객체 유형을 구분할 수 있는 모델을 학습하는 데 사용된다. 처음에는 인간이 개입해 레이블링 작업을 했지만 이러한 시스템이 점점 보급되면서 AI를 사용해 레이블링을 할 수 있게 됐다. 또한 정리 및 중복 제거에 유용한 AI 지원 도구도 많다.

좋은 예 한 가지는 아마존 레이크 포메이션$^{Amazon\ Lake\ Formation}$이다. 2019년 8월 아마존은 레이크 포메이션이라는 서비스를 발표했다. 레이크 포메이션은 데이터 수집, 정리, 중복 제거, 카탈로그 작성 및 게시를 비롯해 데이터 레이크 생성에 일반적으로 포함되는 몇몇 단계들을 자동화한다. 그리고 나서 데이터를 분석하고 머신 모델을 구축한다. 레이크 포메이션을 사용하기 위해 사용자는 미리 정의된 템플릿을 이용해 다양한 소스에서 레이크로 데이터를 가져올 수 있다. 그리고 조직 내 그룹의 요구 사항에 맞는 접근 레벨에 따라 데이터 접근을 제어하는 정책을 정의한다.

데이터가 거치는 자동화 준비, 정리, 분류 작업 일부는 머신러닝을 사용해 자동으로 수행된다. 또한 레이크 포메이션은 관리자가 여러 분석 엔진에서 데이터 접근 정책, 거버넌스 및 감사를 관리하고 모니터링할 수 있는 대시보드를 제공한다. 사용자는 결과 카탈로그에서 데이터 세트를 검색할 수도 있다. 이러한 도구들이 계속해서 발전함에 따라 각자 선호하는 분석 및 머신러닝 서비스를 사용해 좀 더 쉽게 데이터를 분석할 수 있다. 다음과 같은 도구가 있다.

- 데이터브릭스Databricks
- 태블로Tableau
- 아마존 레드시프트
- 아마존 아테나
- AWS 글루
- 아마존 EMR
- 아마존 퀵사이트
- 아마존 세이지메이커

2.13 정리

이 장에서는 AI를 이용하는 사례를 몇 가지 알아봤다. 가능한 한 특정 기술이 아닌 널리 사용되는 기술들을 다루고자 했다. 이러한 기술들이 앞으로 얼마나 발전하고, 저렴해지고, 보다 널리 이용될지 추정하기는 어렵지 않다. 예를 들어 자율 주행 자동차가 대중화되면 꽤 흥미로울 것이다.

그러나 영향력이 더 큰 AI 애플리케이션은 아직 등장하지 않았다. 또한 AI의 발전은 사회에 광범위한 영향력을 미칠 것이므로 우리는 다음과 같은 질문들을 고민해봐야 한다.

- AI가 더 진화해 스스로 의식을 갖는다면 어떻게 될까? AI에도 인간과 비슷한 권한을 부여해야 할까?
- 로봇이 인간을 대체한다면 기업들은 실직한 근로자들을 위한 급여세를 계속 납부해야 할까?
- 컴퓨터가 모든 일을 하는 상황이 되면 우리는 어떻게 대처해야 할까? 시간을 어떻게 보내야 할까?
- 소수의 개인이 모든 자원을 제어하게 될까? 개인이 자신의 이익을 추구하는 보편적인 소득 사회가 가능할까? 혹은 실직자가 빈곤 속에 살아가야 할까?

빌 게이츠와 일론 머스크는 AI가 스스로의 목표를 열광적으로 추구한 나머지 지구를 파괴하거

나, 우연으로라도(혹은 우연이 아닐 수도 있음) 인류를 제거하는 상황에 대해 경고했다. 우리
는 AI의 영향에 관해 절반 정도 낙관적인 견해를 갖지만 한 가지 분명한 점은 AI의 발전이 흥
미로운 여정이라는 것이다.

머신러닝 파이프라인

머신러닝 파이프라인이 무엇인지 학습하고 구현에 어떤 도구가 사용되는지 알아본다. 파이프라인 내 주요 단계를 예제와 함께 살펴본다.

이 장의 학습 목표
- 머신러닝 파이프라인이란
- 문제 정의
- 데이터 수집
- 데이터 준비
- 데이터 분리
- 모델 훈련

모델 훈련model training은 머신러닝 프로세스의 일부분일 뿐이다. 데이터 과학자는 종종 데이터를 머신러닝 모델에서 사용할 수 있도록 정리, 변환, 준비하는 데 상당한 시간을 소비한다. **데이터 준비**data preparation는 시간이 많이 걸리는 작업이다. 이 장에서는 잘 설계된 머신러닝 파이프라인을 형성하는 요소와, 이 작업을 쉽게 해주는 최첨단 기술을 소개한다.

이 장에서는 다음과 같은 주제를 다룬다.

- 머신러닝 파이프라인이 정확히 무엇인가?
- 프로덕션 수준 머신러닝 파이프라인의 구성 요소는 무엇인가?
- 머신러닝 모델을 배포할 때 모범 사례는 무엇인가?
- 머신러닝 파이프라인을 마련하고 나서 배포 주기를 어떻게 단축할 수 있을까?

3.1 머신러닝 파이프라인이란 무엇인가

머신러닝에 입문하는 데이터 과학자는 곧바로 모델을 구축하고 튜닝하려 할 때가 많다. 하지만 성공적인 머신러닝 시스템을 만들려면 랜덤 포레스트 모델과 서포트 벡터 머신 모델 중에서 어느 것을 선택할지 고민하는 것 이상으로 많은 것이 필요하다.

적절한 수집 메커니즘 선택부터 데이터 정리, 특성 공학에 이르기까지, 머신러닝 파이프라인의 초기 단계는 모델 선택만큼이나 중요하다. 또한 제품에서 모델의 성능을 적절하게 측정 및 모니터링하고 모델을 재훈련하는 시기와 방법을 결정함에 따라 결과가 크게 달라진다. 세상이 변하는 만큼 입력 변수가 변하고 모델도 변한다.

데이터 과학이 발전함에 따라 기대치도 높아진다. 데이터 소스는 더욱 다양해지고, 방대해지고 (크기 면에서), 풍부해지며(수적인 면에서), 파이프라인과 워크플로는 점점 복잡해진다. 과거에는 샘플 데이터나 가상으로 만들어진 데이터를 사용한 반면, 현재는 점점 실제 생활에서 사용하는 실시간 데이터를 사용하는 추세다. 웹 로그, 클릭 데이터, 전자 상거래, 자율 주행 자동차의 입력 데이터를 생각해보자. 이러한 시스템의 데이터는 빠르고 격렬하게 들어오며, 정보를 받는 속도보다 빠르게 처리할 방법이 필요하다.

이러한 파이프라인을 구현하기 위해 많은 머신러닝 솔루션이 존재한다. 파이썬이나 R 언어만으로도 기본적인 머신러닝 파이프라인을 만들 수 있다. 이 책에서는 파이썬을 사용해 파이프라인을 구축해본다. 이 장에서는 오늘날 가장 인기 있는 도구를 활용하는 몇 가지 아키텍처를 자세히 살펴보자. 데이터 파이프라인이 일반적으로 활용하는 도구는 다음과 같다.

- 하둡
- 스파크
- 스파크 스트리밍
- 카프카
- 애저
- AWS
- 구글 클라우드 플랫폼
- R
- SAS
- 데이터브릭스
- 파이썬

앞으로 보겠지만 일부 도구는 파이프라인의 특정 단계에 더 적합하다. 머신러닝 파이프라인을 설정하는 데 필요한 최소 단계를 간략히 살펴보자.

중요한 항목 하나는 파이프라인의 각 단계가 다음 단계에 대한 입력이 되는 출력을 생성한다는 점이다. '파이프라인'이라는 용어는 데이터의 단방향 흐름을 의미하므로 다소 오해의 소지가 있지만, 실제로 머신러닝 파이프라인은 주기적이고 반복적일 수 있다. 파이프라인의 모든 단계를 반복함으로써 더 나은 결과 혹은 더 깨끗한 데이터를 얻는다. 마지막으로 출력 변수는 다음에 파이프라인 주기가 수행될 때 입력으로 사용될 수 있다.

머신러닝 파이프라인의 주요 단계는 다음과 같다.

1 **문제 정의**: 비즈니스 문제를 정의한다.

2 **데이터 수집**: 데이터 세트를 식별하고 수집한다.

3 **데이터 준비**: 다음과 같은 기술을 사용해 데이터를 처리하고 준비한다.

- 결측치 대치

- 중복 레코드 제거

- 값 정규화(공통으로 사용하기 위해 데이터 세트의 숫자 값 변경)

- 다른 유형의 정리나 매핑 수행

- 완전한 특성 추출

- 상관 특성 제거

- 특성 공학 수행

4 **데이터 분리**: 데이터를 훈련 세트, 검증 세트, 테스트 세트로 분할한다.

5 **모델 학습**: 훈련 데이터 세트를 사용해 기계 모델을 훈련한다. 이것이 데이터 과학의 핵심이다. 이 장에서는 모델 학습 단계와 이후 단계를 간략히 설명한다. 모델 훈련에 관한 더 자세한 내용은 다른 장에서 알아보기로 하고, 이 장에서는 전체적인 파이프라인을 이해하기 위한 정도로만 다룬다.

6 **후보 모델 평가**: 모델 정확도를 결정하기 위해 테스트용 데이터와 검증용 데이터를 사용해 모델 성능을 측정한다.

7 **모델 배포**: 모델이 선택되면 추론을 위해 제품으로 배포한다.

8 **성능 모니터링**: 모델 성능을 지속적으로 모니터링하고 그에 따라 재교육 및 보정한다. 새로운 데이터를 수집해 계속해서 모델을 개선하며, 오래된 데이터를 사용하지 않도록 한다.

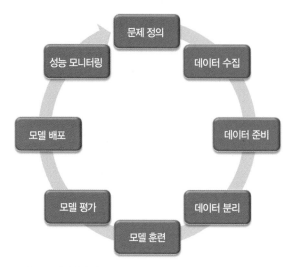

그림 3-1 머신러닝 파이프라인

좀 더 자세히 들어가 파이프라인의 구성 요소를 살펴보자.

3.2 문제 정의

문제 정의는 파이프라인을 설정할 때 가장 중요한 단계다. 문제를 어떻게 정의하느냐에 따라 파이프라인 후반 단계에 시간을 몇 배로 절약할 수 있다. 그에 따라 기술적인 돌파구가 될 수도, 실패가 될 수도 있으며 스타트업이 성공할 수도, 파산할 수 있다. 올바른 질문을 하고 틀을 잡는 것이 가장 중요하다. 다음 주의 사항을 보자.

> "밥Bob은 언덕을 정복하는 방법을 계획, 실행하고 최적화하는 데 수년을 보냈다. 그런데 안타깝게도 그 언덕은 잘못된 언덕이었다."

예를 들어 채무불이행 예측을 결정하기 위해 파이프라인을 생성한다고 가정해보자. 첫 질문은 다음과 같다.

> "대출이 결정되면, 이 대출에 대해 채무불이행이 발생할지 혹은 정상적으로 대출금을 회수할 수 있을지를 결정할 수 있을까?"

자, 이 질문은 대출 후 첫 달 채무불이행과 20년의 대출 채무불이행을 구별하지 않는다. 분명히 대출 직후 발생하는 채무불이행은 20년 만에 중단된 대출보다 수익성이 훨씬 낮다. 따라서 질문을 개선하면 다음과 같다.

"대출 채무불이행은 언제인가?"

이 질문은 이전 질문보다 좀 더 가치 있다. 좀 더 개선할 수 있을까? 때로는 차용인이 지불금 전액을 보내지 않을 수도 있고, 때로는 산발적으로 보낼 수도 있다. 따라서 질문을 다음처럼 수정할 수 있다.

"주어진 대출에 대해 돈을 얼마나 받게 되는가?"

좀 더 개선해보자. 오늘날 1달러는 미래에 1달러 이상의 가치가 있다. 따라서 금융 분석가는 공식을 사용해 화폐의 현재 가치를 계산한다. 차용인이 대출금을 언제 지불하는지는 얼마를 지불하는지만큼 중요한 문제다. 또한 차용인이 대출금을 미리 갚을 수도 있다. 이때 차용인이 지불하는 이자가 더 적으므로 대출 수익이 줄어들 수 있다. 질문을 다시 변경해보자.

"대출 이자는 얼마인가?"

질문 작성은 거의 끝났다. 한 가지만 더 고려해보자. 기본 채무불이행률을 결정할 때 법률에 따라 사용할 수 없는 입력 변수가 있다. 예를 들어 인종과 성별은 대출 자격을 결정하는 데 사용할 수 없다. 다음과 같이 수정해보자.

"허용되지 않는 입력 특성을 사용하지 않고 주어진 대출에 대한 이익은 무엇일까?"

추가 수정은 여러분에게 맡긴다. 이 절에서 알아본 바와 같이 머신러닝 파이프라인의 첫 번째 단계인 문제 정의는 매우 중요하며 많은 생각이 필요하다.

3.3 데이터 수집

질문을 만들고 충분히 다듬었다면 이제 질문에 답하는 데 도움이 되는 원시 데이터를 수집할 때다. 그렇다고 파이프라인의 다음 단계로 넘어가면 질문을 변경할 수 없다는 의미는 아니다. 문제에 대한 진술은 지속적으로 수정하고 필요에 따라 조정해야 한다.

파이프라인에 적합한 데이터를 수집하는 작업은 엄청난 일일 수 있다. 해결하려는 문제에 따라 관련 데이터 세트를 얻기가 매우 어려울 수 있다.

또한 데이터의 소스가 무엇이며, 데이터를 어떻게 수집하고 저장할지도 중요한 고려 사항이다.

- 어떤 데이터 공급자 또는 공급 업체를 사용해야 하는가? 이 업체를 신뢰할 수 있는가?
- 데이터를 어떻게 수집하는가? 하둡, 임팔라, 스파크, 파이썬 등을 이용하는가?
- 수집한 데이터를 파일로 저장해야 하는가, 혹은 데이터베이스에 저장해야 하는가?
- 어떤 유형의 데이터베이스를 사용하는가? 일반적인 RDBMS인가, 혹은 NoSQL인가?
- 데이터를 저장해야 하는가? 파이프라인에 실시간 피드가 있다면 입력을 저장할 필요가 없거나 효율적이지 않을 수도 있다.
- 입력 형식은 무엇인가? 파케이인가, 혹은 JSON이나 CSV인가?

어떤 형식의 입력 소스를 사용할지 결정하지 못하는 경우가 많으며, 그대로 가져와서 어떻게 변환할지 결정해야 한다. 또한 데이터 소스 종류가 두 가지 이상일 수도 있다. 여러 소스를 모델에 공급하기 전에 통합, 병합, 결합해야 할 수 있다(나중에 자세히 설명한다).

우리가 바라는 대로 AI가 언젠가는 인간 지능을 대체할 수 있다고 하더라도, 입력 데이터 세트로 어떤 변수들을 사용할지는 여전히 인간이 결정해야 한다. 또한 연륜이 쌓인 인간의 직관이 필요할 수도 있다.

주가를 예측하려는 경우 전날 주가가 확실한 입력처럼 보인다. 금리, 회사 수익, 뉴스 헤드라인 등과 같은 입력은 그다지 분명하지 않을 수 있다.

음식점의 일일 판매량을 예측할 때는 전날 판매량도 중요하다. 요일, 공휴일 여부, 비가 오는지 여부, 일일 통행량 등도 중요하다.

체스나 바둑 같은 게임 플레이 시스템의 경우 이전 게임이나 성공 전략이 입력이 될 수 있다. 예를 들어 인간이 체스를 배우는 가장 좋은 방법은 마스터 플레이어가 과거 토너먼트에서 승리한 게임을 보거나, 성공적이었던 오프닝과 초반의 수를 배우는 것이다. 컴퓨터는 이러한 사전 지식을 통해 앞으로 어떻게 플레이할지 결정함으로써 동일한 방식으로 학습한다.

관련 입력 변수를 선택하고 성공적인 모델을 설정하려면 데이터 과학자에게 도메인 지식이 있어야 한다. 때때로 밀접하고 깊은 도메인 지식이 필요할 수도 있다. 예를 통해 좀 더 자세히 살펴보자.

대출 채무불이행 사례를 다시 살펴보면서 정확한 예측에 필요한 특성 몇 가지를 생각해보자. [표 3-1]은 첫 번째 시도다. 일반적으로 사용되는 특성을 모두 나열하지는 않겠다. 데이터로부터 학습한 대로 항목을 추가하고 제거하자.

표 3-1

특성 이름	특성에 관한 설명	유용한 이유
연체된 계좌	현재 연체된 계정 수	차용인이 청구서를 지불하지 못한다면 새로운 대출금도 지불하지 못할 수 있다.
거래 계좌	지난 24개월간 거래 수	너무 적을 때 문제가 된다.
차용인 주소	대출 신청 시 차용인이 제공한 주소	이 특성은 삭제하자. 주소는 고유한 값이고, 고유 변수는 예측 능력이 없다.
우편번호	대출 신청 시 차용인이 제공한 우편번호	고유한 값이 아니며 예측 능력이 있을 수 있다.
연간 소득	대출 신청 시 차용인이 제공한 연간 소득	차용인은 소득이 많을수록 큰 지불금을 처리하기가 쉽다.
현재 잔고	모든 계좌의 평균 잔고	단독으로는 가치가 없으며 상대적일 때 가치가 있다.
상각	지난 12개월간 상각 횟수	차용인의 이전 기본 동작을 나타낸다.
연체 금액	현재 연체된 계좌의 연체 금액	차용인의 이전 기본 동작을 나타낸다.
가장 오래된 계좌	가장 오래된 계좌가 개설된 이후 개월 수	차용인이 돈을 빌린 경험을 나타낸다.
근속 기간	고용 기간(연)	차용인의 안정성을 나타낸다.
대출 금액	해당 시점에 해당 대출에 약정된 총 금액	단독으로는 가치가 없으며 상대적일 때 가치가 있다.
문의 건수	개인 금융 문의 건수	대출자의 신용 조회.
이자율	대출 금리	대출 금리가 높을수록 지불액이 많아지고 상환하기가 어려울 수 있다.
최대 잔고	모든 계좌에 지불돼야 할 현재 최대 잔고	100%에 가까우면 차용인이 재정적 어려움을 겪고 있음을 뜻한다.
마지막 공개 기록 이후 개월 수	마지막 공개 기록 이후 개월 수	이전의 재정적 어려움을 나타낸다.
연체된 계좌 수	120일 이상 연체된 계좌 수	현재의 재정적 어려움을 나타낸다.
공개 기록	비판적인 공개 기록 수	이전의 재정적 어려움을 나타낸다.
기간	대출에 대한 월별 지불 횟수	대출 기간이 길수록 채무불이행 가능성이 높다.
현재 전체 잔고	모든 계좌의 총 잔액	단독으로는 가치가 없으며 상대적일 때 가치가 있다.

살펴봤듯이 일부 변수는 단독으로는 의미가 없으며, 예측에 사용하려면 서로 결합해야 한다. 이는 특성 공학의 예다. [표 3-2]는 새로운 변수 두 가지를 보여준다.

표 3-2

특성 이름	특성에 관한 설명	유용한 이유
신용도 활용	모든 거래에 대한 신용 한도 잔액, 신용 한도 대비 현재 잔액	비율이 높으면 차용인이 '최댓값'에 도달했으며 새 신용을 얻는 데 문제가 있음을 뜻한다.
소득 대비 부채	모기지와 해당 대출을 제외한 총 채무에 대한 월 지불액을 차용인이 자체 보고한 월 소득으로 나눈 값	소득 대비 부채 비율이 낮으면 차용인이 채무를 상환할 자원이 충분하며, 상환하는 데 문제가 없음을 뜻한다.

3.4 데이터 준비

다음 단계는 원시 데이터를 처리하는 데이터 변환 계층이다. 다음과 같은 변환 작업을 해야 한다.

- 데이터 정리
- 필터링
- 집계
- 증강
- 통합
- 보관

클라우드 공급자는 주요 데이터 과학 플랫폼이 됐으며, 인기 있는 스택 몇 가지는 다음을 중심으로 구축된다.

- 애저 ML 서비스
- 아마존 세이지메이커
- 구글 클라우드 ML 엔진
- SAS
- 래피드마이너RapidMiner
- KNIME

변환 작업 도구 중에서는 아파치 스파크가 인기가 있지만, 아파치 스파크를 사용하더라도 데이터 저장소는 필요하다. 데이터 지속성을 위해 사용하는 일반적인 솔루션은 다음과 같다.

- 아파치 하둡 분산 파일 시스템(HDFS)
- 아파치 HBase
- 아파치 카산드라
- 아마존 S3
- 애저 블롭 스토리지Azure Blob Storage

머신러닝을 위한 데이터를 데이터베이스 내부에서 처리할 수도 있다. SQL 서버, 애저 SQL 같은 데이터베이스는 머신러닝 파이프라인을 지원하기 위해 특정 머신러닝 기능을 추가하고 있다. 스파크에는 스파크 스트리밍이 내장돼 있어 HDFS와 카프카를 비롯한 소스로부터 데이터를 읽을 수 있다.

아파치 스톰Apache Storm이나 아파치 헤론Apache Heron을 사용할 수도 있다. 파이프라인에서 어떤 방법을 사용하든, 데이터의 초기 탐색은 종종 대화형 주피터 노트북이나 R스튜디오R Studio에서 실행된다.

일부 실시간 데이터 처리 솔루션은 내결함성이 있고, 확장 가능하며, 지연 시간이 짧은 데이터 수집을 제공한다. 인기 있는 툴은 다음과 같다.

- 아파치 카프카
- 애저 이벤트 허브
- 아마존 키네시스

이제 데이터 준비에서 매우 중요한 작업인 **데이터 정리**data cleansing를 살펴보자. 데이터가 확실한지 확인해야 한다. 데이터는 완벽하지 않을 가능성이 높으며 품질이 최상이 아닐 수 있다. 데이터는 여러 이유로 부적합할 수 있다.

3.4.1 결측치

데이터에는 종종 결측치missing value가 포함되거나 0 혹은 N/A로 대체돼 있다. 이 문제를 어떻게 처리해야 할까? 다음은 결측치를 처리하는 세 가지 방법이다.

아무것도 하지 않음

때때로 최선의 행동은 아무것도 하지 않는 것이다. 어떤 알고리즘을 사용하는지에 따라, 결측치로 작업을 수행하지 않을 수도 있다. 예를 들어 XG부스트^{XGBoost}는 결측치를 정상적으로 처리할 수 있는 알고리즘이다.

중앙값을 사용한 대치

누락된 데이터에 할당할 합리적인 값은 해당 변수에 대한 비결측치들의 중앙값이다. 이 방법은 계산하기 쉽고 빠르며 소규모 데이터 세트에 적합하다. 다만 정확도가 높지 않으며 다른 변수와의 상관관계를 고려하지 않는다.

가장 빈번한 값 또는 상수를 사용한 대치

누락된 데이터에 가장 빈번한 값이나 0과 같은 상수를 할당하는 방법이다. 이 방법은 숫자가 아닌 변수에 대해 작동한다는 장점이 있다. 이전 방법과 마찬가지로 다른 변수와의 상관관계를 고려하지 않으며 null의 빈도에 따라 데이터 세트에 편향을 도입할 수 있다.

3.4.2 중복 레코드 또는 값

두 값이 정말로 동일하다면 중복 값을 찾을 수 있는 쿼리나 프로그램을 만들기가 쉽다. 문제는 두 레코드 또는 값이 동일한 엔티티를 식별해야 하지만 두 값 간에 약간의 차이가 있는 경우다. 기존 데이터베이스 쿼리는 맞춤법 오류, 결측치, 주소 변경 또는 중간 이름이 빠진 사람을 찾지 못할 수 있다(별칭을 사용하는 사람도 있다).

최근까지 중복 레코드를 찾고 수정하는 작업은 시간과 리소스가 많이 소요되는 수동 프로세스였다. 하지만 최근 AI를 사용해 중복을 찾는 기술과 연구가 등장하기 시작했다. 모든 세부 정보가 정확히 일치하지 않으면 서로 다른 레코드가 동일한 엔티티를 참조하는지 여부를 확인하기가 어렵다. 또한 중복된 값으로 검색된 결과는 대부분 오탐지다. 이름, 주소, 생년월일이 같은 동명이인이 있을 수 있다.

중복을 식별하는 해결책은 정확하게 일치하는 값을 찾는 대신 퍼지 매칭^{fuzzy matching}를 사용하는 방법이다. 퍼지 매칭은 데이터 유사성을 평가하기 위한 컴퓨터 지원 기술이다. 퍼지 매칭에 대한 논의는 이 책의 범위를 벗어나지만, 관련 주제를 자세히 조사해보면 도움이 될 것이다.

3.4.3 특성 스케일링

데이터 세트에 포함되는 특성은 크기가 각기 다를 때가 많다. 이러한 크기 차이는 종종 예측의 정확성에 나쁜 영향을 미친다(항상 그런 것은 아니다. 예를 들어 랜덤 포레스트는 특성 크기를 조정할 필요가 없다). 많은 머신러닝 알고리즘이 계산을 위해 데이터 포인트 간의 유클리드 거리를 사용한다. 조정을 하지 않으면 규모가 큰 특성이 결과에 과도한 영향을 미친다.

특성 스케일링을 위한 일반적인 방법은 다음과 같다.

- 크기 조정(최소-최대 정규화)
- 평균 정규화
- 표준화(Z-점수 정규화)
- 단위 길이로 스케일링

3.4.4 일관되지 않은 값

데이터에는 종종 일관되지 않은 값이 포함되며, 여러 가지 형태로 일관성이 없을 수 있다. 한 가지 예는 주소 수정자다. 다음 데이터 포인트를 보자.

- Fifth Avenue
- Fifth Ave
- Fifth Av
- Fifth Av

인간은 네 가지가 모두 동일한 값임을 빠르게 판단할 수 있다. 하지만 컴퓨터는 이러한 결론을 내리기가 어렵다.

이를 처리하는 두 가지 접근 방식은 규칙 기반과 예제 기반이다. 규칙 기반 시스템은 데이터의 변동성이 적고 빠르게 변하지 않을 때 더 잘 작동한다. 빠르게 이동하는 데이터가 있을 때는 동작하기 어렵다.

스팸 필터를 고려해보자. 예를 들어 'Viagra'라는 단어가 포함된 항목을 스팸으로 표시하는 규칙을 만들더라도, 스팸 발송자가 점점 똑똑해져서 규칙을 우회하기 위해 데이터를 변경할 수도 있다(예를 들면 'Vi@gra'). 이러한 경우 머신러닝 예제 기반 방법이 더 잘 작동한다.

때로는 하이브리드 접근 방식으로 두 가지 방법을 모두 사용할 수 있다. 예를 들어 사람의 키는 항상 양숫값이므로 이에 대한 규칙을 작성할 수 있고, 변동성이 더 큰 값의 경우 머신러닝 접근 방식을 사용할 수 있다.

3.4.5 일관되지 않은 날짜 형식

- 11/1/2016
- 11/01/2016
- 11/1/16
- Nov 1 16
- November 1st, 2016

이 값들은 모두 동일하다. 따라서 날짜를 표준화해야 한다.

데이터 준비에는 다양한 작업이 있으며, 이 절에서 살펴본 항목들은 데이터를 정리하고 준비하는 데 필요한 변환 작업을 보여주기 위한 것이다.

3.5 데이터 분리

처리된 데이터로 모델을 훈련하려면 데이터를 두 개의 하위 집합으로 나누는 것이 좋다.

- 훈련 데이터
- 테스트 데이터

때로는 세 가지로 나눈다.

- 훈련 데이터
- 검증 데이터
- 테스트 데이터

데이터를 분리한 뒤 훈련 데이터를 사용해 모델을 훈련하고 테스트 데이터를 사용해 예측을 진행한다. 학습 과정에서 이후에 경험해보지 못한 새로운 데이터에 적용할 추론 엔진이자 학습 모델을 생성한다.

3.6 모델 훈련

데이터를 분할한 후에는 일련의 모델을 통해 훈련 및 테스트 데이터를 실행하고, 다양한 모델의 성능을 평가하고, 각 후보 모델이 얼마나 정확한지 결정한다. 이는 반복적인 프로세스이며, 질문에 답이 되는 모델을 얻을 때까지 다양한 알고리즘을 테스트한다.

이 과정은 이후 장에서 좀 더 자세히 살펴보기로 하자. 이 책 후반부에서 모델 선택을 자세히 설명한다.

3.6.1 후보 모델 평가 및 선택

다양한 알고리즘으로 모델을 훈련한 후에는 중요한 단계가 한 가지 더 있다. 주어진 문제에 가장 적합한 모델을 선택하는 작업이다. 항상 최고의 성능을 내는 모델을 선택하지는 않는다. 훈련 데이터에 잘 작동하는 알고리즘은 해당 데이터에 **과적합**overfitting됐을 수 있으므로 제품에는 잘 작동하지 않을 수 있다. 이 시점에서 모델 선택은 과학보다는 예술에 가깝지만, 어떤 모델이 최선인지 결정하는 데 몇 가지 기술이 사용된다.

3.6.2 모델 배포

모델을 선택했으면 이제 예측에 사용할 준비가 됐다. 모델은 일반적으로 API를 통해 사용되며, 분석 솔루션의 일부로 의사 결정 프레임워크에 포함된다. 공개 및 배포 방법은 비즈니스 요구 사항에 따라 결정한다. 배포를 선택할 때 고려할 사항은 다음과 같다.

- 시스템이 실시간으로 예측을 수행할 수 있어야 하는가?(그렇다면 얼마나 빨리 예측해야 하는가? 밀리초, 초, 분, 시간 중 어느 단위여야 하는가?)
- 모델을 얼마나 자주 업데이트해야 하는가?
- 볼륨이나 트래픽 양은 어느 정도로 예상되는가?

- 데이터 세트의 크기는 어느 정도인가?
- 따라야 할 규정, 정책 및 기타 제약이 있는가?

요구 사항을 확정했으면 이제 모델 배포를 위한 상위 레벨의 아키텍처를 고려한다. [표 3-3] 은 다양한 아키텍처를 정리한 것으로, 완전한 목록은 아니지만 많이 사용되는 아키텍처를 포함한다.

표 3-3

	RESTful API 아키텍처	공유된 DB 아키텍처	스트리밍 아키텍처	모바일 앱 아키텍처
학습 모델	배치	배치	스트리밍	스트리밍
예측 방법	실시간	배치	스트리밍	실시간
결과 전송 방법	RESTful API 사용	공유 데이터베이스 사용	메시지 큐를 통한 스트리밍	모바일 장치의 내부 처리 API 사용
예측 지연	낮음	높음	매우 낮음	낮음
시스템 유지성	보통	쉬움	어려움	보통

표에 정리했듯이 네 가지 아키텍처는 각각 장단점이 있다. 아키텍처의 세부 사항을 선택할 때 더 많은 사항을 고려해야 한다. 예를 들어 각 아키텍처는 모듈화된 마이크로서비스 아키텍처를 사용하거나 모놀리식 방식으로 구현할 수 있다. 다시 말하지만 비즈니스 요구 사항에 따라 선택해야 한다. 예를 들어 모놀리식 접근 방식은 지연 시간이 매우 낮아야 할 때 선택한다.

어떤 아키텍처를 선택하든 관계없이 다음과 같은 원칙을 사용하면 좋다.

- **재현성**: 모델 입력과 출력은 물론 구성, 종속성, 지리적 위치, 시간대와 같은 관련 메타데이터를 모두 저장한다. 이러한 정보는 과거 예측을 설명하는 데 필요하다. 각 배포 번들에 대한 최신 버전 관리를 사용할 수 있는지 확인하자. 여기에는 훈련 데이터도 포함돼야 한다. 이는 은행과 같이 규제가 엄격한 도메인에 특히 중요하다.
- **자동화**: 가능한 한 빨리 학습 및 모델 게시를 자동화한다.
- **확장성**: 모델을 정기적으로 업데이트해야 하는 경우 처음부터 계획을 세워야 한다.
- **모듈화**: 가능하다면 작업한 코드를 모듈화하고, 각 모듈을 제어하는 환경(DEV, QA, TEST) 전반에서 파이프라인을 충실하게 재현하는지 확인한다.
- **테스트**: 머신러닝 파이프라인을 테스트하는 데 충분한 시간을 할당한다. 테스트를 최대한 자동화하고 처음부터 프로세스에 통합하자. **테스트 주도 개발**Test Driven Development(TDD)과 **행동 주도 개발**Behavior Driven Development(BDD)을 살펴보자.

3.6.3 성능 모니터링

모델이 생산에 들어간다고 해서 작업이 끝난 것이 아니다. 모델을 제품으로 옮기기가 쉽지 않을 수 있지만 모델이 배포된 후 만족스럽게 작동하는지 자세히 모니터링해야 한다. 모델을 제품으로 적용하려면 여러 단계가 필요하다. 모델을 지속적으로 모니터링해 실제로 어떻게 작동하는지 관찰하고 그에 따라 보정한다.

모델을 점진적으로 개선하려면 새로운 데이터를 수집한다. 마찬가지로 배포된 머신러닝 모델을 모니터링하려면, 모델이 작동하는지 확인하기 위해 다양한 관점에서 주의를 기울여야 한다. 머신러닝 모델을 모니터링할 때 고려할 지표를 알아보고 각 항목이 중요한 이유를 분석해보자.

모델 성능

데이터 과학 분야에서 성능은 모델 실행 속도가 아니라 예측의 정확성을 의미한다. 머신러닝 모델을 모니터링하는 데이터 과학자는 주로 **드리프트**drift라는 단일 지표를 살펴본다. 드리프트는 데이터가 더는 모델과 관련이 없거나 유용한 입력이 아닐 때 발생한다. 데이터는 변경돼 예측 가치를 잃을 수 있다. 데이터 과학자와 엔지니어는 모델을 지속적으로 모니터링해 모델 특성이 모델 훈련 중에 사용되는 데이터 포인트와 같은지 확인해야 한다. 데이터가 흩어져 있는 경우 입력 특성이 오래됐거나 더는 관련이 없으므로 예측 결과의 정확도가 떨어진다. 주식시장 데이터를 예로 들어보자. 30년 전에 주식시장은 지금과 완전히 달랐다. 다른 점은 다음과 같다.

- 증권거래소의 거래량이 현재보다 현저히 낮다.
- 30년 전에는 분 단위의 초단기 주식거래는 거의 사용하지 않았다.
- 패시브 인덱스 펀드는 현재보다 현저히 인기가 적었다.

주가성과는 이러한 특성에 따라 크게 달라진다. 30년 전 데이터로 모델을 훈련하면 오늘날의 데이터로는 주식 예측을 제대로 할 수 없을 것이다.

운영 성능

머신러닝 파이프라인의 최종 단계는 여전히 소프트웨어 시스템이다. 따라서 다음을 포함해 리소스 소비를 모니터링하는 것이 중요하다.

- **CPU 사용률**: 최고 사용률을 인식하고 설명 가능 여부를 확인한다.
- **메모리 사용량**: 사용 중인 메모리의 양.
- **디스크 사용량**: 애플리케이션이 사용하는 디스크 공간의 양.
- **네트워크 I/O 트래픽**: 애플리케이션이 여러 인스턴스에 걸쳐 있으면 네트워크 트래픽을 측정하는 것이 중요하다.
- **지연 시간**: 데이터 전송이 발생하는 데 걸리는 시간.
- **처리량**: 성공적으로 전송된 데이터의 양.

이러한 지표에 변화가 있으면 지표를 분석해서 변화가 생긴 이유를 파악해야 한다.

총 소유 비용(TCO)

데이터 과학자는 모델을 모니터링할 때 초당 레코드 측면에서 성능을 측정해야 한다. 이를 통해 모델의 효율성을 파악할 수 있다. 하지만 회사는 비용 대비 모델에서 얻는 이점에도 초점을 맞춰야 한다. 머신러닝 파이프라인에서 모든 단계의 비용을 모니터링하는 것이 좋다. 총 소유 비용을 면밀히 추적해서 비용을 낮추는 방법과 새로운 기회를 활용하는 방법을 결정할 수 있다. 또한 특정 파이프라인이 충분한 가치를 제공하는지 파악함으로써 변경하거나 종료해야 하는지 여부를 현명하게 결정할 수 있다.

서비스 성능

비즈니스 문제와 관계없는 기술은 쓸모가 없다. 기업은 종종 기술 부서와 서비스 수준 계약service level agreement(SLA)을 체결한다. 다음은 SLA의 예다.

- 하루 안에 중요한 버그를 모두 수정한다.
- API가 100밀리초 내에 응답하는지 확인한다.
- 시간당 최소 백만 건의 예측을 처리한다.
- 복잡한 모델은 3개월 내에 설계, 개발, 배포한다.

비즈니스가 최적의 성능을 발휘하려면 이전에 합의한 SLA를 설정, 모니터링 및 충족하는 것이 중요하다.

머신러닝 모델은 비즈니스에 매우 중요할 수 있다. 병목현상이 발생하지 않게 하려면 배포한 모델을 적절히 모니터링해야 한다. 만족스러운 비즈니스 결과를 얻을 수 있도록 머신러닝 파이프라인의 일부로 배포한 머신러닝 모델을 모니터링하고 SLA와 비교하자.

3.7 정리

이 장에서는 머신러닝 파이프라인 생성과 관련된 여러 단계를 살펴봤다. 오늘날 파이프라인을 설정하는 데 사용되는 몇 가지 모범 사례와 인기 있는 도구를 알아봤으며, 책을 계속 학습하면서 파이프라인을 개선하는 방법을 익힐 것이다. 정리하면, 성공적인 파이프라인을 위한 단계를 다음과 같다.

- 문제 정의
- 데이터 수집
- 데이터 준비
- 데이터 분리
- 후보 모델 선택
- 모델 배포
- 성능 모니터링

2장에서는 머신러닝 파이프라인의 한 단계인 특성 선택을 수행하는 방법과 특성 공학이 무엇인지 배운다. 두 기술은 모델 성능을 향상시키는 데 매우 중요하다.

04 특성 선택과 특성 공학

Chapter

특성 선택과 특성 공학이 무엇이며 왜 중요한지 학습한다. 기존 특성과 외부 소스에서 새 특성을 만드는 방법과, 중복되거나 가치가 낮은 특성을 제거하는 방법을 알아본다.

이 장의 학습 목표
- 특성 중요도
- 상관 히트맵
- 이상치 관리
- 원-핫 인코딩
- 로그 변환과 스케일링
- 날짜 처리

특성 선택feature selection은 초기 데이터 세트에서 특성의 하위 집합(변수, 차원)을 선택하는 데 사용하는 방법이다. 변수 선택, 속성 선택 또는 변수 하위 집합 선택이라고도 한다. 특성 선택은 머신러닝 모델 구축 과정의 핵심 단계이며 모델 성능에 큰 영향을 미칠 수 있다. 모델에 대한 입력으로 올바르고 관련 있는 특성을 사용하면 과적합 발생 가능성도 낮아진다. 관련 특성이 많을수록 모델에서 신호를 입력으로 추가하지 않는, 잡음이 있는 특성을 사용할 가능성이 줄어들기 때문이다. 또한 입력 특성이 적을수록 모델 학습에 걸리는 시간이 짧다. 데이터 세트에서 올바른 특성을 선택하는 방법은 데이터 과학자의 수개월 혹은 수년간의 경험을 통해서만 알 수 있으며, 과학보다는 예술에 가깝다. 특성 선택이 중요한 이유는 다음과 같다.

- 학습 시간을 단축한다.
- 모델을 단순화하고 더 쉽게 해석할 수 있도록 한다.
- 과적합을 줄여 테스트 세트 성능을 향상한다.

특성을 삭제하는 중요한 이유로 입력 변수 간의 높은 상관관계correlation와 중복성redundancy, 특정 특성의 무관련성irrelevancy이 있다. 이러한 입력 변수는 정보를 크게 손실하지 않고 제거할 수 있다.

중복과 무관은 별개의 개념이다. 하나의 관련 특성이 존재한다고 하더라도 강력한 상관관계가 있는 다른 관련 특성이 있으면 중복될 수 있다.

어떤 면에서 보면 **특성 공학**feature engineering은 특성 선택과 반대되는 개념이다. 특성 선택을 통해서는 변수를 제거하고, 특성 공학을 통해서는 모델을 향상하기 위해 새로운 변수를 생성한다. 대부분의 경우 모델 향상을 위해 도메인 지식을 사용한다.

특성 선택과 특성 공학은 머신러닝 파이프라인의 중요한 구성 요소이므로 이 장의 전반에 걸쳐 관련 내용을 다룬다. 다룰 내용은 다음과 같다.

- 특성을 데이터 세트에서 삭제해야 하는지 결정하는 방법을 이해한다.
- 원인, 상관관계, 인과관계 개념을 배운다.
- 특성 공학 개념을 배우고 특성 선택과 어떻게 다른지 이해한다.
- 수동 특성 공학과 자동 특성 공학의 차이점을 배운다. 각 특성을 언제 사용하면 적절한지 이해한다.

4.1 특성 선택

이전 장에서 머신러닝 파이프라인의 구성 요소를 살펴봤다. 파이프라인의 중요한 요소 한 가지는 어떤 특성을 모델에 대한 입력으로 사용할지 결정하는 것이다. 많은 모델에서 입력 변수의 작은 부분 집합이 예측 능력에서 가장 큰 비중을 차지한다. 대부분의 데이터 세트에서 몇몇 특성이 대부분의 정보 신호를 담당하고 나머지 특성은 잡음에 불과하다.

입력 특성의 양을 줄이는 것이 중요한 이유는 다음처럼 다양하다.

- 입력 특성의 **다중공선성**multicollinearity을 줄이면 머신러닝 모델 매개변수를 더 쉽게 해석할 수 있다. 다중공선성 (또는 공선성collinearity)은 회귀 모델에서 하나의 특성으로 예측할 수 있다면, 해당 데이터 세트의 다른 특성을 사용하더라도 예측이 가능함이 관찰되는 현상이다.
- 모델을 실행하는 데 드는 시간과 모델에 필요한 저장 공간을 줄이면 더 많은 모델 변형을 실행해 더 빠르고 나은 결과를 얻는다.
- 모델에 필요한 입력 특성 수가 적을수록 설명하기가 쉽다. 특성 수가 증가하면 모델의 설명 가능성이 낮아진다. 입력 특성의 양을 줄이면 낮은 차원(예를 들면 2D나 3D)으로 축소할 때 데이터를 더 쉽게 시각화할 수 있다.
- 차원 수가 증가하면 가능한 구성이 기하급수적으로 증가하고 관측치에 포함되는 구성 수가 감소한다. 타깃을 설명할 특성이 많을수록 데이터를 정확하게 설명할 수 있지만, 모델이 새 데이터 포인트로 일반화되지 않는다면 이 모델은 데이터를 과적합한다. 이러한 현상을 **차원의 저주**curse of dimensionality라고 한다.

예제를 통해 직관적으로 생각해보자. 미국의 질로우Zillow는 부동산 중개인과 주택 소유자가 임대 혹은 판매용 주택을 올리는 부동산 사이트다. 질로우는 무엇보다 제스티메이트Zestimate로 유명하다. 제스티메이트는 머신러닝을 통해 예상한 가격으로, 오늘 시장에 집을 내놓았다면 팔릴 것으로 추정하는 가격을 질로우가 알려주는 것이다. 제스티메이트는 지속적으로 업데이트되고 다시 계산된다. 질로우는 가격을 어떻게 예측할까? 이와 관련해 더 알고 싶다면 캐글^{Kaggle}에서 자료를 참조하자(*https://www.kaggle.com/c/zillow-prize-1*).

제스티메이트 알고리즘에 관한 세부 사항은 비공개지만, 몇 가지 가정을 통해 제스티메이트를 어떻게 계산하는지 알아보자. 머신러닝 모델에 대한 잠재적 입력 변수 목록을 만들어보고, 각 변수가 가치 있는 이유를 생각해보자.

- **평방 피트(면적)**: 직관적으로 집은 클수록 비싸다.
- **침실 수**: 방이 많을수록 비싸다.
- **욕실 수**: 방에는 화장실이 필요하다.
- **모기지 이자율**: 이자율이 낮으면 모기지 지불액이 낮아져 잠재적인 주택 소유자가 더 비싼 주택을 살 수 있다.
- **건축 연도**: 일반적으로 새 주택은 오래된 주택보다 비싸다. 오래된 주택은 보통 더 많은 수리가 필요하다.
- **재산세**: 재산세가 높으면 월 지불액이 증가하고, 주택 소유자는 더 저렴한 주택만 구입할 수 있다.
- **집 색상**: 언뜻 보기에 관련 변수처럼 보이지 않을 수 있다. 하지만 집이 라임빛 녹색이라면 어떨까?
- **우편번호**: 부동산에서 집의 위치는 가격을 결정하는 중요한 요소다. 어떤 블록의 집이 다음 블록의 집보다 수십만 달러가 더 비쌀 수도 있다. 위치는 그 정도로 중요하다.
- **비교할 만한 판매 기록**: 감정인과 부동산 중개인이 주택을 평가할 때 일반적으로 사용하는 지표로, 최근에 매각됐거나 매각 목록에 있는 부동산 중에서 원하는 부동산과 유사한 부동산을 검색해 판매가 혹은 현재 목록상 가격을 확인한다.
- **세금 평가**: 재산세는 해당 부동산의 현재 가치에 따라 계산하며, 공개적으로 접근 가능한 정보다.

이 변수들은 모두 잠재적으로 높은 예측력을 지닐 수 있지만 직관적으로 집의 면적, 침실 수, 욕실 수가 상관관계가 높다고 가정할 수 있다. 또한 직관적으로 집의 면적은 침실 수나 욕실 수보다 더 정확하다. 따라서 침실 수와 욕실 수를 줄이고 면적을 유지하면서 가격에 대한 정확도를 유지할 수 있다. 실제로 우리는 잡음을 줄임으로써 잠재적으로 정확도를 높일 수 있다.

또한 정밀도에 영향을 주지 않고 집 색상에 관한 변수를 제거할 수 있다.

모델의 정밀도에 영향을 주지 않고 삭제할 수 있는 특성은 크게 두 범주로 나뉜다.

- **중복(redundant)**: 다른 입력 특성과 상관관계가 높으며 신호에 새로운 정보를 많이 추가하지 않는다.
- **관련 없음(irrelevant)**: 대상 특성과 상관관계가 낮으며, 따라서 신호보다 잡음을 더 많이 제공한다.

가정이 올바른지 확인하려면 가정을 사용해 훈련할 때와 사용하지 않고 훈련할 때를 비교해 언제 더 나은 결과를 생성하는지 확인한다. 이 방법은 모든 특성에 사용할 수 있다. 다만 특성이 많으면 가능한 조합 수가 빠르게 증가한다.

앞에서 언급했듯 탐색적 데이터 분석은 작업 중인 데이터 세트에 관한 통찰을 얻고 직관적으로 이해하는 데 좋은 방법이다.

이러한 통찰을 얻기 위해 일반적으로 다음과 같은 세 가지 접근 방식을 사용한다.

- 특성 중요도
- 일 변량 선택
- 히트맵이 있는 상관 행렬

각각을 분석해보자.

4.1.1 특성 중요도

이 방법으로 데이터 세트에서 각 특성의 중요도를 설정한다.

특성 중요도feature importance는 데이터 세트의 각 특성에 대한 점수를 나타낸다. 값이 높을수록 출력 특성과 관련해 더 중요하거나 관련성이 높음을 의미한다.

특성 중요도는 일반적으로 트리 기반 분류기와 함께 제공되는 내장 클래스다. 다음 예제에서는 엑스트라 트리 분류기Extra Trees Classifier를 사용해 데이터 세트의 상위 5개 특성을 결정한다.

```
import pandas as pd

from sklearn.ensemble import ExtraTreesClassifier
import numpy as np
import matplotlib.pyplot as plt

data = pd.read_csv("train.csv")
X = data.iloc[:,0:20]    # 독립 열
y = data.iloc[:,-1]      # 목표 특성을 위해 마지막 열을 선택

model = ExtraTreesClassifier()
model.fit(X,y)
```

```
print(model.feature_importances_) # 내장 클래스 사용
# 트리 기반 분류기의 특성 중요도
# 더 나은 시각화를 위해 특성 중요도 그래프를 출력
feat_importances = pd.Series(model.feature_importances_, index=X.columns)
feat_importances.nlargest(5).plot(kind='barh')
plt.show()
```

결과는 다음과 같다.

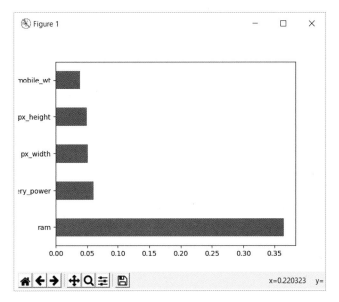

그림 4-1 특성 중요도 그래프

4.1.2 일 변량 선택

통계 테스트를 사용해 출력 변수와 상관관계가 가장 강한 특성을 확인한다. 사이킷런^{scikit-learn} 라이브러리에 있는 SelectKBest라는 클래스는 데이터 세트에서 상위 K개 특성을 선택하기 위한 통계 테스트 세트를 제공한다.

다음 예제는 음이 아닌 특성에 대한 **카이제곱**^{Chi-Square} **통계 테스트**를 사용해 입력 데이터 세트에서 상위 5개 특성을 선택한다.

```
import pandas as pd
import numpy as np
from sklearn.feature_selection import SelectKBest
from sklearn.feature_selection import chi2
data = pd.read_csv("train.csv")
X = data.iloc[:,0:20]    # 독립 열
y = data.iloc[:,-1]      # 목표 특성을 위해 마지막 열 선택
# 상위 5개 특성을 추출하기 위해 SelectKBest를 적용한다
bestfeatures = SelectKBest(score_func=chi2, k=5)
fit = bestfeatures.fit(X,y)
dfscores = pd.DataFrame(fit.scores_)

dfcolumns = pd.DataFrame(X.columns)
scores = pd.concat([dfcolumns,dfscores],axis=1)
scores.columns = ['specs','score']
print(scores.nlargest(5,'score')) # 상위 5개 특성을 출력한다
```

```
          specs          score
            ram    931267.519053
      px_height     17363.569536
  battery_power     14129.866576
       px_width      9810.586750
      mobile_wt        95.972863
```

그림 4-2 상위 특성 그래프

4.1.3 상관관계 히트맵

두 특성에 대한 값들 간에 관계가 있으면 특성 간에 상관관계가 존재한다. 예를 들어 면적이 커짐에 따라 주택 가격이 높아진다면 두 특성은 양의 상관관계가 있다. 두 특성 간의 상관관계는 특성마다 다를 수 있다. 어떤 특성이 다른 특성에 따라 일관되게 바뀌면 두 특성은 상관관계가 높다고 한다.

특성 값이 증가할 때 목표 변수의 값이 증가하면 상관관계는 양수이고, 반대로 특성 값이 증가할 때 목표 변수의 값이 감소하면 상관관계는 음수다.

상관관계는 −1과 1 사이의 연속값이다.

- 두 특성 간의 상관관계가 1이면 완전한 직접 상관관계가 있다.
- 두 특성 간의 상관관계가 −1이면 완전한 역상관관계가 있다.
- 두 특성 간에 상관관계가 0이면 상관관계가 없다.

히트맵을 사용하면 목표 변수와 가장 관련 있는 특성을 쉽게 식별할 수 있다. 다음 코드를 보자. seaborn 라이브러리를 사용해 상관 특성의 히트맵을 출력한다.

```python
import pandas as pd
import numpy as np
import seaborn as sns
import matplotlib.pyplot as plt

data = pd.read_csv("train.csv")
X = data.iloc[:,0:20] # 독립 열
y = data.iloc[:,-1] # 목표 특성을 위해 마지막 열을 선택
# 데이터 세트에서 각 특성에 대한 상관관계를 얻는다
correlation_matrix = data.corr()
top_corr_features = correlation_matrix.index
plt.figure(figsize=(20,20))
# 히트맵을 출력한다
g=sns.heatmap(data[top_corr_features].corr(),annot=True,cmap="RdYlGn")
```

다음과 같은 출력을 얻는다.

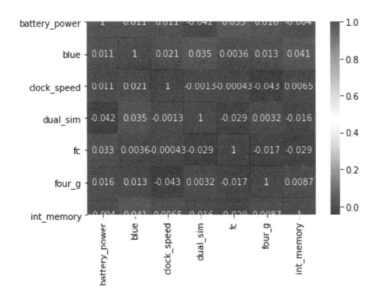

그림 4-3 상관관계 히트맵

좀 더 형식적이고 덜 직관적으로, 특성을 자동으로 선택하는 방법이 있다. 이러한 방법 중 상당수가 사용 가능하며 사이킷런 패키지에 대부분이 구현돼 있다.

이러한 접근 방식을 분류하는 한 가지 방법은 래퍼 기반 방법이다.

래퍼 기반 방법

래퍼 방법을 사용할 때 특성 선택 문제는 다음 단계를 사용해 본질적으로 검색 문제로 축소된다.

1 특성의 하위 집합을 사용해 모델을 훈련한다.
2 각 반복의 결과에 따라 특성이 하위 집합에 추가되거나 제거된다.

래퍼 방법은 보통 계산 비용이 많이 든다. 다음은 몇 가지 예다.

- **포워드 선택**(forward selection): 반복 프로세스이며 데이터 세트에 특성이 없는 상태로 시작한다. 반복할 때마다 모델 성능을 개선하기 위해 특성이 추가된다. 성능이 향상되면 특성이 유지되고, 결과를 개선하지 않는 특성은 폐기된다. 프로세스는 모델 개선이 중단될 때까지 계속된다.
- **백워드 제거**(backward elimination): 데이터 세트에 모든 특성이 있는 상태로 시작한다. 반복할 때마다

중요도가 가장 낮은 특성이 제거되고, 프로세스는 모델 성능이 향상되는지 확인한다. 프로세스는 상당한 개선이 관찰되지 않을 때까지 반복된다.

- **재귀적 특성 제거(recursive feature elimination)**: 탐욕적인 최적화 알고리즘으로, 목표는 가장 성능이 좋은 특성 하위 집합을 찾는 것이다. 반복적으로 모델을 생성하고, 반복할 때마다 성능이 최고 또는 최저인 특성을 저장한다. 남은 특성으로 다음 모델을 구성하며 특성이 소진될 때까지 반복한다. 특성은 제거 순서에 따라 순위가 지정된다.

필터 기반 방법

지표를 지정하고 해당 지표를 기반으로 특성을 필터링한다. 다음은 필터 기반 방법의 예다.

- **피어슨 상관관계(Pearson's correlation)**: 두 연속 변수 X와 Y 사이의 선형 종속성을 정량화하는 척도로 사용된다. 값은 −1과 1 사이이다.
- **선형 판별 분석(Linear discriminant analysis, LDA)**: 범주형 변수에서 두 개 이상의 레벨(혹은 클래스)에서 특성을 뽑아내거나 분리하는 선형 조합을 찾는 데 사용한다.
- **분산 분석(Analysis of Variance, ANOVA)**: LDA와 유사하지만 ANOVA는 하나 이상의 범주형 독립변수와 하나의 연속 종속변수를 사용해 계산된다. 여러 그룹의 평균이 같은지 여부를 알려주는 통계 테스트를 제공한다.
- **카이제곱**: 범주형 변수 그룹에 적용되는 통계 테스트로, 빈도 분포를 사용해 상관 또는 연관 가능성을 결정한다.

필터 기반 방법은 다중공선성을 제거하지 않음을 기억하자. 입력 데이터에서 모델을 생성하기 전에 특성 다중공선성을 처리하는 절차가 필요하다.

임베디드 방법

필터 방법과 래퍼 방법의 장점을 결합한 것으로, 일반적으로 특성 선택 방법이 내장된 알고리즘을 사용한다. 주로 다음과 같은 방법으로 구현된다.

- **라쏘 회귀(Lasso regression)**: 계수 크기의 절댓값에 해당하는 페널티를 추가하는 L1 정규화를 수행한다.
- **릿지 회귀(Ridge regression)**: 계수 크기의 제곱에 해당하는 페널티를 추가하는 L2 정규화를 수행한다.

다음 알고리즘도 일반적으로 사용된다.

- 미미틱 알고리즘[1] memetic algorithm
- 무작위 다항 로짓
- 정규화 트리

이것으로 4.1절을 마무리한다. 특성 선택 프로젝트를 해결할 준비는 됐으니 이제 특성 공학 세계로 뛰어들어보자. 특성 선택은 정확도를 높이기 위해 변수를 줄이는 데 관련 있지만 특성 공학은 그 반대다. 모델 성능을 높이는 새로운 변수를 어떻게 만들지 생각해보자.

4.2 특성 공학

2016년 포브스Forbes에서 실시한 설문 조사에 따르면 데이터 과학자는 데이터 준비에 전체 시간의 약 80%를 소비한다고 한다.

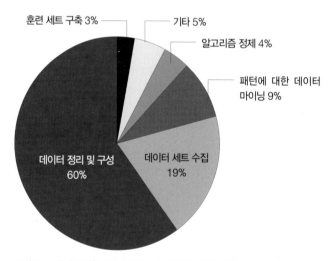

그림 4-4 데이터 과학자가 사용하는 시간 분포(출처: 포브스)

이 통계는 데이터 과학에서 데이터 준비 및 특성 공학의 중요성을 강조한다.

신중하고 체계적인 특성 선택을 통해 특성을 제거해 모델을 개선하듯이, 특성 공학을 통해 새

---

1 옮긴이_ 혼합형 유전 알고리즘의 대표적인 형태.

로운 특성을 추가해 동일한 효과를 얻을 수 있다. 모순처럼 느껴질 수 있지만 이때 추가하는 특성은 특성 선택 프로세스에서 제거한 특성이 아니다. 추가하는 특성은 초기 데이터 세트에는 없었을 수 있다. 세상에서 가장 강력하고 잘 설계된 머신러닝 알고리즘을 갖고 있더라도 입력 특성과 관련이 없으면 유용한 결과를 생성할 수 없다. 간단한 예 몇 가지를 분석해 직관을 얻어보자.

이전 장에서 대출 채무불이행 문제를 살펴봤다. 직감적으로 차용인의 연봉이 높으면 부도율이 낮을 것이라고 추측할 수 있다. 마찬가지로 신용카드 사용액이 많은 차용인은 사용액이 적은 사람에 비해 금액을 갚는 데 어려움을 겪을 수 있다.

이 사실을 바탕으로 누가 대출을 갚고 누가 갚지 못할지 직관적으로 결정해보자. 차용인 A의 신용카드 사용액이 1만 달러이고 차용인 B의 사용액이 2만 달러라면 누가 더 부채를 갚을 가능성이 높을까? 다른 정보가 없으면 차용인 A가 더 가능성이 높다고 할 수 있다. 하지만 연간 수입이 차용인 A는 1만 달러이고 차용인 B는 10만 달러라면? 모든 것이 바뀐다. 두 특성 간의 관계를 어떻게 정량적으로 파악할 수 있을까? 은행은 종종 총부채상환비율^{debt to income}(DTI)을 사용하며, 다음처럼 계산한다.

$$DTI = \frac{부채}{소득}$$

계산하면 차용인 A는 DTI가 0.50이고 차용인 B는 DTI가 0.20다. 즉 차용인 A는 부채의 두 배를 벌고 차용인 B는 부채의 다섯 배를 번다. 따라서 차용인 B가 빚을 갚을 여지가 더 많다. DTI 외에 다른 특성을 추가하면 상황이 바뀔 수 있지만, 이것이 특성 공학의 개념을 설명하는 데 도움이 됐기를 바란다.

보다 공식적으로 특성 공학은 데이터 과학자 혹은 컴퓨터가 머신러닝 모델의 예측 능력을 향상하는 특성을 생성하고자 거치는 프로세스다. 특성 공학은 머신러닝의 기본 개념이며 어렵고 비용이 많이 들 수 있다. 바로 모델 선택으로 들어가기를 원하는 데이터 과학자가 많지만, 어떤 새 특성이 모델을 향상할지 식별하는 능력은 매우 중요하며 숙달하는 데 몇 년이 걸릴 수 있다.

특성 공학 알고리즘은 현재 진화하고 있으며, 언젠가는 특성 공학 의사 결정과 관련해 선임 데이터 과학자보다 뛰어나다고 입증될 수도 있다. 하지만 앞으로 몇 년간은 우수한 데이터 과학자에 대한 수요가 높을 것이다.

특성 공학 프로세스는 다음과 같다.

1 관련성이 있는 특성에 대해 브레인스토밍을 한다.

2 모델 성능을 향상할 수 있는 특성을 결정한다.

3 새로운 특성을 생성한다.

4 새로운 특성이 모델 성능을 향상하는지 확인한다. 향상하지 않으면 특성을 제거한다.

5 모델 성능이 기대에 미칠 때까지 1단계로 돌아가서 반복한다.

예제에서 봤듯 도메인 지식이 있고 데이터 세트에 익숙하다면 특성 공학에 유용하다. 그러나 도메인에 관계없이 데이터 준비 및 특성 공학 단계에 적용 가능한 일반적인 데이터 과학 기술도 있다. 이러한 기술을 분석해보자.

탐구할 기술은 다음과 같다.

- 대치
- 이상치 관리
- 원-핫 인코딩
- 로그 변환
- 스케일링
- 날짜 처리

4.2.1 대치

데이터 세트가 지저분하고 불완전한 경우는 드물지 않다. 결측치가 있는 행은 일반적이며, 값이 누락된 이유는 다음처럼 여러 가지다.

- 일관성 없는 데이터 세트
- 사무적인 오류
- 개인 정보 보호 문제

이유가 무엇이든 결측치가 있으면 모델 성능에 영향을 미칠 수 있다. 일부 알고리즘은 결측치를 적절하게 받아들이지 않으므로 경우에 따라 작업이 중단될 수도 있다. 결측치를 처리하는 방법에는 여러 가지가 있다. 그중 몇 가지를 살펴보자.

결측치가 있는 행 제거

이 방법은 모델이 학습해야 하는 데이터 포인트의 수를 줄이므로 모델 성능을 저하시킬 수 있다.

다음 예는 데이터의 60% 이상이 누락된 열을 삭제한다.

```
threshold = 0.6

# 임계값보다 높은 비율의 결측치를 갖는 열을 삭제한다
data = data[data.columns[data.isnull().mean() < threshold]]

# 임계값보다 높은 비율의 결측치를 갖는 행을 삭제한다
data = data.loc[data.isnull().mean(axis=1) < threshold]
print(data)
```

결과는 다음과 같다.

	battery_power	blue	clock_speed	dual_sim	fc	four_g	int_memory	\
0	842	0	2.2	0	1	0	7	
1	1021	1	0.5	1	0	1	53	
2	563	1	0.5	1	2	1	41	
3	615	1	2.5	0	0	0	10	
4	1821	1	1.2	0	13	1	44	
5	1859	0	0.5	1	3	0	22	
6	1821	0	1.7	0	4	1	10	
7	1954	0	0.5	1	0	0	24	
8	1445	1	0.5	0	0	0	53	
9	509	1	0.6	1	2	1	9	
10	769	1	2.9	1	0	0	9	
11	1520	1	2.2	0	5	1	33	
12	1815	0	2.8	0	2	0	33	
13	803	1	2.1	0	7	0	17	
14	1866	0	0.5	0	13	1	52	
15	775	0	1.0	0	3	0	46	
16	838	0	0.5	0	1	1	13	
17	595	0	0.9	1	7	1	23	

그림 4-5 결측치를 삭제한 결과

수치 대치

대치imputation란 결측치를 단순히 '이해할 수 있는' 다른 값으로 대체하는 방법이다.

숫자 변수는 일반적으로 다음과 같은 방법으로 대체한다.

- 0으로 대체한다.
- 전체 데이터 세트의 mean을 계산하고, 그 값으로 결측치를 대체한다.
- 전체 데이터 세트의 average를 계산하고, 그 값으로 결측치를 대체한다.

일반적으로 average보다 mean을 더 많이 사용하는데, average는 이상치의 영향을 받기가 쉽기 때문이다.

몇 가지 예를 살펴보자.

```python
# 결측치를 모두 0으로 대체
data = data.fillna(0)

# 결측치를 열의 중앙값으로 대체
data = data.fillna(data.median())
print(data)
```

결과가 출력되면 스크롤해서 변경된 값을 확인할 수 있다.

범주 대치

범주 변수는 숫자가 아니라 범주를 포함한다. 예를 들어 빨간색, 녹색, 노란색 혹은 바나나, 사과, 오렌지가 될 수 있다. 따라서 average와 mean은 범주형 변수와 함께 사용할 수 없다. 일반적으로는 가장 많이 나타나는 값으로 결측치를 대체한다.

범주가 많거나 균일하게 분포하는 경우 '기타'와 같은 것을 사용하는 편이 합리적일 수 있다. 다음 파이썬 예를 살펴보자. 결측치를 모두 자주 발생하는 값으로 대체한다(파이썬의 idxmax는 특성 전체에서 가장 일반적인 값을 반환함).

```
# 범주형 열에 대한 최대 채우기 기능
import pandas as pd

data = pd.read_csv("dataset.csv")

data['color'].fillna(data['color'].value_counts().idxmax(), inplace=True)
print(data)
```

결과는 다음과 유사하다.

```
      index    color
0        0    green
1        1   yellow
2        2      red
3        3      red
4        4   purple
5        5      red
6        6      red
7        7   purple
8        8      red
9        9      red
10      10   yellow
11      11      red
12      12    black
13      13    white
```

그림 4-6 결측치를 채운 결과

4.2.2 이상치 관리

주택 가격 예시를 분석하면서 **이상치**outlier에 특별히 유의해야 하는 이유를 알아보자. 어느 지역에 살든, 인근에 있는 집들은 대부분 일정 범위에 속하며 특성이 있을 것이다. 예를 들면 다음과 같다.

- 침실 1~4개
- 주방 1개
- 15~85평
- 화장실 1~3개

2019년 미국의 평균 주택 가격은 22만 6800달러다. 가격이 평균 언저리인 집은 위에 나열한 특성을 지닐 가능성이 높다. 하지만 몇몇 특이한 집도 있을 수 있다. 예를 들어 어떤 집은 침실이 10개나 20개일 수 있다. 이와 같은 비정상적인 특성의 개수에 따라 주택 가격이 백만 혹은 천만 달러가 될 수도 있다.

이상치는 데이터 세트의 mean에 영향을 미치고 average에는 더 큰 영향을 미친다. 또한 특이한 주택이 아주 많지는 않으므로, 일반적인 데이터 포인트의 예측에 영향을 주지 않도록 특잇값을 제거하는 편이 좋다.

주택 가격 그래프를 살펴본 다음 최상의 선 두 개를 그려보자. [그림 4-7]에서 선 하나는 모든 데이터를 포함하며, 다른 하나는 주택 가격이 높은 이상치를 제거한 것이다.

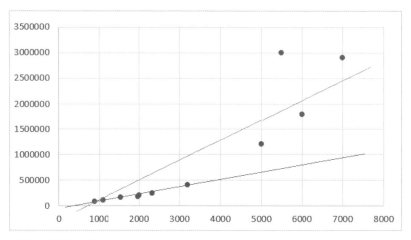

그림 4-7 최적합 그래프

그래프에서 볼 수 있듯 최적합 선을 계산할 때 이상치를 제거하면 선은 가격이 낮은 주택을 훨씬 더 정확하게 예측한다. 이와 같이 단순히 이상치를 제거함으로써 그 영향을 간단하지만 강력하게 처리할 수 있다.

그렇다면 어떤 값이 이상치인지와 제거해야 하는지 여부는 어떻게 결정할까? 한 가지 일반적인 방법은 데이터 세트의 특성 값에 대해 표준편차를 구하고, 구한 표준편차의 특정 배수에 해당하는 이상치를 제거하는 방법이다. 곱셈 계수에 사용할 상수는 과학보다는 예술에 가깝지만 일반적으로 2와 4 사이의 값이다.

```
# 표준편차를 사용해 이상치 행을 삭제
import pandas as pd
data = pd.read_csv("train.csv")

# 표준편차를 사용해 이상치 행을 삭제
factor = 2
upper_lim = data['battery_power'].mean () +
                    data['battery_power'].std() * factor
lower_lim = data['battery_power'].mean () -
                    data['battery_power'].std() * factor

data = data[(data['battery_power'] < upper_lim) &
                    (data['battery_power'] > lower_lim)]
print(data)
```

결과는 다음과 유사하다.

	battery_power	blue	clock_speed	dual_sim	fc	four_g	int_memory
0	842	0	2.2	0	1	0	7
1	1021	1	0.5	1	0	1	53
2	563	1	0.5	1	2	1	41
3	615	1	2.5	0	0	0	10
4	1821	1	1.2	0	13	1	44
5	1859	0	0.5	1	3	0	22
6	1821	0	1.7	0	4	1	10
7	1954	0	0.5	1	0	0	24
8	1445	1	0.5	0	0	0	53
9	509	1	0.6	1	2	1	9
10	769	1	2.9	1	0	0	9
11	1520	1	2.2	0	5	1	33
12	1815	0	2.8	0	2	0	33
13	803	1	2.1	0	7	0	17
14	1866	0	0.5	0	13	1	52
15	775	0	1.0	0	3	0	46
16	838	0	0.5	0	1	1	13
17	595	0	0.9	1	7	1	23

그림 4-8 이상치 행 결과를 삭제

이상치를 감지하고 제거하는 또 다른 방법은 백분위 수를 사용하는 것이다. 이 방법은 특성 값에서 일정 비율이 이상치라고 가정한다. 삭제할 비율은 주관적이고 도메인에 따라 달라진다.

다음 파이썬 예제를 살펴보자. 상위 및 하위 1%를 삭제한다.

```
# 백분위 수를 사용해 기준을 벗어나는 값을 갖는 데이터를 삭제한다
upper_lim = data['battery_power'].quantile(.99)
lower_lim = data['battery_power'].quantile(.01)

data = data[(data['battery_power'] < upper_lim) &
                      (data['battery_power'] > lower_lim)]
print(data)
```

예상 결과는 다음과 같다.

```
      battery_power  blue  clock_speed  dual_sim  fc  four_g  int_memory
1              1021     1          0.5         1   0       1          53
8              1445     1          0.5         0   0       0          53
11             1520     1          2.2         0   5       1          33
18             1131     1          0.5         1  11       0          49
25              961     1          1.4         1   0       1          57
27              956     0          0.5         0   1       1          41
28             1453     0          1.6         1  12       1          52
30             1579     1          0.5         1   0       0           5
31             1568     1          0.5         0  16       0          33
32             1319     1          0.9         0   3       1          41
33             1310     1          2.2         1   0       1          51
40             1347     0          2.9         0   5       0          44
42             1253     1          0.5         1   5       1           5
44             1195     1          2.8         0   1       1          20
45             1514     0          2.9         0   0       0          27
47             1054     1          1.8         1   3       1          40
50             1547     1          3.0         1   2       1          14
53             1457     0          1.9         1   1       1          16
```

그림 4-9 이상치 행 결과를 삭제

이상치를 처리하는 또 다른 방법은 값을 삭제하는 대신 제한하는 것이다. 행을 삭제하는 대신 값을 제한해 데이터 포인트를 유지하고 잠재적으로 모델의 성능을 높인다. 그러나 데이터 포인트를 유지하면서 값을 제한하면 해당 데이터 포인트가 실제 관찰이 아닌 추정치가 되므로 결과에 영향을 미칠 수도 있다. 어떤 방법을 사용할지는 특정 데이터 세트의 분석에 따라 결정한다. 다음 예는 행을 삭제하는 대신 제한 값을 사용한다.

```
# 백분위 수로 이상치 행 제한
upper_lim = data['battery_power'].quantile(.99)
lower_lim = data['battery_power'].quantile(.01)
```

```
data.loc[(data['battery_power'] > upper_lim), 'battery_power'] = upper_lim
data.loc[(data['battery_power'] < lower_lim), 'battery_power'] = lower_lim
print(data)
```

출력은 다음 그림과 같다. 스크롤하면 일부 변경된 값을 확인할 수 있다.

	battery_power	blue	clock_speed	dual_sim	fc	four_g	int_memory
1	1021.00	1	0.5	1	0	1	53
8	1445.00	1	0.5	0	0	0	53
11	1520.00	1	2.2	0	5	1	33
18	1131.00	1	0.5	1	11	0	49
25	961.00	1	1.4	1	0	1	57
27	956.00	0	0.5	0	1	1	41
28	1453.00	0	1.6	1	12	1	52
30	1579.00	1	0.5	1	0	0	5
31	1568.00	1	0.5	0	16	0	33
32	1319.00	1	0.9	0	3	1	41
33	1310.00	1	2.2	1	0	1	51
40	1347.00	0	2.9	0	5	0	44
42	1253.00	1	0.5	1	5	1	5
44	1195.00	1	2.8	0	1	1	20
45	1514.00	0	2.9	0	0	0	27
47	1054.00	1	1.8	1	3	1	40
50	1547.00	1	3.0	1	2	1	14
53	1457.00	0	1.9	1	1	1	16

그림 4-10 이상치 행 출력 제한

4.2.3 원-핫 인코딩

원-핫 인코딩one-hot encoding은 머신러닝에서 특성 공학에 자주 사용되는 기술이다. 일부 머신러닝 알고리즘은 범주 특성을 처리할 수 없는데, 원-핫 인코딩은 범주 특성을 숫자 특성으로 변환하는 방법이다.

어떤 특성에 '상태' 레이블이 지정돼 있고, 레이블에 사용할 수 있는 값은 세 종류(빨간색, 녹색, 노란색)라고 가정해보자. 이러한 값은 범주형이므로 높고 낮음이 없다. 값을 숫자 값으로 변환하면 숫자 특성을 얻는다. 예제를 살펴보자.

- Yellow = 1
- Red = 2
- Green = 3

그러나 이것은 별다른 규칙 없이 즉흥적으로 결정한 것처럼 보인다. 만약 빨간색은 나쁘고, 녹색은 좋고, 노란색은 중간이라면 매핑을 다음처럼 변경할 수 있다.

- Red = −1
- Yellow = 0
- Green = 1

그러면 더 나은 성능을 얻는다. 그러면 예제를 어떻게 원-핫 인코딩하는지 살펴보자. 변수 하나를 원-핫 인코딩하기 위해 각 값에 대해 새로운 특성을 만든다. 예제의 경우 일부 데이터는 다음과 같다.

표 4-1

red	yellow	green	status
1	0	0	red
0	1	0	yellow
0	0	1	green
0	0	1	green

데이터를 원-핫 인코딩해서 이제 상태 특성이 중복되므로 데이터 세트에서 제거한다.

표 4-2

red	yellow	green
1	0	0
0	1	0
0	0	1
0	0	1

또한 두 가지 색상 특성으로부터 나머지 하나를 알아낼 수 있다. 예를 들어 빨간색과 노란색이 모두 0이면 녹색이 1이 된다. 따라서 원-핫 인코딩에서는 항상 한 가지 특성을 정보 손실 없이 삭제할 수 있다. [표 4-3]은 녹색을 삭제한 것이다.

표 4-3

red	yellow
1	0
0	1
0	0
0	0

이제 판다스 라이브러리의 **get_dummies** 함수를 사용해 특성을 원-핫 인코딩하는 예제를 살펴보자.

```python
import pandas as pd

data = pd.read_csv("dataset.csv")

encoded_columns = pd.get_dummies(data['color'])
data = data.join(encoded_columns).drop('color', axis=1)
print(data)
```

결과는 다음과 같다.

```
    index  black  green  purple  red  white  yellow
0       0      0      1       0    0      0       0
1       1      0      0       0    0      0       1
2       2      0      0       0    0      0       0
3       3      0      0       0    1      0       0
4       4      0      0       1    0      0       0
5       5      0      0       0    1      0       0
6       6      0      0       0    1      0       0
7       7      0      0       1    0      0       0
8       8      0      0       0    0      0       0
9       9      0      0       0    1      0       0
10     10      0      0       0    0      0       1
11     11      0      0       0    0      0       0
12     12      1      0       0    0      0       0
13     13      0      0       0    0      1       0
```

그림 4-11 원-핫 인코딩 결과

4.2.4 로그 변환

로그 변환 Log transform은 일반적인 특성 공학 변환이며, 지나치게 치우친 값을 수정하는 데 도움이 된다. 로그 변환이 적용되면 데이터 분포가 정규화된다.

예를 들어보자. 여러분이 10세였을 때는 15세가 많은 나이라고 생각했을 것이다. 반면에 50세 와 55세를 생각해보면 나이 차이가 크게 느껴지지 않을 수 있다. 두 경우 모두 나이 차이는 5세 로 동일하지만, 15세와 10세는 50% 차이이고 55세와 50세는 10% 차이다.

모든 데이터 포인트에 로그 변환을 적용하면 크기 차이가 정규화되고 로그 변환을 사용하는 모델이 더욱 강력해지므로 이상치의 영향도 감소한다.

로그 변환을 사용할 때 주의할 점이 있다. 주요 제한 사항 한 가지는 모든 데이터 포인트가 양 숫값일 때만 로그 변환을 적용해야 한다는 점이다. 또한 변환을 적용하기 전에 데이터에 1을 더해 출력이 양수가 되도록 할 수 있다.

$$Log(x + 1)$$

다음은 파이썬에서 로그 변환을 수행하는 방법이다.

```python
# 로그 변환 예
data = pd.DataFrame({'value':[3,67, -17, 44, 37, 3, 31, -38]})
data['log+1'] = (data['value']+1).transform(np.log)

# 음수 처리
# 값이 다른 것을 출력
data['log'] = (data['value']-data['value'].min()+1) .transform(np.log)
print(data)
```

```
   value     log+1       log
0      3  1.386294  3.737670
1     67  4.219508  4.663439
2    -17       NaN  3.091042
3     44  3.806662  4.418841
4     37  3.637586  4.330733
5      3  1.386294  3.737670
6     31  3.465736  4.248495
7    -38       NaN  0.000000
```

그림 4-12 로그 변환 결과

4.2.5 스케일링

데이터 세트의 숫자 특성들은 규모가 서로 크게 다를 수 있다. 예를 들어 집의 일반적인 면적은 28평과 85평 사이인 반면 일반적인 침실 수는 2, 3, 4이다. 값들을 그대로 두면 척도가 더 높은 특성에 더 높은 가중치가 부여될 수 있다. 이 문제는 어떻게 해결할까?

스케일링이 방법이 될 수 있다. 스케일링을 적용하면 연속된 특성을 범위 측면에서 비교할 수 있다. 모든 알고리즘에 스케일링된 값이 필요한 것은 아니다(예를 들면 랜덤 포레스트는 스케일링이 필요 없다). 하지만 어떤 알고리즘은 데이터 세트를 미리 스케일링하지 않으면 의미 없는 결과를 생성한다(예를 들면 K-최근접 이웃 또는 K-평균). 가장 일반적인 스케일링 방법 두 가지를 살펴보자.

정규화normalization(또는 최소-최대 정규화)는 특성 값을 모두 0과 1 사이의 값으로 조정한다. 각 값은 다음 공식으로 정규화한다.

$$X_{norm} = \frac{X - X_{min}}{X_{max} - X_{min}}$$

- X: 특성에 대해 주어진 값
- X_{min}: 데이터 세트의 모든 데이터 포인트 중 가장 작은 값
- X_{max}: 데이터 세트의 모든 데이터 포인트 중 가장 큰 값
- X_{norm}: 공식을 적용해 정규화한 값

정규화는 특성의 분포를 바꾸지 않으며, 표준편차가 감소함에 따라 이상치의 영향이 증가한다. 따라서 정규화하기 전에 이상치를 처리하는 것이 좋다. 파이썬 예제를 살펴보자.

```
data = pd.DataFrame({'value':[7,25, -47, 73, 8, 22, 53, -25]})

data['normalized'] = (data['value'] - data['value'].min()) /
                     (data['value'].max() - data['value'].min())
print(data)
```

다음과 같은 결과를 예상할 수 있다.

```
     value   normalized
0        7     0.450000
1       25     0.600000
2      -47     0.000000
3       73     1.000000
4        8     0.458333
5       22     0.575000
6       53     0.833333
7      -25     0.183333
```

그림 4-13 정규화 결과

표준화(또는 Z-점수 정규화)는 표준편차를 계산의 일부로 포함하는 스케일링 방법이다. 표준화는 스케일링에서 이상치의 영향을 최소화한다. 공식을 살펴보자.

$$Z = \frac{x - \mu}{\sigma}$$

- μ : 평균
- σ : 표준편차
- x : 데이터 포인트

파이썬으로는 다음처럼 계산한다.

```
data = pd.DataFrame({'value':[7,25, -47, 73, 8, 22, 53, -25]})

data['standardized'] = (data['value'] - data['value'].mean()) data['value'].std()
print(data)
```

결과 화면은 다음과 같다.

```
     value   standardized
0        7      -0.193539
1       25       0.270954
2      -47      -1.587017
3       73       1.509601
4        8      -0.167733
5       22       0.193539
6       53       0.993498
7      -25      -1.019303
```

그림 4-14 표준화 결과

4.2.6 날짜 처리

어떤 데이터 과학 문제에는 시간 특성이 매우 중요할 수 있다. 시계열 분석에서 날짜는 분명히 매우 중요하다. 예를 들어 S&P 500[2]이 3천이 된다는 예측은 날짜 정보가 없으면 아무 의미가 없다.

처리되지 않은 날짜는 대부분의 모델에 그다지 큰 의미를 제공하지 않으며, 값이 너무 독특해 예측력을 제공할 수 없다. 2019년 10월 21일이 2019년 10월 19일과 다른 이유는 무엇일까? 도메인 지식을 사용하면 특성의 정보 가치를 크게 높일 수 있다. 예를 들어 날짜를 범주형 변수로 변환하면 도움이 될 수 있다. 만약 대상 특성이 임대료를 언제 지불할지 결정하려는 것이라면 날짜를 이진 값으로 변환하자.

- 매월 5일 이전 = 1
- 매월 5일 이후 = 0

음식점의 고객 방문 트래픽과 매출을 예측한다고 해보자. 매월 21일 트래픽을 비교하면 패턴이 없을 수 있다. 하지만 일요일과 화요일, 혹은 10월과 12월(크리스마스가 있다)을 보면 패턴이 있을 수 있다. 세계적인 체인 음식점이라면 위치가 매우 중요할 수 있다. 예를 들어 미국 등에서 기념하는 크리스마스는 12월, 인도의 디왈리는 10월 혹은 11월이다.

다음 방법으로도 날짜를 처리할 수 있다.

- 날짜를 다른 구성 요소로 나눈다(연, 월, 일 등).
- 현재 날짜와 해당 값 사이의 기간을 연, 월, 일 등으로 계산한다.
- 날짜에서 특정한 특성을 추출한다.
- 요일
- 주말 여부
- 휴일 여부

이외에도 많은 방법이 있으니 브레인스토밍하거나 연구해보자.

---

2 옮긴이_ 500개 대형 기업의 주식을 포함한 지수.

4.3 정리

이 장에서는 머신러닝 파이프라인에서 중요한 단계 두 가지를 분석했다.

- 특성 선택
- 특성 공학

지금까지 살펴봤듯 두 프로세스는 현재 과학만큼이나 복잡한 예술과도 같다. 파이프라인에서 사용할 모델을 선택하는 작업은 어떤 특성을 삭제하고 (모델에 추가하기 위해) 생성할지 결정하는 일보다 쉽다. 4장에서는 특성 선택과 특성 공학을 포괄적으로 분석하기보다는 약간 맛만 봤다.

5장에서는 머신러닝의 핵심으로 들어가기 시작한다. 지도 학습 모델을 비롯한 머신러닝 모델을 구축해보자.

05 지도 학습을 이용한 분류와 회귀

Chapter

지도 학습이 무엇이며 비지도 학습과 어떤 차이가 있는지 알아본다. 분류가 무엇인지 학습하고 다양한 알고리즘을 살펴본다.

이 장의 학습 목표
- 지도 학습과 비지도 학습
- 데이터 전처리
- 레이블 인코딩
- 로지스틱 회귀 분류기
- 나이브 베이즈 분류기
- 컨퓨전 행렬
- 서포트 벡터 머신(SVM)
- 회귀의 정의와 구축

이 장에서는 지도 학습을 사용하는 데이터 분류와 회귀를 알아보자. 다룰 내용은 다음과 같다.

- 지도 학습과 비지도 학습의 차이점
- 분류 방법
- 데이터 전처리 방법
- 레이블 인코딩
- 로지스틱 회귀 분류기
- 나이브 베이즈 분류기
- 컨퓨전 행렬
- 서포트 벡터 머신과 SVM 분류기
- 선형 회귀와 다항식 회귀
- 단일 변수 선형 회귀와 다중 변수 선형 회귀
- 서포트 벡터 회귀를 사용한 주택 가격 추정

5.1 지도 학습 vs. 비지도 학습

대중 언론을 통해 알 수 있듯 오늘날 인공지능 분야에서 가장 인기 있는 분야는 머신러닝이다. 머신러닝은 일반적으로 지도 학습과 비지도 학습으로 분류한다(다른 분류 방법도 있지만 나중에 논의하자).

좀 더 공식적인 정의를 내리기에 앞서 지도 학습과 비지도 학습을 직관적으로 이해해보자. 인물 사진이 있다고 가정하자. 이 데이터 세트의 사람들은 성별, 국적, 연령, 체중 등이 다양하다.

처음에는 데이터 세트에 비지도 학습 알고리즘을 적용한다. 그러면 비지도 알고리즘은 사전 지식 없이 사진을 비슷한 형태에 따라 분류하기 시작한다. 예를 들어 스스로 남성과 여성이 다름을 인식하기 시작하고, 남성과 여성을 각각 하나의 그룹으로 클러스터링할 수 있다. 하지만 반드시 이러한 패턴을 찾는다는 보장은 없다. 사진을 배경이 밝은 그룹과 어두운 그룹으로 클러스터링할 수도 있다(이는 쓸모없는 추론일 가능성이 높다).

이제 지도 학습 알고리즘을 적용해보자. 동일한 사진 세트를 이용하되 이번에는 각 사진에 레이블이 함께 표시된다. 레이블이 성별이라고 가정하자. 데이터에 레이블이 있으므로 데이터에 지도 학습 알고리즘을 적용하고 입력 변수를 사용해 대상 변수를 계산할 수 있다. 예시에서 입력 변수는 사진 픽셀, 대상 변수는 성별이다. 지도 학습과 비지도 학습의 공식적인 정의는 다음과 같다.

지도 학습supervised learning은 레이블이 지정된 훈련 데이터를 기반으로 머신러닝 모델을 구축하는 프로세스를 뜻한다. 지도 학습에서 각 예시 또는 행은 입력 변수와 원하는 대상 변수로 구성된 튜플이다. 예를 들어 머신러닝에서 '타이타닉' 데이터 세트가 예제로 자주 사용된다. 이 데이터 세트는 유명한 선박 RMS 타이타닉의 승객 정보를 나타내는 특성을 포함한다. 몇 가지 입력 특성은 다음과 같다.

- 승객 이름
- 성별
- 객실 클래스
- 나이
- 승선 장소

대상 변수는 승객의 생존 여부다.

비지도 학습unsupervised learning은 레이블이 지정된 훈련 데이터에 의존하지 않고 머신러닝 모델을 구축하는 프로세스를 뜻한다. 어떤 의미에서는 지도 학습의 반대로 볼 수 있다. 레이블이 없으므로 주어진 데이터만을 기반으로 통찰력을 동원해야 하며, 데이터 포인트가 잠재적으로 여러 클러스터 혹은 그룹으로 분리되는 시스템을 훈련한다. 요점은 분리 기준을 정확히 알지 못한다는 점이다. 따라서 비지도 학습 알고리즘은 주어진 데이터 세트를 가능한 한 최선의 방법으로 여러 그룹으로 분리해야 한다.

머신러닝 접근 방식을 분류하는 주요 방법 중 하나를 배웠다. 이제 데이터를 분류하는 방법을 살펴보자.

5.2 분류란 무엇인가

이 절에서는 지도 감독의 **분류**classification 기술을 알아보자. 분류 프로세스는 데이터를 효과적이고 효율적으로 사용할 수 있도록 고정된 범주로 정렬하는 데 사용된다.

머신러닝에서 분류는 새 데이터 포인트가 속한 범주를 식별하기 위해 사용한다. 분류 모델은 데이터 포인트와 해당 레이블을 포함하는 훈련 데이터 세트를 기반으로 구축한다. 예를 들어 주어진 이미지에 사람 얼굴이 있는지 여부를 확인한다고 가정하자. 먼저 얼굴이 있는 경우와 얼굴이 없는 경우에 대한 클래스를 포함하는 훈련 데이터 세트를 구축한다. 그리고 사용 가능한 학습 샘플을 기반으로 모델을 훈련한 후, 학습된 모델을 추론에 사용한다.

좋은 분류 시스템은 데이터를 쉽게 찾고 검색하게 해준다. 분류는 얼굴 인식, 스팸 식별, 추천 엔진 등에 광범위하게 사용된다. 좋은 데이터 분류 알고리즘은 주어진 데이터를 특정 개수의 클래스로 분리하는 올바른 기준을 자동으로 생성한다.

분류가 적절한 결과를 생성하려면 해당 기준을 일반화할 수 있도록 충분히 많은 샘플이 필요하다. 샘플 수가 충분하지 않으면 알고리즘이 훈련 데이터에 과적합된다. 즉 훈련 데이터에서 관찰된 패턴에 맞도록 모델을 너무 많이 조정했기 때문에 알 수 없는 데이터에서 잘 수행되지 않는다. 이 문제는 실제 머신러닝 세계에 흔히 발생하므로 다양한 머신러닝 모델 구축 시 고려하는 것이 좋다.

5.3 데이터 전처리

원시 데이터는 머신러닝 알고리즘의 연료다. 하지만 자동차에 원유가 아니라 가솔린을 사용해야 하듯이, 훈련 프로세스를 시작하기 전에 데이터를 특정 방식으로 형식화해야 한다. 머신러닝 알고리즘으로 수집할 데이터를 준비하려면 데이터를 **전처리**preprocessing하고 올바른 형식으로 변환해야 한다. 몇 가지 방법을 살펴보자.

예제가 작동하려면 몇 가지 파이썬 패키지를 임포트해야 한다.

```
import numpy as np
from sklearn import preprocessing
```

또한 다음과 같이 샘플 데이터를 정의한다.

```
input_data = np.array([[5.1, -2.9, 3.3],
                       [-1.2, 7.8, -6.1],
                       [3.9, 0.4, 2.1],
                       [7.3, -9.9, -4.5]])
```

분석할 전처리 기술은 다음과 같다.

- 이진화
- 평균 제거
- 스케일링
- 정규화

5.3.1 이진화

이진화binarization는 숫자 값을 불리언Boolean 값으로 변환하는 데 사용한다. 내장 메서드를 사용해 입력 데이터를 이진화해보자. 임계값은 2.1로 설정한다.

동일한 파이썬 파일에 다음을 추가한다.

```
# 데이터 이진화
data_binarized = preprocessing.Binarizer(threshold=2.1).transform(input_data)
print("\nBinarized data:\n", data_binarized)
```

코드를 실행하면 결과는 다음과 같다.

```
Binarized data:
[[ 1. 0. 1.]
 [ 0. 1. 0.]
 [ 1. 0. 0.]
 [ 1. 0. 0.]]
```

결과가 나타내듯 2.1보다 큰 값은 모두 1이 되고 나머지는 모두 0이 된다.

5.3.2 평균 제거

평균 제거mean removal는 머신러닝에 사용되는 일반적인 전처리 기술이다. 일반적으로 특성 벡터에서 평균을 제거해 각 특성이 0을 중심으로 분포하도록 만드는 것이 유용하다. 이와 같은 작업은 특성 벡터의 특성에서 편향을 제거하기 위해 수행한다.

동일한 파이썬 파일에 이어서 다음을 추가한다.

```
# 평균과 표준편차 출력
print("\nBEFORE:")
print("Mean =", input_data.mean(axis=0))
print("Std deviation =", input_data.std(axis=0))
```

입력 데이터에 대한 평균과 표준편차를 출력한다.

```
# 평균 제거
data_scaled = preprocessing.scale(input_data)
print("\nAFTER:")
print("Mean =", data_scaled.mean(axis=0))
print("Std deviation =", data_scaled .std(axis=0))
```

코드를 실행하면 결과는 다음과 같다.

```
BEFORE:
Mean = [ 3.775 -1.15 -1.3 ]
```

```
Std deviation = [ 3.12039661 6.36651396 4.0620192 ]
AFTER:
Mean = [ 1.11022302e-16 0.00000000e+00 2.77555756e-17]
Std deviation = [ 1. 1. 1.]
```

얻은 값을 보면 평균은 0에 근접하고 표준편차는 1이다.

5.3.3 스케일링

예제를 통해 스케일링이 무엇인지 살펴보자. 주택과 관련된 특성을 포함하는 데이터 세트가 있을 때 해당 주택의 가격을 예측해보자. 이때 특성의 숫자 값 범위는 상당히 다를 수 있다. 예를 들어 일반적으로 집의 면적은 수십 평이지만 침실 수는 10개 미만이다. 또한 몇몇 특성에는 특잇값이 포함될 수 있다. 예를 들어 데이터 세트의 일부 주택이 나머지를 왜곡할 수 있다.

각 특성에 부여된 가중치가 거의 동일하고 이상치의 중요도가 크지 않도록 특성을 스케일링하는 방법을 찾아보자. 한 가지 방법은 모든 특성을 재조정해 0과 1 사이처럼 작은 범위에 속하도록 하는 것이다. 이때 가장 효율적인 방법은 **MinMaxScaler** 알고리즘이다. 공식은 다음과 같다.

$$\frac{x_i - min(x)}{max(x) - min(x)}$$

여기서 $max(x)$는 변수의 가장 큰 값이고 $min(x)$는 가장 작은 값이며 x_i는 각각의 개별 값이다.

특성 벡터에서 각 특성의 값은 천차만별이다. 따라서 머신러닝 알고리즘 훈련에 사용하려면 스케일링을 통해 범위를 제한해야 한다. 인위적으로 특성 값을 크게 하거나 작게 하지는 않는다.

파이썬에서 구현하려면 파일에 다음을 추가한다.

```
# 최소-최대 스케일링
data_scaler_minmax = preprocessing.MinMaxScaler(feature_range=(0, 1))
data_scaled_minmax = data_scaler_minmax.fit_transform(input_data)
print("\nMin max scaled data:\n", data_scaled_minmax)
```

코드를 실행하면 결과는 다음과 같다.

```
Min max scaled data:
[[ 0.74117647 0.39548023 1. ]
 [ 0. 1. 0. ]
 [ 0.6 0.5819209 0.87234043]
 [ 1. 0. 0.17021277]]
```

각 행은 최댓값이 1이며 모든 값은 이 값을 기준으로 조정된다.

5.3.4 정규화

사람들은 종종 스케일링과 정규화를 혼동한다. 한 가지 이유는 두 용어가 실제로 매우 유사하기 때문이다. 스케일링과 정규화 모두 데이터를 더 유용하게 만들기 위해 변환한다. 하지만 스케일링은 변수의 값 '범위'를 변경하는 반면, 정규화는 데이터 '분포의 모양'을 변경한다. 머신러닝 모델이 잘 작동하려면 특성 값이 정규분포를 따르는 것이 바람직하다.

하지만 현실은 훨씬 더 복잡하고 때로는 생각처럼 잘 되지 않는다. 예를 들어 값의 분포가 왜곡될 수 있다. 정규화는 일반적으로 데이터를 분산한다. 다음은 정규화하기 전과 후의 데이터 그래프다.

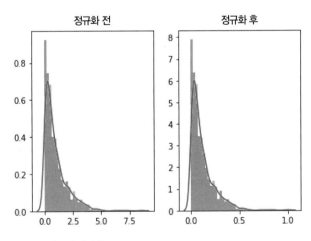

그림 5-1 정규화 전과 후

정규화 프로세스를 사용해 특성 벡터의 값을 수정해 공통 스케일에서 측정할 수 있다. 머신러 닝에는 다양한 형태의 정규화가 사용된다. 가장 일반적인 정규화는 값을 수정해 합계가 1이 되도록 한다. **L1 정규화**L1 normalization는 각 행에서 절댓값의 합이 1이 되도록 작동하며, 최소 절대 편차Least Absolute Deviations를 나타낸다. 최소 제곱을 나타내는 **L2 정규화**L2 normalization는 값의 제곱의 합이 1이 되도록 작동한다.

일반적으로 L1 정규화가 L2 정규화보다 더 강력한 기술로 간주된다. L1 정규화 기술이 강력한 이유는 데이터의 이상치에 내성이 있기 때문이다. 데이터는 이상치를 포함하는 경우가 많으며, 우리는 이에 대해 아무것도 할 수 없다. 계산 중에 이러한 이상치를 안전하고 효과적으로 무시할 수 있는 기술을 사용하는 것이 좋다. 다만 이상치가 중요한 문제를 해결할 때는 L2 정규화가 더 나은 방법일 수 있다.

동일한 파이썬 파일에 다음을 추가한다.

```
# 데이터를 정규화한다
data_normalized_l1 = preprocessing.normalize(input_data, norm='l1')
data_normalized_l2 = preprocessing.normalize(input_data, norm='l2')
print("\nL1 normalized data:\n", data_normalized_l1)
print("\nL2 normalized data:\n", data_normalized_l2)
```

코드를 실행하면 결과는 다음과 같다.

```
L1 normalized data:
[[ 0.45132743 -0.25663717 0.2920354 ]
 [-0.0794702 0.51655629 -0.40397351]
 [ 0.609375 0.0625 0.328125 ]
 [ 0.33640553 -0.4562212 -0.20737327]]
L2 normalized data:
[[ 0.75765788 -0.43082507 0.49024922]
 [-0.12030718 0.78199664 -0.61156148]
 [ 0.87690281 0.08993875 0.47217844]
 [ 0.55734935 -0.75585734 -0.34357152]]
```

전체 코드는 **data_preprocessor.py** 파일에 있다.

5.4 레이블 인코딩

분류를 수행할 때는 일반적으로 많은 레이블을 처리한다. 레이블의 형식은 단어, 숫자 등이 있다. 많은 머신러닝 알고리즘에는 입력으로 숫자가 필요하다. 따라서 입력이 이미 숫자 형식이라면 학습에 바로 사용할 수 있다. 그러나 항상 그런 것은 아니다.

레이블은 일반적으로 사람이 이해할 수 있는 단어 형식이다. 훈련 데이터에 단어로 레이블이 지정되며 매핑을 추적할 수 있다. 단어 레이블을 숫자로 변환하려면 레이블 인코더를 사용한다. 레이블 인코딩은 단어 레이블을 숫자로 변환하는 프로세스다. 이를 통해 알고리즘이 데이터를 처리할 수 있다. 다음 예를 살펴보자.

새 파이썬 파일을 만들고 다음 패키지를 가져온다.

```
import numpy as np
from sklearn import preprocessing
```

다음 샘플 레이블을 정의한다.

```
# 샘플 입력 레이블
input_labels = ['red', 'black', 'red', 'green', 'black', 'yellow', 'white']
```

레이블 인코더 객체를 생성하고 훈련한다.

```
# 레이블 인코더를 생성하고 레이블을 적용한다
encoder = preprocessing.LabelEncoder()
encoder.fit(input_labels)
```

단어와 숫자 간 매핑을 출력한다.

```
# 매핑을 출력한다
print("\nLabel mapping:")
for i, item in enumerate(encoder.classes_):
    print(item, '-->', i)
```

어떻게 동작하는지 확인하기 위해 무작위로 정렬된 레이블 세트를 인코딩해보자.

```python
# 인코더를 사용해 레이블 세트를 인코딩한다
test_labels = ['green', 'red', 'black']
encoded_values = encoder.transform(test_labels)
print("\nLabels =", test_labels)
print("Encoded values =" , list(encoded_values))
```

무작위 숫자 세트를 디코딩해보자.

```python
# 인코더를 사용한 값의 세트를 디코딩한다
encoded_values = [3, 0, 4, 1]
decoded_list = encoder.inverse_transform(encoded_values)
print("\nEncoded values =", encoded_values)
print("Decoded labels =", list(decoded_list))
```

코드를 실행하면 결과는 다음과 같다.

```
Label mapping:
black --> 0
green --> 1
red --> 2
white --> 3
yellow --> 4

Labels = ['green', 'red', 'black']
Encoded values = [1, 2, 0]

Encoded values = [3, 0, 4, 1]
Decoded labels = ['white', 'black', 'yellow', 'green']
```

그림 5-2 인코딩과 디코딩 결과

인코딩과 디코딩이 올바른지 확인하려면 매핑을 체크하자. 예제 코드는 label_encoder.py 파일에 있다.

5.5 로지스틱 회귀 분류기

로지스틱 회귀 기술은 입력 변수와 출력 변수 간의 관계를 설명하는 데 사용한다. 회귀는 연속 값에 대한 예측뿐 아니라 불연속적인 예측(예를 들면 결과가 '참' 또는 '거짓'이거나 '빨간색', '녹색' 또는 '노란색'인 경우)에도 유용할 수 있다.

입력 변수는 독립으로 가정하며 출력 변수는 종속변수라고 한다. 종속변수는 나타나는 값의 구조나 특성이 고정돼 있다. 이러한 종속변수는 '분류' 분야에 사용할 수 있다.

우리의 목표는 로지스틱 함수를 사용해 확률을 추정하고 독립변수와 종속변수 간의 관계를 찾는 것이다. 이 경우 로지스틱 함수는 다양한 매개변수로 함수를 구축하는 데 사용하는 **시그모이드 곡선**sigmoid curve이 된다. 로지스틱 회귀 모델에서 시그모이드 함수를 사용하는 몇 가지 이유는 다음과 같다.

- 0과 1 사이로 제한된다.
- 미분을 계산하기 더 쉽다.
- 모델에 비선형성을 도입하는 간단한 방법이다.

로지스틱 회귀 모델에서 시그모이드 함수를 사용하는 것은 오류를 최소화하면서 여러 개의 점을 하나의 선에 일치시키려고 하는 일반적인 선형 모델 분석과 밀접한 관련이 있다. **선형 회귀**linear regression를 사용하는 대신 로지스틱 회귀를 사용한다. 로지스틱 회귀 자체는 분류 기법이 아니지만 분류를 용이하게 하며, 방식의 단순함 때문에 머신러닝에서 흔히 사용된다.

로지스틱 회귀를 사용해 분류기를 만드는 방법을 살펴보자. 먼저 Tkinter 패키지가 설치돼 있는지 확인하고, 설치돼 있지 않으면 *https://docs.python.org/3/library/tkinter.html*에서 다운로드하자.

새 파이썬 파일을 만들고 다음 패키지를 가져온다.

```
import numpy as np
from sklearn import linear_model
import matplotlib.pyplot as plt
from utilities import visualize_classifier
```

2차원 벡터와 그에 해당하는 레이블로 샘플 입력 데이터를 정의한다.

```
# 샘플 입력 데이터를 정의한다
X = np.array([[3.1, 7.2], [4, 6.7], [2.9, 8], [5.1, 4.5],
              [6, 5], [5.6, 5], [3.3, 0.4], [3.9, 0.9],
              [2.8, 1], [0.5, 3.4], [1, 4], [0.6, 4.9]])
y = np.array([0, 0, 0, 1, 1, 1, 2, 2, 2, 3, 3, 3])
```

레이블링된 데이터를 사용해 분류기를 훈련해보자. 로지스틱 회귀 분류기 객체를 생성한다.

```
# 로지스틱 회귀 분류기를 생성한다
classifier = linear_model.LogisticRegression(solver='liblinear', C=1)
```

앞에서 정의한 데이터를 사용해 분류기를 훈련한다.

```
# 분류기를 훈련한다
classifier.fit(X, y)
```

클래스의 경계를 확인해 분류기의 성능을 시각화한다.

```
# 분류기의 성능을 시각화한다
visualize_classifier(classifier, X, y)
```

함수를 사용하기 전에 정의해야 한다. 이 장에서는 이 함수를 여러 번 사용할 것이므로 별도의 파일에서 정의한 뒤 가져오는 것이 좋다. 함수는 제공된 **utilities.py** 파일에 있다.

새 파이썬 파일을 만들고 다음 패키지를 가져온다.

```
import numpy as np
import matplotlib.pyplot as plt
```

classifier 객체, 입력 데이터, 레이블을 입력 매개변수로 사용해 함수를 정의한다.

```
def visualize_classifier(classifier, X, y):
    # 메시 그리드에서 사용할 X와 Y의 최솟값과 최댓값을 정의한다
    min_x, max_x = X[:, 0].min() - 1.0, X[:, 0].max() + 1.0
    min_y, max_y = X[:, 1].min() - 1.0, X[:, 1].max() + 1.0
```

메시 그리드에서 사용할 X와 Y 방향의 최솟값과 최댓값을 정의했다. 이 그리드는 기본적으로 함수를 평가하는 데 사용되는 값 집합이므로 클래스의 경계를 시각화할 수 있다. 그리드의 스텝 크기를 정의하고 최솟값과 최댓값을 사용해 그리드를 생성한다.

```
    # 메시 그리드를 그리는 데 사용할 스텝 크기를 정의한다
    mesh_step_size = 0.01

    # X와 Y 값의 메시 그리드를 정의한다
    x_vals, y_vals = np.meshgrid(np.arange(min_x, max_x, mesh_step_size),
                                 np.arange(min_y, max_y, mesh_step_size))
```

그리드의 모든 점에 분류기를 실행한다.

```
    # 메시 그리드에 분류기를 실행한다
    output = classifier.predict(np.c_[x_vals.ravel(), y_vals.ravel()])

    # 출력 배열의 형태를 변경한다
    output = output.reshape(x_vals.shape)
```

그림을 생성하고, 색 구성표를 선택하고, 모든 점을 오버레이한다.

```
    # 플롯을 생성한다
    plt.figure()

    # 플롯에 사용할 색 구성표를 선택한다
    plt.pcolormesh(x_vals, y_vals, output, cmap=plt.cm.gray)

    # 플롯에 훈련한 점을 오버레이한다
    plt.scatter(X[:, 0], X[:, 1], c=y, s=75, edgecolors='black',
                linewidth=1, cmap=plt.cm.Paired)
```

최솟값과 최댓값을 사용해 플롯의 경계를 지정하고 확인 표시를 추가한 다음 그림을 표시한다.

```
# 플롯의 경계를 설정한다
plt.xlim(x_vals.min(), x_vals.max())
plt.ylim(y_vals.min(), y_vals.max())

# X축과 Y축 눈금을 설정한다
plt.xticks((np.arange(int(X[:, 0].min() - 1), int(X[:, 0].max() + 1), 1.0)))
plt.yticks((np.arange(int(X[:, 1].min() - 1), int(X[:, 1].max() + 1), 1.0)))

plt.show()
```

코드를 실행하면 결과는 다음과 같다.

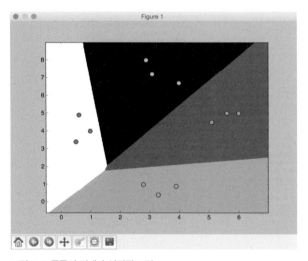

그림 5-3 플롯의 경계가 설정된 그림

다음 라인에서 C 값을 100으로 변경하면 경계가 더 정확해진다.

```
classifier = linear_model.LogisticRegression(solver='liblinear', C=100)
```

C를 잘못 설정하면 알고리즘이 동작할 때 훈련 데이터에 더 많은 작업을 하게 된다. C 값을 증가하면 훈련 데이터에 과적합되고 잘 일반화되지 않으므로 주의해야 한다.

C를 100으로 설정하고 코드를 실행하면 다음과 같은 스크린샷이 표시된다.

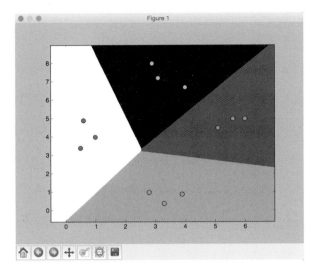

그림 5-4 C를 100으로 설정하고 실행한 결과

이전 그림보다 경계가 더 정확해졌다. 이 절의 코드는 logistic_regression.py 파일에 있다.

5.6 나이브 베이즈 분류기

나이브 베이즈^{Naïve Bayes}는 베이즈 정리^{Bayes' theorem}를 사용해 분류기를 구축하는 데 사용하는 기술이다. 베이즈 정리는 이벤트와 관련된 다양한 조건에 따라 이벤트가 발생할 확률을 설명한다. 나이브 베이즈 분류기는 문제 인스턴스에 클래스 레이블을 할당해 구축한다. 이러한 문제 인스턴스는 특성 값의 벡터로 표시된다. 이때 주어진 특성의 값이 다른 특성의 값에 독립임을 가정한다. 이를 독립 가정이라고 하며 나이브 베이즈 분류기의 '나이브'에 해당하는 부분이다.

클래스 변수가 주어지면, 특정 특성이 변수에 어떻게 영향을 미치는지 알 수 있다(다른 특성에 미치는 영향은 고려하지 않음). 예를 들어 어떤 동물이 점이 있고, 다리가 4개이며, 꼬리가 있고, 시속 약 113킬로미터를 달린다면 치타로 간주할 수 있다. 나이브 베이즈 분류기는 각 특성이 결과에 독립적으로 기여한다고 간주한다. 결과는 이 동물이 치타일 확률을 나타낸다. 이때 가죽 패턴, 다리 개수, 꼬리 유무, 이동속도 사이에 존재할 수 있는 상관관계는 고려하지 않는다. 나이브 베이즈 분류기를 만드는 방법을 살펴보자.

새로운 파이썬 파일을 생성하고 다음 패키지를 임포트한다.

```python
import numpy as np
import matplotlib.pyplot as plt
from sklearn.naive_bayes import GaussianNB
from sklearn.model_selection import train_test_split
from sklearn.model_selection import cross_val_score
from utilities import visualize_classifier
```

소스 데이터로 data_multivar_nb.txt 파일을 사용한다. 이 파일의 데이터는 라인마다 쉼표로 분리돼 있다.

```python
# 입력 파일은 데이터를 포함한다
input_file = 'data_multivar_nb.txt'
```

파일에서 데이터를 로드한다.

```python
# 입력 파일에서 데이터를 로드한다
data = np.loadtxt(input_file, delimiter=',')
X, y = data[:, :-1], data[:, -1]
```

나이브 베이즈 분류기의 인스턴스를 생성한다. 여기서는 가우시안 **나이브 베이즈**^{Gaussian Naïve Bayes} 분류기를 사용한다. 가우시안 나이브 베이즈 분류기에서는 각 클래스와 관련된 값이 가우스 분포를 따른다고 가정한다.

```python
# 나이브 베이즈 분류기를 생성한다
classifier = GaussianNB()
```

훈련 데이터를 사용해 분류기를 훈련한다.

```
# 분류기를 훈련한다
classifier.fit(X, y)
```

학습된 데이터를 사용해 분류기를 실행하고 결과를 예측한다.

```
# 학습된 데이터의 값을 예측한다
y_pred = classifier.predict(X)
```

예측된 값을 실제 레이블과 비교해 분류기 정확도를 계산하고 성능을 시각화한다.

```
# 분류기 정확도를 계산한다
accuracy = 100.0 * (y == y_pred).sum() / X.shape[0]
print("Accuracy of Naive Bayes classifier =", round(accuracy, 2), "%")

# 분류기 성능을 시각화한다
visualize_classifier(classifier, X, y)
```

이와 같은 정확도 계산 방법은 강력하지 않다. 테스트할 때 동일한 훈련 데이터를 사용하지 않도록 교차 검증을 수행해야 한다.

데이터를 훈련 및 테스트 하위 집합으로 분할한다. test_size 매개변수에 지정한 것처럼 학습에 80%를 할당하고 테스트에 나머지 20%를 할당한다. 이 데이터를 이용해 나이브 베이즈 분류기를 훈련한다.

```
# 데이터를 훈련과 테스트 데이터로 분리한다
X_train, X_test, y_train, y_test = train_test_split(X, y, test_size=0.2, random_
state=3)
classifier_new = GaussianNB()
classifier_new.fit(X_train, y_train)
y_test_pred = classifier_new.predict(X_test)
```

분류기 정확도를 계산하고 성능을 시각화한다.

```
# 분류기 정확도를 계산한다
accuracy = 100.0 * (y_test == y_test_pred).sum() / X_test.shape[0]
print("Accuracy of the new classifier =", round(accuracy, 2), "%")

# 분류기 성능을 시각화한다
visualize_classifier(classifier_new, X_test, y_test)
```

이제 내장 함수를 사용해 3중 교차 검증을 기반으로 정확도, 정밀도 및 재현율 값을 계산해
보자.

```
num_folds = 3
accuracy_values = cross_val_score(classifier,
    X, y, scoring='accuracy', cv=num_folds)
print("Accuracy: " + str(round(100*accuracy_values.mean(), 2)) + "%")

precision_values = cross_val_score(classifier,
    X, y, scoring='precision_weighted', cv=num_folds)
print("Precision: " + str(round(100*precision_values.mean(), 2)) + "%")

recall_values = cross_val_score(classifier,
    X, y, scoring='recall_weighted', cv=num_folds)
print("Recall: " + str(round(100*recall_values.mean(), 2)) + "%")

f1_values = cross_val_score(classifier,
    X, y, scoring='f1_weighted', cv=num_folds)
print("F1: " + str(round(100*f1_values.mean(), 2)) + "%")
```

첫 번째 훈련 실행 결과는 다음과 같다.

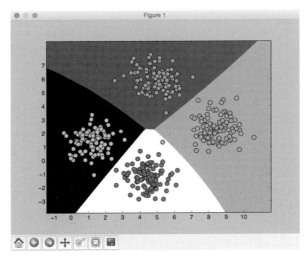

그림 5-5 첫 번째 훈련 실행 후 클러스터링 및 경계

[그림 5-5]는 분류기에서 얻은 경계를 보여준다. 클러스터 4개가 잘 분리되고, 입력 데이터 포인트의 분포에 따라 경계가 있는 영역이 생성됐다. [그림 5-6]은 교차 검증을 사용한 두 번째 훈련 실행을 나타낸다.

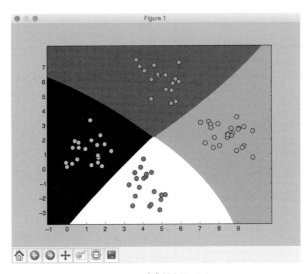

그림 5-6 교차 검증을 사용한 두 번째 학습의 설과

출력 결과는 다음과 같다.

```
Accuracy of Naive Bayes classifier = 99.75 %
Accuracy of the new classifier = 100.0 %
Accuracy: 99.75%
Precision: 99.76%
Recall: 99.75%
F1: 99.75%
```

이 절에서 사용한 코드는 naive_bayes.py 파일에 있다.

5.7 컨퓨전 행렬

컨퓨전 행렬confusion matrix은 분류기의 성능을 설명하기 위해 사용하는 그림이나 표를 의미한다. 행렬의 각 행은 예측된 클래스의 인스턴스를 나타내고, 각 열은 실제 클래스의 인스턴스를 나타낸다. '컨퓨전 행렬'이라는 이름이 사용된 이유는 행렬을 사용하면 모델이 두 클래스를 혼동하거나 잘못 분류한 경우 쉽게 시각화할 수 있기 때문이다. 각 클래스를 다른 모든 클래스와 비교해 얼마나 많은 샘플이 올바르게 분류되고 잘못 분류됐는지 확인한다.

이 표를 구성하는 동안 머신러닝 분야에서 중요한 몇 가지 주요 지표를 발견했다. 출력이 0 또는 1인 이진 분류 사례를 생각해보자.

- **참 양성(true positive)**: 출력값으로 1을 예측하고 기준 진실도 1인 샘플.
- **참 음성(true negative)**: 출력값으로 0을 예측하고 기준 진실도 0인 샘플.
- **거짓 양성(false positive)**: 출력값으로 1을 예측했지만 기준 진실은 0인 샘플. 1종 오류라고도 한다.
- **거짓 음성(false negative)**: 출력값으로 0을 예측했지만 기준 진실도 1인 샘플. 2종 오류라고도 한다.

주어진 문제에 따라 알고리즘을 최적화해 거짓 양성과 거짓 음성 비율을 줄여야 한다. 예를 들어 생체 인식 시스템에서는 잘못된 사람들이 민감한 정보에 접근하지 않도록 거짓 양성을 피하는 것이 매우 중요하다. 컨퓨전 행렬을 만드는 방법을 살펴보자.

새로운 파이썬 파일을 만들고 다음 패키지를 임포트한다.

```
import numpy as np
import matplotlib.pyplot as plt
from sklearn.metrics import confusion_matrix
from sklearn.metrics import classification_report
```

기준 진실과 예측된 결과에 대한 샘플 레이블을 정의한다.

```
# 샘플 레이블을 정의한다
true_labels = [2, 0, 0, 2, 4, 4, 1, 0, 3, 3, 3]
pred_labels = [2, 1, 0, 2, 4, 3, 1, 0, 1, 3, 3]
```

정의한 레이블을 사용해 컨퓨전 행렬을 생성한다.

```
# 컨퓨전 행렬을 생성한다
confusion_mat = confusion_matrix(true_labels, pred_labels)

# 컨퓨전 행렬을 시각화한다
plt.imshow(confusion_mat, interpolation='nearest', cmap=plt.cm.gray)
plt.title('Confusion matrix')
plt.colorbar()
ticks = np.arange(5)
plt.xticks(ticks, ticks)
plt.yticks(ticks, ticks)
plt.ylabel('True labels')
plt.xlabel('Predicted labels')
plt.show()
```

앞의 시각화 코드에서 ticks 변수는 구별된 클래스 수를 나타낸다. 여기서는 구별된 레이블 5개를 사용한다. 분류기 레포트를 출력하자.

```
# 분류기 레포트
targets = ['Class-0', 'Class-1', 'Class-2', 'Class-3', 'Class-4']
print('\n', classification_report(true_labels, pred_labels, target_names=targets))
```

분류기 레포트는 각 클래스의 성능을 출력한다. 코드를 실행하면 다음과 같은 스크린샷이 표시된다.

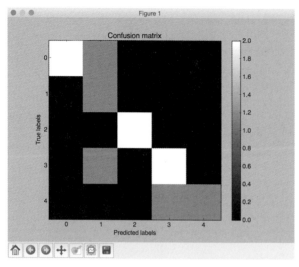

그림 5-7 분류기 레포트에서 얻은 각 클래스의 성능

그림 오른쪽 부분에 있는 컬러 맵 키가 나타내듯 흰색은 더 높은 값을, 검정색은 더 낮은 값을 나타낸다. 정확도가 100%인 이상적인 시나리오에서 대각선 사각형은 모두 흰색이고 나머지는 모두 검정색이다.

출력은 다음과 같다.

	precision	recall	f1-score	support
Class-0	1.00	0.67	0.80	3
Class-1	0.33	1.00	0.50	1
Class-2	1.00	1.00	1.00	2
Class-3	0.67	0.67	0.67	3
Class-4	1.00	0.50	0.67	2
avg / total	0.85	0.73	0.75	11

그림 5-8 분류기 레포트에서 얻은 값

[그림 5-8]에서 볼 수 있듯 평균 정밀도(precision)는 85%이고 평균 재현율(recall)은 73%다. f1-score는 75%다. 이는 도메인에 따라 좋은 결과일 수도, 안 좋은 결과일 수도 있다. 문제의 도메인이 환자가 암에 걸렸는지 확인하는 것이라고 가정해보자. 정밀도가 85%라면

인구의 15%가 잘못 분류돼 매우 불행할 것이다. 반면에 도메인이 누군가가 제품을 구매할 것인지 여부일 때 정밀도가 85%이면 마케팅 비용을 크게 줄일 수 있다.

이 절의 코드는 confusion_matrix.py 파일에 있다.

5.8 서포트 벡터 머신

서포트 벡터 머신 Support Vector Machine(SVM)은 클래스 간의 분리 **초평면**hyperplane을 사용해 정의되는 분류기다. 이 초평면은 선의 N차원 버전이다. 레이블이 지정된 훈련 데이터와 이진 분류 문제가 주어지면 SVM은 훈련 데이터를 두 클래스로 분리하는 최적의 초평면을 찾는다. 이 방법은 두 클래스로 분리하는 문제에서 N개 클래스로 분리하는 문제로 쉽게 확장해 적용할 수 있다.

점을 포함하는 클래스 두 개로 구성된 2차원을 생각해보자. 2D이므로 2D 평면상의 점과 선만 처리하면 된다. 따라서 고차원 공간의 벡터나 초평면보다 시각화하기 쉽다. 물론 SVM 문제의 단순화된 사례이긴 하지만 고차원 데이터에 적용하기 전에 이해하고 시각화하는 것이 중요하다.

다음 그림을 보자.

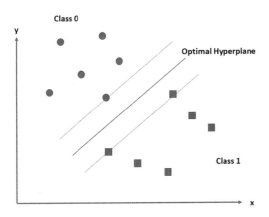

그림 5-9 초평면을 갖는 두 개의 클래스 분리

점을 갖는 클래스 두 개가 있고, 두 클래스를 분리하는 최적의 초평면을 찾고 싶다. 하지만 최적을 어떻게 정의할까? [그림 5-9]에서 실선은 최상의 초평면을 나타낸다. 두 클래스를 분리하는 선은 많지만 그림의 실선이 최상인 이유는 분리선과 각 점의 거리가 최대가 되기 때문이다. 점선상의 점을 서포트 벡터support vector라고 하며, 두 점선 사이의 수직 거리를 최대 여백maximum margin이라고 한다. 최대 여백은 주어진 데이터 세트에 대해 그릴 수 있는 가장 두꺼운 테두리로 생각할 수 있다.

5.9 서포트 벡터 머신을 사용한 소득 데이터 분류

14가지 속성을 기반으로 개인의 소득 계층을 예측하는 서포트 벡터 머신 분류기를 구축해보자. 목표는 연소득이 5만 달러 이하인지 확인하는 것이다. 이는 이진 분류 문제다. 사용할 데이터 세트는 *https://archive.ics.uci.edu/ml/datasets/Census+Income*에서 제공하는 인구 조사 소득 데이터 세트다. 여기에서 한 가지 주목할 점은 각 데이터 포인트가 단어와 숫자의 조합이라는 점이다. 알고리즘은 단어를 처리하는 방법을 모르기 때문에 데이터를 원시 형식 그대로 사용할 수 없다. 또한 숫자 데이터가 중요하므로 레이블 인코더로 모두 변환할 수도 없다. 따라서 효과적인 분류기를 구축하려면 레이블 인코더와 원시 수치 데이터의 조합을 사용해야 한다.

새로운 파이썬 파일을 생성하고 다음 패키지를 임포트한다.

```
import numpy as np
import matplotlib.pyplot as plt
from sklearn import preprocessing
from sklearn.svm import LinearSVC
from sklearn.multiclass import OneVsOneClassifier
from sklearn.model_selection import train_test_split
```

데이터를 로드하기 위해 **income_data.txt** 파일을 사용한다. 이 파일은 자세한 소득 내역을 포함한다.

```
# 입력 파일 포함
data input_file = 'income_data.txt'
```

파일에서 데이터를 로드하려면 전처리를 해서 분류를 위한 준비를 해야 한다. 클래스마다 최대 2만 5,000개의 데이터 포인트를 사용한다.

```python
# 데이터를 읽는다
X = []
y = []
count_class1 = 0
count_class2 = 0
max_datapoints = 25000
```

파일을 열고 라인을 읽기 시작한다.

```python
with open(input_file, 'r') as f:
    for line in f.readlines():
        if count_class1 >= max_datapoints and count_class2 >= max_datapoints:
            break

        if '?' in line:
            continue
```

각 라인은 쉼표로 분리돼 있으며 각 라인의 마지막 항목은 레이블이다. 각 레이블을 각 클래스에 할당한다.

```python
        data = line[:-1].split(', ')

        if data[-1] == '<=50K' and count_class1 < max_datapoints:
            X.append(data)
            count_class1 += 1

        if data[-1] == '>50K' and count_class2 < max_datapoints:
            X.append(data)
            count_class2 += 1
```

리스트를 numpy 배열로 변환해 sklearn 함수의 입력으로 사용한다.

```
# 넘파이 배열로 변환한다
X = np.array(X)
```

문자열 속성이 있다면 인코딩해야 한다. 숫자는 그대로 둔다. 레이블 인코더는 여러 개가 되며,
모든 인코더를 추적해야 한다.

```
# 문자열 데이터를 숫자 데이터로 변환한다
label_encoder = []
X_encoded = np.empty(X.shape)
for i,item in enumerate(X[0]):
    if item.isdigit():
        X_encoded[:, i] = X[:, i]
    else:
        label_encoder.append(preprocessing.LabelEncoder())
        X_encoded[:, i] = label_encoder[-1].fit_transform(X[:, i])

X = X_encoded[:, :-1].astype(int)
y = X_encoded[:, -1].astype(int)
```

선형 커널을 갖는 SVM 분류기를 생성한다.

```
# SVM 분류기를 생성한다
classifier = OneVsOneClassifier(LinearSVC(random_state=0))
```

분류기를 훈련한다.

```
# 분류기를 훈련한다
classifier.fit(X, y)
```

학습용과 테스트용으로 80:20으로 분할해 교차 검증을 수행한다. 그리고 학습된 데이터의 결
과를 예측한다.

```
# 교차 검증
X_train, X_test, y_train, y_test = train_test_split.train_test_split(
                    X, y, test_size=0.2, random_state=5)
classifier = OneVsOneClassifier(LinearSVC(random_state=0))
classifier.fit(X_train, y_train)
y_test_pred = classifier.predict(X_test))
```

분류기의 F1 점수를 계산한다.

```
# SVM 분류기의 F1 점수를 계산한다
f1 = train_test_split.cross_val_score(
                classifier, X, y, scoring='f1_weighted', cv=3)
print("F1 score: " + str(round(100*f1.mean(), 2)) + "%")
```

분류기가 준비됐으면 무작위 입력 데이터 포인트를 이용해 결과를 예측하는 방법을 살펴보자.
다음과 같이 데이터 포인트를 정의한다.

```
# 학습된 데이터 포인트의 결과를 예측한다
input_data = ['37', 'Private', '215646', 'HS-grad', '9',
                'Never-married', 'Handlers-cleaners', 'Not-in-family',
                'White', 'Male', '0', '0', '40', 'United-States']
```

예측이 실행되기 전에, 앞에서 만든 레이블 인코더를 사용해 데이터 포인트를 인코딩해야 한다.

```
# 테스트 데이터 포인트를 인코딩한다
input_data_encoded = [-1] * len(input_data)
count = 0
for i, item in enumerate(input_data):
   if item.isdigit():
      input_data_encoded[i] = int(input_data[i])
   else:
      input_data_encoded[i] = int(label_encoder[count].transform(input_data[i]))
      count += 1

input_data_encoded = np.array(input_data_encoded)
```

이제 분류기를 사용해 결과를 예측할 준비가 됐다.

```
# 인코딩된 데이터 포인트에서 분류기를 실행하고 결과를 출력한다
predicted_class = classifier.predict(input_data_encoded)
print(label_encoder[-1].inverse_transform(predicted_class)[0])
```

코드를 실행하면 분류기를 학습하는 데 몇 초가 걸리고, 완료되고 나면 결과는 다음과 같다.

```
F1 score: 66.82%
```

테스트 데이터 포인트의 결과도 볼 수 있다.

```
<=50K
```

해당 데이터 포인트의 값을 확인하면 50K 미만 클래스의 데이터 포인트와 거의 일치함을 알 수 있다. 다른 커널을 사용하고 매개변수를 다양하게 조합해 분류기의 성능(F1 점수, 정밀도, 재현율)을 바꿀 수 있다.

이 절의 코드는 income_classifier.py 파일에 있다.

5.10 회귀란 무엇인가

회귀regression는 입력 변수와 출력 변수 간의 관계를 추정하는 프로세스다. 주목할 점은 출력 변수가 연속 값 실수라는 점이다. 따라서 따라서 가능한 값은 무한히 많다. 이는 출력 클래스 수가 고정된 분류와는 대조적이다. 클래스는 유한한 가능성을 갖는다.

회귀 분석에서는 출력 변수가 입력 변수에 의존한다고 가정한다. 따라서 우리는 두 변수가 어떻게 관련되는지 확인하려고 한다. 입력 변수는 **독립변수**independent variable라고 하며 **예측자**predictor가 되고, 출력 변수는 **종속변수**dependent variable라고 하며 **기준 변수**criterion variable가 된다. 입력 변수 간에 서로 독립적일 필요는 없으며, 실제로 상관관계가 있는 상황이 많다.

회귀 분석은 입력 변수 중 일부는 그대로 두고 일부는 변경할 때 출력 변수의 값이 어떻게 변하는지 이해하는 데 도움이 된다. 선형 회귀에서는 입력과 출력 간의 관계가 선형이라고 가정한다. 이는 모델링 절차에 제약을 주지만 속도가 빠르고 효율적이다.

때로는 선형 회귀가 입력과 출력 간의 관계를 설명하기에 충분하지 않다. 이때 **다항식 회귀**polynomial regression를 사용하며, 다항식으로 입력과 출력 간의 관계를 설명한다. 다항식 회귀는 계산적으로 더 복잡하지만 정확도가 더 높다. 따라서 주어진 문제에 따라 다른 형태의 회귀를 사용해 관계를 추출한다. 회귀는 가격, 경제, 변동 등을 예측하는 데 자주 사용된다.

5.11 단일 변수 회귀 구축

단일 변수 회귀single variable regression 모델을 구축하는 방법을 살펴보자. 새로운 파이썬 파일을 만들고 다음 패키지를 임포트한다.

```
import pickle
import numpy as np
from sklearn import linear_model
import sklearn.metrics as sm
import matplotlib.pyplot as plt
```

데이터 소스로 data_singlevar_regr.txt 파일을 사용한다.

```
# 데이터를 포함하는 입력 파일
input_file = 'data_singlevar_regr.txt'
```

파일은 쉼표로 분리돼 있으며, 함수 하나로 쉽게 로드할 수 있다.

```
# 데이터를 읽는다
data = np.loadtxt(input_file, delimiter=',')
X, y = data[:, :-1], data[:, -1]
```

데이터를 훈련용과 테스트용으로 분할한다.

```python
# 데이터를 훈련용과 테스트용으로 분할한다
num_training = int(0.8 * len(X))
num_test = len(X) - num_training

# 훈련 데이터
X_train, y_train = X[:num_training], y[:num_training]

# 테스트 데이터
X_test, y_test = X[num_training:], y[num_training:]
```

선형 회귀 객체를 생성하고 훈련 데이터를 사용해 훈련한다.

```python
# 선형 회귀 객체를 생성한다
regressor = linear_model.LinearRegression()

# 훈련 세트를 사용해 모델을 훈련한다
regressor.fit(X_train, y_train)
```

학습 모델을 사용해 테스트 데이터 세트의 결과를 예측한다.

```python
# 결과를 예측한다
y_test_pred = regressor.predict(X_test)
```

결과 그래프를 출력한다.

```python
# 결과 그래프를 출력한다
plt.scatter(X_test, y_test, color='green')
plt.plot(X_test, y_test_pred, color='black', linewidth=4)
plt.xticks(())
plt.yticks(())
plt.show()
```

예측 결과와 기준 값(실제 결과)을 비교해 회귀의 성능 지표를 계산한다.

```
# 성능 지표를 계산한다
print("Linear regressor performance:")
print("Mean absolute error =",
            round(sm.mean_absolute_error(y_test, y_test_pred), 2))
print("Mean squared error =",
            round(sm.mean_squared_error(y_test, y_test_pred), 2))
print("Median absolute error =",
            round(sm.median_absolute_error(y_test, y_test_pred), 2))
print("Explain variance score =",
            round(sm.explained_variance_score(y_test, y_test_pred), 2))
print("R2 score =",
            round(sm.r2_score(y_test, y_test_pred), 2))
```

모델이 생성되고 나면 파일로 저장해두고 나중에 사용할 수 있다. 파이썬에서는 이와 같은 작업이 가능하도록 pickle이라는 좋은 모듈을 제공한다.

```
# 모델 유지
output_model_file = 'model.pkl'

# 모델을 저장한다
with open(output_model_file, 'wb') as f:
    pickle.dump(regressor, f)
```

디스크에 있는 파일에서 모델을 로드하고 예측을 수행해보자.

```
# 모델을 로드한다
with open(output_model_file, 'rb') as f:
    regressor_model = pickle.load(f)

# 테스트 데이터를 사용해 예측을 수행한다
y_test_pred_new = regressor_model.predict(X_test)
print("\nNew mean absolute error =",
            round(sm.mean_absolute_error(y_test, y_test_pred_new), 2))
```

코드를 실행하면 다음과 같은 화면이 나타난다.

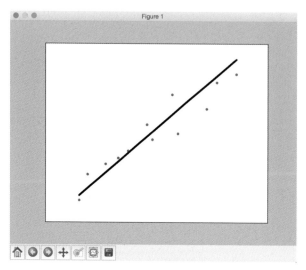

그림 5-10 예측 수행 후 결과

결과는 다음과 같다.

```
Linear regressor performance:
Mean absolute error = 0.59
Mean squared error = 0.49
Median absolute error = 0.51
Explain variance score = 0.86
R2 score = 0.86
New mean absolute error = 0.59
```

평균 절대 오차mean absolute error(MAE)는 절대 오차의 평균이다.

$$|e_i| = |y_i - x_i|$$

y_i는 예측이고 x_i는 실제 값이다.

평균 제곱 오차mean squared error(MSE)는 오차 제곱의 평균, 즉 예측값과 실제값 간의 오차 제곱의 평균이다. 무작위성 때문에 거의 항상 양수(0이 아님)다. MSE는 추정자estimator의 품질의 척도이고, 항상 음수가 아니며 값이 0에 가까울수록 좋다.

설명된 변동explained variation은 모델에서 데이터 세트의 변동이 차지하는 비율을 측정한다. 종종 변동은 분산variance으로 정량화된다. 보다 구체적인 용어로 **설명된 분산**explained variance도 사용할 수 있다. 전체 변동에서 나머지는 설명되지 않거나 잔차 변동residual variation이다.

결정계수 또는 R2 점수는 한 변수의 오차를 두 번째 변수의 오차로 설명할 방법을 분석하는 데 사용된다. 예를 들어 여성의 임신은 자녀를 갖는 것과 높은 상관관계가 있다.

이 절의 코드는 파일 regressor_singlevar.py에 있다.

5.12 다변수 회귀 분석기 구축

이전 절에서는 단일 변수에 대한 회귀 모델을 작성하는 방법을 배웠다. 이 절에서는 다차원 데이터를 다뤄보자. 새로운 파이썬 파일을 만들고 다음 패키지를 임포트한다.

```
import numpy as np
from sklearn import linear_model
import sklearn.metrics as sm
from sklearn.preprocessing import PolynomialFeatures
```

data_multivar_regr.txt 파일을 사용한다.

파일은 쉼표로 분리돼 있으며, 함수 하나로 쉽게 로드할 수 있다.

```
# 입력 파일에서 데이터를 로드한다
data = np.loadtxt(input_file, delimiter=',')
X, y = data[:, :-1], data[:, -1]
```

데이터를 훈련용과 테스트용으로 분할한다.

```
# 데이터를 훈련용과 테스트용으로 문알안나
num_training = int(0.8 * len(X))
num_test = len(X) - num_training
```

```
# 훈련 데이터
X_train, y_train = X[:num_training], y[:num_training]

# 테스트 데이터
X_test, y_test = X[num_training:], y[num_t raining:]
```

선형 회귀 모델을 생성하고 훈련한다.

```
# 선형 회귀 모델을 생성한다
linear_regressor = linear_model.LinearRegression()

# 훈련 세트를 사용해 모델을 훈련한다
linear_regressor.fit(X_train, y_train)
```

테스트 데이터 세트의 결과를 예측한다.

```
# 결과를 예측한다
y_test_pred = linear_regressor.predict(X_test)
```

성능 지표를 출력한다.

```
# 성능을 측정한다
print("Linear Regressor performance:")
print("Mean absolute error =",
                round(sm.mean_absolute_error(y_test, y_test_pred), 2))
print("Mean squared error =",
                round(sm.mean_squared_error(y_test, y_test_pred), 2))
print("Median absolute error =",
                round(sm.median_absolute_error(y_test, y_test_pred), 2))
print("Explained variance score =",
                round(sm.explained_variance_score(y_test, y_test_pred), 2))
print("R2 score =",
                round(sm.r2_score(y_test, y_test_pred), 2))
```

10차 다항식 회귀를 생성하자. 훈련 데이터 세트로 회귀를 훈련한다. 샘플 데이터 포인트를 사용해 예측을 수행하는 방법을 살펴보자. 첫 번째 단계는 데이터 포인트를 다항식으로 변환하는 것이다.

```
# 다항식 회귀
polynomial = PolynomialFeatures(degree=10)
X_train_transformed = polynomial.fit_transform(X_train)
datapoint = [[7.75, 6.35, 5.56]]
poly_datapoint = polynomial.fit_transform(datapoint)
```

자세히 살펴보면 이 데이터 포인트는 데이터 파일의 11행에 있는 데이터 포인트인 [7.66, 6.29, 5.66]과 매우 가깝다. 따라서 좋은 회귀자는 41.35에 가까운 출력을 예측해야 한다.

선형 회귀 객체를 만들고 다항식 피팅을 수행하자. 선형 회귀와 다항 회귀 분석을 모두 사용해 예측을 수행한 뒤 차이를 살펴본다.

```
poly_linear_model = linear_model.LinearRegression()
poly_linear_model.fit(X_train_transformed, y_train)
print("\nLinear regression:\n", linear_regressor.predict(datapoint))
print("\nPolynomial regression:\n", poly_linear_model.predict(poly_
datapoint))
```

코드를 실행하면 결과는 다음과 같다.

```
Linear Regressor performance:
Mean absolute error = 3.58
Mean squared error = 20.31
Median absolute error = 2.99
Explained variance score = 0.86
R2 score = 0.86
```

다음과 같은 결과도 볼 수 있다.

```
Linear regression:
[ 36.05286276]
```

```
Polynomial regression:
[ 41.46961676]
```

결과가 나타내듯 선형 회귀는 36.05다. 다항 회귀는 41.47로, 41.35에 더 가깝다. 즉 다항 회귀 분석 모델이 더 나은 예측을 했다.

이 절의 코드는 파일 regressor_multivar.py에 있다.

5.13 서포트 벡터 회귀를 사용해 주택 가격 추정하기

SVM 개념을 사용해 주택 가격을 추정하는 회귀를 구축해보자. sklearn의 데이터 세트를 사용하며, 각 데이터 포인트는 13개 속성으로 정의된다.

목표는 이러한 속성을 기반으로 주택 가격을 추정하는 것이다. 새로운 파이썬 파일을 만들고 다음 패키지를 임포트한다.

```
import numpy as np
from sklearn import datasets
from sklearn.svm import SVR
from sklearn.metrics import mean_squared_error, explained_variance_score
from sklearn.utils import shuffle
```

주택 데이터 세트를 로드한다.

```
# 주택 데이터 세트를 로드한다
data = datasets.load_boston()
```

분석 결과가 편향되지 않도록 데이터를 섞는다.

```
# 데이터를 섞는다
X, y = shuffle(data.data, data.target, ra ndom_state=7)
```

훈련 데이터와 테스트 데이터를 80:20으로 분할한다.

```
# 데이터를 훈련용과 테스트용으로 분할한다
num_training = int(0.8 * len(X))
X_train, y_train = X[:num_training], y[:num_training]
X_test, y_test = X[num_training:], y[num_training:]
```

선형 커널을 사용해 **서포트 벡터 회귀자**Support Vector Regressor를 만들고 훈련한다. C 매개변수는 훈련 오류에 대한 페널티를 나타낸다. C의 값을 늘리면 모델은 훈련 데이터에 맞게 값을 더 미세 조정한다. 그러나 이로 인해 과적합이 발생해 일반성을 잃을 수 있다. epsilon 매개변수는 임계값을 설정한다. 예측값과 실제값의 차이가 임계값보다 작으면 훈련 오류에 대한 페널티가 없다.

```
# 서포트 벡터 회귀 모델을 생성한다
sv_regressor = SVR(kernel='linear', C=1.0, epsilon=0.1)

# 서포트 벡터 회귀자를 훈련한다
sv_regressor.fit(X_train, y_train)
```

회귀 성능을 평가하고 지표를 출력한다.

```
# 회귀 성능을 평가한다
y_test_pred = sv_regressor.predict(X_test)
mse = mean_squared_error(y_test, y_test_pred)
evs = explained_variance_score(y_test, y_test_pred)
print("\n#### Performance ####")
print("Mean squared error =", round(mse, 2))
print("Explained variance score =", round(evs, 2))
```

테스트 데이터 포인트로 예측을 수행한다.

```
# 테스트 데이터 포인트에 회귀를 테스트한다
test_data = [3.7, 0, 18.4, 1, 0.87, 5.95, 91,
             2.5052, 26, 666, 20.2, 351.34, 15.27]
print("\nPredicted price:", sv_regressor.predict([test_data])[0])
```

코드를 실행하면 결과는 다음과 같다.

```
#### Performance ####
Mean squared error = 15.41
Explained variance score = 0.82
Predicted price: 18.5217801073
```

이 절의 코드는 house_prices.py 파일에 있다. 파일의 첫 번째 행을 보고, 예측한 18.52가 실제 대상 변수에 얼마나 가까운지 확인하자.

5.14 정리

이 장에서는 지도 학습과 비지도 학습의 차이점을 배우고, 데이터 분류 문제와 해결 방법을 알아봤다. 다양한 데이터 전처리 방법, 레이블 인코딩과 레이블 인코더를 만드는 방법도 배웠다. 로지스틱 회귀를 알아보고 로지스틱 회귀 분류기를 만들었으며, 나이브 베이즈 분류를 이해하고 구축 방법을 배웠다. 또한 컨퓨전 행렬을 만드는 방법도 배웠다.

서포트 벡터 머신을 기반으로 분류를 구축하는 방법을 이해했다. 회귀를 알아보고 선형 및 단일과 다변수 데이터에 대한 다항 회귀를 어떻게 사용하는지 배웠다. 그리고 서포트 벡터 회귀로 입력 속성을 사용해 주택 가격을 추정했다.

6장에서는 예측 분석과 앙상블 학습으로 예측 엔진을 구축하는 방법을 알아보자.

앙상블 학습을 이용한 예측 분석

다양한 앙상블 방법과 각각을 언제 사용하는지 학습한다. 배운 내용을 예제에 적용해 교통량을 예측해본다.

이 장의 학습 목표
- 의사 결정 트리
- 앙상블 학습의 정의와 모델 구축
- 랜덤 포레스트와 익스트림 랜덤 포레스트
- 클래스 불균형 다루기

- 그리드 검색
- 상대적인 특성 중요도

이 장에서는 앙상블 학습과 이를 예측 분석에 사용하는 방법을 알아본다. 배울 내용은 다음과 같다.

- 의사 결정 트리와 의사 결정 트리 분류기
- 앙상블 학습을 통한 학습 모델
- 랜덤 포레스트와 익스트림 랜덤 포레스트
- 예측 신뢰도 측정
- 클래스 불균형 처리
- 그리드 검색을 사용해 최적의 훈련 매개변수 찾기
- 상대적인 특성 중요도 계산
- 익스트림 랜덤 포레스트 회귀를 사용해 교통량 예측하기

의사 결정 트리부터 시작해보자. 의사 결정 트리는 무엇일까?

6.1 의사 결정 트리

의사 결정 트리decision tree는 데이터 세트를 별개의 분기로 분할하는 방법이다. 분할한 후 분기 또는 파티션을 통해 간단한 결정을 내린다. 의사 결정 트리는 훈련 알고리즘에 의해 생성되며, 알고리즘은 최적의 데이터 분할 방법을 찾는다.

의사 결정 프로세스는 트리 맨 위에 있는 루트 노드에서 시작한다. 트리의 각 노드는 결정 규칙이다. 알고리즘은 훈련 데이터의 대상 레이블과 입력 데이터 간의 관계를 기반으로 규칙을 구성한다. 입력 데이터의 값은 출력 값을 추정하는 데 사용된다.

그렇다면 트리는 어떻게 자동으로 구성될까? 데이터를 기반으로 최적의 트리를 구성하는 알고리즘이 필요하다. 먼저 **엔트로피**entropy 개념을 이해하자. 이때 엔트로피는 열역학적 엔트로피가 아니라 정보 엔트로피를 의미한다. 정보 엔트로피는 불확실성의 척도다. 의사 결정 트리의 주 목표는 루트 노드에서 리프 노드로 이동할 때 불확실성을 줄이는 것이다. 처음에 알려지지 않은 데이터 포인트를 보면 출력이 완전히 불확실하다가 리프 노드에 도달하면 출력에 대해 확신하게 된다. 이는 의사 결정 트리가 각 레벨에서 불확실성을 줄이도록 구성돼야 하며, 트리 아래로 내려갈수록 엔트로피가 줄어들어야 함을 의미한다.

> **NOTE** 결정 트리에 관해서는 다음 사이트에서 더 알아보자.
> https://prateekvjoshi.com/2016/03/22/how-are-decision-trees-constructed-in-machine-learning

6.1.1 의사 결정 트리 분류기 구축

파이썬에서 의사 결정 트리를 사용해 분류기를 구축해보자. 새로운 파이썬 파일을 만들고 다음 패키지를 임포트한다.

```python
import numpy as np
import matplotlib.pyplot as plt
from sklearn.metrics import classification_report
from sklearn.model_selection import train_test_split
from sklearn.tree import DecisionTreeClassifier
from utilities import visualize_classifier
```

제공된 **data_decision_trees.txt** 파일의 데이터를 사용한다. 파일 각 라인에서 값은 쉼표로 구분된다. 처음 두 값은 입력 데이터에 해당하고 마지막 값은 대상 레이블에 해당한다. 파일에서 데이터를 로드하자.

```
# 입력 데이터 로드
input_file = 'data_decision_trees.txt'
data = np.loadtxt(input_file, delimiter=',')
X, y = data[:, :-1], data[:, -1]
```

입력 데이터를 레이블에 따라 두 클래스로 분리한다.

```
# 입력 데이터를 레이블에 따라 두 클래스로 분리한다
class_0 = np.array(X[y==0])
class_1 = np.array(X[y==1])
```

입력 데이터를 산점도^{scatter plot}로 시각화해보자.

```
# 입력 데이터 시각화
plt.figure()
plt.scatter(class_0[:, 0], class_0[:, 1], s=75, facecolors='black',
        edgecolors='black', linewidth=1, marker='x')
plt.scatter(class_1[:, 0], class_1[:, 1], s=75, facecolors='white',
        edgecolors='black', linewidth=1, marker='o')
plt.title('Input data')
```

데이터를 훈련 세트와 테스트 세트로 분할한다.

```
# 데이터를 훈련 세트와 테스트 세트로 분할
X_train, X_test, y_train, y_test = train_test_split.train_test_split(X, y, test_
size=0.25, random_state=5)
```

훈련 데이터 세트를 기반으로 의사 결정 트리 분류기를 생성, 구축, 시각화한다. random_
state 매개변수는 의사 결정 트리 분류 알고리즘의 초기화에 필요한 난수 생성기에서 사용하
는 시드^{seed}를 참조한다.

max_depth 매개변수는 구성하려는 트리의 최대 깊이를 나타낸다.

```
# 의사 결정 트리 분류기
params = {'random_state': 0, 'max_depth': 4}
classifier = DecisionTreeClassifier(**params)
classifier.fit(X_train, y_train)
visualize_classifier(classifier, X_train, y_train, 'Training dataset')
```

테스트 데이터 세트에서 분류기의 출력을 계산하고 시각화한다.

```
y_test_pred = classifier.predict(X_test)
visualize_classifier(classifier, X_test, y_test, 'Test dataset')
```

분류기 레포트를 출력해 분류기 성능을 평가한다.

```
# 분류기 성능을 평가한다
class_names = ['Class-0', 'Class-1']
print("\n" + "#"*40)
print("\nClassifier performance on training dataset\n")
print(classification_report(y_train, classifier.predict(X_train),
        target_names=class_names))
print("#"*40 + "\n")

print("#"*40)
print("\nClassifier performance on test dataset\n")
print(classification_report(y_test, y_test_pred, target_names=class_names))
print("#"*40 + "\n")

plt.show()
```

전체 코드는 decision_trees.py 파일에 있다. 코드를 실행하면 몇 가지 그림이 나타난다.

첫 번째 스크린샷은 입력 데이터를 시각화한 것이다.

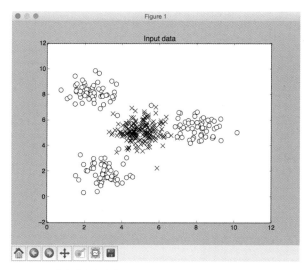

그림 6-1 입력 데이터 시각화

두 번째 스크린샷은 테스트 데이터 세트의 분류기 경계를 보여준다.

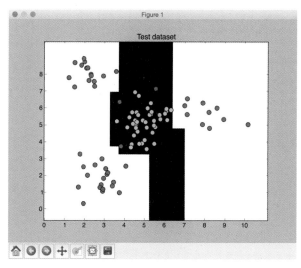

그림 6-2 테스트 데이터 세트의 분류기 경계

다음과 같은 결과도 볼 수 있다.

```
######################################
Classifier performance on training dataset

              precision    recall  f1-score   support

     Class-0       0.99      1.00      1.00       137
     Class-1       1.00      0.99      1.00       133

avg / total        1.00      1.00      1.00       270

######################################

######################################
Classifier performance on test dataset

              precision    recall  f1-score   support

     Class-0       0.93      1.00      0.97        43
     Class-1       1.00      0.94      0.97        47

avg / total        0.97      0.97      0.97        90

######################################
```

그림 6-3 훈련 데이터 세트에 대한 분류기 성능

분류기 성능은 정밀도, 재현율, F1 점수로 결정된다. 정밀도는 분류의 정확성을 의미하고, 재현율은 검색된 항목 수를 검색해야 하는 전체 항목 수의 백분율로 나타낸 것이다. 좋은 분류기는 정밀도와 재현율이 높지만 일반적으로 둘 사이에는 트레이드 오프trade-off가 있다. F1 점수는 이를 특성화한다. F1 점수는 정밀도와 재현율의 조화 평균으로, 정밀도와 재현율 값 사이에 적절한 균형을 준다.

의사 결정 트리는 단일 모델을 사용해 예측을 한다. 때로는 여러 모델의 결과를 결합하고 집계해 더 강력한 모델을 생성하고 예측을 개선할 수 있다. 한 가지 방법은 다음 절에서 살펴볼 앙상블 학습이다.

6.2 앙상블 학습

앙상블 학습ensemble learning은 여러 모델을 구축한 다음, 각 모델이 개별적으로 생성하는 것보다 더 나은 결과를 생성하도록 결합한다. 이때 개별 모델은 분류기, 회귀 또는 기타 모델이 된다. 앙상블 학습은 데이터 분류, 예측 모델링, 이상 탐지를 비롯해 여러 분야에서 사용된다.

그렇다면 앙상블 학습을 사용하는 이유는 무엇일까? 예를 들어보자. 새 TV를 사고 싶지만 최신 모델이 무엇인지 모른다고 가정하자. 목표는 지출한 돈에 비해 가장 좋은 TV를 사는 것이지만, 이 주제에 대한 지식이 충분하지 않아 정보에 입각한 결정을 내릴 수 없다. 이러한 상황에서는 해당 분야 내 여러 전문가의 의견을 얻을 수 있다. 이는 최선의 결정을 내리는 데 도움이 된다. 종종 한 가지 의견에 의존하는 대신 여러 전문가의 의견을 결합해 결정할 수 있다. 그 결과 잘못된 결정을 하거나 차선책을 선택할 가능성이 최소화된다.

6.2.1 앙상블 학습을 사용한 학습 모델 구축

모델을 선택할 때는 일반적으로 훈련 데이터 세트에서 가장 오류가 작은 모델을 선택한다. 하지만 이 접근 방식이 항상 작동하지는 않는다. 모델이 훈련 데이터에 편향되거나 과적합될 수 있다. 교차 검증을 사용해 모델을 훈련하더라도 알지 못하는(새로운) 데이터에서 성능이 저하될 수 있다.

앙상블 학습 모델이 효과적인 이유는 잘못된 모델을 선택할 위험을 전반적으로 줄이기 때문이다. 앙상블 학습 모델은 다양한 방식으로 학습한 뒤 새로운 데이터에 대해 잘 작동한다. 앙상블 학습으로 모델을 구축할 때 개별 모델은 약간의 다양성이 필요하다. 이를 통해 데이터에 숨겨진 다양한 의미를 포착하며, 전체 모델은 더 정확해진다.

다양성은 개별 모델마다 다른 훈련 매개변수를 사용함으로써 얻는다. 이를 통해 개별 모델이 훈련 데이터에 대해 서로 다른 결정 경계를 생성한다. 이는 각 모델이 다른 규칙을 사용해 추론을 수행함을 의미하며, 결과를 검증하는 강력한 방법이다. 모델 간에 일치가 있으면 예측 신뢰도가 높아진다.

앙상블 학습의 특별한 유형으로, 의사 결정 트리를 앙상블로 결합하는 경우가 있다. 이러한 모델은 일반적으로 랜덤 포레스트와 익스트림 랜덤 포레스트라고 한다. 다음 절에서 배워보자.

6.3 랜덤 포레스트와 익스트림 랜덤 포레스트

랜덤 포레스트random forest는 의사 결정 트리를 사용해 개별 모델을 구성하는 앙상블 학습의 인스턴스다. 이 결정 트리 앙상블은 출력 값을 예측하는 데 사용된다. 훈련 데이터의 무작위 하위 집합으로 각 의사 결정 트리를 구성한다. 이는 여러 의사 결정 트리 간의 다양성을 보장한다. 좋은 앙상블 학습 모델을 구축하려면 개별 모델 간에 다양성이 있는지 확인하는 것이 중요하다.

랜덤 포레스트는 과적합되지 않는다는 장점이 있다. 과적합은 머신러닝에서 자주 발생하는 문제로, 대상 함수를 학습할 때 더 유연한 비모수nonparametric 모델과 비선형 모델에서 발생할 가능성이 더 크다. 다양한 무작위 하위 집합을 사용해 의사 결정 트리 세트를 구성하면 모델이 훈련 데이터에 과적합되지 않는다. 트리를 구성하는 동안 노드가 연속적으로 분할되고, 각 레벨에서 엔트로피를 줄이는 최선의 임계값을 선택한다. 분할 시 입력 데이터 세트의 모든 특성을 고려하지 않는다. 대신 고려 중인 특성의 무작위 하위 집합 중에서 최선의 분할을 선택한다. 이러한 무작위성으로 인해 랜덤 포레스트의 편향이 증가하는 경향이 있지만, 평균화로 인해 분산이 감소한다. 따라서 강력한 모델을 얻는다.

익스트림 랜덤 포레스트extremely random forest는 무작위성을 다음 단계로 끌어올린다. 특성의 무작위 하위 집합과 함께 임계값도 무작위로 선택한다. 무작위로 생성된 임계값을 분할 규칙으로 선택함으로써 모델의 분산을 더욱 감소한다. 따라서 익스트림 랜덤 포레스트를 사용해 얻은 결정 경계는 랜덤 포레스트를 사용해 얻은 것보다 완만하다. 일부 익스트림 랜덤 포레스트 알고리즘은 더 나은 병렬화와 확장을 가능하게 한다.

6.3.1 랜덤 포레스트 및 익스트림 랜덤 포레스트 분류기 구축

랜덤 포레스트와 익스트림 랜덤 포레스트를 기반으로 분류기를 구축해보자. 두 분류기는 구성 방법이 매우 유사하다. 따라서 입력 플래그를 사용해 어떤 분류기를 구축할지 지정한다. 새로운 파이썬 파일을 만들고 다음 패키지를 임포트한다.

```
import argparse

import numpy as np
import matplotlib.pyplot as plt
from sklearn.metrics import classification_report
from sklearn.model_selection import train_test_split
from sklearn.ensemble import RandomForestClassifier, ExtraTreesClassifier
from sklearn.metrics import classification_report

from utilities import visualize_classifier
```

파이썬에서 분류기 유형을 입력 매개변수로 사용하도록 인수 파서argument parser를 정의한다. 이 매개변수에 따라 랜덤 포레스트 분류기 혹은 익스트림 랜덤 포레스트 분류기를 구성한다.

```python
# 인수 파서
def build_arg_parser():
    parser = argparse.ArgumentParser(description='Classify data using \
            Ensemble Learning techniques')
    parser.add_argument('--classifier-type', dest='classifier_type',
            required=True, choices=['rf', 'erf'], help="Type of classifier \
                to use; can be either 'rf' or 'erf'")
    return parser
```

main 함수를 정의하고 입력 인수를 파싱한다.

```python
if __name__=='__main__':
    # 입력 인수를 파싱한다
    args = build_arg_parser().parse_args()
    classifier_type = args.classifier_type
```

제공된 data_random_forests.txt 파일의 데이터를 사용한다. 파일 각 라인에서 값은 쉼표로 구분된다. 처음 두 값은 입력 데이터에 해당하고 마지막 값은 대상 레이블에 해당한다. 이 데이터 세트에는 세 가지 클래스가 있다. 파일에서 데이터를 로드하자.

```python
# 입력 데이터를 로드한다
input_file = 'data_random_forests.txt'
data = np.loadtxt(input_file, delimiter=',')
X, y = data[:, :-1], data[:, -1]
```

입력 데이터를 세 클래스로 나눈다.

```python
# 입력 데이터를 레이블에 따라 세 클래스로 나눈디
class_0 = np.array(X[y==0])
```

```
class_1 = np.array(X[y==1])
class_2 = np.array(X[y==2])
```

입력 데이터를 시각화해보자.

```
# 입력 데이터를 시각화한다
plt.figure()
plt.scatter(class_0[:, 0], class_0[:, 1], s=75, facecolors='white',
            edgecolors='black', linewidth=1, marker='s')
plt.scatter(class_1[:, 0], class_1[:, 1], s=75, facecolors='white',
            edgecolors='black', linewidth=1, marker='o')
plt.scatter(class_2[:, 0], class_2[:, 1], s=75, facecolors='white',
            edgecolors='black', linewidth=1, marker='^')
plt.title('Input data')
```

데이터를 훈련 세트와 테스트 세트로 분할한다.

```
# 데이터를 훈련 세트와 테스트 세트로 분할한다
X_train, X_test, y_train, y_test = train_test_split.train_test_split(
        X, y, test_size=0.25, random_state=5)
```

분류기를 구성하는 데 사용할 매개변수를 정의한다. n_estimators 매개변수는 구성할 트리 수를 나타낸다. max_depth 매개변수는 각 트리의 최대 레벨 수를 나타낸다. random_state 매개변수는 랜덤 포레스트 분류 알고리즘을 초기화하는 데 필요한 난수 생성기의 시드 값을 나타낸다.

```
# 앙상블 학습 분류기
params = {'n_estimators': 100, 'max_depth': 4, 'random_state': 0}
```

입력 매개변수에 따라 랜덤 포레스트 분류기 혹은 익스트림 랜덤 포레스트 분류기를 구성한다.

```
if classifier_type == 'rf':
    classifier = RandomForestClassifier(**params)
```

```
    else:
        classifier = ExtraTreesClassifier(**params)
```

분류기를 학습하고 시각화한다.

```
    classifier.fit(X_train, y_train)
    visualize_classifier(classifier, X_train, y_trai n, 'Training dataset')
```

테스트 데이터 세트에 대한 출력을 계산하고 시각화한다.

```
    y_test_pred = classifier.predict(X_test)
    visualize_classifier(classifier, X_test, y_test, 'Test dataset')
```

분류 결과를 출력해 분류기의 성능을 평가한다.

```
    # 분류기 성능을 평가한다
    class_names = ['Class-0', 'Class-1', 'Class-2']
    print("\n" + "#"*40)
    print("\nClassifier performance on training dataset\n")
    print(classification_report(y_train, classifier.predict(X_train),
                    target_names=class_names))
    print("#"*40 + "\n")
    print("#"*40)
    print("\nClassifier performance on test dataset\n")
    print(classification_report(y_test, y_test_pred, target_names=class_names))
    print("#"*40 + "\n")
```

전체 코드는 random_forests.py 파일에 있다. 입력 인수에 rf 플래그를 사용해 랜덤 포레스트 분류기로 코드를 실행해보자. 다음 명령을 실행한다.

```
$ python3 random_forests.py   classifier-type rf
```

몇 가지 그림이 나타난다. 첫 번째 스크린샷은 입력 데이터다.

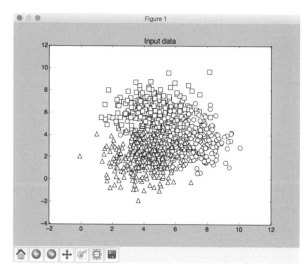

그림 6-4 입력 데이터 시각화

[그림 6-4]에서 세 가지 클래스는 사각형, 원, 삼각형으로 표시된다. 클래스 간에 겹치는 부분이 많지만 지금은 괜찮다. 두 번째 스크린샷은 분류기 경계를 보여준다.

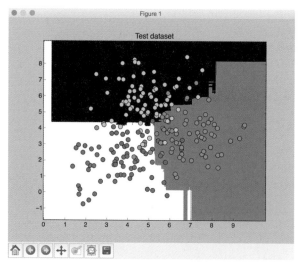

그림 6-5 테스트 데이터 세트에 대한 분류기 경계

이제 입력 인수에 erf 플래그를 사용해 익스트림 랜덤 포레스트 분류기로 코드를 실행해보자. 다음 명령을 실행한다.

```
$ python3 random_forests.py --classifier-type erf
```

몇 가지 그림이 나타난다. 입력 데이터가 어떻게 생겼는지는 이미 알고 있다(그림 6-4). 두 번째 스크린샷은 분류기 경계를 보여준다.

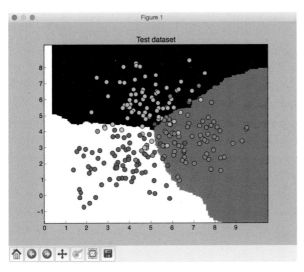

그림 6-6 테스트 데이터 세트에 대한 분류기 경계

[그림 6-6]을 보면 분류기 경계가 랜덤 포레스트 분류기에서 얻은 것보다 부드럽다. 그 이유는 익스트림 랜덤 포레스트가 학습 과정에서 자유도가 더 높고, 따라서 일반적으로 더 나은 경계를 생성하기 때문이다.

6.3.2 예측 신뢰도 측정

출력을 분석하면 각 데이터 포인트에 대한 확률이 출력됨을 알 수 있다. 이 확률은 각 클래스의 신뢰도 값을 측정하는 데 사용된다. 머신러닝에서 신뢰도 값을 추정하는 작업은 중요하다.

같은 파이썬 파일에 다음을 추가해 테스트 데이터 배열을 정의한다.

```
# 신뢰도 계산
test_datapoints = np.array([[5, 5], [3, 6], [6, 4], [7, 2], [4, 4], [5, 2]])
```

분류기 객체에는 신뢰도 측정을 연산하는 내장 메서드가 있다. 각 포인트를 분류하고 신뢰도 값을 연산하자.

```
print("\nConfidence measure:")
for datapoint in test_datapoints:
    probabilities = classifier.predict_proba([datapoint])[0]
    predicted_class = 'Class-' + str(np.argmax(probabilities))
    print('\nDatapoint:', datapoint)
    print('Predicted class:', predicted_class)
```

분류기 경계에 대한 테스트 포인터 포인트를 시각화한다.

```
# 데이터 포인트 시각화
    visualize_classifier(classifier, test_datapoints, [0]*len(test_datapoints),
            'Test datapoints')

plt.show()
```

erf 플래그를 사용해 코드를 실행하면 결과는 다음과 같다.

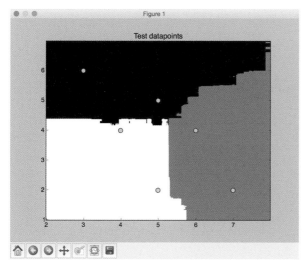

그림 6-7 테스트 데이터 세트에 대한 분류기 경계

erf 플래그를 사용하지 않으면 결과는 다음과 같다.

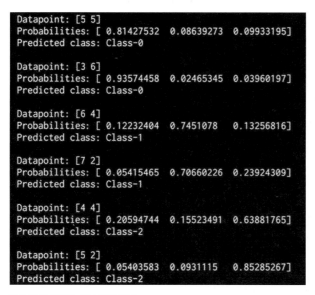

그림 6-8 데이터 세트 확률 결과

세 가지 클래스에 속하는 각 데이터 포인트의 확률을 계산한다. 신뢰도가 가장 높은 것을 선택한다.

erf 플래그를 사용해 코드를 실행하면 결과는 다음과 같다.

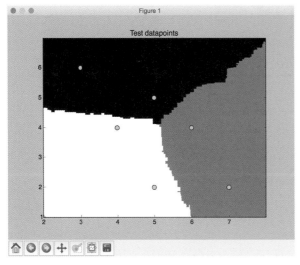

그림 6-9 테스트 데이터 세트에 대한 분류기 경계

erf 플래그를 사용하지 않으면 결과는 다음과 같으며, [그림 6-8]과 동일하다.

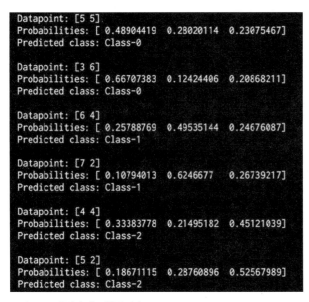

그림 6-10 데이터 세트 확률 결과

6.4 클래스 불균형 다루기

분류기의 품질은 학습에 사용되는 데이터에 따라 결정된다. 현실에서는 자주 데이터 품질 문제에 직면한다. 분류기가 잘 동작하려면 각 클래스의 데이터 포인트 수가 동일해야 한다. 그러나실제로 데이터를 수집할 때 클래스마다 데이터 포인트 수가 정확히 같지 않을 수 있다. 한 클래스에 다른 클래스보다 데이터 포인트가 10배 많을 때, 분류기는 더 많은 클래스로 편향되는 경향이 있다. 따라서 이러한 불균형을 알고리즘적으로 처리해야 한다. 방법을 알아보자.

새로운 파이썬 파일을 만들고 다음 패키지를 임포트한다.

```
import sys

import numpy as np
import matplotlib.pyplot as plt
from sklearn.ensemble import ExtraTreesClassifier
from sklearn.model_selection import train_test_split
from sklearn.metrics import classification_report

from utilities import visualize_classifier
```

분석에 data_imbalance.txt 파일의 데이터를 사용한다. 데이터를 로드하자.

파일 각 라인에서 값은 쉼표로 구분된다. 처음 두 값은 입력 데이터에 해당하고 마지막 값은 대상 레이블에 해당한다. 이 데이터 세트에는 두 클래스가 있다. 파일에서 데이터를 로드하자.

```
# 입력 데이터 로드
input_file = 'data_imbalance.txt'
data = np.loadtxt(input_file, delimiter=',')
X, y = data[:, :-1], data[:, -1]
```

입력 데이터를 두 클래스로 분할한다.

```
# 입력 데이터를 레이블에 따라 두 클래스로 분할
class_0 = np.array(X[y==0])
class_1 = np.array(X[y==1])
```

입력 데이터를 산점도로 시각화한다.

```python
# 입력 데이터 시각화
plt.figure()
plt.scatter(class_0[:, 0], class_0[:, 1], s=75, facecolors='black',
            edgecolors='black', linewidth=1, marker='x')
plt.scatter(class_1[:, 0], class_1[:, 1], s=75, facecolors='white',
            edgecolors='black', linewidth=1, marker='o')
plt.title('Input data')
```

데이터를 훈련 세트와 테스트 세트로 분할한다.

```python
# 데이터를 훈련 세트와 테스트 세트로 분할
X_train, X_test, y_train, y_test = train_test_split.train_test_split(
        X, y, test_size=0.25, random_state=5)
```

다음으로 익스트림 랜덤 포레스트 분류기에 대한 매개변수를 정의한다. balance라는 입력 매개변수는 클래스 불균형을 알고리즘적으로 처리할지 여부를 제어한다. 따라서 class_weight라는 매개변수를 추가해야 한다. class_weight는 가중치가 각 클래스의 데이터 포인트 수에 비례하도록 균형을 조정하라고 분류기에 알려준다.

```python
# 익스트림 랜덤 포레스트 분류기
params = {'n_estimators': 100, 'max_depth': 4, 'random_state': 0}
if len(sys.argv) > 1:
    if sys.argv[1] == 'balance':
        params = {'n_estimators': 100, 'max_depth': 4,
                  'random_state': 0, 'class_weight': 'balanced'}
    else:
        raise TypeError("Invalid input argument; should be 'balance'")
```

훈련 데이터를 사용해 분류기를 구축, 학습, 시각화한다.

```
classifier = ExtraTreesClassifier(**params)
classifier.fit(X_train, y_train)
visualize_classifier(classifier, X_train, y_train, 'Training dataset')
```

테스트 세트에 대한 결과를 예측하고 시각화한다.

```
y_test_pred = classifier.predict(X_test)
visualize_classifier(classifier, X_test, y_test, 'Test dataset')
```

분류기 성능을 계산하고 분류 결과를 출력한다.

```
# 분류기 성능 계산
class_names = ['Class-0', 'Class-1']
print("\n" + "#"*40)
print("\nClassifier performance on training dataset\n")
print(classification_report(y_train, classifier.predict(X_train),
            target_names=class_names))
print("#"*40 + "\n")

print("#"*40)
print("\nClassifier performance on test dataset\n")
print(classification_report(y_test, y_test_pred, target_names=class_names))
print("#"*40 + "\n")

plt.show()
```

전체 코드는 **class_imbalance.py** 파일에 있다. 코드를 실행하면 다음과 같은 그림이 나타난다. 첫 번째 그림은 입력 데이터를 보여준다.

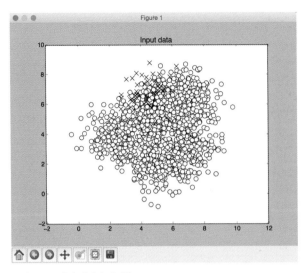

그림 6-11 입력 데이터 시각화

두 번째 그림은 테스트 세트에 대한 분류기 경계를 보여준다.

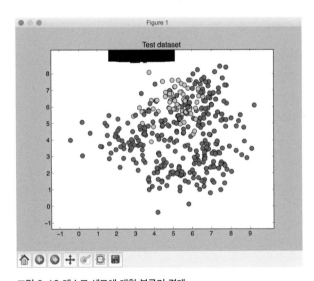

그림 6-12 테스트 세트에 대한 분류기 경계

[그림 6-12]는 분류기 경계가 두 클래스 사이의 실제 경계를 나타내지 못함을 보여준다. 그림 상단에 있는 검은 부분은 경계를 나타낸다. 마지막으로 다음 출력이 표시된다.

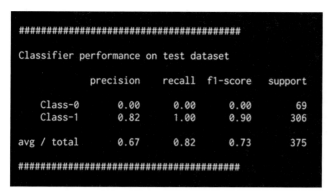

```
#######################################
Classifier performance on test dataset

              precision    recall  f1-score   support

     Class-0       0.00      0.00      0.00        69
     Class-1       0.82      1.00      0.90       306

avg / total        0.67      0.82      0.73       375

#######################################
```

그림 6-13 테스트 세트에 대한 분류기 성능

첫 번째 행의 값이 0이므로 F1 점수를 계산할 때 0으로 나누기 오류(ZeroDivisionError 예외)가 발생하고 경고가 표시된다. 경고가 표시되지 않도록 ignore 플래그를 사용해 코드를 실행하자.

```
$ python3 --W ignore class_imbalance.py
```

클래스 불균형을 처리하고 싶다면 balance 플래그를 사용해 실행한다.

```
$ python3 class_imbalance.py balance
```

분류기 출력은 다음과 같다.

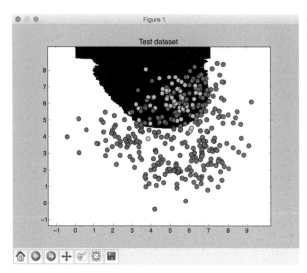

그림 6-14 balance를 사용해 테스트 데이터 세트 시각화

결과는 다음과 같다.

```
#####################################
Classifier performance on test dataset

             precision    recall  f1-score   support

    Class-0       0.45      0.94      0.61        69
    Class-1       0.98      0.74      0.84       306

avg / total       0.88      0.78      0.80       375

#####################################
```

그림 6-15 테스트 세트에 대한 분류기 성능

클래스 불균형을 처리함으로써 전체적으로 정확도가 0이 되지 않도록 Class-0의 데이터 포인트를 분류할 수 있었다.

6.5 그리드 검색을 사용해 최적의 훈련 매개변수 찾기

분류기로 작업할 때, 가장 적합한 매개변수가 무엇인지 알 수 없을 때도 있다. 가능한 조합을 모두 수동으로 확인해 무차별 대입하는 방법은 효율적이지 않다. 이러한 경우에는 **그리드 검색**grid search이 유용하다. 그리드 검색을 사용하면 값의 범위를 지정할 수 있으며, 분류기는 다양한 구성을 자동으로 실행해 최상의 매개변수 조합을 알아낸다. 그 방법을 알아보자.

새로운 파이썬 파일을 만들고 다음 패키지를 임포트한다.

```python
import numpy as np
import matplotlib.pyplot as plt
from sklearn.metrics import classification_report
from sklearn import grid_search
from sklearn.ensemble import ExtraTreesClassifier
from sklearn.model_selection import train_test_split
from sklearn.metrics import classification_report

from utilities import visualize_classifier
```

분석에 **data_random_forests.txt** 파일의 데이터를 사용한다.

```python
# 입력 데이터 로드
input_file = 'data_random_forests.txt'
data = np.loadtxt(input_file, delimiter=',')
X, y = data[:, :-1], data[:, -1]
```

데이터를 세 클래스로 분할한다.

```python
# 입력 데이터를 레이블에 따라 세 클래스로 분할
class_0 = np.array(X[y==0])
class_1 = np.array(X[y==1])
class_2 = np.array(X[y==2])
```

데이터를 훈련 세트와 테스트 세트로 분할한다.

```
# 데이터를 훈련 세트와 테스트 세트로 분할
X_train, X_test, y_train, y_test = train_test_split.train_test_split(
        X, y, test_size=0.25, random_state=5)
```

테스트할 분류기의 매개변수 그리드를 지정한다. 일반적으로 매개변수 하나는 일정하게 유지되고 다른 하나는 변경된다. 그리고 가장 좋은 조합을 찾기 위해 인버스inverse가 수행된다. 예제에서는 n_estimators와 max_depth의 최상의 값을 찾는다. 매개변수 그리드를 지정하자.

```
# 매개변수 그리드 정의
parameter_grid = [ {'n_estimators': [100], 'max_depth': [2, 4, 7, 12, 16]},
                   {'max_depth': [4], 'n_estimators': [25, 50, 100, 250]}
                 ]
```

분류기가 최적의 매개변수 조합을 찾도록 하는 지표를 정의하자.

```
metrics = ['precision_weighted', 'recall_weighted']
```

각 지표에 대해 그리드 검색을 실행해야 한다. 그리드 검색은 매개변수 조합을 위한 분류기를 훈련한다.

```
for metric in metrics:
    print("\n##### Searching optimal parameters for", metric)

    classifier = grid_search.GridSearchCV(
        ExtraTreesClassifier(random_state=0),
        parameter_grid, cv=5, scoring=metric)
classifier.fit(X_train, y_train)
```

각 매개변수 조합의 점수를 출력한다.

```
    print("\nGrid scores for the parameter grid:")
    for params, avg_score, _ in classifier.grid_scores_:
```

```
    print(params, '-->', round(avg_score, 3))

    print("\nBest parameters:", classifier.best_params_)
```

성능 결과를 출력한다.

```
    y_pred = classifier.predict(X_test)
    print("\nPerformance report:\n")
    print(classification_report(y_test, y_pred))
```

전체 코드는 run_grid_search.py에 있다. 코드를 실행하면 정밀도 지표와 함께 다음과 같은 결과가 생성된다.

```
##### Searching optimal parameters for precision_weighted

Grid scores for the parameter grid:
{'n_estimators': 100, 'max_depth': 2} --> 0.847
{'n_estimators': 100, 'max_depth': 4} --> 0.841
{'n_estimators': 100, 'max_depth': 7} --> 0.844
{'n_estimators': 100, 'max_depth': 12} --> 0.836
{'n_estimators': 100, 'max_depth': 16} --> 0.818
{'n_estimators': 25, 'max_depth': 4} --> 0.846
{'n_estimators': 50, 'max_depth': 4} --> 0.84
{'n_estimators': 100, 'max_depth': 4} --> 0.841
{'n_estimators': 250, 'max_depth': 4} --> 0.845

Best parameters: {'n_estimators': 100, 'max_depth': 2}

Performance report:

             precision    recall   f1-score    support

       0.0       0.94       0.81      0.87        79
       1.0       0.81       0.86      0.83        70
       2.0       0.83       0.91      0.87        76

avg / total      0.86       0.86      0.86       225
```

그림 6-16 최적 매개변수 검색 결과

그리드 검색의 조합에 따라 정밀도 지표에 대한 최적의 조합을 출력한다. 재현율에 대한 최적의 조합을 찾으려면 다음 결과를 확인하자.

```
##### Searching optimal parameters for recall_weighted

Grid scores for the parameter grid:
{'n_estimators': 100, 'max_depth': 2} --> 0.84
{'n_estimators': 100, 'max_depth': 4} --> 0.837
{'n_estimators': 100, 'max_depth': 7} --> 0.841
{'n_estimators': 100, 'max_depth': 12} --> 0.834
{'n_estimators': 100, 'max_depth': 16} --> 0.816
{'n_estimators': 25, 'max_depth': 4} --> 0.843
{'n_estimators': 50, 'max_depth': 4} --> 0.836
{'n_estimators': 100, 'max_depth': 4} --> 0.837
{'n_estimators': 250, 'max_depth': 4} --> 0.841

Best parameters: {'n_estimators': 25, 'max_depth': 4}

Performance report:

             precision    recall  f1-score   support

        0.0       0.93      0.84      0.88        79
        1.0       0.85      0.86      0.85        70
        2.0       0.84      0.92      0.88        76

avg / total       0.87      0.87      0.87       225
```

그림 6-17 최적 매개변수 검색 결과

재현율에 대한 최적의 조합은 다르다. 정밀도와 재현율은 서로 다른 매개변수 조합이 필요한 서로 다른 지표이기 때문이다.

6.6 상대적인 특성 중요도 계산하기

N차원 데이터 포인트가 포함된 데이터 세트로 작업할 때 모든 특성이 똑같이 중요하지는 않다. 일부는 다른 것보다 중요도가 떨어지며, 이러한 정보가 있으면 차원을 줄일 수 있다. 이는 복잡성을 줄이고 알고리즘의 속도를 높이는 데 유용하다. 때로는 몇몇 특성이 완전히 중복된다. 이러한 특성은 데이터 세트에서 쉽게 제거할 수 있다.

에이다부스트AdaBoost 회귀자를 사용해 특성 중요도를 계산한다. 'AdaBoost'는 'Adaptive Boosting'의 약자로, 다른 머신러닝 알고리즘의 성능을 향상하기 위해 함께 자주 사용되는 알고리즘이다. 에이다부스트에서 훈련 데이터 포인트는 현재 분류기 훈련을 위한 데이터 분포에서 추출된다. 분포는 반복적으로 업데이트되고 후속 분류기는 더 어려운 데이터 포인트에 집중한다. 어려운 데이터 포인트란 이전에 잘못 분류된 데이터 포인트를 의미한다. 이 과정은 각 단계에서 분포가 업데이트됨으로써 수행되며, 이전에 잘못 분류된 데이터 포인트가 다음 훈련 데이터 세트에 나타날 가능성이 높아진다.

그런 다음 분류기는 계단식으로 분류되고 가중 다수 투표를 통해 상대적인 특성 중요도를 결정한다.

새로운 파이썬 파일을 만들고 다음 패키지를 임포트한다.

```python
import numpy as np
import matplotlib.pyplot as plt
from sklearn.tree import DecisionTreeRegressor
from sklearn.ensemble import AdaBoostRegressor
from sklearn import datasets
from sklearn.metrics import mean_squared_error, explained_variance_score
from sklearn.model_selection import train_test_split
from sklearn.utils import shuffle

from utilities import visualize_feature_importances
```

사이킷런에서 사용 가능한 내장된 주택 데이터 세트를 사용한다.

```python
# 주택 데이터 로드
housing_data = datasets.load_boston()
```

분석이 한쪽으로 쏠리지 않도록 데이터를 섞는다.

```python
# 데이터를 섞는다
X, y = shuffle(housing_data.data, housing_data.target, random_state=7)

# 데이터를 훈련 세트와 테스트 세트로 분할
X_train, X_test, y_train, y_test = train_test_split(X, y, test_size=0.2, random_
state=7)
```

의사 결정 트리 회귀자를 개별 모델로 사용해 **AdaBoostregressor**를 정의하고 훈련한다.

```
# AdaBoost 회귀자 모델
regressor = AdaBoostRegressor(DecisionTreeRegressor(max_depth=4),
        n_estimators=400, random_state=7)
regressor.fit(X_train, y_train)
```

회귀자 성능을 추정한다.

```
# AdaBoost 회귀자 성능 추정
y_pred = regressor.predict(X_test)
mse = mean_squared_error(y_test, y_pred)
evs = explained_variance_score(y_test, y_pred)
print("\nADABOOST REGRESSOR")
print("Mean squared error =", round(mse, 2))
print("Explained variance score =", round(evs, 2))
```

이 회귀 분석기에는 상대적인 특성 중요도를 계산하기 위한 내장 메서드가 있다.

```
# 특성 중요도 추출
feature_importances = regressor.feature_importances_
feature_names = housing_data.feature_names
```

상대적인 특성 중요도 값을 정규화한다.

```
# 중요도 값 정규화
feature_importances = 100.0 * (feature_importances / max(feature_importances))
```

화면에 그릴 수 있도록 정렬한다.

```
# 값을 정렬하고 뒤집는다
index_sorted = np.flipud(np.argsort(feature_importances))
```

막대그래프의 x축 눈금을 정렬한다.

```
# X축 눈금 정렬
pos = np.arange(index_sorted.shape[0]) + 0.5
```

그래프를 그린다.

```
# 막대그래프를 그린다
plt.figure()
plt.bar(pos, feature_importances[index_sorted], align='center')
plt.xticks(pos, feature_names[index_sorted])
plt.ylabel('Relative Importance')
plt.title('Feature importance using AdaBoost regressor')
plt.show()
```

전체 코드는 **feature_importance.py** 파일에 있다. 코드를 실행하면 다음과 같은 화면이 출력된다.

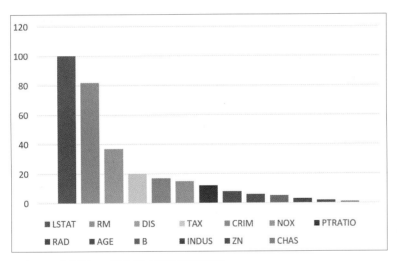

그림 0-18 에이디부스드 회귀지를 시용한 특성 중요도

그림에 따르면 해당 데이터 세트에서 가장 중요한 특성은 LSTAT 특성이다.

6.7 익스트림 랜덤 포레스트 회귀자를 사용해 트래픽 예측하기

이전 절에서 배운 개념을 실제 문제에 적용해보자. 다음 데이터 세트를 사용한다.

- *https://archive.ics.uci.edu/ml/datasets/Dodgers+Loop+Sensor*

이 데이터 세트는 로스앤젤레스 다저 스타디움에서 야구 경기가 열리는 동안 도로에 지나가는 차량 수 데이터로 구성된다. 데이터를 쉽게 분석하려면 전처리를 해야 한다. 전처리된 데이터 는 traffic_data.txt 파일에 있다.

파일에서 각 라인은 쉼표로 구분된 문자열을 포함한다. 첫 번째 라인을 예로 들어보자.

```
Tuesday,00:00,San Francisco,no,3
```

요일, 시간, 상대 팀, 야구 경기 진행 여부를 나타내는 이진값(예/아니오), 지나가는 차량 수를 나타낸다. 목표는 주어진 정보를 사용해 운행하는 차량의 수를 예측하는 것이다.

출력 변수는 연속 값이므로 출력을 예측할 수 있는 회귀 변수를 구축해야 한다. 익스트림 랜덤 포레스트를 사용해 회귀자를 만들자. 방법은 다음과 같다.

새 파이썬 파일을 만들고 다음 패키지를 임포트한다.

```python
import numpy as np
import matplotlib.pyplot as plt
from sklearn.metrics import classification_report, mean_absolute_error
from sklearn.model_selection import train_test_split
from sklearn import preprocessing
from sklearn.ensemble import ExtraTreesRegressor
from sklearn.metrics import classification_report
```

traffic_data.txt 파일에서 데이터를 로드한다.

```python
# 입력 데이터 로드
input_file = 'traffic_data.txt'
data = []
```

```
with open(input_file, 'r') as f:
    for line in f.readlines():
        items = line[:-1].split(',')
        data.append(items)

data = np.array(data)
```

데이터에서 숫자가 아닌 특성은 인코딩해야 한다. 반대로 숫자 특성은 인코딩하지 않는다. 인코딩이 필요한 특성은 각각 별도의 레이블 인코더가 있어야 한다. 이러한 인코더는 새로운 데이터 포인트에 대한 출력을 계산하는 데 필요하다. 레이블 인코더를 만들자.

```
# 문자열 데이터를 수치 데이터로 변환
label_encoder = []
X_encoded = np.empty(data.shape)
for i, item in enumerate(data[0]):
    if item.isdigit():
        X_encoded[:, i] = data[:, i]
    else:
        label_encoder.append(preprocessing.LabelEncoder())
        X_encoded[:, i] = label_encoder[-1].fit_transform(data[:, i])

X = X_encoded[:, :-1].astype(int)
y = X_encoded[:, -1].astype(int)
```

데이터를 훈련 세트와 테스트 세트로 분할한다.

```
# 데이터를 훈련 세트와 테스트 세트로 분할
X_train, X_test, y_train, y_test = train_test_split(X, y, test_size=0.25, random_
state=5)
```

익스트림 랜덤 포레스트 회귀자를 훈련한다.

```
# 익스트림 랜덤 포레스트 회귀자
params = {'n_estimators': 100, 'max_depth': 4, 'random_state': 0}
```

```
regressor = ExtraTreesRegressor(**params)
regressor.fit(X_train, y_train)
```

테스트 데이터에 대한 회귀자 성능을 계산한다.

```
# 테스트 데이터에 대한 회귀자 성능을 계산
y_pred = regressor.predict(X_test)
print("Mean absolute error:", round(mean_absolute_error(y_test, y_pred), 2))
```

새로운 데이터 포인트에 대한 출력을 계산해보자. 레이블 인코더를 사용해 숫자가 아닌 특성을 숫자 값으로 변환한다.

```
# 단일 데이터 인스턴스에 대한 인코딩 테스트
test_datapoint = ['Saturday', '10:20', 'Atlanta', 'no']
test_datapoint_encoded = [-1] * len(test_datapoint)
```

출력을 예측한다.

```
# 테스트 데이터 포인트에 대한 출력을 예측
print("Predicted traffic:", int(regressor.predict([test_datapoint_encoded])[0]))
```

전체 코드는 traffic_prediction.py 파일에 있다. 코드를 실행하면 결과로 6을 얻는다. 이 값은 실제 값과 유사하므로 모델의 예측이 뛰어나다고 할 수 있다.

6.8 정리

이 장에서는 앙상블 학습 개념과 실제로 어떻게 사용되는지 배웠다. 의사 결정 트리를 기반으로 분류기를 구축하는 방법을 알아봤으며, 여러 의사 결정 트리를 결합해 생성되는 랜덤 포레스트와 익스트림 랜덤 포레스트에 대해 배웠다. 이를 기반으로 분류기를 구축하는 방법도 알아봤다. 또한 예측 신뢰도를 추정하는 방법과 클래스 불균형 문제를 다루는 방법을 살펴봤다.

그리드 검색을 사용해 모델을 구축하기 위한 최적의 훈련 매개변수를 찾는 방법을 살펴봤다. 상대적인 특성 중요도를 계산하는 방법을 배웠으며, 앙상블 학습 기술을 실제 문제에 적용했다. 예제로 익스트림 랜덤 포레스트 회귀자를 사용해 교통량을 예측했다.

7장에서는 비지도 학습과 주식시장 데이터에서 패턴을 감지하는 방법을 설명한다.

07

Chapter

비지도 학습을 이용한 패턴 감지

비지도 학습과 데이터 클러스터링 개념을 학습한다. 다양한 클러스터링 알고리즘을 적용하는 방법을 알아보고 예제를 통해 작동 방식을 이해한다.

이 장의 학습 목표
- 비지도 학습이란
- K-평균 알고리즘
- 데이터 클러스터링
- 실루엣 점수
- 가우시안 혼합 모델(GMM)
- 유사도 전파 모델

이 장에서는 비지도 학습을 알아보고 실제 상황에서 사용하는 방법을 살펴본다. 다루는 내용은 다음과 같다.

- 비지도 학습 정의
- K-평균 알고리즘을 사용해 데이터 클러스터링하기
- 평균 이동 알고리즘을 사용해 클러스터 수 추정하기
- 실루엣 점수로 클러스터링 품질 평가하기
- 가우스 혼합 모델
- 가우스 혼합 모델을 기반으로 분류기 구축하기
- 유사도 전파 모델을 사용해 주식시장에서 하위 그룹 찾기
- 쇼핑 패턴에 따라 시장 세분화하기

7.1 비지도 학습이란

비지도 학습은 레이블이 지정된 훈련 데이터 없이 머신러닝 모델을 구축하는 프로세스를 의미하며 시장 세분화, 주식시장, 자연어 처리, 컴퓨터 비전을 비롯한 다양한 연구 분야에 적용된다.

6장에서는 레이블이 지정된 데이터를 사용했다. 훈련 데이터에 레이블을 지정하면, 알고리즘

이 해당 레이블을 기반으로 데이터를 분류하는 방법을 학습한다. 하지만 현실에서는 레이블이 지정된 데이터를 항상 사용할 수 있는 것은 아니다.

때로는 많은 데이터가 레이블 없이 존재하며 어떤 방식으로든 분류가 필요하다. 비지도 학습이 필요한 전형적인 사례다. 비지도 학습 알고리즘은 유사성 지표를 사용해 주어진 데이터 세트 내에서 데이터를 하위 그룹으로 분류한다.

데이터 세트에 레이블이 없는 경우, 분포를 제어하는 잠재 변수로 인해 데이터가 생성된다고 가정한다. 학습 과정은 개별 데이터 포인트에서 시작해 계층적 방식으로 진행된다. 유사한 클러스터를 찾고 데이터를 분류 및 분할해서 더 깊은 레벨의 데이터 대표자를 구축할 수 있다. 비지도 학습으로 데이터를 분류하는 방법 몇 가지를 살펴보자.

7.2 K-평균 알고리즘을 사용해 데이터 클러스터링하기

클러스터링은 인기 있는 비지도 학습 기술로, 데이터를 분석하고 데이터 내에서 클러스터를 찾는 데 사용된다. 클러스터를 찾기 위해 **유클리드 거리**Euclidean distance와 같은 유사성 측정을 사용해 하위 그룹을 찾는다. 유사성으로 클러스터의 견고성을 추정할 수 있다. 클러스터링은 요소가 유사한 데이터끼리 하위 그룹으로 구성하는 프로세스다.

알고리즘의 목표는 데이터 포인트가 같은 하위 그룹에 속하도록 하는 데이터 포인트의 고유 속성을 찾는 것이다. 모든 경우에 작동하는 보편적인 유사성 지표는 존재하지 않는다. 예를 들어 각 하위 그룹의 대표 데이터 포인트를 찾고자 할 때 혹은 데이터에서 이상치를 찾고자 할 때, 상황에 따라 적절한 지표가 다를 수 있다.

K-평균K-means 알고리즘은 데이터 클러스터링에 사용하는 알고리즘으로 잘 알려져 있다. K-평균 알고리즘을 사용하려면 클러스터 수를 미리 가정한다. 데이터는 다양한 데이터 속성에 따라 하위 그룹 K개로 분할된다. 클러스터 수는 고정돼 있고 데이터는 그 수를 기준으로 분류된다. 여기서 핵심은 반복할 때마다 중심centroid 위치를 업데이트해야 한다는 점이다. 중심이란 클러스터 중심을 나타내는 위치를 말한다. 중심을 최적의 위치에 배치할 때까지 계속 반복한다.

초기 중심 배치가 알고리즘에서 중요한 일임을 알 수 있다. 중심은 결과에 직접적인 영향을 미치므로 효율적으로 배치해야 한다. 가능한 한 서로 멀리 배치하는 전략이 좋다.

기본 K-평균 알고리즘은 중심을 무작위로 배치하며, 이때 K-Means++는 데이터 포인트의 입력 목록에서 알고리즘을 통해 포인트를 선택한다. 초기 중심을 서로 멀리 배치해 중심이 빠르게 수렴한다. 그리고 훈련 데이터 세트를 살펴본 후 각 데이터 포인트를 가장 가까운 중심에 할당한다.

전체 데이터 세트를 모두 살펴보면 첫 번째 반복이 끝난다. 첫 번째 반복에서 포인트는 초기 중심을 기반으로 그룹화되며, 중심 위치는 첫 번째 반복이 끝나고 얻은 새 클러스터를 기반으로 다시 계산된다. 새로운 중심 K개를 얻고 나면 프로세스가 다시 반복된다. 데이터 세트를 반복하고 각 점을 가장 가까운 중심에 할당한다.

단계가 거듭됨에 따라 중심은 평형 위치로 계속 이동한다. 특정 횟수만큼 반복하고 나면 중심은 더는 위치를 변경하지 않는다. 중심은 최종 위치로 수렴하며, 이러한 중심 K개는 추론에 사용될 값이다.

2차원 데이터에 K-평균 클러스터링을 적용해 작동 방식을 살펴보자. 제공된 data_clustering.txt 파일의 데이터를 사용한다. 각 라인에는 쉼표로 구분된 두 수가 있다.

새 파이썬 파일을 만들고 다음 패키지를 임포트한다.

```python
import numpy as np
import matplotlib.pyplot as plt
from sklearn.cluster import KMeans
from sklearn import metrics
```

파일에서 입력 데이터를 로드한다.

```python
# 입력 데이터 로드
X = np.loadtxt('data_clustering.txt', delimiter=',')
```

K-평균 알고리즘을 적용하기 전에 클러스터 수를 정의한다.

```python
num_clusters = 5
```

입력 데이터를 시각화해 데이터가 어떻게 보이는지 확인하자.

```
# 데이터를 그린다
plt.figure()
plt.scatter(X[:,0], X[:,1], marker='o', facecolors='none', edgecolors='black',
s=80)
x_min, x_max = X[:, 0].min() - 1, X[:, 0].max() + 1
y_min, y_max = X[:, 1].min() - 1, X[:, 1].max() + 1
plt.title('Input data')
plt.xlim(x_min, x_max)
plt.ylim(y_min, y_max)
plt.xticks(())
plt.yticks(())
```

데이터 내에 그룹이 5개가 있음을 알 수 있다. 초기화 매개변수를 사용해 **KMeans** 객체를 만들자. init 매개변수는 클러스터의 초기 중심을 선택할 방법을 나타낸다. 예제에서는 무작위로 선택하는 대신 k-means++를 사용해 더 스마트한 방법으로 중심을 선택한다. 그러면 알고리즘이 빠르게 수렴한다. **n_clusters** 매개변수는 클러스터 수를 나타내며, **n_init** 매개변수는 알고리즘이 최상의 결과를 결정하기까지 실행해야 하는 횟수를 의미한다.

```
# KMeans 객체 생성
kmeans = KMeans(init='k-means++', n_clusters=num_clusters, n_init=10)
```

입력 데이터로 K-평균 모델을 훈련한다.

```
# K-평균 클러스터링 모델 훈련
kmeans.fit(X)
```

경계를 시각화하려면 포인트 그리드를 만들고 모든 포인트에서 모델을 평가해야 한다. 그리드의 스텝 크기를 정의하자.

```
# 메시의 스텝 크기
step_size = 0.01
```

포인트 그리드를 정의하고, 입력 데이터의 모든 값을 포함하는지 확인한다.

```python
# 경계를 그리기 위해 포인트 그리드를 정의
x_min, x_max = X[:, 0].min() - 1, X[:, 0].max() + 1
y_min, y_max = X[:, 1].min() - 1, X[:, 1].max() + 1
x_vals, y_vals = np.meshgrid(np.arange(x_min, x_max, step_size),
        np.arange(y_min, y_max, step_size))
```

훈련된 K-평균 모델을 사용해 그리드에 있는 모든 포인트에 대한 출력을 예측한다.

```python
# 그리드의 모든 포인트에 대한 출력 레이블을 예측
output = kmeans.predict(np.c_[x_vals.ravel(), y_vals.ravel()])
```

모든 출력 값을 그리고 각 영역을 색칠한다.

```python
# 서로 다른 영역을 그리고 색깔을 칠한다
output = output.reshape(x_vals.shape)
plt.figure()
plt.clf()
plt.imshow(output, interpolation='nearest',
        extent=(x_vals.min(), x_vals.max(),
            y_vals.min(), y_vals.max()),
        cmap=plt.cm.Paired,
        aspect='auto',
        origin='lower')
```

색칠한 영역 위에 입력 데이터 포인트를 오버레이한다.

```python
# 입력 포인트를 오버레이한다
plt.scatter(X[:,0], X[:,1], marker='o', facecolors='none', edgecolors='black',
        s=80)
```

K-평균 알고리즘으로 얻은 클러스터 중심을 그린다.

```
# 클러스터 중심을 그린다
cluster_centers = kmeans.cluster_centers_
plt.scatter(cluster_centers[:,0], cluster_centers[:,1],
        marker='o', s=210, linewidths=4, color='black',
        zorder=12, facecolors='black')

x_min, x_max = X[:, 0].min() - 1, X[:, 0].max() + 1
y_min, y_max = X[:, 1].min() - 1, X[:, 1].max() + 1
plt.title('Boundaries of clusters')
plt.xlim(x_min, x_max)
plt.ylim(y_min, y_max)
plt.xticks(())
plt.yticks(())
plt.show()
```

전체 코드는 kmeans.py 파일에 있다. 코드를 실행하면 다음 두 스크린샷이 나타난다.

첫 번째 스크린샷은 입력 데이터다.

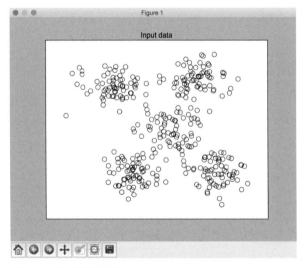

그림 7-1 입력 데이터 시각화

두 번째 스크린샷은 K-평균으로 얻은 경계를 표시한다.

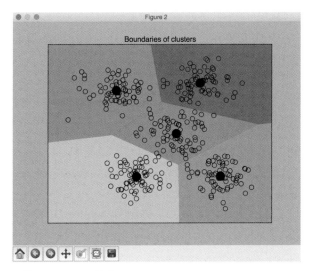

그림 7-2 Kmeans 경계

각 클러스터의 중심에 있는 검은 원은 클러스터 중심을 나타낸다. K-평균 알고리즘을 살펴봤으니 이제 평균 이동 알고리즘을 알아보자.

7.2.1 평균 이동 알고리즘으로 군집 수 추정하기

평균 이동 Mean Shift은 비지도 학습에 사용되는 강력한 알고리즘이다. 비모수 알고리즘으로, 클러스터링에 자주 사용된다. 기본 분포에 대한 가정을 하지 않아 비모수라고 한다. 평균 이동 알고리즘은 기본 데이터가 표준 확률 분포를 따른다고 가정하는 모수parametric 알고리즘과 반대 개념이다. 평균 이동은 객체 탐지나 실시간 데이터 분석 같은 분야에 적용된다.

평균 이동 알고리즘에서 전체 특성 공간은 확률 밀도 함수로 간주된다. 훈련 데이터 세트로 시작하며, 데이터 세트가 확률 밀도 함수에서 샘플링됐다고 가정한다.

이 프레임워크에서 클러스터는 기본 분포의 로컬 극댓값에 해당한다. 클러스터가 K개이면 기본 데이터 분포에 피크가 K개이며, 평균 이동은 해당 피크를 식별한다.

평균 이동의 목표는 중심 위치를 식별하는 것이다. 훈련 데이터 세트의 각 데이터 포인트 주변에 윈도window를 정의한다. 그런 다음 윈도의 중심을 계산하고, 위치를 이 중심으로 업데이트한다. 그리고 새 위치 주변에 윈도를 다시 정의해 프로세스를 반복한다. 작업을 계속할수록 클러스터 정점에 가까워진다. 각 데이터 포인트는 자신이 속한 클러스터로 이동한다. 데이터 포인터가 움직이는 방향은 밀도가 높은 지역을 향한다.

중심(평균이라고도 함)은 각 클러스터의 정점으로 계속 이동한다. 이 알고리즘은 평균이 계속 이동한다는 점 때문에 평균 이동이라는 이름을 얻었다. 이동은 알고리즘이 수렴할 때까지 계속되며, 수렴 단계에서는 중심이 더는 움직이지 않는다.

MeanShift를 사용해 주어진 데이터 세트에서 최적의 클러스터 수를 추정해보자. data_clustering.txt 파일의 데이터를 사용한다. K-평균 알고리즘을 사용했을 때와 같은 파일이다.

새 파이썬 파일을 만들고 다음 패키지를 임포트한다.

```python
import numpy as np
import matplotlib.pyplot as plt
from sklearn.cluster import MeanShift, estimate_bandwidth
from itertools import cycle
```

입력 데이터를 로드한다.

```python
# 입력 파일에서 데이터 로드
X = np.loadtxt('data_clustering.tx t', delimiter=',')
```

입력 데이터의 대역폭bandwidth을 추정한다. 대역폭은 평균 이동 알고리즘에 사용되는 기본 커널 밀도 추정 프로세스의 매개변수다. 대역폭은 알고리즘의 전체적인 수렴 속도와 최종적으로 얻게 될 클러스터 수에 영향을 미치므로 매우 중요한 매개변수다. 대역폭이 너무 작으면 클러스터가 너무 많아지고, 반대로 너무 크면 개별 클러스터를 병합하게 된다.

quantile 매개변수는 대역폭 추정 방법에 영향을 준다. 값이 클수록 예상 대역폭이 증가해 클러스터 수가 줄어든다.

```python
# X의 대역폭 추정
bandwidth_X = estimate_bandwidth(X, quantile=0.1, n_samples=len(X))
```

추정한 대역폭을 사용해 평균 이동 클러스터링 모델을 훈련한다.

```
# MeanShift를 사용해 데이터 클러스터링
meanshift_model = MeanShift(bandwidth=bandwidth_X, bin_seeding=True)
meanshift_model.fit(X)
```

모든 클러스터의 중심을 추출한다.

```
# 클러스터 중심 추출
cluster_centers = meanshift_model.cluster_centers_
print('\nCenters of clusters:\n', cluster_centers)
```

클러스터 수를 추출한다.

```
# 클러스터 수 추출
labels = meanshift_model.labels_
num_clusters = len(np.unique(labels))
print("\nNumber of clusters in input data =", num_clusters)
```

데이터 포인트를 시각화한다.

```
# 포인트와 클러스터 중심을 그린다
plt.figure()
markers = 'o*xvs'
for i, marker in zip(range(num_clusters), markers):
    # 현재 클러스터에 속한 포인트를 그린다
    plt.scatter(X[labels==i, 0], X[labels==i, 1], marker=marker, color='black')
```

현재 클러스터의 중심을 그린다.

```
# 클러스터 중심을 그린다
cluster_center = cluster_centers[i]
plt.plot(cluster_center[0], cluster_center[1], marker='o', markerfacecolor='black',
        markeredgecolor='black', markersize=15)
```

```
plt.title('Clusters')
plt.show()
```

전체 코드는 **mean_shift.py** 파일에 있다. 코드를 실행하면 다음과 같이 클러스터와 각 중심을 표현하는 스크린샷이 나타난다.

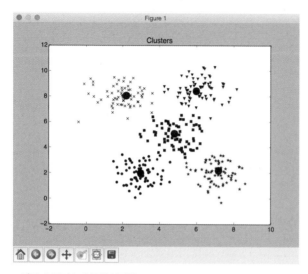

그림 7-3 클러스터 중심 시각화

결과는 다음과 같다.

```
Centers of clusters:
[[ 2.95568966  1.95775862]
 [ 7.17563636  2.18145455]
 [ 2.17603774  8.03283019]
 [ 5.97960784  8.39078431]
 [ 4.81044444  5.07111111]]

Number of clusters in input data = 5
```

그림 7-4 클러스터 중심 출력

이것으로 평균 이동에 대한 개요를 끝낸다. 지금까지 데이터를 클러스터링하는 방법을 다뤘다. 다음으로 실루엣 방법을 사용해 클러스터링 품질을 추정하는 방법을 알아보자.

7.2.2 실루엣 점수로 클러스터링 품질 평가하기

데이터가 여러 클러스터로 구성돼 있으면 시각적으로 조사하고 추론을 도출하기 쉽다. 하지만 현실에서는 거의 그렇지 않다. 실제 데이터는 거대하고 복잡하다. 따라서 클러스터링 품질을 정량화할 방법이 필요하다.

실루엣Silhouette은 데이터에서 클러스터의 일관성을 확인하는 데 사용하는 방법으로, 각 데이터 포인트가 클러스터와 얼마나 잘 맞는지에 대한 추정치를 알려준다. **실루엣 점수**silhouette score는 데이터 포인트와 자체 클러스터의 유사성을 다른 클러스터와 비교해 측정하는 지표다. 실루엣 점수는 모든 유사성 지표와 함께 작동한다.

각 데이터 포인트의 실루엣 점수는 다음 공식으로 계산한다.

$$실루엣\ 점수 = (p-q)\,/\,max\,(p,q)$$

p는 데이터 포인트가 속하지 않는 가장 가까운 클러스터의 포인트들까지의 평균 거리이고, q는 자체 클러스터의 모든 포인트에 대한 평균 거리(클러스터 내부 거리)다.

실루엣 점수의 범위는 −1과 1 사이다. 점수가 1에 가까우면 데이터 포인트가 클러스터 내 다른 데이터 포인트와 매우 유사함을 의미하고, −1에 가까우면 데이터 포인트가 클러스터 내 다른 데이터 포인트와 유사하지 않음을 의미한다. 여기서 생각해볼 점은 실루엣 점수가 음수인 포인트가 너무 많은 경우 데이터에 클러스터가 너무 적거나 너무 많을 수 있다는 점이다. 이 경우 클러스터링 알고리즘을 다시 실행해 최적의 클러스터 수를 찾아야 한다. 이상적인 값은 큰 양숫값이다. 주어진 문제에 따라 최적화된 가장 높은 값을 가질 필요는 없지만, 일반적으로 실루엣 점수가 1에 가까우면 데이터가 잘 클러스터링된 것이다. 반대로 점수가 −1에 가까우면 분류에 사용하는 변수가 잡음이 많고 신호를 많이 포함하지 않음을 나타낸다.

실루엣 점수를 사용해 클러스터링 성능을 추정해보자. 새 파이썬 파일을 만들고 다음 패키지를 임포트한다.

```python
import numpy as np
import matplotlib.pyplot as plt
from sklearn import metrics
from sklearn.cluster import KMeans
```

제공된 data_quality.txt 파일의 데이터를 사용한다. 각 라인은 쉼표로 분리된 두 수를 포함한다.

```
# 입력 파일에서 데이터 로드
X = np.loadtxt('data_quality.txt', delimiter=',')
```

변수를 초기화한다. values 배열은 반복할 값들의 리스트를 포함하며, 값들은 최적의 클러스터 수를 찾는 데 사용된다.

```
# 변수 초기화
scores = []
values = np.arange(2, 10)
```

모든 값을 반복하고 각 반복에서 K-평균 모델을 생성한다.

```
# 정의된 범위에 반복
for num_clusters in values:
    # KMeans 클러스터링 모델을 훈련
    kmeans = KMeans(init='k-means++', n_clusters=num_clusters, n_init=10)
    kmeans.fit(X)
```

유클리드 거리 지표를 사용해 현재 클러스터링 모델의 실루엣 점수를 추정한다.

```
score = metrics.silhouette_score(X, kmeans.labels_,
metric='euclidean', sample_size=len(X))
```

현재 값의 실루엣 점수를 출력한다.

```
print("\nNumber of clusters =", num_clusters)
print("Silhouette score =", score)

scores.append(score)
```

다양한 값의 실루엣 점수를 시각화한다.

```
# 실루엣 점수를 그린다
plt.figure()
plt.bar(values, scores, width=0.7, color='black', align='center')
plt.title('Silhouette score vs number of clusters')
```

최적의 점수를 추출하고 클러스터 수에 대응하는 값을 출력한다.

```
# 최적의 점수를 추출하고 최적의 클러스터 수를 출력한다
num_clusters = np.argmax(scores) + values[0]
print('\nOptimal number of clusters =', num_clusters)
```

입력 데이터를 시각화한다.

```
# 데이터를 그린다
plt.figure()
plt.scatter(X[:,0], X[:,1], color='black', s=80, marker='o', facecolors='none')
x_min, x_max = X[:, 0].min() - 1, X[:, 0].max() + 1
y_min, y_max = X[:, 1].min() - 1, X[:, 1].max() + 1
plt.title('Input data')
plt.xlim(x_min, x_max)
plt.ylim(y_min, y_max)
plt.xticks(())
p lt.yticks(())

plt.show()
```

전체 코드는 clustering_quality.py 파일에 있다. 코드를 실행하면 두 스크린샷이 나타난다.

첫 번째 스크린샷은 입력 데이터다

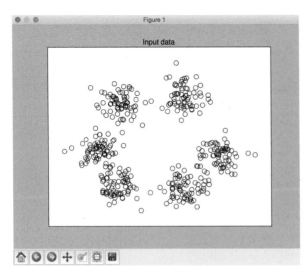

그림 7-5 입력 데이터 시각화

데이터에 클러스터가 6개임을 알 수 있다. 두 번째 스크린샷은 다양한 클러스터 수에 대한 점수를 보여준다.

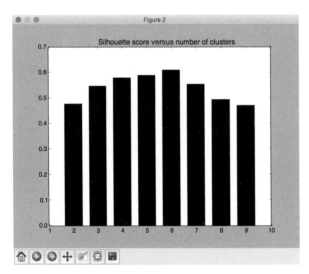

그림 7-6 클러스터 수에 대한 실루엣 점수

실루엣 점수 값이 최대 0.6임을 확인할 수 있다. 실루엣 점수가 최대인 클러스터의 데이터 역시 최고점이었다. 다음과 같은 출력이 표시된다.

```
Number of clusters = 2
Silhouette score = 0.477626248705

Number of clusters = 3
Silhouette score = 0.547174241173

Number of clusters = 4
Silhouette score = 0.579480188969

Number of clusters = 5
Silhouette score = 0.589003263565

Number of clusters = 6
Silhouette score = 0.609690411895

Number of clusters = 7
Silhouette score = 0.554310234032

Number of clusters = 8
Silhouette score = 0.494433661954

Number of clusters = 9
Silhouette score = 0.471414689437

Optimal number of clusters = 6
```

그림 7-7 최적의 클러스터 수 출력

이 절에서는 실루엣 점수가 클러스터를 이해하는 데 어떻게 유용한지 살펴봤다. 이제 가우시안 혼합 모델을 알아보자. 가우시안 혼합 모델은 데이터를 분류하고 클러스터링하는 또 다른 비지도 학습 기법이다.

7.3 가우시안 혼합 모델이란

가우시안 혼합 모델 Gaussian Mixture Model(GMM)에 대해 이야기하기 전에 먼저 혼합 모델이 무엇인지 이해하자. 혼합 모델은 데이터가 여러 구성 요소 분포에 의해 처리된다고 가정하는 확률 밀도 모델 유형이다. 이때 분포가 가우시안이면 모델은 가우시안 혼합 모델이 된다. 이러한 성분 분포는 다중 모드 밀도 함수를 제공하기 위해 결합되며, 이 모델은 혼합 모델이 된다.

예시를 통해 혼합 모델의 작동 방식을 이해하자.

남미에 있는 모든 사람의 쇼핑 습관을 모델링해보자. 한 가지 방법은 대륙 전체를 모델링한 뒤 모두 단일 모델로 만드는 것이다. 하지만 사람들의 쇼핑 패턴은 나라마다 다르다. 따라서 우리는 각 나라 사람들이 쇼핑하는 방식과 행동 방식을 이해할 필요가 있다.

좋은 대표 모델을 얻으려면 대륙 내의 모든 차이를 고려해야 한다. 혼합 모델을 사용해 개별 국가의 쇼핑 습관을 모델링한 다음, 모두 혼합 모델로 결합한다. 이러한 방법을 사용하면 데이터에서 국가별 기본 행동에 관한 뉘앙스를 놓치지 않는다. 단일 모델을 모든 국가에 대해 시행하지 않음으로써 보다 정확한 모델이 생성된다.

흥미로운 점은 혼합 모델이 반모수적semi-parametric이라는 것이다. 미리 정의된 함수 집합에 부분적으로 의존한다는 의미다. 데이터의 기본 분포를 모델링할 때 더 높은 정밀도와 유연성을 제공하며, 희소 데이터로 인해 발생하는 간격을 매끄럽게 한다.

함수가 정의되면 혼합 모델이 반모수에서 모수로 바뀐다. 따라서 GMM은 구성 요소 가우시안 함수의 가중 합계로 표현되는 모수 모델이다. 데이터가 여러 방식으로 결합된 가우시안 모델 집합에 의해 생성된다고 가정한다. GMM은 매우 강력하며, 매개변수는 EMExpectation - Maximization 이나 MAPMaximum A-Posteriori 추정과 같은 알고리즘을 사용해 훈련 데이터에서 추정된다. GMM은 이미지 데이터베이스 검색, 주식시장 변동 모델링, 생체 인식 등 여러 분야에 적용된다.

GMM이 무엇인지 배웠으니 적용 방법을 살펴보자.

7.3.1 가우시안 혼합 모델을 기반으로 분류기 구축하기

가우시안 혼합 모델을 기반으로 분류기를 구축해보자. 새 파이썬 파일을 만들고 다음 패키지를 임포트한다.

```
import numpy as np
import matplotlib.pyplot as plt
from matplotlib import patches

from sklearn import datasets
from sklearn.mixture import GaussianMixture
from sklearn.model_selection import StratifiedKFold
from sklearn.model_selection import train_test_split
```

사이킷런에서 사용 가능한 붓꽃Iris 데이터 세트를 사용한다.

```
# 붓꽃 데이터 세트 로드
iris = datasets.load_iris()
X, y = datasets.load_iris(return_X_y=True)
```

데이터 세트를 훈련 세트와 테스트 세트로 80:20으로 분할한다. n_splits 매개변수는 얻게 될 하위 집합 수를 지정한다. 예제에서는 5로 지정하자. 데이터 세트를 5개 부분으로 분할함을 의미한다.

4개 부분은 학습에, 1개 부분은 테스트에 사용한다(80:20 분할).

```
# 데이터 세트를 훈련 세트와 테스트 세트로 80:20 분할
skf = StratifiedKFold(n_splits=5)
skf.get_n_splits(X, y)

X_train, X_test, y_train, y_test = train_test_split(
            X, y, test_size=0.4, random_state=0)
```

훈련 데이터에서 클래스 수를 구한다.

```
# 클래스 수 추출
num_classes = len(np.unique(y_train))
```

관련 매개변수를 사용해 GMM 기반 분류기를 생성한다. n_components 매개변수는 기본 분포의 구성 요소 수를 지정한다. 예제에서는 데이터의 서로 다른 클래스 수가 된다. 어떤 공분산covariance 유형을 사용할지도 지정해야 하며, 여기서는 완전 공분산이 사용된다. init_params 매개변수는 학습 프로세스 중에 업데이트해야 하는 매개변수를 제어한다. kmeans 값을 사용하면 훈련 중에 가중치와 공분산 매개변수가 업데이트된다. max_iter 매개변수는 훈련 중에 수행될 기댓값 최대화 반복 횟수를 의미한다.

```
# GMM 생성
classifier = GaussianMixture(n_components=num_classes, covariance_type='full',
        init_params='kmeans', max_iter=20)
```

분류기의 평균을 초기화한다.

```python
# GMM 평균 초기화
classifier.means_ = np.array([X_train[y_train == i].mean(axis=0)
                             for i in range(num_classes)])
```

훈련 데이터를 사용해 가우시안 혼합 모델 분류기를 훈련한다.

```python
# GMM 분류기 훈련
classifier.fit(X_train)
```

분류기의 경계를 시각화한다. 그리고 고윳값과 고유 벡터를 추출해 클러스터 주위에 타원 경계를 그리는 방법을 추정한다. 고윳값과 고유 벡터를 간단히 복습하려면 *https://math.mit.edu/~gs/linearalgebra/ila0601.pdf*를 참조하자. 계속해서 다음을 그리자.

```python
# 경계를 그린다
plt.figure()
colors = 'bgr'
for i, color in enumerate(colors):
    # 고윳값과 고유 벡터 추출
    eigenvalues, eigenvectors = np.linalg.eigh(classifier.covariances_[i][:2, :2])
```

첫 번째 고유 벡터를 정규화한다.

```python
# 첫 번째 고유 벡터 정규화
norm_vec = eigenvectors[0] / np.linalg.norm(eigenvectors[0])
```

분포를 정확하게 표시하려면 타원을 회전해야 한다. 각도는 다음과 같이 추정한다.

```python
# 기울기의 각도 추출
angle = np.arctan2(norm_vec[1], norm_vec[0])
angle = 180 * angle / np.pi
```

시각화를 위해 타원을 확대하자. 고윳값은 타원의 크기를 제어한다.

```python
# 타원을 확대하기 위한 스케일링 항목
# (필요에 맞추기 위해 선택한 임의의 수)
scaling_factor = 8
eigenvalues *= scaling_factor
```

타원을 그린다.

```python
# 타원을 그린다
ellipse = patches.Ellipse(classifier.means_[i, :2],
        eigenvalues[0], eigenvalues[1], 180 + angle,
        color=color)
 axis_handle = plt.subplot(1, 1, 1)
 ellipse.set_clip_box(axis_handle.bbox)
 ellipse.set_alpha(0.6)
 axis_handle.add_artist(ellipse)
```

그림에 입력 데이터를 오버레이한다.

```python
# 데이터를 그린다
colors = 'bgr'
for i, color in enumerate(colors):
  cur_data = iris.data[iris.target == i]
  plt.scatter(cur_data[:,0], cur_data[:,1], marker='o',
    facecolors='none', edgecolors='black', s=40,
    label=iris.target_names[i])
```

그림에 테스트 데이터를 오버레이한다.

```python
test_data = X_test[y_test == i]
plt.scatter(test_data[:,0], test_data[:,1], marker='s', facecolors='black',
        edgecolors='black', s=40 ,label=iris.target_names[i])
```

훈련 데이터와 테스트 데이터에 대한 예측 결과를 연산한다.

```
# 훈련 데이터와 테스트 데이터에 대한 예측을 연산
y_train_pred = classifier.predict(X_train)
accuracy_training = np.mean(y_train_pred.ravel() == y_train.ravel()) * 100
print('Accuracy on training data =', accuracy_training)

y_test_pred = classifier.predict(X_test)
accuracy_testing = np.mean(y_test_pred.ravel() == y_test.ravel()) * 100
print('Accuracy on testing data =', accuracy_testing)

plt.title('GMM classifier')
plt. xticks(())
plt.yticks(())

plt.show()
```

전체 코드는 gmm_classifier.py 파일에 있다. 코드를 실행하면 결과는 다음과 같다.

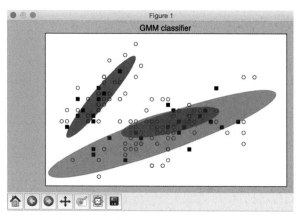

그림 7-8 가우시안 혼합 모델 분류기 그래프

입력 데이터는 세 가지 분포로 구성된다. 크기와 각도가 다양한 세 가지 타원은 입력 데이터의 기본 분포를 나타낸다. 다음 출력이 표시된다.

```
Accuracy on training data = 87.5
Accuracy on testing data = 86.6666666667
```

이 절에서는 가우시안 혼합 모델을 알아보고 파이썬 예제를 살펴봤다. 다음 절에서는 데이터를 분류하는 비지도 학습인 기술 유사도 전파 모델을 알아보고, 주식시장 데이터에서 하위 그룹을 찾는 데 사용해보자.

7.4 유사도 전파 모델을 사용해 주식시장에서 하위 그룹 찾기

유사도 전파 Affinity Propagation는 사전에 클러스터 수를 지정할 필요가 없는 클러스터링 알고리즘이다. 일반적인 특성과 단순한 구현 때문에 여러 분야에서 사용된다. 메시지 전달message passing이라는 기술을 사용해 예시exemplar라고 하는 대표 클러스터를 찾는다.

먼저, 고려해야 하는 유사성의 척도를 지정한다. 동시에 모든 훈련 데이터 포인트를 잠재적인 예시로 간주한다. 그리고 일련의 예시를 찾을 때까지 데이터 포인트 간에 메시지를 전달한다.

메시지 전달은 책임성responsibility과 가용성availability이라는 두 가지 단계로 발생한다. 책임성은 클러스터 구성원에서 후보 예시로 전송한 메시지를 말하며, 데이터 포인트가 해당 예시의 클러스터의 구성원으로서 얼마나 적합한지를 나타낸다. 가용성은 후보 예시에서 클러스터의 잠재적 구성원으로 전송한 메시지를 말하며, 예시로서 얼마나 적합한지를 나타낸다. 메시지 전달은 알고리즘이 최적의 예시 집합에 수렴할 때까지 계속된다.

preference라는 매개변수도 있다. 이 매개변수는 발견될 예제의 수를 제어한다. 높은 값을 지정하면 알고리즘이 너무 많은 클러스터를 찾게 되고, 반대로 낮은 값을 지정하면 적은 클러스터를 찾는다. 최적의 값은 클러스터에 속한 점들의 유사성 평균이 된다.

유사도 전파 모델을 사용해 주식시장에서 하위 그룹을 찾아보자.

지배 특성으로 시장의 시작과 마감 사이의 주식시세 변동을 사용한다. 새 파이썬 파일을 만들고 다음 패키지를 임포트한다.

```
import datetime
import json
import numpy as np
import matplotlib.pyplot as plt
```

```
from sklearn import covariance, cluster
import yfinance as yf
```

입력으로는 맷플롯립에서 사용 가능한 주식시장 데이터를 사용한다. 회사 심볼은 `company_symbol_mapping.json` 파일에 있는 회사 이름으로 매핑된다.

```
# 입력 파일은 회사 심볼을 포함
in put_file = 'company_symbol_mapping.json'
```

파일에서 회사 심볼 맵을 로드한다.

```
# 회사 심볼 맵 로드
with open(input_file, 'r') as f:
    company_symbols_map = json.loads(f.read())

symbols, names = np.array(list(company_symbols_map.items())).T
```

맷플롯립에서 주식시세를 로드한다.

```
# 과거 주식시세 로드
start_date = datetime.datetime(2019, 1, 1)
end_date = datetime.datetime(2019, 1, 31)
quotes = [yf.Ticker(symbol).history(start=start_date, end=end_date)
                for symbol in symbols]
```

시작 시세과 마감 시세의 차이를 계산한다.

```
# 시작 시세와 마감 시세의 차이 추출
opening_quotes = np.array([quote.Open for quote in quotes]).astype(np.float)
closing_quotes = np.array([quote.Close for quote in quotes]).astype(np.float)

# 시작 시세와 마감 시세의 차이 계산
quotes_diff = closing_quotes - opening_quotes
```

데이터를 정규화한다.

```
# 데이터 정규화
X = quotes_diff.copy().T
X /= X.std(axis=0)
```

그래프 모델을 생성한다.

```
# 그래프 모델 생성
edge_model = covariance.GraphLassoCV()
```

모델을 훈련한다.

```
# 모델 훈련
with np.errstate(i nvalid='ignore'):
    edge_model.fit(X)
```

학습한 에지 모델을 사용해 유사도 전파 클러스터링 모델을 생성한다.

```
# 유사도 전파 모델을 사용해 클러스터링 모델 생성
_, labels = cluster.affinity_propagation(edge_model.covariance_)
num_labels = labels.max()
```

결과를 출력한다.

```
# 클러스터링 결과 출력
print('\nClustering of stocks based on difference in opening and closing \
            quotes:\n')
for i in range(num_labels + 1).
    print("Cluster", i+1, "==>", ', '.join(names[labels == i]))
```

전체 코드는 **stocks.py** 파일에 있다. 코드를 실행하면 결과는 다음과 같다.

```
Clustering of stocks based on difference in opening and closing quotes:

Cluster 1 ==> Kraft Foods
Cluster 2 ==> CVS, Walgreen
Cluster 3 ==> Amazon, Yahoo
Cluster 4 ==> Cablevision
Cluster 5 ==> Pfizer, Sanofi-Aventis, GlaxoSmithKline, Novartis
Cluster 6 ==> HP, General Electrics, 3M, Microsoft, Cisco, IBM, Texas instruments, Dell
Cluster 7 ==> Coca Cola, Kimberly-Clark, Pepsi, Procter Gamble, Kellogg, Colgate-Palmolive
Cluster 8 ==> Comcast, Wells Fargo, Xerox, Home Depot, Wal-Mart, Marriott, Navistar, DuPont de Nemours, A
merican express, Ryder, JPMorgan Chase, AIG, Time Warner, Bank of America, Goldman Sachs
Cluster 9 ==> Canon, Unilever, Mitsubishi, Apple, Mc Donalds, Boeing, Toyota, Caterpillar, Ford, Honda, S
AP, Sony
Cluster 10 ==> Valero Energy, Exxon, ConocoPhillips, Chevron, Total
Cluster 11 ==> Raytheon, General Dynamics, Lookheed Martin, Northrop Grumman
```

그림 7-9 시작 시세와 마감 시세의 차이를 기반으로 주식 데이터를 클러스터링

출력은 해당 기간 내 주식시장의 다양한 하위 그룹을 나타낸다. 여러분이 코드를 실행하면 클러스터가 다른 순서로 나타날 수 있음을 알아두자.

이 절에서는 유사도 전파 모델을 알아보고 새로운 개념 몇 가지를 배웠다. 이 장의 마지막 절인 7.5절에서는 비지도 학습 기술을 사용해 고객 쇼핑 습관에 따라 제품 데이터를 세분화해보자.

7.5 쇼핑 패턴에 따라 시장 분할하기

비지도 학습 기법을 적용해 고객의 쇼핑 습관에 따라 시장을 분할해보자. 사용할 데이터는 sales.csv 파일에 있다. 이 파일은 여러 소매 의류 매장에서 판매하는 다양한 상의의 판매에 관한 세부 정보를 포함한다. 목표는 패턴을 식별하고 시장을 상점에서 판매된 개수에 따라 분류하는 것이다.

새 파이썬 파일을 만들고 다음 패키지를 임포트한다.

```python
import csv

import numpy as np
import matplotlib.pyplot as plt
from sklearn.cluster import MeanShift, estimate_bandwidth
```

입력 파일에서 데이터를 로드한다. CSV 파일이므로 파이썬의 csv 리더를 사용해 파일에서 데이터를 로드하고 넘파이 배열로 변환한다.

```python
# 입력 파일에서 데이터 로드
input_file = 'sales.csv'
file_reader = csv.reader(open(input_file, 'r'), delimiter=',')
X = []
for count, row in enumerate(file_reader):
    if not count:
        names = row[1:]
        continue

    X.append([float(x) for x in row[1:]])

# 넘파이 배열로 변환
X = np.array(X)
```

입력 데이터의 대역폭을 추정하자.

```python
# 입력 데이터의 대역폭 추정
bandwidth = estimate_bandwidth(X, quantile=0.8, n_samples=len(X))
```

추정된 대역폭을 기반으로 평균 이동 모델을 훈련한다.

```python
# MeanShift로 클러스터링 계산
meanshift_model = MeanShift(bandwidth=bandwidth, bin_seeding=True)
meanshift_model.fit(X)
```

각 클러스터의 레이블과 중심을 추출한다.

```python
labels = meanshift_model.labels_
cluster_centers = meanshift_model.cluster_centers_
num_clusters = len(np.unique(labels))
```

클러스터 수와 클러스터 중심을 출력한다.

```
print("\nNumber of clusters in input data =", num_clusters)

print("\nCenters of clusters:")
print('\t'.join([name[:3] for name in names]))
for cluster_center in cluster_centers:
    print('\t'.join([str(int(x)) for x in cluster_center]))
```

여기서는 6차원 데이터를 다룬다. 데이터를 시각화하기 위해 2차원과 3차원을 사용해 형성된 2차원 데이터를 살펴보자.

```
# 시각화를 위해 두 특성 추출
cluster_centers_2d = cluster_centers[:, 1:3]
```

클러스터 중심을 그린다.

```
# 클러스터 중심을 그린다
plt.figure()
plt.scatter(cluster_centers_2d[:,0], cluster_centers_2d[:,1],
        s=120, edgecolors='black', facecolors='none')

offset = 0.25
plt.xlim(cluster_centers_2d[:,0].min() - offset * cluster_centers_2d[:,0].ptp(),
        cluster_centers_2d[:,0].max() + offset * cluster_centers_2d[:,0].ptp(),)
plt.ylim(cluster_centers_2d[:,1].min() - offset * cluster_centers_2d[:,1].ptp(),
        cluster_centers_2d[:,1].max() + offset * cluster_centers_2d[:,1].ptp())

plt.title('Centers of 2D clusters')
plt.show()
```

전체 코드는 market_segmentation.py 파일에 있다. 코드를 실행하면 다음과 같은 결과를 얻는다.

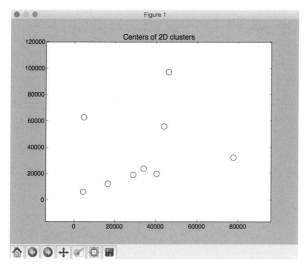

그림 7-10 2D 클러스터의 중심 그래프

이 절에서는 이 장 앞부분에서 배운 평균 이동 알고리즘을 적용해 고객 쇼핑 습관을 분석하고 분류했다. 다음과 같은 출력도 표시된다.

```
Number of clusters in input data = 9

Centers of clusters:
Tsh      Tan      Hal      Tur      Tub      Swe
9823     4637     6539     2607     2228     1239
38589    44199    56158    5030     24674    4125
7852     4939     63081    134      40066    1332
35314    16745    12775    66900    1298     5613
22617    77873    32543    1005     21035    837
104972   29186    19415    16016    5060     9372
38741    40539    20120    35059    255      50710
28333    34263    24065    5575     4229     18076
14987    46397    97393    1127     37315    3235
```

그림 7-11 클러스터 중심 출력

7.6 정리

7장은 비지도 학습과 그 적용 방법부터 시작해서, 클러스터링과 K-평균 알고리즘으로 데이터를 클러스터링하는 방법을 알아봤다. 평균 이동 알고리즘을 사용해 클러스터 수를 추정하는 방법도 배웠다. 실루엣 점수와 클러스터링 품질을 추정하는 방법을 알아보고, 가우시안 혼합 모델을 기반으로 분류기를 만드는 방법도 살펴봤다. 또한 유사도 전파 모델을 사용해 주식시장에서 하위 그룹을 찾았으며, 평균 이동 알고리즘을 적용해 쇼핑 패턴을 기반으로 시장을 세분화했다.

8장에서는 추천 엔진을 구축하는 방법을 배운다.

08 추천 시스템 구축

Chapter

추천 시스템 구축에 필요한 개념을 학습하고 이를 활용해 영화 추천 시스템을 구축해본다.

이 장의 학습 목표
- 최근접 이웃 추출
- K-최근접 이웃 분류기 구축
- 유클리드 점수와 피어슨 점수
- 협업 필터링

이 장에서는 사람들이 보고 싶어할 만한 영화를 추천하는 시스템을 구축해보자. K-최근접 이웃 분류기를 알아보고 구현 방법을 배운다. 이러한 개념을 기반으로 협업 필터링을 살펴보고, 이를 사용해 추천 시스템을 구축한다. 다루는 내용은 다음과 같다.

- 최근접 이웃 추출
- K-최근접 이웃 분류기 구축
- 유사성 점수 계산
- 협업 필터링을 사용해 유사한 사용자 찾기
- 영화 추천 시스템 구축

8.1 최근접 이웃 추출

추천 시스템은 **최근접 이웃**nearest neighbor 개념을 사용한다. 최근접 이웃이라는 이름은 주어진 데이터 세트에서 입력 포인트에 가장 가까운 데이터 포인트를 찾는 과정을 나타낸다. 최근접 이웃은 다양한 클래스에 대한 입력 데이터 포인트의 근접성을 기반으로 데이터 포인트를 분류하는 시스템을 구축하는 데 자주 사용된다. 주어진 데이터 포인트에 가장 가까운 이웃을 찾는 방법을 살펴보자.

새 파이썬 파일을 만들고 다음 패키지를 임포트한다.

```python
import numpy as np
import matplotlib.pyplot as plt
from sklearn.neighbors import NearestNeighbors
```

샘플 2D 데이터 포인트를 정의한다.

```python
# 입력 데이터
X = np.array([[2.1, 1.3], [1.3, 3.2], [2.9, 2.5], [2.7, 5.4], [3.8, 0.9],
            [7.3, 2.1], [4.2, 6.5], [3.8, 3.7], [2.5, 4.1], [3.4, 1.9],
            [5.7, 3.5], [6.1, 4.3], [5.1, 2.2], [6.2, 1.1]])
```

추출하려는 최근접 이웃 수를 정의한다.

```python
# 최근접 이웃 수
k = 5
```

K-최근접 이웃을 추출하는 데 사용할 테스트 데이터 포인트를 정의한다.

```python
# 테스트 데이터 포인트
test_data_point = [4.3, 2.7]
```

원형 검정색 마커를 사용해 입력 데이터를 그린다.

```python
# 입력 데이터를 그린다
plt.figure()
plt.title('Input data')
plt.scatter(X[:,0], X[:,1], marker='o', s=75, color='black')
```

입력 데이터를 사용해 K-최근접 이웃 모델을 생성하고 훈련한다. 모델은 테스트 데이터 포인트에 가장 가까운 이웃을 추출하는 데 사용한다.

```
# K-최근접 이웃 모델 생성
knn_model = NearestNeighbors(n_neighbors=k, algorithm='ball_tree').fit(X)
distances, indices = knn_model.kneighbors(test_data_point)
```

모델에서 추출한 최근접 이웃을 출력한다.

```
# 최근접 이웃 k개 출력
print("\nK Nearest Neighbors:")
for rank, index in enumerate(indices[0][:k], start=1):
    print(str(rank) + " ==>", X[index])
```

최근접 이웃을 시각화한다.

```
# 테스트 데이터 포인트와 최근접 이웃을 시각화
plt.figure()
plt.title('Nearest neighbors')
plt.scatter(X[:, 0], X[:, 1], marker='o', s=75, color='k')
plt.scatter(X[indices][0][:][:, 0], X[indices][0][:][:, 1],
        marker='o', s=250, color='k', facecolors='none')
plt.scatter(test_datapoint[0], test_datapoint[1],
        marker='x', s=75, color='k')

plt.show()
```

전체 코드는 k_nearest_neighbors.py 파일에 있다. 코드를 실행하면 스크린샷 두 개가 나타난다. 첫 번째 스크린샷은 입력 데이터를 표현한다.

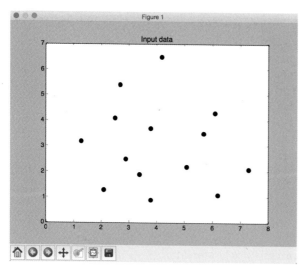

그림 8-1 입력 데이터 세트 시각화

두 번째 스크린샷은 최근접 이웃 5개를 보여준다. 테스트 데이터 포인트는 십자로, 최근접 이웃 포인트는 원형으로 표시한다.

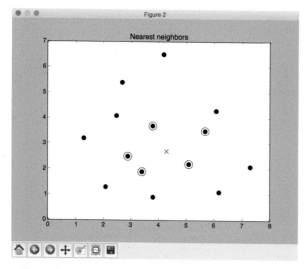

그림 8-2 최근접 이웃 5개 시각화

다음 결과를 얻는다.

```
K Nearest Neighbors:
1 ==> [ 5.1  2.2]
2 ==> [ 3.8  3.7]
3 ==> [ 3.4  1.9]
4 ==> [ 2.9  2.5]
5 ==> [ 5.7  3.5]
```

그림 8-3 K-최근접 이웃 결과

[그림 8-3]은 테스트 데이터 포인트에 가장 가까운 포인트 5개를 보여준다. 지금까지 K-최근접 이웃 모델을 구성하고 실행하는 방법을 배웠다. 다음 절에서는 이 지식을 바탕으로 K-최근접 이웃 분류기를 구축해보자.

8.2 K-최근접 이웃 분류기 생성

K-최근접 이웃 분류기K-nearest neighbors classifier는 주어진 데이터 포인트를 분류하는 데 K-최근접 이웃 알고리즘을 사용하는 분류 모델이다. 알고리즘은 입력 데이터 포인트의 범주를 식별하기 위해 훈련 데이터 세트에서 가장 가까운 데이터 포인트 K개를 찾는다. 그리고 과반수 투표를 기반으로 데이터 포인트에 클래스를 할당한다. 데이터 포인트 K개의 목록에서 클래스를 보고 표를 가장 많이 얻은 클래스를 선택한다. K의 값은 문제에 따라 달라진다. 이 모델을 사용해 분류기를 만들어보자.

새 파이썬 파일을 만들고 다음 패키지를 임포트한다.

```
import numpy as np
import matplotlib.pyplot as plt
import matplotlib.cm as cm
from sklearn import neighbors, datasets
```

입력 데이터는 **data.txt** 파일에서 로드한다. 각 라인에서 값은 쉼표로 분리되며 데이터는 클래스 4개를 포함한다.

```
# 입력 데이터 로드
```

```
input_file = 'data.txt'
data = np.loadtxt(input_file, delimiter=',')
X, y = data[:, :-1], data[:, -1].astype(np.int)
```

네 가지 마커를 사용해 입력 데이터를 시각화한다. 레이블을 마커에 매핑해 **mapper** 변수가 그림에 표시되도록 한다.

```
# 입력 데이터를 그린다
plt.figure()
plt.title('Input data')
marker_shapes = 'v^os'
mapper = [marker_shapes[i] for i in y]
for i in range(X.shape[0]):
    plt.scatter(X[i, 0], X[i, 1], marker=mapper[i],
            s=75, edgecolors='black', facecolors='none')
```

사용할 최근접 이웃 수를 정의한다.

```
# 최근접 이웃 수
num_neighbors = 12
```

분류기 모델의 경계를 시각화하는 데 사용할 그리드의 스텝 크기를 정의한다.

```
# 시각화 그리드의 스텝 크기
step_size = 0.01
```

K-최근접 이웃 분류기 모델을 생성한다.

```
# K-최근접 이웃 분류기 모델 생성
classifier = neighbors.KNeighborsClassifier(num_neighbors, weights='distance')
```

훈련 데이터를 사용해 모델을 훈련한다.

```
# K-최근접 이웃 모델 훈련
classifier.fit(X, y)
```

그리드를 시각화하는 데 사용할 값들의 메시 그리드를 생성한다.

```
# 경계를 그리기 위한 메시 생성
x_min, x_max = X[:, 0].min() - 1, X[:, 0].max() + 1
y_min, y_max = X[:, 1].min() - 1, X[:, 1].max() + 1
x_values, y_values = np.meshgrid(np.arange(x_min, x_max, step_size),
        np.arange(y_min, y_max, step_size))
```

경계를 시각화하기 위해 그리드의 모든 점에 대해 분류기를 평가한다.

```
# 그리드의 모든 점에 대해 분류기 평가
output = classifier.predict(np.c_[x_values.ravel(), y_values.ravel()])
```

결과를 시각화하기 위해 컬러 메시를 생성한다.

```
# 예측 결과 시각화
output = output.reshape(x_values.shape)
plt.figure()
plt.pcolormesh(x_values, y_values, output, cmap=cm.Paired)
```

컬러 메시 위에 훈련 데이터를 오버레이해 경계를 기준으로 데이터를 시각화한다.

```
# 맵에 훈련된 포인트 오버레이
for i in range(X.shape[0]):
    plt.scatter(X[i, 0], X[i, 1], marker=mapper[i],
            s=50, edgecolors='black', facecolors='none')
```

제목과 X, Y 한계를 설정한다.

```
plt.xlim(x_values.min(), x_values.max())
plt.ylim(y_values.min(), y_values.max())
plt.title('K Nearest Neighbors classifier model boundaries')
```

분류기가 어떻게 동작하는지 보기 위해 테스트 데이터 포인트를 정의한다. 훈련 데이터 포인트와 테스트 데이터 포인트가 있는 그림을 생성해 각각의 위치를 확인한다.

```
# 테스트 입력 데이터 포인트
test_datapoint = [5.1, 3.6]
plt.figure()
plt.title('Test datapoint')
for i in range(X.shape[0]):
    plt.scatter(X[i, 0], X[i, 1], marker=mapper[i],
            s=75, edgecolors='black', facecolors='none')

plt.scatter(test_datapoint[0], test_datapoint[1], marker='x',
        linewidth=6, s=200, facecolors='black')
```

분류기 모델을 기반으로 테스트 데이터 포인트의 K-최근접 이웃을 추출한다.

```
# K-최근접 이웃 추출
_, indices = classifier.kneighbors([test_data_point])
indices = indices.astype(np.int)[0]
```

K-최근접 이웃을 그린다.

```
# K-최근접 이웃을 그린다
plt.figure()
plt.title('K Nearest Neighbors')

for i in indices:
    plt.scatter(X[i, 0], X[i, 1], marker=mapper[y[i]],
            linewidth=3, s=100, facecolors='black')
```

테스트 데이터 포인트를 오버레이한다.

```python
plt.scatter(test_datapoint[0], test_datapoint[1], marker='x',
        linewidth=6, s=200, facecolors='black')
```

입력 데이터를 오버레이한다.

```python
for i in range(X.shape[0]):
    plt.scatter(X[i, 0], X[i, 1], marker=mapper[i],
            s=75, edgecolors='black', facecolors='none')
```

예측 결과를 출력한다.

```python
print("Predicted output:", classifier.predict([test_data_point])[0])

plt.show()
```

전체 코드는 nearest_neighbors_classifier.py 파일에 있다. 코드를 실행하면 스크린샷 4개가 나타난다.

첫 번째 스크린샷은 입력 데이터를 표시한다.

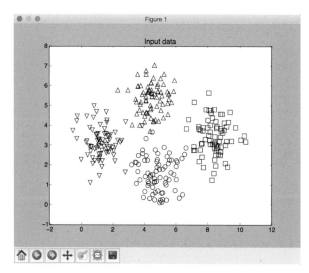

그림 8-4 입력 데이터 시각화

두 번째 스크린샷은 분류기 경계를 표시한다.

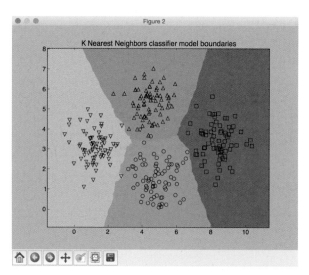

그림 8-5 분류기 모델 경계

세 번째 스크린샷은 입력 데이터 세트와 테스트 데이터 포인트를 보여준다. 테스트 데이터 포인트는 십자로 표시한다.

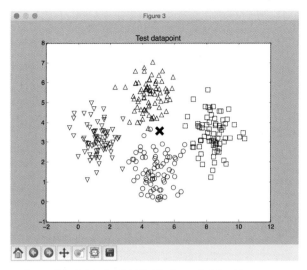

그림 8-6 입력 데이터 세트에 상대적인 테스트 데이터 포인트

네 번째 스크린샷은 테스트 데이터 포인트의 최근접 이웃 12개를 보여준다.

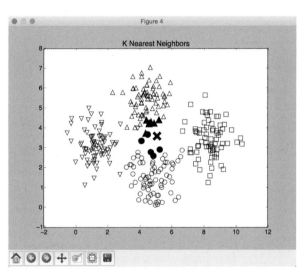

그림 8-7 12개의 최근접 이웃 그래프

다음 결과가 나타난다. 모델은 테스트 데이터 포인트가 클래스 1에 속한다고 예측했다.

```
Predicted output: 1
```

다른 머신러닝 모델과 마찬가지로 결과는 예측 값이다. 실제 결과와 맞을 수도, 맞지 않을 수도 있다.

8.3 유사성 점수 계산

추천 시스템을 구축하려면 데이터 세트 내의 다양한 개체를 비교하는 방법을 이해해야 한다. 예를 들어 데이터 세트가 사람과 각 사람의 영화 선호도로 구성된다면, 추천을 하려면 두 사람을 서로 비교하는 방법을 알아야 한다. 이 부분에서 **유사성 점수**similarity score가 중요하다. 유사성 점수는 두 데이터 포인트가 얼마나 유사한지를 나타낸다.

여기에는 두 가지 점수가 자주 사용된다. 유클리드 점수와 피어슨 점수다. **유클리드 점수**Euclidean score는 두 데이터 포인트 간의 유클리드 거리를 사용해 점수를 계산한다. 유클리드 거리를 계산하는 방법을 복습하려면 다음 링크를 참조하자.

- https://en.wikipedia.org/wiki/Euclidean_distance

유클리드 거리 값은 제한이 없을 수 있다. 따라서 거리 값을 변환해 유클리드 점수가 0과 1 사이가 되도록 한다. 두 개체 간의 유클리드 거리가 크다면 유클리드 점수는 낮다(낮은 점수는 개체가 유사하지 않음을 의미한다). 즉 유클리드 거리는 유클리드 점수에 반비례한다.

피어슨 점수 Pearson score는 두 데이터 포인트 간의 상관관계를 측정한 것으로, 포인트 간의 공분산과 각각의 표준편차를 사용해 계산한다. 범위는 −1부터 1까지다. 점수가 1이면 데이터 포인트가 유사함을 의미하고 −1이면 유사하지 않음을 의미한다. 0은 상관관계가 없음을 나타낸다. 유클리드 점수와 피어슨 점수를 계산해보자.

새 파이썬 파일을 만들고 다음 패키지를 임포트한다.

```
import argparse
import json
import numpy as np
```

입력 인수를 처리할 인수 파서를 만든다. 사용자 두 명과, 유사성 점수를 계산하는 데 사용할 점수 유형을 받는다.

```python
def build_arg_parser():
    parser = argparse.ArgumentParser(description='Compute similarity score')
    parser.add_argument('--user1', dest='user1', required=True, help='First user')
    parser.add_argument('--user2', dest='user2', required=True, help='Second user')
    parser.add_argument("--score-type", dest="score_type", required=True,
            choices=['Euclidean', 'Pearson'], help='Similarity metric to be used')
    return parser
```

입력 사용자 간의 유클리드 점수를 계산하는 함수를 정의한다. 사용자가 데이터 세트에 없으면 오류가 발생한다.

```python
# 사용자1과 사용자2 간의 유클리드 거리 점수 계산
def euclidean_score(dataset, user1, user2):
    if user1 not in dataset:
        raise TypeError('Cannot find ' + user1 + ' in the dataset')

    if user2 not in dataset:
        raise TypeError('Cannot find ' + user2 + ' in the dataset')
```

두 사용자가 평가한 영화를 추적하는 변수를 정의한다.

```python
# 사용자1과 사용자2가 평가한 영화
common_movies = {}
```

두 사용자가 평가한 영화를 추출한다.

```python
for item in dataset[user1]:
    if item in dataset[user2]:
        common_movies[item] = 1
```

공통된 영화가 없으면 유사성 점수가 계산되지 않는다.

```
    # 두 사용자 간에 공통된 영화가 없으면
    # 유사성 점수는 0
    if len(common_movies) == 0:
        return 0
```

두 평점rating 간의 제곱 차이를 계산하고, 이를 사용해 유클리드 점수를 계산한다.

```
squared_diff = []

for item in dataset[user1]:
    if item in dataset[user2]:
        squared_diff.append(np.square(dataset[user1][item] - dataset[user2][item]))

    return 1 / (1 + np.sqrt(np.sum(squared_diff)))
```

데이터 세트 내의 사용자 간에 피어슨 점수를 계산하는 함수를 정의한다. 데이터 세트에서 사용자를 찾지 못하면 오류가 발생한다.

```
# 사용자1과 사용자2 간의 피어슨 상관관계 점수 계산
def pearson_score(dataset, user1, user2):
    if user1 not in dataset:
        raise TypeError('Cannot find ' + user1 + ' in the dataset')

    if user2 not in dataset:
        raise TypeError('Cannot find ' + user2 + ' in the dataset')
```

두 사용자가 평가한 영화를 추적하는 변수를 정의한다.

```
# 사용자1과 사용자2가 평가한 영화
common_movies = {}
```

두 사용자가 평가한 영화를 추출한다.

```
for item in dataset[user1]:
    if item in dataset[user2]:
        common_movies[item] = 1
```

공통된 영화가 없으면 유사성 점수가 계산되지 않는다.

```
num_ratings = len(common_movies)

# 사용자1과 사용자2 간에 공통된 영화가 없으면
점수는 0

if num_ratings == 0:
    return 0
```

두 사용자 모두가 평가한 모든 영화의 평점의 합을 계산한다.

```
# 모든 공통된 영화의 평점의 합 계산
user1_sum = np.sum([dataset[user1][item] for item in common_movies])
user2_sum = np.sum([dataset[user2][item] for item in common_movies])
```

두 사용자가 평가한 모든 영화의 평점 제곱의 합을 계산한다.

```
# 모든 공통된 영화의 평점 제곱의 합 계산
user1_squared_sum = np.sum(
                    [np.square(dataset[user1][item]) for item in common_movies])
user2_squared_sum = np.sum(
                    [np.square(dataset[user2][item]) for item in common_movies])
```

두 입력 사용자가 평가한 모든 영화의 평점의 곱의 합을 계산한다.

```
# 공통된 영화 평점의 곱의 합 계산
sum_of_products = np.sum([dataset[user1][item] *
                        dataset[user2][item] for item in common_movies])
```

피어슨 점수 계산에 필요한 다양한 매개변수를 다음과 같이 계산한다.

```python
# 피어슨 상관관계 점수 계산
Sxy = sum_of_products - (user1_sum * user2_sum / num_ratings)
Sxx = user1_squared_sum - np.square(user1_sum) / num_ratings
Syy = user2_squared_sum - np.square(user2_sum) / num_ratings
```

편차가 없으면 점수는 0이다.

```python
if Sxx * Syy == 0:
    return 0
```

피어슨 점수를 반환한다.

```python
return Sxy / np.sqrt(Sxx * Syy)
```

main 함수를 정의하고 입력 매개변수를 파싱한다.

```python
if __name__=='__main__':
    args = build_arg_parser().parse_args()
    user1 = args.user1
    user2 = args.user2
    score_type = args.score_type
```

ratings.json 파일에서 등급을 딕셔너리로 읽어온다.

```python
ratings_file = 'ratings.json'

with open(ratings_file, 'r') as f:
    data = json.loads(f.read())
```

입력 매개변수를 기반으로 유사성 점수를 계산한다.

```
if score_type == 'Euclidean':
    print("\nEuclidean score:")
    print(euclidean_score(data, user1, user2))
else:
    print("\nPearson score:")
    print(pearson_score(data, user1, user2))
```

전체 코드는 compute_scores.py 파일에 있다. 몇 가지 조합으로 코드를 실행해보자. David Smith와 Bill Duffy 간의 유클리드 점수를 계산하자.

```
$ python3 compute_scores.py --user1 "David Smith" --user2 "Bill Duffy"
--score-typ e Euclidean
```

명령어를 실행하면 다음과 같은 결과를 얻는다.

```
Euclidean score:
0.585786437627
```

같은 조합으로 피어슨 점수를 계산하려면 다음 명령어를 실행한다.

```
$ python3 compute_scores.py --user1 "David Smith" --user2 "Bill Duffy"
--score-type Pearson
```

결과는 다음과 같다.

```
Pearson score:
0. 99099243041
```

다른 매개변수 조합으로도 실행해볼 수 있다.

이 절에서는 유사성 점수를 계산하는 방법을 배웠으며, 유사성 점수가 추천 시스템 구성에 중요한 이유를 알아봤다. 다음 절에서는 협업 필터링을 사용해 선호도가 유사한 사용자를 찾아보자.

8.4 협업 필터링을 사용해 유사한 사용자 찾기

협업 필터링collaborative filtering은 새로운 객체를 찾아내기 위해 데이터 세트 내 객체 간에 패턴을 찾는 프로세스다. 추천 엔진에서 협업 필터링은 데이터 세트에서 유사한 사용자를 살펴봄으로써 추천을 제공하기 위해 사용된다.

> **NOTE**_ 데이터 세트에서 여러 사용자의 선호도를 수집함으로써 해당 정보를 협력해 사용자를 필터링한다. 따라서 협업 필터링이라고 부른다.

예시를 살펴보자. 두 사람이 특정 영화들에 대한 평점이 비슷하다면, 다른 영화들에 대한 평점도 비슷할 것이라고 가정한다. 이와 같이 공통된 영화의 패턴을 식별함으로써 새로운 영화에 대한 예측을 한다.

이전 절에서는 데이터 세트 내 사용자를 비교하는 방법을 배웠다. 이 절에서는 데이터 세트에서 유사한 사용자를 찾는 데 유사성 점수 기법을 사용한다. 협업 필터링 알고리즘은 병렬화될 수 있으며, AWS EMR이나 아파치 스파크 같은 빅데이터 시스템에서 구현돼 수백 테라바이트에 달하는 데이터를 처리할 수 있다. 협업 필터링은 금융, 온라인 쇼핑, 마케팅, 고객 연구 등 다양한 분야에 사용된다.

협업 필터링 시스템 구축을 시작하자. 새 파이썬 파일을 만들고 다음 패키지를 임포트한다.

```
import argparse
import json
import numpy as np

from compute_scores import pearson_score
```

입력 매개변수를 파싱하는 함수를 정의하자. 입력 매개변수는 사용자 이름이다.

```
def build_arg_parser():
    parser = argparse.ArgumentParser(description='Find users who are \
                    similar to the input user')
    parser.add_argument('--user', dest='user', required=True,
```

```
            help='Input user')
    return parser
```

데이터 세트에서 입력 사용자와 유사한 사용자를 찾는 함수를 정의한다. 데이터 세트에 사용자가 없으면 오류가 발생한다.

```
# 데이터 세트에서 입력 사용자와 유사한 사용자를 찾는다
def find_similar_users(dataset, user, num_users):
    if user not in dataset:
        raise TypeError('Cannot find ' + user + ' in the dataset')
```

피어슨 점수를 계산하는 함수를 임포트했다. 이 함수를 사용해 입력 사용자와 데이터 세트 내다른 사용자 간의 피어슨 점수를 계산하자.

```
# 입력 사용자와 데이터 세트 내의 모든 사용자 간의 피어슨 점수 계산
scores = np.array([[x, pearson_score(dataset, user,
        x)] for x in dataset if x != user])
```

점수를 내림차순으로 정렬한다.

```
# 점수를 내림차순으로 정렬
scores_sorted = np.argsort(scores[:, 1])[::-1]
```

입력 매개변수에 지정된 대로 상위 num_users명 사용자를 추출하고 배열을 반환한다.

```
# 상위 'num_users'개 점수 추출
top_users = scores_sorted[:num_users]

return scores[top_users]
```

main 함수를 정의하고 입력 매개변수를 파싱해 사용자 이름을 추출한다.

```
if __name__=='__main__':
    args = build_arg_parser().parse_args()
    user = args.user
```

영화 평점 파일인 `ratings.json`에서 데이터를 로드한다. 파일은 사람들의 이름과 다양한 영화에 대한 평점을 포함한다.

```
ratings_file = 'ratings.json'

with open(ratings_file, 'r') as f:
    data = json.loads(f.read())
```

입력 매개변수에서 설정한 사용자와 유사한 사용자 상위 세 명을 찾는다. 명수는 원하는 대로 변경할 수 있다. 점수와 함께 결과를 출력한다.

```
print('\nUsers similar to ' + user + ':\n')
similar_users = find_similar_users(data, user, 3)
print('User\t\t\tSimilarity score')
print('-'*41)
for item in similar_users:
    print(item[0], '\t\t', round(float(item[1]), 2))
```

전체 코드는 `collaborative_filtering.py` 파일에 있다. 코드를 실행하고 `Bill Duffy`과 유사한 사용자를 검색해보자.

```
$ python3 collaborative_filtering.py --user "Bill Duffy"
```

다음과 같은 결과를 얻는다.

```
Users similar to Bill Duffy:

User                    Similarity score
----------------------------------------
David Smith             0.99
Samuel Miller           0.88
Adam Cohen              0.86
```

그림 8-8 사용자 유사성 결과

코드를 실행해 Clarissa Jackson과 유사한 사용자를 검색하자.

```
$ python3 collaborative_filtering.py --user " Clarissa Jackson"
```

다음과 같은 결과를 얻는다.

```
Users similar to Clarissa Jackson:

User                    Similarity score
----------------------------------------
Chris Duncan            1.0
Bill Duffy              0.83
Samuel Miller           0.73
```

그림 8-9 사용자 유사성 결과

이 절에서는 데이터 세트에서 서로 유사한 사용자를 찾는 방법을 배웠다. 사용자가 다른 사용자와 얼마나 유사한지를 나타내는 점수를 할당했다.

다음 절에서는 모든 것을 통합해 추천 시스템을 구축해본다.

8.5 영화 추천 시스템 구축

지금까지 추천 시스템을 구축할 기반으로 다음 내용을 학습했다.

- 최근접 이웃 추출
- K-최근접 이웃 분류기 구축
- 유사성 점수 계산
- 협업 필터링을 사용해 유사한 사용자 찾기

모든 구성 요소가 준비됐으니 이제 영화 추천 시스템을 구축해보자. 추천 시스템 구축에 필요한 기본 개념은 모두 배웠다. 이 절에서는 ratings.json 파일에 제공된 데이터를 기반으로 영화 추천 시스템을 구축한다. 파일은 사람들과 다양한 영화에 대한 평점을 포함한다. 특정 사용자를 위한 영화 추천을 찾으려면, 데이터 세트에서 유사한 사용자를 찾고 이 사람을 위한 추천을 제시해야 한다. 시작해보자.

새 파이썬 파일을 만들고 다음 패키지를 임포트한다.

```python
import argparse
import json
import numpy as np

from compute_scores import pearson_score
from collaborative_filtering import find_similar_users
```

입력 매개변수를 파싱하는 함수를 정의한다. 입력 매개변수는 사용자 이름이다.

```python
def build_arg_parser():
    parser = argparse.ArgumentParser(description='Find the movie recommendations \
                    for the given user')
    parser.add_argument('--user', dest='user', required=True,
            help='Input user')
    return parser
```

사용자를 위한 영화 추천을 얻어오는 함수를 정의한다. 사용자가 데이터 세트에 없으면 오류가 발생한다.

```python
# 입력 사용자를 위한 영화 추천 얻어오기
def get_recommendations(dataset, input_user):
    if input_user not in dataset:
        raise TypeError('Cannot find ' + input_user + ' in the dataset')
```

점수를 추적할 변수를 정의한다.

```
overall_scores = {}
similarity_scores = {}
```

입력 사용자와 데이터 세트 내 모든 사용자 간의 유사성 점수를 계산한다.

```
for user in [x for x in dataset if x != input_user]:
    similarity_score = pearson_score(dataset, input_user, user)
```

유사성 점수가 0보다 작으면 계속해서 데이터 세트 내 다른 사용자와의 유사성 점수를 계산한다.

```
if similarity_score <= 0:
    continue
```

현재 사용자가 평가했지만 입력 사용자는 평가하지 않은 영화 목록을 추출한다.

```
filtered_list = [x for x in dataset[user] if x not in \
        dataset[input_user] or dataset[input_user][x] == 0]
```

필터링한 영화 목록 내 각 항목에 대해, 유사성 점수를 기반으로 가중치가 부여된 평점을 추적한다. 유사성 점수도 추적한다.

```
for item in filtered_list:
    overall_scores.update({item: dataset[user][item] *similarity_score})
    similarity_scores.update({item: similarity_score})
```

유사성 점수가 0이라면 아무것도 추천하지 않는다.

```
if len(overall_scores) == 0:
    return ['No recommendations possible']
```

가중치 점수에 기반한 점수를 정규화한다.

```python
# 정규화에 의해 영화 순위 생성
movie_scores = np.array([[score/similarity_scores[item], item]
        for item, score in overall_scores.items()])
```

점수를 정렬하고 추천 영화를 추출한다.

```python
# 내림차순으로 정렬
movie_scores = movie_scores[np.argsort(movie_scores[:, 0])[::-1]]

# 영화 추천 추출
movie_recommendations = [movie for _, movie in movie_scores]

return movie_recommendations
```

main 함수를 정의하고 입력 사용자 이름을 추출할 입력 매개변수를 파싱한다.

```python
if __name__=='__main__':
    args = build_arg_parser().parse_args()
    user = args.user
```

ratings.json 파일에서 영화 평점 데이터를 로드한다.

```python
    ratings_file = 'ratings.json'

    with open(ratings_file, 'r') as f:
        data = json.loads(f.read())
```

영화 추천을 추출하고 결과를 출력한다.

```python
    print("\nMovie recommendations for " + user + ":")
    movies = get_recommendations(data, user)
```

```
for i, movie in enumerate(movies):
    print(str(i+1) + '. ' + movie)
```

전체 코드는 movie_recommender.py 파일에 있다. Chris Duncan을 위한 영화 추천을 검색해보자.

```
$ python3 movie_recommender.py --user "Chris Duncan"
```

결과는 다음과 같다.

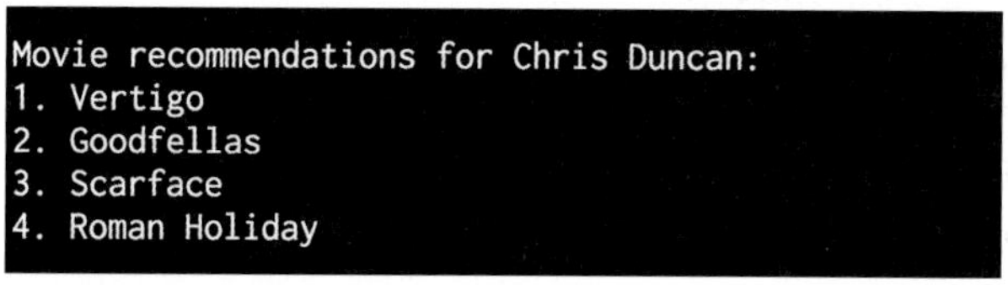

```
Movie recommendations for Chris Duncan:
1. Vertigo
2. Goodfellas
3. Scarface
4. Roman Holiday
```

그림 8-10 영화 추천

Julie Hammel을 위한 영화 추천을 검색해보자.

```
$ python3 movie_recommender.py --user "Julie Hammel"
```

결과는 다음과 같다.

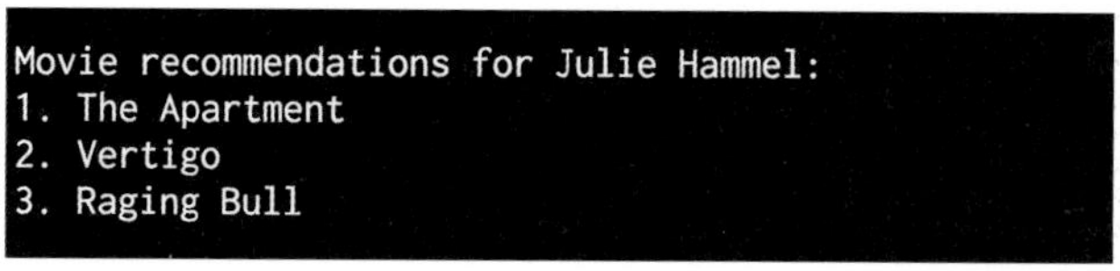

```
Movie recommendations for Julie Hammel:
1. The Apartment
2. Vertigo
3. Raging Bull
```

그림 8-11 영화 추천

출력에 표시된 영화는 시스템의 실제 추천 영화로, Julie Hammel의 이전 선호도를 기반으로 한다. 시스템은 계속해서 더 많은 데이터 포인트를 관찰하는 것만으로도 개선될 수 있다.

8.6 정리

이 장에서는 데이터 세트 내 특정 데이터 포인트의 K-최근접 이웃을 추출하는 방법을 배웠다. 이 개념을 사용해 K-최근접 이웃 분류기를 구축했으며, 유클리드 및 피어슨 점수와 같은 유사성 점수를 계산하는 방법을 알아봤다. 협업 필터링을 사용해 데이터 세트에서 유사한 사용자를 찾는 방법을 살펴보고 영화 추천 시스템을 구축했다. 마지막으로, 모델을 테스트하고 시스템이 이전에 보지 못한 데이터 포인트에 실행했다. 다음 장에서는 논리 프로그래밍을 알아보고, 실제 문제를 해결할 수 있는 추론 엔진을 구축해보자.

논리 프로그래밍

논리 프로그래밍으로 프로그램을 작성하는 방법을 배운다. 가계도 구문 분석, 지도 분석, 퍼즐 솔버 구축 등 문제 해결 예제를 살펴본다.

이 장의 학습 목표
- 논리 프로그래밍이란
- 논리 프로그래밍 구성 요소
- 수학적 표현 일치
- 소수 검증

이 장에서는 논리 프로그래밍을 사용하는 프로그램 작성법을 배운다. 다양한 프로그래밍 패러다임을 알아보고 논리 프로그래밍으로 프로그램을 구성하는 방법을 살펴본다. 논리 프로그래밍의 구성 요소를 알아보고, 이 도메인에서 문제를 해결하는 방법을 살펴보자.

다양한 문제를 해결하는 여러 솔버를 구축하기 위해 파이썬 프로그램을 구현한다. 다루는 내용은 다음과 같다.

- 논리 프로그래밍이란 무엇인가?
- 논리 프로그래밍의 구성 요소 이해
- 논리 프로그래밍을 사용한 문제 해결
- 파이썬 패키지 설치
- 수학적 표현 일치
- 소수 검증
- 가계도 구문 분석
- 지도 분석
- 퍼즐 솔버 구축

9.1 논리 프로그래밍이란 무엇인가

논리 프로그래밍은 프로그래밍 패러다임, 즉 프로그래밍에 접근하는 방법이다. 논리 프로그래밍이 무엇을 구성하고 인공지능(AI)과 어떤 관련이 있는지 이야기하기 전에 프로그래밍 패러다임을 먼저 알아보자.

프로그래밍 패러다임 개념은 프로그래밍 언어를 분류할 필요성에서 비롯되며, 컴퓨터 프로그램이 코드를 통해 문제를 해결하는 방식을 말한다.

몇몇 프로그래밍 패러다임은 주로 특정 결과를 달성하기 위해 사용하는 작업의 의미나 순서와 관련 있다. 혹은 코드를 구성하는 방법과 관련된다.

많이 사용되는 프로그래밍 패러다임은 다음과 같다.

- **명령적(Imperative)**: 명령문을 사용해 프로그램 상태를 변경한다. 따라서 부작용이 발생할 가능성을 허용한다.
- **기능적(Functional)**: 연산을 수학적 함수로 취급한다. 상태 변경이나 변경 가능한 데이터를 허용하지 않는다.
- **선언적(Declarative)**: 수행 방법이 아니라 수행할 작업을 설명함으로써 프로그램을 작성한다. 기본 계산의 논리는 제어 흐름을 명시적으로 설명하지 않고 표현된다.
- **객체 지향(Object oriented)**: 각 객체가 자신을 책임지는 방식으로 프로그램 내 코드를 그룹화한다. 객체는 변경 방법을 지정하는 데이터와 메서드를 포함한다.
- **절차적(Procedural)**: 코드를 함수로 그룹화하고 각 함수는 일련의 단계를 담당한다.
- **상징적(Symbolic)**: 프로그램이 자체 구성 요소를 일반 데이터로 처리함으로써 수정할 수 있는 구문과 문법 스타일을 사용한다.
- **논리적(Logic)**: 사실과 규칙으로 구성된 지식 데이터베이스에 대한 자동 추론으로 연산을 한다.

논리 프로그래밍은 오랫동안 사용돼왔으며 프롤로그[Prolog]는 AI의 마지막 전성기에 상당히 인기 있는 언어였다. 프롤로그는 세 가지 구조만 사용한다.

- **사실**[Facts]
- **규칙**[Rules]
- **질문**[Questions]

이 세 가지만으로도 강력한 시스템을 구축할 수 있었다. 프롤로그로 개발된 프로그램은 '전문가 시스템' 구축 분야에서 인기가 있었다. 아이디어는 특정 분야에서 오랫동안 일해온 인간 전문가를 인터뷰하고, 그 내용을 AI 시스템으로 코드화하는 것이었다. 다음은 전문가 시스템이 구축된 몇 가지 분야다.

- **의학**: 유명한 예로 MYCIN, INTERNIST-I, CADUCEUS가 있다.
- **화학 분석**: DENDRAL은 분자 구조를 예측하는 데 사용하는 분석 시스템이다.
- **금융**: 은행가가 대출을 결정하는 데 도움을 주는 자문 프로그램이다.
- **디버깅 프로그램**: SAINT, MATLAB, MACSYMA가 있다.

논리 프로그래밍을 이해하려면 계산과 추론 개념을 먼저 알아야 한다. 무언가를 계산하려면 표현식과 일련의 규칙이 필요하다. 이와 같은 규칙은 기본적으로 프로그램이다.

표현식과 규칙은 출력을 생성하는 데 사용된다. 예를 들어 23, 12, 49의 합을 계산한다고 하자.

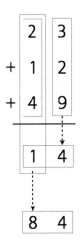

그림 9-1 덧셈 연산 과정

계산 절차는 다음과 같다.

1 3 + 2 + 9 = 14
2 일의 자리 수인 4는 그대로 두고 1을 올린다.
3 2 + 1 + 4 (여기에 올린 1을 더한다) = 8
4 8과 4를 결합한다. 결과는 84가 된다.

반면에 무언가를 추론하려면 추측에서 시작해야 한다. 증명은 일련의 규칙에 따라 구성된다. 계산 과정은 기계적인 반면 추론 과정은 창의적이다.

논리 프로그래밍 패러다임을 사용해 프로그램을 작성할 때는, 문제 영역에 대한 사실과 규칙을 기반으로 일련의 명령문이 지정된다. 솔버는 이 정보를 이용해 문제를 해결한다.

9.2 논리 프로그래밍 구성 요소 이해

객체 지향이나 명령형 패러다임을 프로그래밍할 때는 항상 변수를 정의해야 한다. 논리 프로그래밍에서는 상황이 약간 다르다. 인스턴스화되지 않은 인수가 함수에 전달될 수 있으며, 인터프리터는 사용자가 정의한 사실을 보고 이러한 변수를 인스턴스화한다. 이는 변수 매칭 문제에 접근하는 강력한 방법이다. 변수를 다른 항목과 매칭하는 과정을 통합^{unification}이라고 한다. 이것이 논리 프로그래밍이 다른 프로그래밍 방법과 다른 점 중 하나다. 논리 프로그래밍에서는 관계도 지정할 수 있다. 관계는 사실과 규칙이라는 절을 통해 정의된다.

사실^{fact}이란 프로그램과 데이터에 관한 사실을 의미하는 문장이다. 구문은 간단하다. 예를 들어 '도널드는 앨런의 아들이다'는 사실이지만, '앨런의 아들은 누구입니까?'는 사실이 아니다. 모든 논리 프로그램은 주어진 목표를 달성하도록 하는 사실이 필요하다.

규칙은 다양한 사실을 표현하고 쿼리하는 방법에 관한 것들이다. 규칙은 충족해야 하는 제약 조건이며, 우리는 규칙을 사용해 문제 영역에 대한 결론을 내린다. 예를 들어 체스 엔진을 만들 때는, 체스 판에서 각 말이 어떻게 움직일 수 있는지에 관해 모든 규칙을 지정해야 한다.

9.3 논리 프로그래밍을 사용한 문제 해결

논리 프로그래밍은 사실과 규칙을 사용해 솔루션을 찾는다. 각 프로그램에는 목표를 지정해야 한다. 논리 프로그램과 목표가 변수를 포함하지 않으면, 솔버는 문제를 해결하고 목표에 도달하기 위한 검색 공간을 구성하는 트리를 표시한다.

논리 프로그래밍에서는 규칙을 다루는 방법이 매우 중요하다. 규칙은 논리적 문장으로 볼 수 있다. 다음 예시를 보자.

캐시가 디저트를 주문한다 → 캐시는 행복하다

위 문장은 캐시가 행복하다면 디저트를 주문한다는 의미로 이해할 수 있다. 혹은 캐시가 행복할 때마다 디저트를 주문한다는 의미로도 해석할 수 있다.

마찬가지로 다음 규칙과 사실을 살펴보자.

- **날 수 있다(X)**: 새(X), 비정상이 아니다(X)
- **비정상이다(X)**: 부상을 입었다(X)
- 새(존)
- 새(메리)
- 부상을 입었다(존)

위 규칙과 사실을 해석하는 방법은 다음과 같다.

- 존이 부상을 입었다
- 메리는 새다
- 존은 새다
- 부상을 입은 새는 비정상이다
- 비정상이 아닌 새는 날 수 있다

이로부터 메리는 날 수 있고 존은 날 수 없다는 결론을 내릴 수 있다.

이와 같은 구조는 논리 프로그래밍 전반에 걸쳐 다양한 유형의 문제를 해결하기 위해 다양한 형태로 사용된다. 계속해서 파이썬에서 이러한 문제를 해결하는 방법을 살펴보자.

9.4 파이썬 패키지 설치

파이썬에서 논리 프로그래밍을 하려면 먼저 몇 가지 패키지를 설치해야 한다. logpy 패키지는 파이썬에서 논리 프로그래밍이 가능하도록 하는 패키지다. 일부 문제는 심파이[SymPy]를 사용한다. pip를 사용해 logpy와 sympy를 설치하자.

```
$ pip3 install logpy
$ pip3 install sympy
```

logpy 설치 프로세스 중에 오류가 발생한다면 *https://github.com/logpy/logpy*의 소스에서 설치할 수 있다. 패키지를 성공적으로 설치했으면 다음 단계로 넘어가자.

9.5 수학적 표현 일치

우리는 늘 수학적 연산을 만나게 된다. 논리 프로그래밍은 표현식을 비교하고 모르는 값을 찾는 효율적인 방법이다. 동작 방식을 살펴보자.

새로운 파이썬 파일을 생성하고 다음 패키지를 임포트한다.

```
from logpy import run, var, fact
import logpy.assoccomm as la
```

두 가지 수학 연산을 정의한다.

```
# 수학 연산 정의
add = 'addition'
mul = 'multiplication'
```

덧셈과 곱셈은 교환법칙이 성립한다(즉 피연산자의 순서를 바꿔도 결과가 바뀌지 않는다). 다음과 같이 설정하자.

```
# 교환법칙 성립
# fact 시스템 사용
fact(la.commutative, mul)
fact(la.commutative, add)
fact(la.associative, mul)
fact(la.associative, add)
```

몇 가지 변수를 정의한다.

```
# 변수 정의
a, b, c = var('a'), var('b'), var('c')
```

다음 표현식을 살펴보자.

```
expression_orig = 3 x (-2) + (1 + 2 x 3) x (-1)
```

마스크된 변수로 이 표현식을 생성해보자. 첫 번째 표현식은 다음과 같다.

$$expression1 = (1 + 2 \times a) \times b + 3 \times c$$

두 번째 표현식은 다음과 같다.

$$expression2 = c \times 3 + b \times (2 \times a + 1)$$

세 번째 표현식은 다음과 같다.

$$expression3 = (((2 \times a) \times b) + b) + 3 \times c$$

주의 깊게 관찰하면 세 가지 모두 같은 표현식을 나타냄을 알 수 있다. 목표는 이 표현식들을 원래 표현식과 일치시켜 모르는 값을 추출하는 것이다.

```
# 표현식 생성
expression_orig = (add, (mul, 3, -2), (mul, (add, 1, (mul, 2, 3)), -1))
expression1 = (add, (mul, (add, 1, (mul, 2, a)), b), (mul, 3, c))
expression2 = (add, (mul, c, 3), (mul, b, (add, (mul, 2, a), 1)))
expression3 = (add, (add, (mul, (mul, 2, a), b) , b), (mul, 3, c))
```

세 표현식을 원래 식과 비교해보자. 이 메서드는 **logpy**에서 일반적으로 사용되며, 입력 인수를 받아 식을 실행한다. 첫 번째 인수는 값의 개수, 두 번째 인수는 변수, 세 번째 인수는 함수다.

```
# 표현식 비교
print(run(0, (a, b, c), la.eq_assoccomm(expression1, expression_orig)))
print(run(0, (a, b, c), la.eq_assoccomm(expression2, expression_orig)))
print(run(0, (a, b, c), la.eq_assoccomm(expression3, expression_orig)))
```

전체 코드는 expression_matcher.py 파일에 있다. 코드를 실행하면 결과는 다음과 같다.

```
((3, -1, -2),)
((3, -1, -2),)
()
```

처음 두 라인에서 세 값은 a, b, c의 값을 의미한다. 처음 두 표현식은 원래 표현식과 일치한 반면 세 번째 표현식은 아무것도 반환하지 않았다. 세 번째 표현식이 수학적으로는 같더라도 구조적으로 다르기 때문이다. 패턴 비교는 표현식의 구조를 비교한다.

9.6 소수 검증

논리 프로그래밍으로 소수prime를 확인하는 방법을 살펴보자. logpy에서 사용 가능한 구조를 사용해, 주어진 목록에서 어느 것이 소수인지 결정하거나 주어진 수가 소수인지 아닌지 알아낸다.

새 파이썬 파일을 만들고 다음 패키지를 임포트한다.

```
import itertools as it
import logpy.core as lc
from sympy.ntheory.generate import prime, isprime
```

다음으로 데이터형에 따라 주어진 수가 소수인지 확인하는 함수를 정의한다. 숫자라면 간단하다. 변수라면 시퀀스 연산을 실행해야 한다. conde 메서드는 논리적 AND와 OR 연산을 제공하는 목표 생성자다.

condeseq 메서드는 conde와 유사하지만 목표를 달성하기 위해 일반적인 반복을 할 수 있다.

```
# x가 소수인지 검사
def check_prime(x):
    if lc.isvar(x):
        return lc.condeseq([(lc.eq, x, p)] for p in map(prime, it.count(1)))
```

```
        else:
            return lc.success if isprime(x) else lc.fail
```

사용할 변수 x를 정의한다.

```
# 변수 정의
x = lc.var()
```

일련의 수를 정의하고 어떤 수가 소수인지 확인하자. membero 메서드는 주어진 수가 입력 인수에 지정된 숫자 목록의 멤버인지 확인한다.

```
# 목록에 있는 항목이 소수인지 확인
list_nums = (23, 4, 27, 17, 13, 10, 21, 29, 3, 32, 11, 19)
print('\nList of primes in the list:')
print(set(lc.run(0, x, (lc.membero, x, list_nums), (check_prime, x))))
```

함수를 약간 다른 방식으로 사용해보자. 처음 7개 소수를 출력한다.

```
# 처음 7개 소수 출력
print('\nList of first 7 prime numbers:')
print(lc.run(7, x, check_prime(x)))
```

전체 코드는 **prime.py** 파일에 있다. 코드를 실행하면 결과는 다음과 같다.

```
List of primes in the list:
{3, 11, 13, 17, 19, 23, 29}
List of first 7 prime numbers: (2, 3, 5, 7, 11, 13, 17)
```

확인해보면 결괏값은 올바르다.

9.7 가계도 구문 분석

이제 논리 프로그래밍에 익숙해졌으니 흥미로운 문제를 해결해보자. 다음 가계도를 살펴보자.

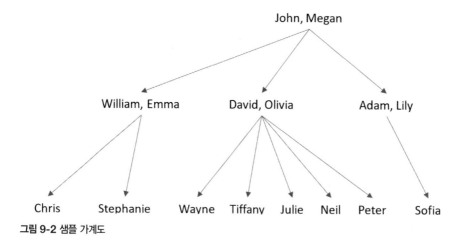

그림 9-2 샘플 가계도

존과 매건 부부는 윌리엄, 데이비드, 애덤이라는 세 아들이 있다. 윌리엄, 데이비드, 애덤의 아내는 각각 에마, 올리비아, 릴리다. 윌리엄과 에마는 크리스, 스테퍼니라는 두 자녀가 있다. 데이비드와 올리비아는 웨인, 티퍼니, 줄리, 닐, 피터라는 다섯 자녀가 있다. 애덤과 릴리는 소피아라는 자녀가 있다.

이 사실을 바탕으로 웨인의 할아버지 혹은 소피아의 삼촌의 이름을 알려주는 프로그램을 만들어보자. 조부모나 삼촌 관계는 명시적으로 지정하지 않았지만 논리 프로그래밍은 이를 추론할 수 있다.

관계는 제공된 `Relationship.json` 파일에 있다. 파일은 다음과 같다.

```
{
  "father":
  [
    {"John": "William"},
    {"John": "David"},
    {"John": "Adam"},
    {"William": "Chris"},
    {"William": "Stephanie"},
```

```
            {"David": "Wayne"},
            {"David": "Tiffany"},
            {"David": "Julie"},
            {"David": "Neil"},
            {"David": "Peter"},
            {"Adam": "Sophia"}
        ],
        "mother":
        [
            {"Megan": "William"},
            {"Megan": "David"},
            {"Megan": "Adam"},
            {"Emma": "Stephanie"},
            {"Emma": "Chris"},
            {"Olivia": "Tiffany"},
            {"Olivia": "Julie"},
            {"Olivia": "Neil"},
            {"Olivia": "Peter"},
            {"Lily": "Sophia"}
        ]
    }
```

아버지와 어머니 관계를 지정하는 간단한 JSON 파일이다. 남편과 아내, 조부모, 삼촌 관계에 대해서는 아무것도 지정하지 않았다.

새 파이썬 파일을 만들고 다음 패키지를 임포트한다.

```
import json
from logpy import Relation, facts, run, conde, var, eq
```

x가 y의 부모인지 확인하는 함수를 정의한다. 이때 사용할 논리는 x가 y의 부모라면 x는 아버지이거나 어머니라는 점이다. 앞서 사실에 기반해 '아버지'와 '어머니'를 정의했다.

```
# 'x'가 'y'의 부모인지 확인
def parent(x, y):
    return conde([father(x, y)], [mother(x, y)])
```

x가 y의 조부모인지 확인하는 함수를 정의한다. 이때 사용할 논리는 x가 y의 조부모이면 x의 자녀는 y의 부모라는 점이다.

```python
# 'x'가 'y'의 조부모인지 확인
def grandparent(x, y):
    temp = var()
    return conde((parent(x, temp), parent(temp, y)))
```

x가 y의 형제인지 확인하는 함수를 정의한다. 이때 사용할 논리는 x가 y의 형제라면 x와 y는 부모가 같다는 점이다. 여기에는 약간의 수정이 필요하다. x의 형제를 나열할 때, x 자신도 조건을 충족하므로 목록에 포함된다. 따라서 결과를 출력할 때 목록에서 x를 제거해야 한다. 이에 관해서는 main 함수에서 알아보자.

```python
# 'x'와 'y' 사이의 형제 관계 확인
def sibling(x, y):
    temp = var()
    return conde((parent(temp, x), parent(temp, y)))
```

x가 y의 삼촌인지 확인하는 함수를 정의한다. 이때 사용할 논리는 x가 y의 삼촌이면 x의 부모는 y의 조부모라는 점이다. 여기에도 약간의 수정이 필요하다. x의 삼촌을 나열할 때, x의 아버지도 조건을 충족하므로 목록에 포함되기 때문이다. 따라서 결과를 출력할 때 목록에서 x의 아버지를 제거해야 한다. 이에 관해서는 main 함수에서 알아보자.

```python
# x가 y의 삼촌인지 확인
def uncle(x, y):
    temp = var()
    return conde((father(temp, x), grandparent(temp, y)))
```

main 함수를 정의하고 father 관계와 mother 관계를 초기화한다.

```python
if __name__=='__main__':
    father = Relation()
    mother = Relation()
```

relationships.json 파일에서 데이터를 로드한다.

```python
with open('relationships.json') as f:
    d = json.loads(f.read())
```

데이터를 읽어와서 **facts**에 추가한다.

```python
for item in d['father']:
    facts(father, (list(item.keys())[0], list(item.values())[0]))

for item in d['mother']:
    facts(mother, (list(item.keys())[0], list(item.values())[0]))
```

변수 x를 정의한다.

```python
x = var()
```

이제 솔버에 몇 가지 질문을 해서 올바른 답을 찾는지 확인하자. 먼저 존의 자녀가 누구인지 물어보자.

```python
# 존의 자녀
name = 'John'
output = run(0, x, father(name, x))
print("\nList of " + name + "'s children:")
for item in output:
    print(item)
```

윌리엄의 어머니는 누구일까?

```python
# 윌리엄의 어머니
name = 'William'
output = run(0, x, mother(x, name))[0]
print("\n" + name + "'s mother:\n" + output)
```

애덤의 부모는 누구일까?

```python
# 애덤의 부모
name = 'Adam'
output = run(0, x, parent(x, name))
print("\nList of " + name + "'s parents:")
for item in output:
    print(item)
```

웨인의 조부모는 누구일까?

```python
# 웨인의 조부모
name = 'Wayne'
output = run(0, x, grandparent(x, name))
print("\nList of " + name + "'s grandparents:")
for item in out put:
    print(item)
```

매건의 손자는 누구일까?

```python
# 매건의 손자
name = 'Megan'
output = run(0, x, grandparent(name, x))
print("\nList of " + name + "'s grandchildren:")
for item in output:
    print(item)
```

데이비드의 사촌은 누구일까?

```python
# 데이비드의 사촌
name = 'David'
output = run(0, x, sibling(x, name))
siblings = [x for x in output if x != name]
print("\nList of " + name + "'s siblings:")
for item in siblings:
    print(item)
```

티퍼니의 삼촌은 누구일까?

```python
# 티퍼니의 삼촌
name = 'Tiffany'
name_father = run(0, x, father(x, name))[0]
output = run(0, x, uncle(x, name))
output = [x for x in output if x != name_father]
print("\nList of " + name + "'s uncles:")
for item in output:
    print(item)
```

가족 내 배우자 관계를 모두 출력해보자.

```python
# 모든 배우자
a, b, c = var(), var(), var()
output = run(0, (a, b), (father, a, c), (mother, b, c))
print("\nList of all spouses:")
for item in output:
    print('Husband:', item[0], '<==> Wife:', item[1])
```

전체 코드는 family.py 파일에 있다. 코드를 실행하면 결과가 나타난다. 결과 앞부분은 다음과 같다.

```
List of John's children:
David
William
Adam

William's mother:
Megan

List of Adam's parents:
John
Megan

List of Wayne's grandparents:
John
Megan
```

그림 9-3 가계도 예제 출력

결과 뒷부분은 다음과 같다.

```
List of Megan's grandchildren:
Chris
Sophia
Peter
Stephanie
Julie
Tiffany
Neil
Wayne

List of David's siblings:
William
Adam

List of Tiffany's uncles:
William
Adam

List of all spouses:
Husband: Adam <==> Wife: Lily
Husband: David <==> Wife: Olivia
Husband: John <==> Wife: Megan
Husband: William <==> Wife: Emma
```

그림 9-4 가계도 예제 출력

결과를 가계도와 비교해 답이 올바른지 확인하자.

9.8 지도 분석

논리 프로그래밍을 사용해 지리를 분석하는 솔버를 구축해보자. 미국 내 여러 주의 위치 정보를 지정한 다음, 프로그램을 쿼리해 사실과 규칙을 기반으로 다양한 질문에 답한다.

다음 그림은 미국 지도다.

그림 9-5 서로 인접한 주와 해안 주를 나타내는 지도

adjacent_states.txt와 coastal_states.txt라는 두 텍스트 파일이 제공됐다. 파일은 서로 인접한 주와 해안 주에 대한 세부 정보를 포함한다. 이를 바탕으로 '오클라호마와 텍사스에 인접한 주는 어디인가?' 혹은 '어떤 해안 주가 뉴멕시코와 루이지애나에 인접한가?'와 같은 흥미로운 정보를 얻어보자.

새 파이썬 파일을 만들고 다음을 임포트한다.

```
from logpy import run, fact, eq, Relation, var
```

관계를 초기화한다.

```
adjacent = Relation()
coastal = Relation()
```

데이터를 로드할 입력 파일을 정의한다.

```
file_coastal = 'coastal_states.txt'
file_adjacent = 'adjacent_states.txt'
```

해안 주 데이터를 로드한다.

```
# 해안 주를 포함하는 파일을 읽어온다
with open(file_coastal, 'r') as f:
    line = f.read()
    coastal_states = line.split(',')
```

fact에 정보를 추가한다.

```
# fact base에 정보를 추가한다
for state in coastal_states:
    fact(coastal, state)
```

인접한 주 데이터를 읽어온다.

```
# 인접한 주를 포함하는 파일을 읽어온다
with open(file_adjacent, 'r') as f:
    adjlist = [line.strip().split(',') for line in f if line and line[0].isalpha()]
```

fact에 인접한 주 정보를 추가한다.

```
# fact base에 정보를 추가한다
for L in adjlist:
    head, tail = L[0], L[1:]
    for state in tail:
        fact(adjacent, head, state)
```

변수 x와 y를 초기화한다.

```
# 변수를 초기화한다
x = var()
y = var()
```

이제 질문을 해보자. 네바다가 루이지애나와 인접한지 확인하자.

```
# 네바다가 루이지애나와 인접한가?
output = run(0, x, adjacent('Nevada', 'Louisiana'))
print('\nIs Nevada adjacent to Louisiana?:')
print('Yes' if len(output) else 'No')
```

오리건과 인접한 주를 모두 출력한다.

```
# 오리건과 인접한 주
output = run(0, x, adjacent('Oregon', x))
print('\nList of states adjacent to Oregon:')
for item in output:
    print(item)
```

미시시피와 인접한 해안 주를 모두 출력한다.

```
# 미시시피와 인접한 해안 주
output = run(0, x, adjacent('Mississippi', x), coastal(x))
print('\nList of coastal states adjacent to Mississippi:')
for item in output:
    print(item)
```

해안 주와 경계를 접하는 주 7개를 출력한다.

```
# 해안 주와 경계를 접하는 주 'n'개 출력
n = 7
output = run(n, x, coastal(y), adjacent(x, y))
print('\nList of ' + str(n) + ' states that border a coastal state:')
```

```
for item in output:
    print(item)
```

아칸소Arkansas와 켄터키에 인접한 주를 출력한다.

```
# 주어진 두 주와 인접한 주 출력
output = run(0, x, adjacent('Arkansas', x), adjacent('Kentucky', x))
print('\nList of states that are adjacent to Arkansas and Kentucky:')
for item in output:
    print(item)
```

전체 코드는 states.py 파일에 있다. 코드를 실행하면 결과는 다음과 같다.

```
Is Nevada adjacent to Louisiana?:
No

List of states adjacent to Oregon:
Washington
California
Nevada
Idaho

List of coastal states adjacent to Mississippi:
Alabama
Louisiana

List of 7 states that border a coastal state:
Georgia
Pennsylvania
Massachusetts
Wisconsin
Maine
Oregon
Ohio

List of states that are adjacent to Arkansas and Kentucky:
Missouri
Tennessee
```

그림 9-6 인접한 주와 해안 주 예제 출력

출력을 지도와 비교해 결과가 옳은지 확인하자. 또한 프로그램에 질문을 더 추가해서 답변할
수 있는지 확인해보자.

9.9 퍼즐 솔버 구축

논리 프로그래밍의 또 다른 흥미로운 애플리케이션은 퍼즐을 푸는 것이다. 퍼즐의 조건을 지정할 수 있으며 프로그램은 해결책을 제시할 수 있다. 이 절에서는 네 사람에 대한 다양한 정보를 지정하고 누락된 정보를 요청한다. 논리 프로그램에서 다음과 같이 퍼즐을 지정해보자.

- 스티브는 파란색 자동차가 있다.
- 고양이를 키우는 사람은 캐나다에 거주한다.
- 매슈는 미국에 거주한다.
- 검은색 자동차를 가진 사람은 호주에 거주한다.
- 잭은 고양이를 키운다.
- 앨프리드는 호주에 거주한다.
- 개를 키우는 사람은 프랑스에 거주한다.
- 누가 토끼를 키우는가?

목표는 토끼를 키우는 사람을 찾는 것이다. 네 사람에 대한 자세한 정보는 다음과 같다.

	반려동물	자동차 색	거주국
스티브	개	파란색	프랑스
잭	고양이	녹색	캐나다
매슈	토끼	노란색	미국
앨프리드	앵무새	검은색	호주

그림 9-7 퍼즐 솔버 입력 데이터

새로운 파이썬 파일을 생성하고 다음 패키지를 임포트한다.

```
from logpy import *
from logpy.core import lall
```

변수 people을 선언한다.

```
# 변수 선언
people = var()
```

`lall`을 사용해 모든 규칙을 정의한다. 첫 번째 규칙은 사람이 4명 있다는 점이다.

```
# 규칙 정의
rules = lall(
    # 사람이 4명 있다
    (eq, (var(), var(), var(), var()), people),
```

스티브라는 사람은 파란색 차가 있다.

```
    # 스티브의 차는 파란색이다
    (membero, ('Steve', var(), 'blue', var()), people),
```

고양이를 키우는 사람은 캐나다에 거주한다.

```
    # 고양이를 키우는 사람은 캐나다에 거주한다
    (membero, (var(), 'cat', var(), 'Canada'), people),
```

매슈라는 사람은 미국에 거주한다.

```
    # 매슈가 미국에 거주한다
    (membero, ('Matthew', var(), var(), 'USA'), people),
```

검은색 차를 가진 사람은 호주에 거주한다.

```
    # 검은색 차를 가진 사람은 호주에 거주한다
    (membero, (var(), var(), 'black', 'Australia'), people),
```

잭이라는 사람은 고양이를 키운다.

```
    # 잭은 고양이를 키운다
    (membero, ('Jack', 'cat', var(), var()), people),
```

앨프리드라는 사람은 호주에 거주한다.

```
# 앨프리드는 호주에 거주한다
(membero, ('Alfred', var(), var(), 'Australia'), people),
```

개를 키우는 사람은 프랑스에 거주한다.

```
# 개를 키우는 사람은 프랑스에 거주한다
(membero, (var(), 'dog', var(), 'France'), people),
```

넷 중 한 명은 토끼를 키운다. 그 사람이 누구인가?

```
# 누가 토끼를 키우는가?
(membero, (var(), 'rabbit', var(), var()), people)
)
```

솔버를 실행한다.

```
# 솔버를 실행한다
solutions = run(0, people, rules)
```

솔루션에서 결과를 얻어온다.

```
# 결과를 얻어온다
output = [house for house in solutions[0] if 'rabbit' in house][0][0]
```

솔버에서 얻어온 행렬 전체를 출력한다.

```
# 결과를 출력한다
print('\n' + output + ' is the owner of the rabbit')
print('\nHere are all the details:')
attribs = ['Name', 'Pet', 'Color', 'Country']
```

```
print('\n' + '\t\t'.join(attribs))
print('=' * 57)
for item in solutions[0]:
    print('')
    print('\t\t'.join([str(x) for x in item]))
```

전체 코드는 **puzzle.py** 파일에 있다. 코드를 실행하면 결과는 다음과 같다.

그림 9-8 퍼즐 솔버 결과

[그림 9-8]은 솔버를 사용해 얻은 값을 모두 보여준다. 일부는 아직 알 수 없으며 이름에 번호가 매겨져 있다. 정보가 불완전함에도 솔버는 질문에 답할 수 있었다. 다만 모든 질문에 답하려면 규칙을 더 추가해야 한다. 예제 프로그램을 통해 불완전한 정보로 퍼즐을 푸는 방법을 알아봤다. 이를 기반으로 다양한 시나리오에 대한 퍼즐 솔버를 구축해보자.

9.10 정리

이 장에서는 논리 프로그래밍을 사용해 파이썬 프로그램을 작성하는 방법을 배웠다. 먼저 다양한 프로그래밍 패러다임을 알아봤으며, 논리 프로그래밍의 다양한 구성 요소와 프로그램 구축 방법을 이해했다. 문제를 해결하는 방법을 살펴보고 다양한 파이썬 프로그램을 구현해 흥미로운 문제와 퍼즐을 풀었다.

10장에서는 휴리스틱 검색 기술을 알아보고 알고리즘을 사용해 실제 문제를 해결해보자.

10 휴리스틱 검색 기술

Chapter

휴리스틱 검색의 정의와 검색 기술을 학습한다. 예제를 통해 영역 색상 문제를 해결하고 8-퍼즐 솔버와 미로 찾기를 구축해본다.

이 장의 학습 목표
- 휴리스틱 검색이란
- 제약 충족 문제(CSP)
- 로컬 검색
- 시뮬레이티드 어닐링

- 탐욕 검색
- A* 알고리즘
  - 정보 탐색
  - 무정보 탐색

이 장에서는 휴리스틱 검색 기술을 알아본다. 휴리스틱 검색 기술은 해답을 찾기 위해 솔루션 공간을 검색하는 데 사용한다. 검색은 검색 알고리즘을 안내하는 휴리스틱을 통해 수행되며, 휴리스틱을 사용하면 알고리즘의 프로세스 속도가 빨라진다. 그렇지 않으면 솔루션을 찾는 데 오랜 시간이 걸린다. 이 장에서 다루는 내용은 다음과 같다.

- 휴리스틱 검색이란 무엇인가?
- 정보 탐색과 무정보 탐색
- 제약 충족 문제
- 로컬 검색 기술
- 시뮬레이티드 어닐링
- 탐욕 검색을 사용해 문자열 구성하기
- 제약이 있는 문제 해결하기
- 영역 색상 문제 해결하기
- 8-퍼즐 솔버 구축하기
- 미로 찾기 구축하기

10.1 휴리스틱 검색은 인공지능인가

1.4절 '머신러닝의 다섯 가지 그룹'에서 페드로 도밍고스가 정의한 다섯 그룹을 알아봤다. 그중 기호주의자 그룹은 아주 오래된 그룹이다. 이는 놀라운 일이 아니다. 우리 인간은 모든 것에서 규칙과 패턴을 찾으려 한다.

하지만 안타깝게도 세상은 때때로 무질서하며, 모든 것이 간단한 규칙을 따르지는 않는다. 세상이 무질서할 때 우리를 돕고자 다른 그룹이 등장한 이유다. 다만 검색 공간이 작고 도메인이 제한된 경우 휴리스틱, 제약 충족 등의 기술은 문제에 도움이 된다. 이러한 기술은 조합 수가 상대적으로 적고 조합 폭발combinatorial explosion이 제한적일 때 유용하다.

예를 들어 도시가 20개 정도일 때 이러한 기술을 사용하면 **외판원 문제**traveling salesman problem (TSP)를 간단히 해결할 수 있다. 하지만 도시가 2000개일 때 동일한 문제를 푼다면, 전체 공간을 탐색하지 않는 다른 기술을 사용해야 하며 결과의 근사값만 얻게 된다.

10.2 휴리스틱 검색이란 무엇인가

데이터 검색과 구성은 AI에서 중요한 주제다. 솔루션 도메인 내에서 답변을 검색해야 하는 문제는 많이 존재한다. 문제에는 여러 가지 해결책이 있으며, 그중 어느 것이 올바른지 알 수 없다. 데이터를 효율적으로 구성하면 솔루션을 빠르고 효과적으로 검색할 수 있다.

많은 경우, 주어진 문제에 가능한 해결책이 너무 많아서 최상의 솔루션을 찾는 단일 알고리즘을 개발할 수 없다. 또한 모든 솔루션을 시도하는 것은 엄청나게 비싸기 때문에 불가능하다. 이럴 때는 경험 법칙rule of thumb를 사용한다. 경험 법칙은 명백히 잘못된 것을 제거해 검색 범위를 좁히는 데 유용하다. 이 경험 법칙을 휴리스틱이라고 하며, 휴리스틱을 사용해 검색을 안내하는 방법을 **휴리스틱 검색**heuristic search이라고 한다.

휴리스틱은 처리 속도를 높이므로 강력한 기술이다. 휴리스틱이 옵션을 제거하지는 못하더라도 더 나은 솔루션이 먼저 나오도록 옵션을 설정하는 데 도움이 된다. 앞서 언급했듯 휴리스틱 검색은 계산 비용이 많이 들 수 있다.

바로 가기를 사용하는 방법과 검색 트리를 정리하는 방법을 알아보자.

10.2.1 정보 탐색과 무정보 탐색

컴퓨터 과학에 익숙하다면 **깊이 우선 탐색**Depth First Search (DFS), **너비 우선 탐색**Breadth First Search (BFS), **균일 비용 탐색**Uniform Cost Search (UCS)과 같은 검색 기술을 들어본 적이 있을 것이다. 세 검색 기술은 솔루션을 찾기 위해 그래프에서 일반적으로 사용되며, **무정보 탐색**uninformed search이다. 일부 경로를 제거하기 위한 사전 정보나 규칙을 사용하지 않고, 그럴듯한 경로를 모두 확인해 최적의 경로를 선택한다.

반면에 휴리스틱 검색은 사전 정보나 규칙을 사용해 불필요한 경로를 제거하므로 **정보 탐색**informed search이라고 한다. 무정보 탐색 기술은 목표를 고려하지 않고, 무조건 검색하며, 최종 솔루션에 대한 사전 지식이 없다.

그래프 문제에서 휴리스틱을 사용해 검색을 안내할 수 있다. 예를 들어 각 노드에서 휴리스틱 함수를 정의할 수 있으며, 휴리스틱 함수는 현재 노드에서 목표까지 경로의 비용 추정치를 나타내는 점수를 반환한다. 우리는 휴리스틱 함수를 정의함으로써 목표에 도달하는 올바른 방향을 검색 기술에 알려준다. 알고리즘은 이를 통해 목표로 이어지는 이웃을 식별한다.

하지만 휴리스틱 검색이 최적의 솔루션을 찾지 못할 수도 있다. 모든 가능성을 탐색하지 않고 휴리스틱에 의존하기 때문이다. 휴리스틱 검색으로 적정 시간에 좋은 솔루션을 찾을 수 있으며, 우리가 원하는 솔루션 또한 이런 것이다. 실제 시나리오에서는 빠르고 효과적인 솔루션이 필요하다. 휴리스틱 검색은 합리적인 솔루션에 신속하게 도달하므로 효율적이다. 따라서 다른 방법으로 문제를 해결할 수 없거나 해결하는 데 시간이 오래 걸리는 경우에 유용하다.

트리를 정리하는 또 다른 방법은 데이터에 내재된 제약 조건을 활용하는 것이다. 다음 절에서는 제약을 활용하는 가지치기 기술을 알아본다.

10.3 제약 충족 문제

제약 조건하에서 해결해야 하는 문제가 많다. 제약은 기본적으로 문제 해결 과정에서 위반할 수 없는 조건을 말한다. 이러한 문제를 **제약 충족 문제**Constraint Satisfaction Problem (CSP)라고 한다.

직관적인 이해를 위해 스도쿠Sudoku 퍼즐 예제를 살펴보자. 스도쿠에서는 수평선과 수직선 위, 한 사각형 안에 숫자가 중복되면 안 된다. 스도쿠 판 예시를 보자.

			2	6		7		1
6	8			7			9	
1	9				4	5		
8	2		1				4	
		4	6		2	9		
	5				3		2	8
		9	3				7	4
	4			5			3	6
7		3		1	8			

그림 10-1 스도쿠 판 예시

제약 충족과 스도쿠 규칙을 사용해, 퍼즐을 풀 때 시도할 숫자와 시도하지 말아야 할 숫자를 빠르게 결정할 수 있다. 다음 사각형을 예로 들어보자.

6	8	
1	9	

그림 10-2 스도쿠 문제 예시

CSP를 사용하지 않을 때 무차별 대입 방법 한 가지는 슬롯에 모든 숫자 조합을 넣어보고 규칙이 성립하는지 확인하는 것이다. 예를 들어 첫 번째 시도에는 모든 슬롯에 숫자 1을 채운 다음 결과를 확인한다.

CSP를 사용한다면 조합을 시도하기 전에 가지치기를 할 수 있다.

[그림 10-2]에서 테두리가 두껍게 표시된 슬롯에는 어떤 숫자가 들어가야 할까? 1, 6, 8, 9는 이미 사각형 안에 있으므로 슬롯에 들어갈 수 없다. 2, 7은 같은 수평선상에 있으므로 슬롯에 들어갈 수 없고 3, 4는 같은 수직선상에 있으므로 들어갈 수 없다. 그렇다면 가능한 숫자는 5뿐이다.

CSP는 몇 가지 제약 조건을 충족해야 하는 변수의 집합으로 정의되는 수학적 문제다. 최종 솔루션에 도달할 때 변수의 상태는 모든 제약 조건을 따라야 한다. CSP는 주어진 문제에 관련된 개체를 변수에 대한 제약 조건 모음으로 나타내며, 이러한 변수는 제약 충족 방법으로 해결해야 한다.

제약 충족 문제를 적정 시간 내에 해결하려면 휴리스틱과 다른 검색 기술의 조합이 필요하다. 여기서는 제약 충족 기법을 사용해 유한 도메인의 문제를 해결한다. 유한 도메인은 구성 요소 개수가 유한하다. 유한 도메인을 다루므로 우리는 검색 기술을 사용해 솔루션에 도달할 수 있다. CSP를 완전히 이해하기 위해 로컬 검색 기술을 사용해 CSP 문제를 해결하는 방법을 알아보자.

10.4 로컬 검색 기술

로컬 검색local search은 CSP를 해결하는 한 가지 방법이다. 모든 제약 조건을 충족할 때까지 솔루션을 계속 최적화하며, 목표에 도달할 때까지 변수를 반복적으로 업데이트한다. 알고리즘은 프로세스 각 단계에서 목표에 더 가까워지도록 하는 값을 수정한다. 솔루션 공간에서, 업데이트된 값은 이전 값보다 더 목표에 가깝다. 따라서 이 방식을 로컬 검색이라고 한다.

로컬 검색 알고리즘은 휴리스틱 검색 알고리즘의 한 가지 유형으로, 각 업데이트의 품질을 계산하는 함수를 사용한다. 예를 들어 현재 업데이트에서 위반한 제약 조건 수를 계산하거나, 업데이트가 목표까지의 거리에 어떤 영향을 미치는지 확인한다. 이를 할당 비용이라고 한다. 로컬 검색의 전반적인 목표는 각 단계에서 비용이 최소인 업데이트를 찾는 것이다.

인기 있는 로컬 검색 기술로 언덕 오르기hill climbing가 있다. 언덕 오르기는 현재 상태와 목표 간의 차이를 측정하는 휴리스틱 함수를 사용한다. 시작할 때 상태가 최종 목표인지 확인하고, 만약 그렇다면 중지한다. 그렇지 않다면 업데이트를 선택하고 새로운 상태를 생성한다. 새 상태가 현재 상태보다 더 목표에 가깝다면 현재 상태로 만든다. 더 가깝지 않다면 무시하고 가능한 업데이트를 모두 확인할 때까지 프로세스를 계속한다. 정상에 도달할 때까지 언덕을 올라간다.

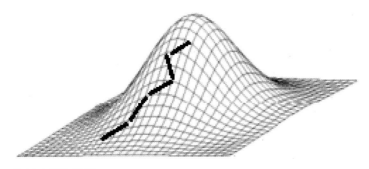

그림 10-3 언덕 오르기

10.4.1 시뮬레이티드 어닐링

시뮬레이티드 어닐링simulated annealing은 확률적 검색stochastic search 기술이자 로컬 검색 기술이다. 확률적 검색 기술은 로봇공학, 화학, 제조, 의학, 경제 등 다양한 분야에서 광범위하게 사용된다. 확률 알고리즘은 여러 가지 실제 문제를 해결하는 데 사용된다. 로봇 설계 최적화, 공장 자동화 제어를 위한 타이밍 전략 결정, 교통량 계획 등을 수행할 수 있다.

시뮬레이티드 어닐링은 언덕 오르기 기술의 변형이다. 언덕 오르기에서 중요한 문제 한 가지는 결국 잘못된 언덕을 오르게 된다는 점이다. 극댓값에 갇힌다는 의미다. 따라서 등반 결정을 내리기 전에 전체 공간을 확인하는 편이 좋다. 먼저 전체 공간을 탐색해 어떤 것인지 확인하면 고원이나 극댓값에 갇히지 않는다.

시뮬레이티드 어닐링에서는 문제를 재구성하고 최대화가 아닌 최소화를 위해 해결한다. 이번에는 언덕을 오르는 대신 계곡으로 내려간다. 작업은 거의 동일하지만 방식이 다르다.

검색을 안내하기 위해 목적 함수objective function를 사용한다. 목적 함수는 휴리스틱 역할을 한다.

> **NOTE**_ 이 기술을 시뮬레이티드 어닐링이라고 하는 이유는 금속을 다루는 과정과 비슷하기 때문이다. 금속을 제련할 때는 먼저 금속을 가열해 원자가 금속 내에서 확산되도록 한 다음, 원자 구조 배열이 최적의 상태가 될 때까지 냉각한다. 이 과정은 금속의 물리적 특성을 바꿔 더 부드럽고 작업하기 쉽게 해준다.

시스템 냉각 속도를 **어닐링 스케줄**annealing schedule이라고 한다. 냉각 속도는 결과에 직접적인 영향을 미치므로 중요하다. 실제 금속은 냉각이 너무 빠르면 너무 빨리 비이상적인 상태(원자 구조)로 침전된다. 예를 들어 가열한 금속을 냉수에 넣으면 금속이 원치 않는 구조로 빠르게 침전되고 쉽게 부서지게 된다. 반면에 냉각이 느리고 속도가 제어되면 금속이 최적의 원자 구조를 이루며, 그 결과 원하는 물리적 특성을 얻는다. 이 경우 언덕을 빠르게 오를 가능성이 더 낮고, 냉각 속도가 느리므로 최적 상태가 되는 데 시간이 걸린다.

데이터로도 비슷하게 작업할 수 있다. 먼저 현재 상태를 평가하고 목표에 도달했는지 확인한다. 목표에 도달했다면 중지하고, 도달하지 않았다면 최상의 상태 변수를 현재 상태로 설정한다. 그리고 계곡으로 내려가는 속도를 제어하는 어닐링 스케줄을 정의한다. 현재 상태와 새로운 상태 간 차이를 계산한다. 새로운 상태가 더 좋지 않다면 미리 정의한 확률로 현재 상태로 만든다. 이때 난수 생성기를 사용하며, 임계값을 기반으로 결정한다. 임계값보다 크면 최상의 상태를 새로운 상태로 설정한다. 이를 바탕으로 노드 수에 따라 어닐링 스케줄이 업데이트된다. 목표에 도달할 때까지 작업을 계속한다.

또 다른 로컬 검색 기술로 탐욕 검색 알고리즘이 있다. 다음 절에서 자세히 알아보자.

10.5 탐욕 검색을 사용한 문자열 구성

탐욕 검색greedy search은 전역 최적을 찾기 위해 각 단계에서 로컬 최적 선택을 하는 알고리즘 패러다임이다. 탐욕 알고리즘이 전역적으로 최적인 솔루션을 생성하지 않는 문제도 많이 존재하지만 장점은 적정 시간에 근사 솔루션을 생성한다는 점이다. 한 가지 희망은 이 근사 솔루션이 전역 최적 솔루션에 상당히 가깝다는 것이다.

탐욕 알고리즘은 검색 중에 새로운 정보를 기반으로 솔루션을 구체화하지는 않는다. 예를 들어 자동차 여행을 계획 중이고 가능한 한 최상의 경로를 선택한다고 하자. 이때 탐욕 알고리즘을 사용하면 거리는 짧지만 시간이 오래 걸리는 경로를 선택할 수도 있다. 혹은 단기적으로는 빨라 보이지만 나중에는 교통 체증으로 이어질 수 있는 경로를 안내할 수도 있다. 이러한 상황이 발생하는 이유는 탐욕 알고리즘이 전역적으로 최적인 솔루션이 아니라 다음 단계만 고려하기 때문이다.

탐욕 검색으로 문제를 해결하는 방법을 살펴보자. 예제에서는 알파벳을 기반으로 입력 문자열을 다시 생성한다. 솔루션 공간을 검색하고 솔루션 경로를 구성하도록 알고리즘에 요청한다.

이 장에서는 simpleai라는 패키지를 사용한다. 패키지는 휴리스틱 검색 기술로 솔루션을 구축하는 데 유용한 루틴을 포함한다. 패키지는 *https://github.com/simpleai-team/simpleai*에 있다. 파이썬 3에서 작동하려면 소스 코드를 약간 변경해야 한다. 책의 코드와 함께 제공된 simpleai.zip 파일을 simpleai라는 폴더에 압축을 푼다. 폴더는 파이썬 3에서 작동하는 데 필요한 원본 라이브러리와 모든 변경 사항을 포함한다. simpleai 폴더를 코드와 동일한 폴더에 배치하면 코드를 원활하게 실행할 수 있다.

새 파이썬 파일을 만들고 다음 패키지를 임포트한다.

```
import argparse
import simpleai.search as ss
```

입력 매개변수를 파싱하는 함수를 정의한다.

```
def build_arg_parser():
    parser = argparse.ArgumentParser(description='Creates the input string \
            using the greedy algorithm')
    parser.add_argument("--input-string", dest="input_string", required=True,
            help="Input string")
    parser.add_argument("--initial-state", dest="initial_state", required=False,
            default='', help="Starting point for the search")
    return parser
```

문제 해결에 필요한 메서드를 포함하는 클래스를 만든다. 이 클래스는 라이브러리에서 사용 가능한 SearchProblem 클래스를 상속한다. 문제를 해결하려면 몇 가지 메서드를 재정의해야 한다. 첫 번째 메서드 set_target은 대상 문자열을 정의하는 사용자 지정 메서드다.

```
class CustomProblem(ss.SearchProblem):
    def set_target(self, target_string):
        self.target_string = target_string
```

이 작업은 SearchProblem과 함께 제공되며 재정의해야 하는 메서드로, 목표를 향한 올바른 조치를 취할 책임이 있다. 현재 문자열의 길이가 대상 문자열의 길이보다 작으면 선택 가능한 알파벳의 목록을 반환한다. 그렇지 않으면 빈 문자열을 반환한다.

```python
# 현재 상태를 확인해 올바른 액션을 취한다
def actions(self, cur_state):
    if len(cur_state) < len(self.target_string):
        alphabets = 'abcdefghijklmnopqrstuvwxyz'
        return list(alphabets + ' ' + alphabets.upper())
    else:
        return []
```

현재 문자열과 수행해야 하는 작업을 연결해 결과를 계산하는 메서드를 만든다. 메서드는 SearchProblem과 함께 제공된다. 메서드를 재정의한다.

```python
# 결과를 얻기 위해 상태와 액션을 합친다
def result(self, cur_state, action):
    return cur_state + action
```

is_goal 메서드는 SearchProblem의 일부이며 목표를 달성했는지 확인하는 데 사용된다.

```python
# 목표를 달성했는지 확인한다
def is_goal(self, cur_state):
    return cur_state == self.target_string
```

heuristic 메서드도 SearchProblem의 일부이며 재정의해야 한다. 문제 해결에 사용할 휴리스틱을 정의하자. 목표가 얼마나 멀리 있는지 확인해 목표로 안내하는 휴리스틱으로 사용하기 위해 계산을 수행한다.

```python
# 휴리스틱을 정의한다
def heuristic(self, cur_state):
    # 현재 문자열과 목표 문자열을 비교한다
    dist = sum([1 if cur_state[i] != self.target_string[i] else 0
                for i in range(len(cur_state))])

    # 문자열 길이 차이
```

```
        diff = len(self.target_string) - len(cur_state)

        return dist + diff
```

입력 매개변수를 초기화한다.

```
  if __name__=='__main__':
    args = build_arg_parser().parse_args()
```

CustomProblem 객체를 초기화한다.

```
    # 객체를 초기화한다
    problem = CustomProblem()
```

얻고자 하는 목표와 시작점을 설정한다.

```
    # 목표 문자열과 초기 상태를 설정한다
    problem.set_target(args.input_string)
    problem.initial_state = args.initial_state
```

솔버를 실행한다.

```
    # 문제를 해결한다
    output = ss.greedy(problem)
```

솔루션 경로를 출력한다.

```
    print('\nTarget string:', args.input_string)
    print('\nPath to the solution:')
    for item in output.path():
        print(item)
```

전체 코드는 greedy_search.py 파일에 있다. 빈 초기 상태로 코드를 실행하면 다음과 같다.

```
$ python3 greedy_search.py --input-string 'Artificial Intelligence'
--initial-state ' '
```

다음과 같은 결과를 얻는다.

```
Path to the solution:
(None, '')
('A', 'A')
('r', 'Ar')
('t', 'Art')
('i', 'Arti')
('f', 'Artif')
('i', 'Artifi')
('c', 'Artific')
('i', 'Artifici')
('a', 'Artificia')
('l', 'Artificial')
(' ', 'Artificial ')
('I', 'Artificial I')
('n', 'Artificial In')
('t', 'Artificial Int')
('e', 'Artificial Inte')
('l', 'Artificial Intel')
('l', 'Artificial Intell')
('i', 'Artificial Intelli')
('g', 'Artificial Intellig')
('e', 'Artificial Intellige')
('n', 'Artificial Intelligen')
('c', 'Artificial Intelligenc')
('e', 'Artificial Intelligence')
```

그림 10-4 빈 초기 상태로 코드를 실행한 결과

비어 있지 않은 시작점으로 코드를 실행하면 다음과 같다.

```
$ python3 greedy_search.py --input-string 'Artificial Intelligence with  Python
--initial state 'Artificial Inte'
```

다음과 같은 결과를 얻는다.

```
Path to the solution:
(None, 'Artificial Inte')
('l', 'Artificial Intel')
('l', 'Artificial Intell')
('i', 'Artificial Intelli')
('g', 'Artificial Intellig')
('e', 'Artificial Intellige')
('n', 'Artificial Intelligen')
('c', 'Artificial Intelligenc')
('e', 'Artificial Intelligence')
(' ', 'Artificial Intelligence ')
('w', 'Artificial Intelligence w')
('i', 'Artificial Intelligence wi')
('t', 'Artificial Intelligence wit')
('h', 'Artificial Intelligence with')
(' ', 'Artificial Intelligence with ')
('P', 'Artificial Intelligence with P')
('y', 'Artificial Intelligence with Py')
('t', 'Artificial Intelligence with Pyt')
('h', 'Artificial Intelligence with Pyth')
('o', 'Artificial Intelligence with Pytho')
('n', 'Artificial Intelligence with Python')
```

그림 10-5 비어 있지 않은 초기 상태로 코드를 실행한 결과

인기 있는 검색 기술 몇 가지를 살펴봤으니, 다음 절에서는 검색 알고리즘을 사용해 실제 문제를 해결해보자.

10.6 제약 충족 문제 해결하기

CSP가 어떻게 공식화되는지는 이미 살펴봤다. 실제 문제에 CSP를 적용해보자. 예제에서는 이름 목록이 주어졌고 각 이름은 고정된 값 집합을 가질 수 있다. 또한 각 이름 사이에는 일련의 제약이 있다. 방법을 살펴보자.

새 파이썬 파일을 만들고 다음 패키지를 임포트한다.

```python
from simpleai.search import CspProblem, backtrack, \
    min_conflicts, MOST_CONSTRAINED_VARIABLE, \
    HIGHEST_DEGREE_VARIABLE, LEAST_CONSTRAINING_VALUE
```

입력 목록의 모든 변수가 고유한 값을 가져야 함을 지정하는 제약 조건을 정의한다.

```python
# 모든 변수가 서로 다른 값을 가져야 함
def constraint_unique(variables, values):
    # 모든 값이 고유한지 확인
    return len(values) == len(set(values))
```

첫 번째 변수가 반드시 두 번째 변수보다 크도록 설정하는 제약 조건을 정의한다.

```python
# 하나의 변수가 반드시 다른 변수보다 커야 함
def constraint_bigger(variables, values):
    return values[0] > values[1]
```

첫 번째 변수가 홀수이면 두 번째 변수는 반드시 짝수여야 하며 반대도 마찬가지가 되도록 설정하는 제약 조건을 정의한다.

```python
# 두 변수 중 하나는 홀수, 하나는 짝수가 되도록 설정
def constraint_odd_even(variables, values):
    # 첫 번째 변수가 짝수이면 두 번째는 홀수이며, 반대도 마찬가지
    if values[0] % 2 == 0:
        return values[1] % 2 == 1
    else:
        return values[1] % 2 == 0
```

`main` 함수를 정의하고 변수를 정의한다.

```python
if __name__=='__main__':
    variables = ('John', 'Anna', 'Tom', 'Patricia')
```

각 변수가 갖는 값 목록을 정의한다.

```python
domains = {
    'John': [1, 2, 3],
```

```
        'Anna': [1, 3],
        'Tom': [2, 4],
        'Patricia': [2, 3, 4],
    }
```

다양한 시나리오의 제약 조건을 정의해보자. 예제에서는 다음 세 가지 제약 조건을 설정한다.

- 존, 애나, 톰은 서로 다른 값을 가져야 한다.
- 톰의 값은 애나의 값보다 커야 한다.
- 존의 값이 홀수이면 퍼트리샤의 값은 짝수여야 하고, 반대도 마찬가지다.

다음 코드를 사용한다.

```
constraints = [
    (('John', 'Anna', 'Tom'), constraint_unique),
    (('Tom', 'Anna'), constraint_bigger),
    (('John', 'Patricia'), constraint_odd_even),
]
```

변수와 제약 조건을 사용해 **CspProblem** 객체를 초기화한다.

```
problem = CspProblem(variables, domains, constraints)
```

솔루션을 계산하고 출력한다.

```
print('\nSolutions:\n\nNormal:', backtrack(problem))
```

MOST_CONSTRAINED_VARIABLE 휴리스틱을 사용해 솔루션을 계산한다.

```
print('\nMost constrained variable:', backtrack(problem,
    variable_heuristic=MOST_CONSTRAINED_VARIABLE))
```

HIGHEST_DEGREE_VARIABLE 휴리스틱을 사용해 솔루션을 계산한다.

```
print('\nHighest degree variable:', backtrack(problem,
    variable_heuristic=HIGHEST_DEGREE_VARIABLE))
```

LEAST_CONSTRAINING_VALUE 휴리스틱을 사용해 솔루션을 계산한다.

```
print('\nLeast constraining value:', backtrack(problem,
    value_heuristic=LEAST_CONSTRAINING_VALUE))
```

MOST_CONSTRAINED_VARIABLE 변수 휴리스틱과 LEAST_CONSTRAINING_VALUE 값 휴리스틱을 사용해 솔루션을 계산한다.

```
print('\nMost constrained variable and least constraining value:',
    backtrack(problem, variable_heuristic=MOST_CONSTRAINED_VARIABLE,
    value_heuristic=LEAST_CONSTRAINING_VALUE
```

HIGHEST_DEGREE_VARIABLE 변수 휴리스틱과 LEAST_CONSTRAINING_VALUE 값 휴리스틱을 사용해 솔루션을 계산한다.

```
print('\nHighest degree and least constraining value:',
    backtrack(problem, variable_heuristic=HIGHEST_DEGREE_VARIABLE,
    value_heuristic=LEAST_CONSTRAINING_VALUE))
```

최소 충돌 휴리스틱을 사용해 솔루션을 계산한다.

```
print('\nMinimum conflicts:', min_conflicts(problem))
```

전체 코드는 constrained_problem.py 파일에 있다. 코드를 실행하면 다음 결과를 얻는다.

```
Solutions:

Normal: {'Patricia': 2, 'John': 1, 'Anna': 3, 'Tom': 4}

Most constrained variable: {'Patricia': 2, 'John': 3, 'Anna': 1, 'Tom': 2}

Highest degree variable: {'Patricia': 2, 'John': 1, 'Anna': 3, 'Tom': 4}

Least constraining value: {'Patricia': 2, 'John': 1, 'Anna': 3, 'Tom': 4}

Most constrained variable and least constraining value: {'Patricia': 2, 'John': 3, 'Anna': 1, 'Tom': 2}

Highest degree and least constraining value: {'Patricia': 2, 'John': 1, 'Anna': 3, 'Tom': 4}

Minimum conflicts: {'Patricia': 4, 'John': 1, 'Anna': 3, 'Tom': 4}
```

그림 10-6 최소 충돌 휴리스틱을 사용한 솔루션 계산

솔루션이 모든 제약 조건을 충족하는지 확인하자.

10.7 영역 색상 문제 해결하기

제약 충족 프레임워크를 사용해 영역 색상 문제를 해결해보자. 다음 스크린샷을 보자.

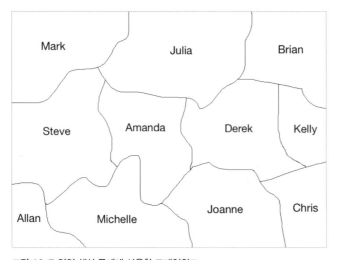

그림 10-7 영역 색상 문제에 사용할 프레임워크

[그림 10-7]을 보면 여러 영역이 이름으로 레이블링돼 있다. 목표는 인접한 영역끼리 색상이
같지 않도록 네 가지 색상으로 지정하는 것이다.

새 파이썬 파일을 만들고 다음 패키지를 임포트한다.

```
from simpleai.search import CspProblem, backtrack
```

값이 달라야 한다는 제약 조건을 정의한다.

```
# 이웃끼리 값이 달라야 한다고 가정하는 함수를 정의한다
def constraint_func(names, values):
    return values[0] != values[1]
```

main 함수를 정의하고 이름 목록을 설정한다.

```
if __name__=='__main__':
    # 변수를 설정한다
    names = ('Mark', 'Julia', 'Steve', 'Amanda', 'Brian',
            'Joanne', 'Derek', 'Allan', 'Michelle', 'Kelly')
```

사용 가능한 색상 목록을 정의한다.

```
    # 사용 가능한 색상을 정의한다
    colors = dict((name, ['red', 'green', 'blue', 'gray']) for name in names)
```

맵 정보를 알고리즘이 이해할 수 있도록 변환해야 한다. 서로 인접한 사람들의 목록을 지정해 제약 조건을 정의하자.

```
    # 제약 조건을 정의한다
    constraints = [
        (('Mark', 'Julia'), constraint_func),
        (('Mark', 'Steve'), constraint_func),
        (('Julia', 'Steve'), constraint_func),
        (('Julia', 'Amanda'), constraint_func),
        (('Julia', 'Derek'), constraint_func),
        (('Julia', 'Brian'), constraint_func),
```

```
        (('Steve', 'Amanda'), constraint_func),
        (('Steve', 'Allan'), constraint_func),
        (('Steve', 'Michelle'), constraint_func),
        (('Amanda', 'Michelle'), constraint_func),
        (('Amanda', 'Joanne'), constraint_func),
        (('Amanda', 'Derek'), constraint_func),
        (('Brian', 'Derek'), constraint_func),
        (('Brian', 'Kelly'), constraint_func),
        (('Joanne', 'Michelle'), constraint_func),
        (('Joanne', 'Amanda'), constraint_func),
        (('Joanne', 'Derek'), constraint_func),
        (('Joanne', 'Kelly'), constraint_func),
        (('Derek', 'Kelly'), constraint_func),
    ]
```

변수와 제약 조건을 사용해 객체를 초기화한다.

```
# 문제를 해결한다
problem = CspProblem(names, colors, constraints)
```

문제를 해결하고 솔루션을 출력한다.

```
# 솔루션을 출력한다
output = backtrack(problem)
print('\nColor mapping:\n')
for k, v in output.i tems():
    print(k, '==>', v)
```

전체 코드는 **coloring.py** 파일에 있다. 코드를 실행하면 다음 결과를 얻는다.

```
Color mapping:

Derek ==> blue
Michelle ==> gray
Allan ==> red
Steve ==> blue
Julia ==> green
Amanda ==> red
Joanne ==> green
Mark ==> red
Kelly ==> gray
Brian ==> red
```

그림 10-8 색상 매핑 결과

결과에 따라 영역을 색칠하면 결과는 다음과 같다.

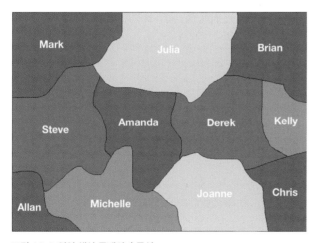

그림 10-9 영역 색상 문제의 솔루션

10.8 8-퍼즐 솔버 구축하기

8-퍼즐은 15-퍼즐의 변형이다(관련 정보는 *https://en.wikipedia.org/wiki/15_puzzle* 에서 확인하자). 무작위 그리드가 주어졌을 때 이를 원래 순서대로 되돌리는 것이 목표다. 게 임에 익숙해지려면 *http://mypuzzle.org/sliding*를 참고한다.

문제 해결에 사용할 알고리즘은 **A* 알고리즘**으로, 그래프에서 솔루션 경로를 찾는 데 사용된다. A* 알고리즘은 **다익스트라 알고리즘**Dijkstra's algorithm과 탐욕 최상 우선 탐색greedy best-first search의 조합 이다. 다음에 어디로 갈지를 맹목적으로 추측하는 대신 가장 유망해 보이는 경로를 선택한다. 각 노드에서 모든 가능성 목록을 생성한 뒤, 목표에 도달하는 데 드는 비용이 최소인 항목을 선택한다.

비용 함수cost function를 정의하는 방법을 살펴보자. 각 노드에서 비용을 계산해야 하며, 이때 비용 은 기본적으로 두 비용의 합이다. 첫 번째는 현재 노드에 도달하는 비용, 두 번째는 현재 노드 에서 목표에 도달하는 비용이다.

이 합계를 휴리스틱으로 사용한다. 두 번째 비용은 추정치이며 완벽하지 않다. 완벽하다면 A* 알고리즘이 신속하게 솔루션에 도달하지만 보통은 그렇지 않다. 최상의 솔루션 경로를 찾는 데 는 시간이 걸린다. A*는 효과적으로 최적의 경로를 찾으며, 널리 사용되는 기술이다.

A* 알고리즘을 사용해 8-퍼즐 솔버를 만들어보자. 이는 `simpleai` 라이브러리에 제공된 솔루션의 변형이다.

새 파이썬 파일을 만들고 다음 패키지를 임포트한다.

```python
from simpleai.search import astar, SearchProblem
```

클래스를 정의한다. 클래스는 8-퍼즐을 푸는 데 사용할 메서드를 포함한다.

```python
# 퍼즐을 풀기 위한 메서드를 포함하는 클래스
class PuzzleSolver(SearchProblem):
```

`actions` 메서드를 재정의해 현재 문제에 맞춰 조정한다.

```python
# 빈 공간으로 이동 가능한 숫자의 리스트를 얻어오는 메서드
def actions(self, cur_state):
    rows = string_to_list(cur_state)
    row_empty, col_empty = get_location(rows, 'e')
```

빈 공간의 위치를 확인하고 새로운 액션을 생성한다.

```
    actions = []
    if row_empty > 0:
        actions.append(rows[row_empty - 1][col_empty])
    if row_empty < 2:
        actions.append(rows[row_empty + 1][col_empty])
    if col_empty > 0:
        actions.append(rows[row_empty][col_empty - 1])
    if col_empty < 2:
        actions.append(rows[row_empty][c ol_empty + 1])

    return actions
```

result 메서드를 재정의한다. 문자열을 리스트로 변환하고 빈 공간의 위치를 추출한다. 위치를 업데이트해 결과를 생성한다.

```
# 조각 하나를 빈 공간으로 이동한 뒤 상태를 반환한다
def result(self, state, action):
    rows = string_to_list(state)
    row_empty, col_empty = get_location(rows, 'e')
    row_new, col_new = get_location(rows, action)
    rows[row_empty][col_empty], rows[row_new][col_new] = \
    rows[row_new][col_new], rows[row_empty][col_empty]

    return list_to_string(rows)
```

목표에 도달했는지 확인한다.

```
# 상태가 목표 상태라면 true를 반환한다
def is_goal(self, state):
    return state == GOAL
```

heuristic 메서드를 정의한다. 이때 사용할 휴리스틱은 현재 상태와 목표 상태 사이의 거리를 맨해튼 거리를 사용해 계산한다.

```python
# 맨해튼 거리를 사용해, 현재 상태에서 목표 상태까지의 예측 거리를 반환한다
def heuristic(self, state):
    rows = string_to_list(state)

    distance = 0
```

거리를 계산한다.

```python
    for number in '12345678e':
        row_new, col_new = get_location(rows, number)
        row_new_goal, col_new_goal = goal_positions[number]

        distance += abs(row_new - row_new_goal) + abs(col_new - col_new_goal)

    return distance
```

리스트를 문자열로 변환하는 함수를 정의한다.

```python
# 리스트를 문자열로 변환한다
def list_to_string(input_list):
    return '\n'.join(['-'.join(x) for x in input_list])
```

문자열을 리스트로 변환하는 함수를 정의한다.

```python
# 문자열을 리스트로 변환한다
def string_to_list(input_string):
    return [x.split('-') for x in input_string.split('\n')]
```

그리드에서 특정 요소의 위치를 얻기 위한 함수를 정의한다.

```python
# 입력 요소의 2D 위치를 찾는다
def get_location(rows, input_element):
    for i, row in enumerate(rows):
```

```
        for j, item in enumerate(row):
            if item == input_element:
                return i, j
```

초기 상태와 얻고자 하는 최종 목표를 정의한다.

```
# 원하는 최종 목표
GOAL = '''1-2-3
4-5-6
7-8-e'''

# 시작점
INITIAL = '''1-e-2
6-3-4
7-5-8'''
```

변수를 생성해 각 조각의 최종 위치를 추적한다.

```
# 각 조각의 최종 위치를 위한 캐시를 생성한다
goal_positions = {}
rows_goal = string_to_list(GOAL)
for number in '12345678e':
    goal_positions[number] = get_location(rows_goal, number)
```

앞서 정의한 초기 상태를 사용해 A* 솔버 객체를 생성하고 결과를 얻어온다.

```
# 솔버 객체를 생성한다
result = astar(PuzzleSolver(INITIAL))
```

솔루션을 출력한다.

```
# 결과를 출력한다
for i, (action, state) in enumerate(result.path()):
    print()
```

```
    if action == None:
        print('Initial configuration')
    elif i == len(result.path()) - 1:
        print('After moving', action, 'into the empty space. Goal achieved!')
    else:
        print('After moving', action, 'into the empty space')

    print(state)
```

전체 코드는 puzzle.py 파일에 있다. 코드를 실행하면 긴 결과가 나타나며, 시작 부분은 다음과 같다.

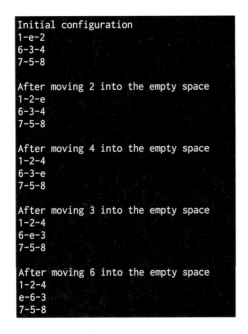

그림 10-10 퍼즐 솔버 결과

스크롤을 내리면 솔루션에 도달하기까지의 각 단계를 볼 수 있다. 결과의 마지막 부분은 다음과 같다.

```
After moving 2 into the empty space
e-2-3
1-4-6
7-5-8

After moving 1 into the empty space
1-2-3
e-4-6
7-5-8

After moving 4 into the empty space
1-2-3
4-e-6
7-5-8

After moving 5 into the empty space
1-2-3
4-5-6
7-e-8

After moving 8 into the empty space. Goal achieved!
1-2-3
4-5-6
7-8-e
```

그림 10-11 퍼즐 솔버 결과의 마지막 부분 – 목표 도달!

10.9 미로 찾기 구축하기

A* 알고리즘을 사용해 미로 찾기를 해보자. 다음 그림을 보자.

```
##############################
#          #         #    #
# ####     ########   #   #
#  o #     #          #   #
#   ###    #####   ######  #
#    #     ###  #        #
#    #     #   #  #   #  ###
#    #####   #   # # x   #
#          #     #   #   #
##############################
```

그림 10-12 미로 찾기 예제

\# 기호는 장애물을 나타내며 O는 시작 위치를, X는 최종 위치를 표시한다. 목표는 시작점부터 최종 위치까지 최단 거리 경로를 찾는 것이다.

파이썬으로 문제를 어떻게 해결하는지 알아보자. 다음 솔루션은 simpleai 라이브러리에서 제공되는 솔루션의 변형이다.

새로운 파이썬 파일을 생성하고 다음 패키지를 임포트한다.

```python
import math
from simpleai.search import SearchProblem, astar
```

문제 해결에 필요한 메서드를 포함하는 클래스를 생성한다.

```python
# 미로 찾기에 필요한 메서드를 포함하는 클래스
class MazeSolver(SearchProblem):
```

초기화 메서드를 정의한다.

```python
# 클래스 초기화
def __init__(self, board):
    self.board = board
    self.goal = (0, 0)
```

초기 위치와 최종 위치를 얻어온다.

```python
for y in range(len(self.board)):
    for x in range(len(self.board[y])):
        if self.board[y][x].lower() == "o":
            self.initial = (x, y)
        elif self.board[y][x].lower() == "x":
            self.goal = (x, y)

super(MazeSolver, self).__init__(initial_state=self.initial)
```

actions 메서드를 재정의한다. 각 위치에서 이웃한 셀로 이동하는 비용을 확인하고 가능한 액션을 모두 추가한다. 이웃 셀이 막혀 있다면 해당 액션은 고려하지 않는다.

```python
# 솔루션에 도달하기 위한 액션을 취하는 메서드를 정의
def actions(self, state):
    actions = []
    for action in COSTS.keys():
        newx, newy = self.result(state, action)
        if self.board[newy][newx] != "#":
            actions.append(action)

    return actions
```

result 메서드를 재정의한다. 현재 상태와 입력 액션에 따라 x 좌표와 y 좌표를 업데이트한다.

```python
# 액션에 따라 상태를 업데이트
def result(self, state, action):
    x, y = state

    if action.count("up"):
        y -= 1
    if action.count("down"):
        y += 1
    if action.count("left"):
        x -= 1
    if action.count("right"):
        x += 1

    new_state = (x, y)

    return new_state
```

목표에 도달했는지 확인한다.

```python
    # 목표에 도달했는지 확인
    def is_goal(self, state):
        return state == self.goal
```

cost 함수를 정의한다. 이 함수는 이웃 셀로 이동할 때의 비용이며, 수직/수평 방향과 대각선 방향 비용이 다르다. 이에 대해서는 추후 정의한다.

```python
    # 액션을 취하는 비용 계산
    def cost(self, state, action, state2):
        return COSTS[action]
```

사용할 휴리스틱을 정의한다. 예제에서는 유클리드 거리를 사용한다.

```python
    # 솔루션에 도달하는 데 사용할 휴리스틱
    def heuristic(self, state):
        x, y = state
        gx, gy = self.goal

        return math.sqrt((x - gx) ** 2 + (y - gy) ** 2)
```

main 함수를 정의하고 앞서 살펴본 맵을 정의한다.

```python
if __name__ == "__main__":
# 맵 정의
MAP = """
##############################
#         #           #   #
# ####    ########    #   #
#  0 #    #           #   #
#   ###    #####  ######   #
#     #   ###  #           #
#     #     #   #  #  #   ###
#    #####    #   #  # X   #
#            #     #      #
```

```
##############################
"""
```

맵 정보를 리스트로 변환한다.

```
# 맵을 리스트로 변환
print(MAP)
MAP = [list(x) for x in MAP.split("\n") if x]
```

맵에서 이동할 때의 비용을 정의한다. 대각선 방향은 수평이나 수직 방향으로 이동할 때보다 비용이 높다.

```
# 맵에서 이동할 때의 비용 정의
cost_regular = 1.0
cost_diagonal = 1.7
```

이동에 따라 비용을 할당한다.

```
# 비용 딕셔너리 생성
COSTS = {
    "up": cost_regular,
    "down": cost_regular,
    "left": cost_regular,
    "right": cost_regular,
    "up left": cost_diagonal,
    "up right": cost_diagonal,
    "down left": cost_diagonal,
    "down right": cost_diagonal,
}
```

앞서 정의한 사용자 정의 클래스를 사용해 솔버 객체를 생성한다.

```
# 미로 찾기 솔버 객체 생성
problem = MazeSolver(MAP)
```

맵에서 솔버를 실행하고 결과를 얻는다.

```python
# 솔버 실행
result = astar(problem, graph_search=True)
```

결과에서 경로를 추출한다.

```python
# 경로 추출
path = [x[1] for x in result.path()]
```

결과를 출력한다.

```python
# 결과 출력
print()
for y in range(len(MAP)):
    for x in range(len(MAP[y])):
        if (x, y) == problem.initial:
            print('o', end='')
        elif (x, y) == problem.goal:
            print('x', end='')
        elif (x, y) in path:
            print('·', end='')
        else:
            print(MAP[y][x], end='')

    print()
```

전체 코드는 **maze.py** 파일에 있다. 코드를 실행하면 결과는 다음과 같다.

```
###############################
#           #           #    #
# ####    ########      #    #
# o #     #             #    #
#  ·###        #####   ######  #
#  · #     ###   #   ····       #
#  · #       # ··# ·# #· ###
#  ·#####   ·# ·· #  # x    #
#    ········ #      #      #
###############################
```

그림 10-13 미로 찾기 문제 솔루션

[그림 10-13]이 나타내듯 알고리즘은 이동에 따라 점을 그리며, 시작점 O부터 목표점 X까지의 솔루션을 찾는다. A* 알고리즘 예제는 이것으로 마무리한다.

10.10 정리

이 장에서는 휴리스틱 검색 기술의 작동 방식을 배웠다. 정보 탐색과 무정보 탐색의 차이점을 알아봤다. 또한 제약 충족 문제와 이 패러다임으로 문제를 해결하는 방법을 배웠다. 로컬 검색 기술이 작동하는 방식을 알아보고 시뮬레이티드 어닐링이 실제로 사용되는 이유를 살펴봤다. 문자열 문제에서 탐욕 검색을 구현했으며 CSP 공식을 사용해 문제를 해결했다.

이 접근 방식으로 영역 색상 문제를 해결했다. A* 알고리즘을 사용해 솔루션에 도달하는 최적 경로를 찾고, 이 방법으로 8-퍼즐 솔버와 미로 찾기 솔버를 만들었다.

11장에서는 유전 알고리즘을 알아보고, 알고리즘으로 실제 문제를 해결하는 방법을 살펴본다.

유전 알고리즘과 유전 프로그래밍

유전 프로그래밍이 AI 분야에서 중요한 이유를 알아본다. 유전 알고리즘을 사용해 간단한 문제를 해결하는 방법을 학습한 뒤 실제 문제에 적용해본다.

이 장의 학습 목표
- 유전 알고리즘(GA)
- 모집단, 돌연변이, 교차
- 진화 시각화
- 유전 프로그래밍 사용 사례

이 장에서는 유전 알고리즘을 알아본다. 진화 알고리즘과 유전 프로그래밍 개념을 살펴보고, 유전 알고리즘과 어떤 관련이 있는지 알아본다.

교차, 돌연변이, 적합성 기능을 비롯한 유전 알고리즘의 기본 구성 요소를 알아본다. 그리고 이러한 개념을 사용해 다양한 시스템을 구축한다.

이 장에서 다룰 내용은 다음과 같다.

- 진화 알고리즘과 유전 알고리즘
- 유전 알고리즘의 기본 개념
- 사전 정의된 매개변수로 비트 패턴 생성하기
- 진화 진행 상황 시각화하기
- 심볼 회귀 문제 해결하기
- 지능형 로봇 컨트롤러 구축하기

11.1 진화주의자 그룹

1장에서 언급했듯 유전 알고리즘과 유전 프로그래밍을 연구하는 컴퓨터 과학 및 데이터 과학 연구원은 페드로 도밍고스가 정의한 진화주의자 그룹에 속한다. 어떤 면에서 이 그룹은 주목을 받지는 않으며, 오히려 연결주의자가 스포트라이트를 받는다. 도밍고스 박사가 강조했듯 CPU

가 더 빨라지고 이 분야에서 많은 연구가 수행됨에 따라, 향후 몇 년 내에 새롭고 흥미로운 최첨단 연구가 등장할 것이다. CPU는 이미 분야에 강력하고 혁신적인 영향을 미쳤으며 앞으로도 그럴 것이다.

11.2 진화와 유전 알고리즘

유전 알고리즘은 진화 알고리즘의 한 가지 유형이다. 따라서 유전 알고리즘을 이해하려면 먼저 진화 알고리즘을 알아야 한다. 진화 알고리즘은 문제를 해결하기 위해 진화 원리를 적용하는 메타 휴리스틱 최적화 알고리즘이다.

진화 개념은 자연에서와 같다. 환경이 진화를 통해 도달한 '솔루션'을 적극적으로 추진하는 것처럼, 문제의 특성과 변수를 직접 사용해 솔루션에 도달한다. 하지만 유전 알고리즘에서 문제는 알고리즘에 의해 조작되는 비트 패턴으로 인코딩된다.

인공지능과 머신러닝의 핵심 목표는 '자율적으로 문제를 해결하는 컴퓨터'다. **유전 알고리즘**Genetic Algorithm (GA)은 진화적인 계산 기술로, 사용자가 솔루션의 형태나 구조를 미리 알거나 지정하지 않아도 문제를 자동으로 해결한다. 가장 추상적인 수준에서 보면 GA는 체계적이고 도메인 독립적인 방법이며 컴퓨터가 완료할 조건에 대한 고수준 표현식을 사용해 자동으로 문제를 풀도록 한다.

진화 알고리즘의 기본 단계는 다음과 같다.

1단계

데이터 포인트 또는 개인의 초기 모집단population을 무작위로 생성한다. GA에 의해 정의된 개인은 특정한 특성을 지닌 모집단의 구성원이다.

이후 단계에서는 이러한 특성으로 인해 개인이 환경에 적응하고 자손을 가질 만큼 오래 생존할 수 있는지 여부를 결정한다.

2단계

종료될 때까지 루프 내에서 다음 단계를 수행한다.

1 해당 모집단에 속한 모든 사람의 적합성을 평가한다.

2 복제에 가장 적합한 개인을 선택한다.

3 교차와 돌연변이 작업을 통해 새로운 개인을 사육해 자손을 만든다.

4 새로운 개인의 개인 적합성을 평가한다.

5 적합성이 가장 낮은 집단을 새로운 개인으로 교체한다.

개인의 **적합성**fitness은 사전 정의된 **적합성 함수**fitness function에 따라 결정된다. 여기에서 적자생존survival of the fittest이라는 구절이 등장한다.

선택된 개인의 재조합recombination과 돌연변이mutation를 통해 다음 세대 개인을 만든다. 재조합과 돌연변이 개념은 다음 절에서 알아보기로 하고, 일단은 선택된 개인을 부모로 다음 세대를 창조하는 메커니즘으로 알아두자.

재조합과 돌연변이를 실행하면 새로운 개인들이 만들어진다. 이들은 다음 세대에서 자리를 차지하려고 오래된 개인들과 경쟁한다. 가장 약한 개인을 버리고 자손으로 대체함으로써 모집단의 전반적인 적합성 수준을 높인다. 전반적인 적합성이 원하는 수준에 도달할 때까지 반복한다.

GA는 휴리스틱을 사용해서 문제를 해결하는 일련의 비트를 찾는 진화 알고리즘이다. 솔루션에 도달하기 위해 지속적으로 모집단을 반복한다.

이 과정에서 더 적합한 개인을 포함하는 새로운 모집단을 생성한다. 이때 선택, 교차crossover, 돌연변이와 같은 확률 연산자를 적용해 다음 세대 개인을 생성한다. 개인은 문자열로 나타내며 모든 문자열은 잠재적 솔루션의 인코딩된 버전이다.

적합성 함수는 각 문자열이 문제 해결에 얼마나 적합한지를 나타내는 적합성을 평가한다. **평가 함수**evaluation function라고도 한다. GA에서 적용하는 연산자는 자연에서 영감을 받았으므로 명명법이 생물학 용어와 밀접한 관련이 있다.

11.3 유전 알고리즘의 기본 개념

GA를 구축하기 전에 몇 가지 주요 개념과 용어를 이해하자. 이 개념은 다양한 문제의 솔루션을 구축하기 위해 GA 분야에서 광범위하게 사용된다. GA의 중요한 측면으로 무작위성randomness이 있다. 반복하기 위해 개인의 무작위 샘플링에 의존하며, 이는 프로세스가 비결정론적임을 의미한다. 즉 동일한 알고리즘을 여러 번 실행하면 각각 솔루션이 다를 수 있다.

모집단이라는 용어를 정의해보자. 모집단은 후보 솔루션인 개인의 집합이다. GA의 특정 단계에서 단일 최상 솔루션이 유지되지 않으며, 잠재적인 솔루션 집합 중 하나가 최상이 될 수 있다. 다른 솔루션들 또한 검색 중에 중요한 역할을 한다. 솔루션 집합을 추적하면 국소 최적에 갇힐 가능성이 적다. 국소 최적에 갇히는 일은 다른 최적화 기술이 직면하는 고전적인 문제다.

GA의 확률적 특성과 모집단에 이어서 이제 연산자를 알아보자. 다음 세대 개인을 생성할 때, 알고리즘은 그들이 현재 세대의 가장 적합한 개인으로부터 왔는지 확인한다.

한 가지 방법은 돌연변이다. GA는 현재 세대의 개인 중에서 한 명 이상을 무작위로 변경해 새로운 후보 솔루션을 생성한다. 이 변화를 돌연변이라고 하며, 해당 개인을 기존 개인들보다 더 좋게 혹은 나쁘게 만들 수 있다.

다음으로 정의할 개념은 재조합이다. 교차라고도 한다. 이는 진화 과정에서 번식의 역할과 직접적으로 관련된다. GA는 현재 세대 개인들을 결합해 새로운 솔루션을 만드는데, 부모 개인 각각의 특성 몇 가지를 결합해 자손을 생성한다. 이 프로세스를 교차라고 한다. 교차의 목표는 현재 세대의 '덜 적합한' 개인을, 모집단의 '더 적합한' 개인에서 생성한 자손으로 대체하는 것이다.

교차와 돌연변이를 적용하려면 선택 기준이 필요하다. 선택 개념은 자연선택 이론에서 영감을 얻었다. 각 반복을 진행하는 동안 GA는 선택 과정을 수행한다. 선택 과정을 통해 가장 적합한 개인이 선택되고 약한 개인은 사라진다. 이때 적자생존 개념이 작용한다. 선택 과정에는 개인의 적합성을 계산하는 함수가 사용된다.

11.4 사전 정의된 매개변수로 비트 패턴 생성하기

GA의 기본 개념을 배웠으니 이를 사용해 몇 가지 문제를 해결해보자. 예제에서는 DEAP라는 파이썬 패키지를 사용한다. 세부 정보는 *http://deap.readthedocs.io/en/master*에서 확인하자.

다음 명령을 실행해 설치한다.

```
$ pip3 install deap
```

패키지를 설치했으면 빠르게 테스트해보자. 다음 명령어를 실행해 파이썬 셸에 들어가자.

```
$ python3
```

셸에 들어갔으면 다음과 같이 입력한다.

```
>>> import deap
```

오류 메시지가 표시되지 않는다면 설치가 제대로 된 것이다.

이 절에서는 원-맥스 알고리즘의 변형을 사용한다. 원-맥스 알고리즘은 1을 최대한 많이 포함하는 비트 문자열을 생성한다. 간단한 알고리즘이지만, 라이브러리에 익숙해지면 GA를 사용한 솔루션 구현 방법을 이해하는 데 도움이 된다.

예제에서 생성될 비트 문자열은 1을 미리 정의된 개수만큼 포함한다. 기본 구조와 일부 코드가 DEAP 라이브러리에서 사용되는 예시와 비슷함을 알 수 있다.

새 파이썬 파일을 만들고 다음을 임포트한다.

```
import random

from deap import base, creator, tools
```

길이가 75이며 1을 45개 포함하는 비트 패턴을 생성한다고 하자. 이러한 목표에 사용 가능한 평가 함수를 정의해야 한다.

```python
# 평가 함수
def eval_func(individual):
    target_sum = 45
    return len(individual) - abs(sum(individual) - target_sum),
```

함수에서 사용한 공식은 개인의 수가 **45**일 때 최댓값에 도달한다. 모든 개인의 길이는 **75**다. 개인의 수가 **45**일 때 반환값은 **75**가 된다.

이제 툴박스^{toolbox}를 만드는 함수를 정의하자. 먼저 적합성 함수에 대한 **creator** 객체를 정의하고 개인을 추적한다. 여기에 사용된 **Fitness** 클래스는 추상 클래스이며, **weights** 속성을 정의해야 한다. 양의 가중치를 사용해 적합성이 최대가 되도록 구축하자.

```python
# 올바른 매개변수를 갖는 툴박스 생성
def create_toolbox(num_bits):
    creator.create("FitnessMax", base.Fitness, weights=(1.0,))
    creator.create("Individual", list, fitness=creator.FitnessMax)
```

첫 번째 라인은 **FitnessMax**라는 적합성을 최대화하는 하나의 목적을 생성한다. 두 번째 라인은 개인 생성을 다룬다. 첫 번째로 생성되는 개인은 부동소수점의 리스트다. 이 개인을 생성하려면 **creator**를 사용해 **Individual** 클래스를 만들어야 한다. 적합성 속성은 앞서 정의한 **FitnessMax**를 사용한다.

toolbox는 DEAP에서 공통적으로 사용하는 객체로, 다양한 함수와 매개변수를 저장하는 데 사용한다. 객체를 생성해보자.

```python
# 툴박스 초기화
toolbox = base.Toolbox()
```

이제 **toolbox**에 다양한 함수를 등록하자. 0과 1 사이 임의의 정수를 생성하는 난수 생성기부터 시작한다. 생성기는 기본적으로 비트 문자열을 생성한다.

```
# 속성 생성
toolbox.register("attr_bool", random.randint, 0, 1)
```

individual 함수를 등록하자. initRepeat 메서드는 매개변수 3개를 사용한다. 각각 개인을 위한 컨테이너 클래스, 컨테이너를 채우는 데 사용하는 함수, 함수를 반복할 횟수다.

```
# 구조 초기화
  toolbox.register("individual", tools.initRepeat, creator.Individual,
        toolbox.attr_bool, num_bits)
```

population 함수를 등록한다. 모집단은 개인의 리스트가 된다.

```
# 모집단이 개인의 리스트가 되도록 정의
toolbox.register("population", tools.initRepeat, list, toolbox.individual)
```

이제 유전 연산자를 등록하자. 앞서 정의한 evaluation 함수를 등록한다. 이 함수는 적합성 함수로 동작하게 된다. 개인이 1을 45개 갖도록 한다(개인은 비트 패턴임).

```
# 평가 연산자 등록
toolbox.register("evaluate", eval_func)
```

cxTwoPoint 메서드를 사용해 mate라는 교차 연산자를 등록한다.

```
# 교차 연산자 등록
toolbox.register("mate", tools.cxTwoPoint)
```

mutFlipBit을 사용해 mutate라는 돌연변이 연산자를 등록한다. indpb를 사용해, 각 속성이 돌연변이가 될 확률을 설정한다.

```
# 돌연변이 연산자 등록
toolbox.register("mutate", tools.mutFlipBit, indpb=0.05)
```

selTournament를 사용해 선택 연산자를 등록한다. 연산자는 번식에 사용할 개인을 지정한다.

```
# 번식에 사용할 개인을 선택하는 연산자
toolbox.register("select", tools.selTournament, tournsize=3)

return toolbox
```

이전 절에서 이야기한 개념을 모두 구현했다. toolbox 생성기 함수는 DEAP에서 일반적이며, 이 장 전체에서 사용할 것이다. 따라서 toolbox가 어떻게 생성됐는지 확실히 이해하는 것이 좋다.

main 함수를 정의하자. 비트 패턴의 길이부터 시작한다.

```
if __name__ == "__main__":
    # 비트 수 정의
    num_bits = 75
```

미리 정의한 함수를 사용해 toolbox를 생성한다.

```
# 앞 매개변수를 사용해 toolbox 생성
toolbox = create_toolbox(num_bits)
```

반복 가능한 결과를 얻기 위해 난수 생성기를 시드[seed]한다.

```
# 난수 생성기 시드
random.seed(7)
```

toolbox 개체에서 사용 가능한 메서드로 초기 모집단을 만든다. 예제에서는 개인 500명이 있는 초기 모집단을 만든다. 숫자는 자유롭게 변경하고 테스트해보자.

```
# 개인 500명이 있는 초기 모집단 생성
population = toolbox.population(n=500)
```

교차와 돌연변이 확률을 정의한다. 사용자가 정의하는 매개변수이므로 자유롭게 변경하고 결과에 미치는 영향을 확인하자.

```
# 교차와 돌연변이 확률 정의
probab_crossing, probab_mutating = 0.5, 0.2
```

프로세스가 종료될 때까지 반복하기 위해 필요한 세대 수를 정의하자. 세대 수를 늘림으로써 주기를 더 많이 반복해 모집단 적합성을 향상한다.

```
# 세대 수 정의
num_generations = 60
```

적합성 함수를 사용해 모집단 내 모든 개인을 평가한다.

```
print('\nStarting the evolution process')

# 모집단 전체 평가
fitnesses = list(map(toolbox.evaluate, population))
for ind, fit in zip(population, fitnesses):
    ind.fitness.values = fit
```

세대 반복을 시작하자.

```
print('\nEvaluated', len(population), 'individuals')

# 세대 반복
for g in range(num_generations):
    print("\n===== Generation", g)
```

각 세대에서 다음 세대 개인을 선택한다. 앞서 toolbox에 등록한 선택 연산자를 사용한다.

```
# 다음 세대 개인 선택
offspring = toolbox.select(population, len(population))
```

선택된 개인을 복제한다.

```
# 선택된 개인 복제
offspring = list(map(toolbox.clone, offspring))
```

앞서 정의한 확률 값을 사용해 다음 세대 개인에 교차와 돌연변이를 적용한다. 작업이 완료되면 적합성 값을 리셋한다.

```
# 자손에 교차와 돌연변이 적용
for child1, child2 in zip(offspring[::2], offspring[1::2]):
    # 두 개인 교차
    if random.random() < probab_crossing:
        toolbox.mate(child1, child2)

        # 자손의 적합성 값 삭제
        del child1.fitness.values
        del child2.fitness.values
```

앞서 정의한 확률 값을 사용해 다음 세대 개인에 돌연변이를 적용한다. 완료되면 적합성 값을 리셋한다.

```
# 돌연변이 적용
for mutant in offspring:
    # 개인별 돌연변이
    if random.random() < probab_mutating:
        toolbox.mutate(mutant)
        del mutant.fitness.values
```

적합성이 낮은 개인을 평가한다.

```
# 적합성이 낮은 개인 평가
invalid_ind = [ind for ind in offspring if not ind.fitness.valid]
fitnesses = map(toolbox.evaluate, invalid_ind)
for ind, fit in zip(invalid_ind, fitnesses):
```

```
        ind.fitness.values = fit

    print('Evaluated', len(invalid_ind), 'individuals')
```

모집단을 다음 세대로 교체한다.

```
    # 모집단을 다음 세대로 완전히 교체
    population[:] = offspring
```

현재 세대의 상태를 출력해 진행 상황을 확인한다.

```
    # 개인 리스트의 적합성을 모두 모으고 상태를 출력
    fits = [ind.fitness.values[0] for ind in population]

    length = len(population)
    mean = sum(fits) / length
    sum2 = sum(x*x for x in fits)
    std = abs(sum2 / length - mean**2)**0.5

    print('Min =', min(fits), ', Max =', max(fits))
    print('Average =', round(mean, 2), ', Standard deviation =', round(std, 2))

print("\n==== End of evolution")
```

최종 결과를 출력한다.

```
best_ind = tools.selBest(population, 1)[0]
print('\nBest individual:\n', best_ind)
print('\nNumber of ones:', sum(best_ind))
```

전체 코드는 bit_counter.py 파일에 있다. 코드를 실행하면 반복이 출력된다. 초기에는 다음
과 같은 결과가 나타난다.

```
Starting the evolution process

Evaluated 500 individuals

===== Generation 0
Evaluated 297 individuals
Min = 58.0 , Max = 75.0
Average = 70.43 , Standard deviation = 2.91

===== Generation 1
Evaluated 303 individuals
Min = 63.0 , Max = 75.0
Average = 72.44 , Standard deviation = 2.16

===== Generation 2
Evaluated 310 individuals
Min = 65.0 , Max = 75.0
Average = 73.31 , Standard deviation = 1.6

===== Generation 3
Evaluated 273 individuals
Min = 67.0 , Max = 75.0
Average = 73.76 , Standard deviation = 1.41
```

그림 11-1 초기 진화 결과(0세대부터 3세대까지)

마지막에는 진화가 끝났다고 알려주는 화면이 나타난다.

```
===== Generation 57
Evaluated 306 individuals
Min = 68.0 , Max = 75.0
Average = 74.02 , Standard deviation = 1.27

===== Generation 58
Evaluated 276 individuals
Min = 69.0 , Max = 75.0
Average = 74.15 , Standard deviation = 1.18

===== Generation 59
Evaluated 288 individuals
Min = 69.0 , Max = 75.0
Average = 74.12 , Standard deviation = 1.24

==== End of evolution

Best individual:
 [1, 1, 0, 1, 1, 0, 1, 0, 1, 0, 0, 1, 0, 1, 0, 1, 1, 1, 1, 0, 1, 0, 0, 1, 1, 1, 0, 1, 1, 1, 1, 1, 1, 1, 1
, 1, 1, 1, 0, 0, 1, 0, 0, 1, 1, 0, 0, 1, 1, 0, 1, 1, 0, 0, 0, 1, 0, 0, 1, 1, 1, 0, 1, 1, 1, 0, 1, 1, 0, 0
, 1, 0, 0, 0, 1]
Number of ones: 45
```

그림 11-2 최종 진화 결과

[그림 11-2]에 나타나듯 진화 과정은 60세대(제로 인덱스) 후에 종료한다. 완료되면 가장 좋은 개인이 선택돼 출력되며, 이 개인에는 1이 45개다. 평가 함수에서 목표 합이 45이므로 결과를 확신할 수 있다.

11.5 진화 시각화하기

진화 과정을 시각화하는 방법을 살펴보자. DEAP에는 진화를 시각화하는 **CMA-ES**^{Covariance Matrix} Adaptation Evolution Strategy라는 방법이 있다. CMA-ES는 연속 도메인에서 비선형 문제를 해결하는데 사용하는 진화 알고리즘이다. CMA-ES 기술은 강력하고, 깊이 연구됐으며, 진화 알고리즘에서 '최첨단'으로 간주된다. 소스 코드를 살펴보면서 어떻게 작동하는지 알아보자. 다음 코드는 DEAP 라이브러리에 있는 예제를 약간 변형한 것이다.

새 파이썬 파일을 만들고 다음을 임포트한다.

```python
import numpy as np
import matplotlib.pyplot as plt
from deap import algorithms, base, benchmarks, cma, creator, tools
```

toolbox를 생성하는 함수를 정의한다. 음의 가중치를 사용해 FitnessMin 함수를 정의한다.

```python
# toolbox를 생성하는 함수
def create_toolbox(strategy):
    creator.create("FitnessMin", base.Fitness, weights=(-1.0,))
    creator.create("Individual", list, fitness=creator.FitnessMin)
```

toolbox를 생성하고 다음과 같이 평가 함수를 등록한다.

```python
toolbox = base.Toolbox()
toolbox.register("evaluate", benchmarks.rastrigin)

# 난수 생성기를 시드
np.random.seed(7)
```

generate와 update 메서드를 등록한다. 이것은 세대를 업데이트하는 패러다임을 사용하며, 전략에 따라 모집단을 생성하고, 전략은 모집단에 기반해 업데이트된다.

```
    toolbox.register("generate", strategy.generate, creator.Individual)
    toolbox.register("update", strategy.update)

    return toolbox
```

main 함수를 정의한다. 먼저 개인 수와 세대 수를 정의하자.

```
if __name__ == "__main__":
    # 문제의 크기
    num_individuals = 10
    num_generations = 125
```

프로세스를 시작하기 전에 **strategy**를 정의한다.

```
    # CMA-ES 알고리즘을 사용해 전략 생성
    strategy = cma.Strategy(centroid=[5.0]*num_individuals, sigma=5.0,
            lambda_=20*num_individuals)
```

정의한 전략에 기반해 **toolbox**를 생성한다.

```
    # 전략에 기반해 toolbox 생성
    toolbox = create_toolbox(strategy)
```

HallOfFame 객체를 생성한다. **HallOfFame** 객체는 모집단에 있었던 최고의 개인을 포함하며, 항상 정렬된 형식을 유지한다. 따라서 객체의 첫 번째 요소는 진화 과정에서 나타나는 최상의 적합성 값을 지닌 개인이다.

```
    # hall of fame 객체 생성
    hall_of_fame = tools.HallOfFame(1)
```

Statistics 메서드를 사용해 상태를 등록한다.

```
# 관련 상태 등록
stats = tools.Statistics(lambda x: x.fitness.values)
stats.register("avg", np.mean)
stats.register("std", np.std)
stats.register("min", np.min)
stats.register("max", np.max)
```

logbook을 정의해 진화 기록을 추적한다. logbook은 딕셔너리의 시간 순 리스트다.

```
logbook = tools.Logbook()
logbook.header = "gen", "evals", "std", "min", "avg", "max"
```

모든 데이터를 합치는 객체를 정의한다.

```
# 모든 데이터를 합치는 객체
sigma = np.ndarray((num_generations, 1))
axis_ratio = np.ndarray((num_generations, 1))
diagD = np.ndarray((num_generations, num_individuals))
fbest = np.ndarray((num_generations,1))
best = np.ndarray((num_generations, num_individuals))
std = np.ndarray((num_generations, num_individuals))
```

세대를 반복한다.

```
for gen in range(num_generations):
    # 새로운 세대 생성
    population = toolbox.generate()
```

적합성 함수를 사용해 개인을 평가한다.

```
# 개인 평가
fitnesses = toolbox.map(toolbox.evaluate, population)
for ind, fit in zip(population, fitnesses):
    ind.fitness.values = fit
```

모집단에 기반해 전략을 업데이트한다.

```
# 평가된 개인을 사용해 전략 업데이트
toolbox.update(population)
```

개인의 현재 세대를 이용해 hall_of_fame과 통계를 업데이트한다.

```
# 현재 평가된 모집단에 대한 hall of fame과 통계를 업데이트
hall_of_fame.update(population)
record = stats.compile(population)
logbook.record(evals=len(population), gen=gen, **record)

print(logbook.stream)
```

그리기 위한 데이터를 저장한다.

```
# 그리기 위한 데이터를 더 저장
sigma[gen] = strategy.sigma
axis_ratio[gen] = max(strategy.diagD)**2/min(strategy.diagD)**2
diagD[gen, :num_individuals] = strategy.diagD**2
fbest[gen] = hall_of_fame[0].fitness.values
best[gen, :num_individuals] = hall_of_fame[0]
std[gen, :num_individuals] = np.std(population, axis=0)
```

x축을 정의하고 상태를 그린다.

```
# x축은 평가 수
x = list(range(0, strategy.lambda_ * num_generations, strategy.lambda_))
avg, max_, min_ = logbook.select("avg", "max", "min")
plt.figure()
plt.semilogy(x, avg, "--b")
plt.semilogy(x, max_, "--b")
plt.semilogy(x, min_, "-b")
plt.semilogy(x, fbest, "-c")
plt.semilogy(x, sigma, "-g")
```

```
plt.semilogy(x, axis_ratio, "-r")
plt.grid(True)
plt.title("blue: f-values, green: sigma, red: axis ratio")
```

과정을 그린다.

```
plt.figure()
plt.plot(x, best)
plt.grid(True)
plt.title("Object Variables")

plt.figure()
plt.semilogy(x, diagD)
plt.grid(True)
plt.title("Scaling (All Main Axes)")

plt.figure()
plt.semilogy(x, std)
plt.grid(True)
plt.title("Standard Deviations in All Coordinates")

plt.show()
```

전체 코드는 **visualization.py** 파일에 있다. 코드를 실행하면 스크린샷 네 개가 나타난다.

첫 번째 스크린샷은 다양한 매개변수를 보여준다.

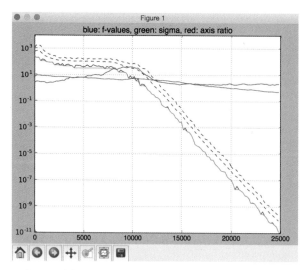

그림 11-3 진화 과정에서 그린 매개변수

두 번째 스크린샷은 객체 변수를 보여준다.

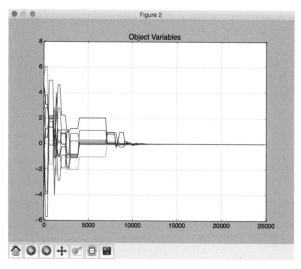

그림 11-4 진화 과정에서 그린 객체 변수

세 번째 스크린샷은 스케일링을 보여준다.

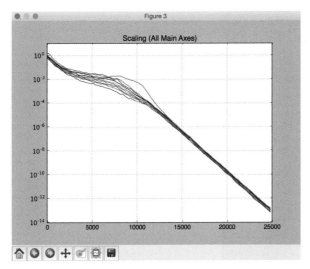

그림 11-5 진화 과정에서 그린 스케일링

네 번째 스크린샷은 표준편차를 보여준다.

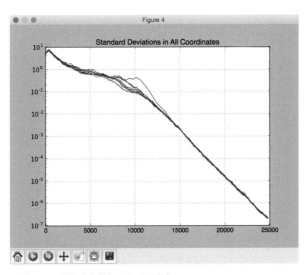

그림 11-6 진화 과정에서 그린 표준편차

이제 진행 과정이 출력된다. 초기에는 다음과 같은 결과가 나타난다.

```
gen    evals    std       min      avg       max
0      200      188.36    217.082  576.281   1199.71
1      200      250.543   196.583  659.389   1869.02
2      200      273.081   199.455  683.641   1770.65
3      200      215.326   111.298  503.933   1579.3
4      200      133.046   149.47   373.124   790.899
5      200      75.4405   131.117  274.092   585.433
6      200      61.2622   91.7121  232.624   426.666
7      200      49.8303   88.8185  201.117   373.543
8      200      39.9533   85.0531  178.645   326.209
9      200      31.3781   87.4824  159.211   261.132
10     200      31.3488   54.0743  144.561   274.877
11     200      30.8796   63.6032  136.791   240.739
12     200      24.1975   70.4913  125.691   190.684
13     200      21.2274   50.6409  122.293   177.483
14     200      25.4931   67.9873  124.132   199.296
15     200      26.9804   46.3411  119.295   205.331
16     200      24.8993   56.0033  115.614   176.702
17     200      21.9789   61.4999  113.417   170.156
18     200      21.2823   50.2455  112.419   190.677
19     200      22.5016   48.153   111.543   166.2
20     200      21.1602   32.1864  106.044   171.899
21     200      23.3864   52.8601  107.301   163.617
22     200      23.1008   51.1226  109.628   185.777
23     200      22.0836   51.3058  106.402   179.673
```

그림 11-7 진화 과정의 초기 결과

마지막 결과는 다음과 같다.

```
100    200     2.38865e-07    1.12678e-07    5.18814e-07    1.23527e-06
101    200     1.49444e-07    5.56979e-08    3.3199e-07     7.98774e-07
102    200     1.11635e-07    2.07109e-08    2.41361e-07    7.96738e-07
103    200     9.50257e-08    3.69117e-08    1.94641e-07    5.75896e-07
104    200     5.63849e-08    2.09827e-08    1.26148e-07    2.887e-07
105    200     4.42488e-08    1.64212e-08    8.6972e-08     2.58639e-07
106    200     2.34933e-08    1.28302e-08    5.47789e-08    1.54658e-07
107    200     1.74434e-08    7.13185e-09    3.64705e-08    9.88235e-08
108    200     1.17157e-08    6.32208e-09    2.54673e-08    7.13075e-08
109    200     8.73027e-09    4.60369e-09    1.79681e-08    5.88066e-08
110    200     6.39874e-09    1.92573e-09    1.43229e-08    4.00087e-08
111    200     5.31196e-09    2.05551e-09    1.13736e-08    3.16793e-08
112    200     3.15607e-09    1.72427e-09    7.28548e-09    1.67727e-08
113    200     2.3789e-09     1.01164e-09    5.01177e-09    1.24541e-08
114    200     1.38424e-09    6.43112e-10    2.94696e-09    9.25819e-09
115    200     1.04172e-09    2.87571e-10    2.06068e-09    7.90436e-09
116    200     6.08685e-10    4.32905e-10    1.4704e-09     3.80221e-09
117    200     4.51515e-10    2.1538e-10     9.23627e-10    2.2759e-09
118    200     2.77204e-10    1.46869e-10    6.3507e-10     1.44637e-09
119    200     2.06475e-10    7.54881e-11    4.41427e-10    1.33167e-09
120    200     1.3138e-10     5.97282e-11    2.98116e-10    8.60453e-10
121    200     9.52385e-11    6.753e-11      2.32358e-10    5.45441e-10
122    200     7.55001e-11    4.1851e-11     1.72688e-10    5.05054e-10
123    200     5.52125e-11    3.2216e-11     1.23505e-10    3.10081e-10
124    200     4.38068e-11    1.32871e-11    8.94929e-11    2.57202e-10
```

그림 11-8 진화 과정 최종 결과

그림에 나타나듯 모든 값은 진행하는 동안 점점 감소한다. 이는 값이 수렴함을 나타낸다.

11.6 심볼 회귀 문제 해결하기

이 장의 끝에서는 GA가 여러 산업과 도메인에 적용되는 다양한 사례를 살펴본다. GA는 금융에서 트래픽 최적화까지 광범위하게 적용된다. 여기서는 간단한 예제를 살펴보자.

심볼 회귀 문제symbol regression problem를 해결하기 위해 유전 프로그래밍을 사용하는 방법을 살펴보자. 이때 유전 프로그래밍이 GA와 동일하지 않음을 이해해야 한다. 유전 프로그래밍은 진화 알고리즘의 한 가지 유형이며, 솔루션은 컴퓨터 프로그램 형태다. 각 세대의 개인은 컴퓨터 프로그램이며, 적합성 레벨은 문제 해결 능력에 해당한다. 프로그램은 반복마다 GA를 사용해 수정된다. 유전 프로그래밍은 GA의 응용이다.

심볼 회귀 문제를 살펴보자. 근사해야 하는 다항식이 주어졌다. 이는 기본 함수를 추정하는 고전적인 회귀 문제다. 예제에 사용할 표현식은 다음과 같다.

$$f(x) = 2x^3 - 3x^2 + 4x - 1$$

예제에서 사용할 코드는 **DEAP** 라이브러리에서 제공하는 심볼 회귀 문제의 변형이다.

새 파이썬 파일을 생성하고 다음을 임포트한다.

```
import operator
import math
import random

import numpy as np
from deap import algorithms, base, creator, tools, gp
```

0으로 나누기 오류divide-by-zero error를 처리할 수 있는 나누기 연산자를 생성한다.

```
# 새 함수 정의
def division_operator(numerator, denominator):
    if denominator == 0:
```

```
        return 1

    return numerator / denominator
```

적합성 계산에 사용할 평가 함수를 정의한다. 입력 개인에 연산을 실행하기 위한 호출 함수를 정의해야 한다.

```
# 평가 함수 정의
def eval_func(individual, points):
    # 호출 가능한 함수에서 트리 표현식 변환
    func = toolbox.compile(expr=individual)
```

앞서 정의한 함수와 원래 표현식 사이의 평균 제곱 오차(MSE)를 계산한다.

```
# 평균 제곱 오차 평가
mse = ((func(x) - (2 * x**3 - 3 * x**2 + 4 * x - 1))**2 for x in points)

return math.fsum(mse) / len(points),
```

toolbox를 생성하는 함수를 정의한다. 이때 toolbox를 생성하려면 프리미티브 집합을 만들어야 한다. 프리미티브는 진화 중에 사용할 연산자로, 개인의 구성 요소 역할을 한다. 예제에서 프리미티브는 기본 산술 함수다.

```
# toolbox를 생성하는 함수
def create_toolbox():
    pset = gp.PrimitiveSet("MAIN", 1)
    pset.addPrimitive(operator.add, 2)
    pset.addPrimitive(operator.sub, 2)
    pset.addPrimitive(operator.mul, 2)
    pset.addPrimitive(division_operator, 2)
    pset.addPrimitive(operator.neg, 1)
    pset.addPrimitive(math.cos, 1)
    pset.addPrimitive(math.sin, 1)
```

다음으로 임시 상수를 선언한다. 임시 상수는 고정 값이 없는 특수 터미널 타입이며, 프로그램이 임시 상수를 트리에 추가하면 함수가 실행된다. 그리고 결과는 상수 터미널로 트리에 삽입된다.

상수 터미널이 가질 수 있는 값은 -1, 0, 또는 1이다.

```
pset.addEphemeralConstant("rand101", lambda: random.randint(-1,1))
```

인수의 기본 이름은 ARGx다. 이름을 x로 변경하자.

```
pset.renameArguments(ARG0='x')
```

적합성과 개인이라는 두 객체 타입을 정의해야 한다. creator를 사용하자.

```
creator.create("FitnessMin", base.Fitness, weights=(-1.0,))
creator.create("Individual", gp.PrimitiveTree, fitness=creator.FitnessMin)
```

toolbox와 register 함수를 생성하자. 등록하는 과정은 이전 절과 같다.

```
toolbox = base.Toolbox()

toolbox.register("expr", gp.genHalfAndHalf, pset=pset, min_=1, max_=2)
toolbox.register("individual", tools.initIterate, creator.Individual,
            toolbox.expr)
toolbox.register("population", tools.initRepeat, list, toolbox.individual)
toolbox.register("compile", gp.compile, pset=pset)
toolbox.register("evaluate", eval_func, points=[x/10. for x in range(-10,10)])
toolbox.register("select", tools.selTournament, tournsize=3)
toolbox.register("mate", gp.cxOnePoint)
toolbox.register("expr_mut", gp.genFull, min_=0, max_=2)
toolbox.register("mutate", gp.mutUniform, expr=toolbox.expr_mut, pset=pset)
toolbox.decorate("mate", gp.staticLimit(key=operator.attrgetter("height"),
            max_value=17))
toolbox.decorate("mutate", gp.staticLimit(key=operator.attrgetter("height"),
```

```
            max_value=17))

    return toolbox
```

main 함수를 정의하고 난수 생성기를 시드해 시작한다.

```
if __name__ == "__main__":
    random.seed(7)
```

toolbox 객체를 생성한다.

```
toolbox = create_toolbox()
```

toolbox 객체에서 사용 가능한 메서드로 개인이 450명인 초기 모집단을 정의한다. 개인 수는 변경해서 자유롭게 테스트해보자. hall_of_fame 객체도 정의한다.

```
population = toolbox.population(n=450)
hall_of_fame = tools.HallOfFame(1)
```

통계는 GA를 구축하는 데 유용하다. 상태 객체를 정의하자.

```
stats_fit = tools.Statistics(lambda x: x.fitness.values)
stats_size = tools.Statistics(len)
```

앞서 정의한 객체를 사용해 상태를 등록한다.

```
mstats = tools.MultiStatistics(fitness=stats_fit, size=stats_size)
mstats.register("avg", np.mean)
mstats.register("std", np.std)
mstats.register("min", np.min)
mstats.register("max", np.max)
```

교차 확률, 돌연변이 확률, 세대 수를 정의한다.

```
probab_crossover = 0.4
probab_mutate = 0.2
num_generations = 60
```

앞 매개변수를 사용해 진화 알고리즘을 실행한다.

```
population, log = algorithms.eaSimple(population, toolbox,
        probab_crossover, probab_mutate, num_generations,
        stats=mstats, halloffame=hall_of_fame, verbose=True)
```

전체 코드는 symbol_regression.py 파일에 있다. 코드를 실행하면 초기 결과는 다음과 같다.

gen	nevals	fitness				size			
		avg	max	min	std	avg	max	min	std
0	450	18.6918	47.1923	7.39087	6.27543	3.73556	7	2	1.62449
1	251	15.4572	41.3823	4.46965	4.54993	3.80222	12	1	1.81316
2	236	13.2545	37.7223	4.46965	4.06145	3.96889	12	1	1.98861
3	251	12.2299	60.828	4.46965	4.70055	4.19556	12	1	1.9971
4	235	11.001	47.1923	4.46965	4.48841	4.84222	13	1	2.17245
5	229	9.44483	31.478	4.46965	3.8796	5.56	19	1	2.43168
6	225	8.35975	22.0546	3.02133	3.40547	6.38889	15	1	2.40875
7	237	7.99309	31.1356	1.81133	4.08463	7.14667	16	1	2.57782
8	224	7.42611	359.418	1.17558	17.0167	8.33333	19	1	3.11127
9	237	5.70308	24.1921	1.17558	3.71991	9.64444	23	1	3.31365
10	254	5.27991	30.4315	1.13301	4.13556	10.5089	25	1	3.51898

그림 11-9 진화 과정 초기 결과

마지막 결과는 다음과 같다.

36	209	1.10464	22.0546	0.0474957	2.71898	26.4867	46	1	5.23289
37	258	1.61958	86.0936	0.0382386	6.1839	27.2111	45	3	4.75557
38	257	2.03651	70.4768	0.0342642	5.15243	26.5311	49	1	6.22327
39	235	1.95531	185.328	0.0472693	9.32516	26.9711	48	1	6.00345
40	234	1.51403	28.5529	0.0472693	3.24513	26.6867	52	1	5.39811
41	230	1.4753	70.4768	0.0472693	5.4607	27.1	46	3	4.7433
42	233	12.3648	4880.09	0.0396503	229.754	26.88	53	1	5.18192
43	251	1.807	86.0936	0.0396503	5.85281	26.4889	50	1	5.43741
44	236	9.30096	3481.25	0.0277886	163.888	26.9622	55	1	6.27169
45	231	1.73196	86.7372	0.0342642	6.8119	27.4711	51	2	5.27807
46	227	1.86086	185.328	0.0342642	10.1143	28.0644	56	1	6.10812
47	216	12.5214	4923.66	0.0342642	231.837	29.1022	54	1	6.45898
48	232	14.3469	5830.89	0.0322462	274.536	29.8244	58	3	6.24093
49	242	2.56984	272.833	0.0322462	18.2752	29.9267	51	1	6.31446
50	227	2.80136	356.613	0.0322462	21.0416	29.7978	56	4	6.50275
51	243	1.75099	86.0936	0.0322462	5.70833	28.8089	56	1	6.62379
52	253	10.9184	3435.84	0.0227048	163.602	29.9911	55	1	6.66833
53	243	1.80265	48.0418	0.0227048	4.73856	29.88	55	1	7.33084
54	234	1.74487	86.0936	0.0227048	6.0249	30.6067	55	1	6.85782
55	220	1.58888	31.094	0.0132398	3.82809	30.5644	54	1	6.96669
56	234	1.46711	103.287	0.00766444	6.81157	30.6689	55	3	6.6806
57	250	17.0896	6544.17	0.00424267	308.689	31.1267	60	4	7.25837
58	231	1.66757	141.584	0.00144401	7.35306	32	52	1	7.23295
59	229	2.22325	265.224	0.00144401	13.388	33.5489	64	1	8.38351
60	248	2.60303	521.804	0.00144401	24.7018	35.2533	58	1	7.61506

그림 11-10 진화 과정 최종 결과

[그림 11-9]와 [그림 11-10]을 보면 min 열의 값은 점점 작아진다. 이는 방정식 솔루션의 근사치의 오류가 점점 작아짐을 의미한다.

11.7 지능형 로봇 컨트롤러 구축하기

GA를 사용해 로봇 컨트롤러를 구축하는 방법을 살펴보자.

다음 그림처럼 타깃이 뿌려진 맵이 주어졌다. 해시(#)는 로봇이 적중해야 하는 타깃을 나타낸다.

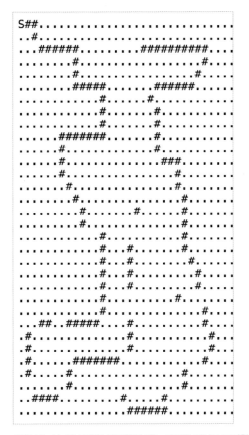

그림 11-11 AI 로봇이 적중해야 하는 타깃을 해시로 표시한 맵

그림의 맵에는 타깃 124개가 있다. 로봇 컨트롤러의 목표는 맵을 자동으로 가로질러 모든 타깃을 없애는 것이다. 예제에서 살펴볼 프로그램은 **DEAP** 라이브러리에 제공된 인공 개미 프로그램의 변형이다.

새 파이썬 파일을 만들고 다음을 임포트한다.

```
import copy
import random
from functools import partial

import numpy as np
from deap import algorithms, base, creator, tools, gp
```

로봇을 제어하는 클래스를 생성한다.

```python
class RobotController(object):
    def __init__(self, max_moves):
        self.max_moves = max_moves
        self.moves = 0
        self.consumed = 0
        self.routine = None
```

방향과 움직임을 정의한다.

```python
self.direction = ["north", "east", "south", "west"]
self.direction_row = [1, 0, -1, 0]
self.direction_col = [0, 1, 0, -1]
```

리셋 기능을 정의한다.

```python
def _reset(self):
    self.row = self.row_start
    self.col = self.col_start
    self.direction = 1
    self.moves = 0
    self.consumed = 0
    self.matrix_exc = copy.deepcopy(self.matrix)
```

조건 연산자를 정의한다.

```python
def _conditional(self, condition, out1, out2):
    out1() if condition() else out2()
```

좌회전 연산자를 정의한다.

```python
def turn_left(self):
    if self.moves < self.max_moves:
```

```
        self.moves += 1
        self.direction = (self.direction - 1) % 4
```

우회전 연산자를 정의한다.

```
    def turn_right(self):
        if self.moves < self.max_moves:
            self.moves += 1
            self.direction = (self.direction + 1) % 4
```

로봇의 전진을 제어하는 메서드를 정의한다.

```
    def move_forward(self):
        if self.moves < self.max_moves:
            self.moves += 1
            self.row = (self.row + self.direction_row[self.direction]) %
                            self.matrix_row
            self.col = (self.col + self.direction_col[self.direction]) %
                            self.matrix_col

        if self.matrix_exc[self.row][self.col] == "target":
            self.consumed += 1

        self.matrix_exc[self.row][self.col] = "passed"
```

타깃을 감지하는 메서드를 정의한다. 타깃이 앞에 보이면 행렬을 업데이트한다.

```
    def sense_target(self):
        ahead_row = (self.row + self.direction_row[self.direction]) %
                        self.matrix_row
        ahead_col = (self.col + self.direction_col[self.direction]) %
                        self.matrix_col
        return self.matrix_exc[ahead_row][ahead_col] == "target"
```

타깃이 앞에 보이면 관련 함수를 생성하고 반환한다.

```python
def if_target_ahead(self, out1, out2):
    return partial(self._conditional, self.sense_target, out1, out2)
```

실행하는 메서드를 정의하자.

```python
def run(self,routine):
    self._reset()
    while self.moves < self.max_moves:
        routine()
```

입력 맵을 가로지르는 함수를 정의하자. # 기호는 맵에 있는 타깃을 나타내며, 기호 S는 시작점을 나타낸다. . 기호(온점)는 빈 셀을 나타낸다.

```python
def traverse_map(self, matrix):
    self.matrix = list()
    for i, line in enumerate(matrix):
        self.matrix.append(list())

        for j, col in enumerate(line):
            if col == "#":
                self.matrix[-1].append("target")
            elif col == ".":
                self.matrix[-1].append("empty")
            elif col == "S":
                self.matrix[-1].append("empty")
                self.row_start = self.row = i
                self.col_start = self.col = j
                self.direction = 1

    self.matrix_row = len(self.matrix)
    self.matrix_col = len(self.matrix[0])
    self.matrix_exc = copy.deepcopy(self.matrix)
```

입력 인수 개수에 따라 함수를 생성하는 클래스를 정의한다.

```python
class Prog(object):
    def _progn(self, *args):
        for arg in args:
            arg()

    def prog2(self, out1, out2):
        return partial(self._progn, out1, out2)

    def prog3(self, out1, out2, out3):
        return partial(self._progn, out1, out2, out3)
```

개인의 평가 함수를 정의한다.

```python
def eval_func(individual):
    global robot, pset

    # 트리 표현식을 함수형 파이썬 코드로 변환
    routine = gp.compile(individual, pset)
```

프로그램을 실행한다.

```python
    # 생성한 루틴 실행
    robot.run(routine)
    return robot.consumed,
```

toolbox를 생성하는 함수를 정의하고 프리미티브를 추가한다.

```python
def create_toolbox():
    global robot, pset
    pset = gp.PrimitiveSet("MAIN", 0)
    pset.addPrimitive(robot.if_target_ahead, 2)
    pset.addPrimitive(Prog().prog2, 2)
    pset.addPrimitive(Prog().prog3, 3)
    pset.addTerminal(robot.move_forward)
```

```
pset.addTerminal(robot.turn_left)
pset.addTerminal(robot.turn_right)
```

적합성 함수를 사용하는 객체 타입을 생성한다.

```
creator.create("FitnessMax", base.Fitness, weights=(1.0,))
creator.create("Individual", gp.PrimitiveTree, fitness=creator.FitnessMax)
```

toolbox를 생성하고 모든 연산자를 등록한다.

```
toolbox = base.Toolbox()

# 속성 생성자
toolbox.register("expr_init", gp.genFull, pset=pset, min_=1,max_=2)

# 구조 초기화
toolbox.register("individual", tools.initIterate, creator.Individual,
                    toolbox.expr_init)
toolbox.register("population", tools.initRepeat, list, toolbox.individual)

toolbox.register("evaluate", eval_func)
toolbox.register("select", tools.selTournament, tournsize=7)
toolbox.register("mate", gp.cxOnePoint)

toolbox.register("expr_mut", gp.genFull, min_=0, max_=2)
toolbox.register("mutate", gp.mutUniform, expr=toolbox.expr_mut, pset=pset)

return toolbox
```

main 함수를 정의하고 난수 생성기를 시드해 시작한다.

```
if __name__ == "__main__":
    global robot

    # 난수 생성기 시드
    random.seed(7)
```

초기화 매개변수를 사용해 로봇 컨트롤러 객체를 생성한다.

```python
# 최대 움직임 횟수 정의
max_moves = 750

# 로봇 객체 생성
robot = RobotController(max_moves)
```

앞서 정의한 함수를 사용해 toolbox를 생성한다.

```python
# toolbox 생성
toolbox = create_toolbox()
```

입력 파일에서 맵 데이터를 읽어온다.

```python
# 맵 데이터 읽기
with open('target_map.txt', 'r') as f:
    robot.traverse_map(f)
```

개인이 400명인 모집단과 hall_of_frame 객체를 정의한다.

```python
# 모집단과 hall of fame 변수를 정의한다.
population = toolbox.population(n=400)
hall_of_fame = tools.HallOfFame(1)
```

stats를 등록한다.

```python
# stats 등록
stats = tools.Statistics(lambda x: x.fitness.values)
stats.register("avg", np.mean)
stats.register("std", np.std)
stats.register("min", np.min)
stats.register("max", np.max)
```

교차 확률, 돌연변이 확률, 세대 수를 정의한다.

```
# 매개변수 정의
probab_crossover = 0.4
probab_mutate = 0.3
num_generations = 50
```

앞서 정의한 매개변수를 사용해 진화 알고리즘을 실행한다.

```
# 문제를 해결하기 위해 알고리즘 실행
algorithms.eaSimple(population, toolbox, probab_crossover,
    probab_mutate, num_generations, stats,
    halloffame=hall_of_fame)
```

전체 코드는 robot.py 파일에 있다. 코드를 실행하면 초기 결과는 다음과 같다.

gen	nevals	avg	std	min	max
0	400	1.4875	4.37491	0	62
1	231	4.285	7.56993	0	73
2	235	10.8925	14.8493	0	73
3	231	21.72	22.1239	0	73
4	238	29.9775	27.7861	0	76
5	224	37.6275	31.8698	0	76
6	231	42.845	33.0541	0	80
7	223	43.55	33.9369	0	83
8	234	44.0675	34.5201	0	83
9	231	49.2975	34.3065	0	83
10	249	47.075	36.4106	0	93
11	222	52.7925	36.2826	0	97
12	248	51.0725	37.2598	0	97
13	234	54.01	37.4614	0	97
14	229	59.615	37.7894	0	97
15	228	63.3	39.8205	0	97
16	220	64.605	40.3962	0	97
17	236	62.545	40.5607	0	97
18	233	67.99	38.9033	0	97
19	236	66.4025	39.6574	0	97
20	221	69.785	38.7117	0	97
21	244	65.705	39.0957	0	97
22	230	70.32	37.1206	0	97
23	241	67.3825	39.4028	0	97

그림 11-12 진화 과정 초기 결과

마지막 결과는 다음과 같다.

```
26    214    71.505   36.964   0    97
27    246    72.72    37.1637  0    97
28    238    73.5975  36.5385  0    97
29    239    76.405   35.5696  0    97
30    246    78.6025  33.4281  0    97
31    240    74.83    36.5157  0    97
32    216    80.2625  32.6659  0    97
33    220    80.6425  33.0933  0    97
34    247    78.245   34.6022  0    97
35    241    81.22    32.1885  0    97
36    234    83.6375  29.0002  0    97
37    228    82.485   31.7354  0    97
38    219    83.4625  30.0592  0    97
39    212    88.64    24.2702  0    97
40    231    86.7275  27.0879  0    97
41    229    89.1825  23.8773  0    97
42    216    87.96    25.1649  0    97
43    218    86.85    27.1116  0    97
44    236    88.78    23.7278  0    97
45    225    89.115   23.4212  0    97
46    232    88.5425  24.187   0    97
47    245    87.7775  25.3909  0    97
48    231    87.78    26.3786  0    97
49    238    88.8525  24.5115  0    97
50    233    87.82    25.4164  1    97
```

그림 11-13 진화 과정 최종 결과

그림에 나타나듯 표준편차는 점점 작아지며, 이는 값이 수렴함을 의미한다. 그림에서는 50세대만 표시했지만, 더 많은 세대를 실행해보면 이 이상으로 수렴할 것이다.

11.8 유전 프로그래밍 사용 사례

책의 앞부분에서 이야기했듯 유전 알고리즘(GA)과 유전 프로그래밍(GP)은 머신러닝의 '다섯 그룹' 중 하나다.

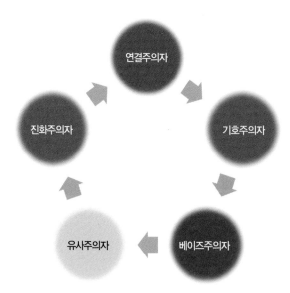

그림 11-14 머신러닝의 다섯 가지 그룹(페드로 도밍고스)

GP는 초기부터 폭넓은 발전을 이뤘다. 수천 가지 GP 적용 사례를 다루는 문헌은 GP가 성공적으로 적용된 여러 사용 사례를 포함한다. 이 절에서는 그중에서도 중요한 사례 몇 가지를 알아보자.

먼저 일반적인 문제에 GP가 성공적으로 적용된 사례를 다룬 뒤, 주요 응용 분야 각각의 대표적인 사례를 검토한다. GP는 다음과 같은 분야에서 수년간 다양하고 광범위한 연구를 바탕으로 발전을 이뤘다.

잘 이해되지 않은 도메인

관련 변수 간의 연관성이 알려지지 않았거나 잘 이해되지 않은 경우다(혹은 현재 이해가 잘못됐을 수도 있는 경우). GP(및 기타 진화 알고리즘)의 한 가지 이점은 잘 이해되지 않은 도메인을 탐색하는 것이다. 문제의 도메인을 잘 이해하고 있다면, GP의 확률적 검색 과정에 내재된 불확실성 없이도 품질 좋은 솔루션을 제공하는 분석 도구와 방법을 사용할 수 있다.

반면 GP는 도메인이 잘 이해되지 않을 때도 결과를 생성한다. GP는 어떤 속성과 차원이 관련되는지 결정하는 데 도움을 주고, 새롭고 창의적인 솔루션을 제공하고, 속성 간의 예상치 못한 관계를 드러내고, 다른 도메인에 적용 가능한 새로운 개념을 발견한다.

최종 솔루션의 크기와 모양을 찾는 일은 문제에서 주요한 부분이다. 솔루션의 형태를 알고 있다면 고정 크기 표현(예를 들면 GA)에서 작동하는 대체 검색 메커니즘이 더 효율적일 수 있다. 솔루션의 크기와 모양을 찾을 필요가 없기 때문이다.

데이터가 사용 가능하며 풍부한 경우

머신러닝과 검색 기술은 일반적으로(GP는 특히) 방대한 테스트 데이터가 필요하다. 문제에 대한 관련 데이터 세트를 찾는 일은 큰 장애물이 될 수 있다. 큰 데이터를 이용할 수 있다는 것은 데이터 과학자들의 꿈이며 그런 데이터를 사용할 때 생길 수 있는 여러 질문을 생각해보는 것도 좋다.

또한 테스트 데이터가 가능한 한 깨끗하고 정확하면 도움이 된다. 하지만 그렇지 않더라도 GP 알고리즘은 데이터에서 어느 정도의 잡음을 정상적으로 처리할 수 있다(특히 과적합을 최소화하는 단계를 수행하는 경우).

근사 솔루션이 허용되는 경우

GP는 근사 솔루션이 허용되거나 근사 솔루션이 가장 좋은 상황에서 잘 작동한다. 일반적으로 진화는, 특히 GP는 '최고'보다 '충분히 좋은 것'과 관련 있다. 예를 들어 여러분이 숲에서 곰에게 쫓긴다면 세상에서 가장 빠른 사람이 될 필요는 없다. 곰보다 빠르거나 옆에서 달리는 사람보다 빠르기만 하면 된다. 결론적으로 진화 알고리즘은 근사치가 가능하고 허용되는 영역에서 가장 잘 작동하는 경향이 있다.

작은 개선도 가치 있는 경우

GP는 기술적 노력이 경제적 중요성이 높은 영역에 집중되는 도메인에서 잘 작동한다. 이러한 도메인에서는 상당히 많은 연구가 이뤄져왔으며 '최첨단 기술'이 발달한 경향이 있다. 따라서 현재 솔루션을 개선하기는 어렵다. 하지만 이러한 도메인에서는 작은 개선이라도 가치가 매우 클 수 있으며, GP는 때때로 작지만 가치 있고 유익한 기어를 한다. 예를 들어 석유 탐사, 자재 관리, 금융 애플리케이션에 유용하다. 이제 산업별로 GA와 GP가 적용된 사례 몇 가지를 살펴보자.

영화 산업

다른 직업과 마찬가지로 스턴트 배우는 곧 사라질지 모른다. 내추럴모션NaturalMotion이라는 스타트업은 GP를 사용해 매우 사실적으로 움직이는 사람을 생성한다. 가상 배우는 실제 같은 정밀도로 떨어지고 점프하는 등 스턴트를 수행한다. 또한 실제 인간처럼 자신에게 가해진 힘에 반응하고 다양한 움직임을 생생하게 표현한다. 이때 필요한 성능은 데스크톱 PC 정도다. 영화는 시작에 불과하다. 내추럴모션은 향후 몇 년간 차세대 비디오게임에서 생생한 그림을 선보일 계획이다.

내추럴모션은 전 옥스퍼드 연구원인 토스턴 레일Torsten Reil과 컴 매시Colm Massey가 설립한 신생 회사이며 현재 엔도르핀Endorphin이라는 제품을 보유하고 있다. 엔도르핀은 신경망과 인공 진화를 사용해 인간과 같은 정밀도로 걷고, 뛰고, 떨어지고, 날 수 있는 소프트웨어 자동 장치를 생산한다.

엔도르핀은 영화 〈반지의 제왕: 왕의 귀환〉에서 장편 데뷔해 특히 까다로운 스턴트를 현실로 만드는 데 사용됐다. 이것은 시작에 불과했다. 몇 달 후 내추럴모션의 로봇은 볼프강 페터젠의 영화 〈트로이〉에서 전투 중 일리움 평원에서 죽음을 맞았다(출처: *https://www.naturalmotion.com*).

컴퓨터게임

오늘날 모두가 딥러닝 알고리즘에 매혹돼 있다. 딥러닝 알고리즘은 분명히 많은 영역에서 인상적인 결과를 만들어냈다. 하지만 GP 또한 뛰어나다. 데니스 윌슨Dennis Wilson과 프랑스 툴루즈 대학교 동료들의 연구에서 몇 가지 인상적인 결과가 관찰됐다. 그들이 작업한 GP는 꽤 많은 고전 게임에서 인간을 능가했다. 윌슨과 연구 팀은 2013년 딥러닝에 명성을 안긴 상징적인 작업에서, GP가 딥러닝 알고리즘의 성능에 어떻게 필적하는지 보여줬다. 퐁Pong, 브레이크아웃Breakout, 스페이스 인베이더Space Invaders와 같은 아케이드 비디오게임에서 인간을 뛰어넘는 능력을 보였다.

윌슨은 GP가 딥러닝에 필적하는 인상적인 결과를 생성할 수 있음을 입증했다(출처: *https://github.com/d9w*).

파일 압축

초기의 비손실 압축 기술 중 하나는 이미지에 GP 진화 비선형 예측자를 사용했다. 알고리즘은 픽셀이 취할 수 있는 그레이 레벨gray level을 예측하는 데 이웃한 픽셀 하위 집합의 그레이 값을 사용했다. 예측 오류는 모델 설명과 함께 이미지의 압축된 버전을 나타낼 수 있다. 이미지는 허프먼 부호화Huffman coding를 사용해 압축했다. GP 압축은 다양한 이미지에서 좋은 결과를 보여줬으며, 어떤 경우에는 GP 알고리즘이 인간이 설계한 최고의 비손실 압축 알고리즘 몇몇을 능가했다.[1]

금융 거래

효율적 시장 가설efficient market hypothesis은 경제학의 기본 원칙으로, 모든 시장 참여자가 '완벽한 정보'를 보유하며 '합리적으로' 행동한다는 생각에 기초한다. 효율적 시장 가설이 사실이라면 모든 사람이 시장 자산에 동일하게 가격을 책정하고 가격에 동의할 것이다.

가격 차이가 없다면 시장에서 이길 방법이 없다. 상품이든, 통화든, 주식시장이든 시장 참여자는 동등하지 않으며 '효율적인 시장'의 존재에는 상당한 의문이 있다. 시장은 비유동적일수록 효율성이 떨어진다. 따라서 사람들은 계속 주식시장을 조사해 시장을 이길 방법을 찾으려 한다. 어떤 사람들과 회사들은 시장을 이길 수 있다는 설득력 있는 사례를 보여준다. 다음은 몇 가지 예시다.

- 워런 뷔페Warren Buffet와 버크셔 해서웨이Berkshire Hathaway
- 피터 린치Peter Lynch와 피델리티 마젤란 펀드Fidelity Magellan Fund
- 레이 달리오Ray Dalio와 브리지워터 어소시에이츠Bridgewater Associates
- 짐 시몬스Jim Simons와 르네상스 테크놀로지스Renaissance Technologies

마지막 두 가지는 컴퓨터 알고리즘에 크게 의존해 시장을 이기는 결과를 얻는다.

게임 이론game theory은 경제학자가 시장을 이해하고자 사용하는 표준 도구였지만, 인간과 컴퓨터 에이전트 모두를 사용한 시뮬레이션에 의해 점점 보완되고 있다. GP는 이러한 사회체제 시뮬레이션의 일부로 점점 더 많이 사용되며, GP 알고리즘은 금융거래, 시계열 예측, 경제 모델링

---

1 Fukunaga, A. & Stechert, A. (1988). Evolving Nonlinear Predictive Models for Lossless Image Compression with Genetic Programming.

분야에서 널리 사용된다.

이 절에서는 몇 가지 예제를 간단히 살펴보자. 이 분야에서 눈에 띄는 저명한 연구원은 성흥천Sheng-Hung Chen이다. 천은 금융과 경제학 분야 GP 사용에 관한 논문 60여 편을 작성했다. 최근 논문에서는 주식시장의 에이전트 모델링(2005), 게임 이론(2002), S&P 거래 규칙 (2004), 항셍지수Heng Seng Index 예측(1999) 등을 이야기했다.

기타 응용 분야

- **최적화(Optimization)**: GA와 GP는 제약 조건하에서 목적 함수가 주어졌을 때 값을 최대화하거나 최소화해야 하는 최적화 문제에 흔히 사용된다.
- **병렬화(Parallelization)**: GA는 병렬 처리 기능이 있으며, 병렬 처리가 필요한 문제를 해결하는 데 효과적이다. 병렬화는 GA와 GP에서 활발한 연구 분야다.
- **신경망(Neural network)**: GA는 신경망, 특히 순환 신경망을 훈련하는 데 사용된다.
- **경제학(Economics)**: GA는 다음과 같은 경제체제를 모델링하는 데 흔히 사용된다.
  - 거미줄 모델obweb model
  - 게임 이론 평형 해상도Game theory equilibrium resolution
  - 자산 가격결정
- **이미지 처리(Image processing)**: GA는 고밀도 픽셀 매칭을 비롯해 다양한 디지털 이미지 처리(DIP) 작업에도 사용된다.
- **스케줄링 애플리케이션(Scheduling application)**: GA는 여러 스케줄링 문제, 특히 시간표 문제를 해결하는 데 사용 가능하다. 간단히 설명하면 시간표 문제는 리소스 집합, 활동 집합, 활동과 리소스 간의 종속성 집합이 있을 때 발생한다. 대학 수업 시간표를 예로 들어보자. 수업 시간표에는 교실, 교수, 학생이 있으며 가능한 한 많은 학생이 원하는 수업을 모두 들으면 좋다.
- **파라메트릭 설계(Parametric design)**: GA는 매개변수를 변경하고 솔루션을 발전시키면서 차량, 기계, 비행기를 설계하는 데 사용된다.
- **DNA 분석**: GA는 샘플 분광 데이터를 사용해 DNA 구조를 결정하는 데 사용된다.
- **다중 모달 최적화(Multimodal optimization)**: GA는 다중 최적 솔루션을 찾는 다중 모달 최적화 문제를 해결하는 데 유용한 접근 방식이다.
- **외판원 문제(TSP)**: GA는 TSP 및 관련된 모든 응용에 사용된다. 예를 들어 차량 라우팅, 로봇 궤도 문제와 같이 새로운 교차와 포장 전략을 사용하는 유명한 조합 문제에 사용된다.

GP와 GA의 다양한 응용 분야를 명확히 이해했기를 바란다. 여러분도 어쩌면 독창적인 애플리케이션을 생각해내고 지금까지 얻은 지식으로 분야를 발전시킬 수 있을 것이다.

11.9 정리

이 장에서는 GA의 기초 개념을 배웠다. 진화 알고리즘과 유전 프로그래밍을 알아보고 GA와의 연관성을 이해했다. 모집단, 교차, 돌연변이, 선택, 적합성 함수 개념을 다루면서 GA의 기본 구성 요소를 살펴봤다. 사전 정의된 매개변수로 비트 패턴을 생성했으며, CMA-ES를 사용해 진화 과정을 시각화했다. 심볼 회귀 문제를 해결하는 방법을 배웠으며, 맵을 가로지르며 모든 타깃을 없애는 로봇 컨트롤러를 구축했다.

12 클라우드를 이용한 인공지능

Chapter

AI 프로젝트를 활성화하고 가속화하는 다양한 클라우드 제공 업체 및 제품을 알아본다.

이 장의 학습 목표
- 마이그레이션의 이점과 위험
- 아마존 웹 서비스(AWS)
- 마이크로소프트 애저
- 구글 클라우드 플랫폼(GCP)

이 장에서는 클라우드와 클라우드를 사용하는 인공지능의 워크로드를 알아본다. AI 프로젝트를 클라우드로 마이그레이션할 때 어떤 이점과 위험이 있는지 살펴본다. 또한 주요 클라우드 제공 업체에서 제공하는 서비스와 그 기능을 알아보고 그들이 왜 시장 리더인지 이해하자.

이 장에서 다룰 내용은 다음과 같다.

- 클라우드로 마이그레이션 시 이점, 위험, 비용
- 탄력성을 비롯한 클라우드 핵심 개념
- 최고의 클라우드 제공 업체
- **아마존 웹 서비스**
  - 아마존 세이지메이커
  - 알렉사, 렉스, 폴리 – 대화형 에이전트
  - 아마존 컴프리헨드 – 자연어 처리
  - 아마존 리코그니션 – 이미지, 영상
  - 아마존 트랜스레이트
  - 아마존 머신러닝
    아마존 트랜스크라이브 – 문서 작성
  - 아마존 텍스트랙트 – 문서 분석
- **마이크로소프트 애저**
  - 머신러닝 스튜디오
  - 애저 머신러닝 인터랙티브 워크스페이스

- 애저 코그니티브 서비스
- **구글 AI와 머신러닝 제품**
  - AI 허브
  - AI 빌딩 블록

12.1 기업이 클라우드로 마이그레이션하는 이유

요즘은 '클라우드'라는 용어를 사용하지 않고는 비즈니스를 하기 어렵다. 크고 작은 기업들이 워크로드를 클라우드로 이동할 때 이점이 비용과 위험보다 더 크다고 인식하는 전환점에 도달했다. 예를 들어 미국 국방부는 2019년 현재 클라우드 제공 업체를 선택하고 10년 간의 100억 달러 계약을 체결하는 중이다. 시스템을 클라우드로 이동하면 많은 이점이 있지만, 기업이 클라우드로 이동하는 주된 이유는 클라우드의 탄력적인 기능이다.

온프레미스^{on-premises} 환경에서 새 프로젝트를 배포할 때는 항상 용량 계획부터 시작한다. 용량 계획은 기업이 새 시스템을 효율적으로 실행하는 데 필요한 하드웨어 양을 결정하는 작업이다. 하드웨어 비용은 프로젝트 규모에 따라 수백만 달러에 이르기도 한다. 따라서 구매를 완료하는 데 많은 승인이 필요할 수 있고, 프로세스 완료에 몇 달이 걸릴 수도 있다. 하지만 결정이 너무 느리고 너무 신중하다고 해서 비즈니스를 탓할 수는 없다.

구매 과정에서 훌륭한 계획이 있더라도 장비를 필요한 양보다 조금 구입하거나 용량이 부족한 장비를 구입하는 일은 드물지 않다. 혹은 장비를 너무 많이 구입하거나 주어진 프로젝트에 과도한 장비를 구입할 수도 있다. 이러한 일이 발생하는 이유는 수요를 미리 결정하기가 어렵기 때문이다.

처음에 필요한 용량을 확보하더라도 수요가 계속 증가해 추가 구매를 해야 할 수도 있다. 혹은 수요가 가변적일 수 있다. 예를 들어 어떤 웹사이트의 트래픽은 낮에는 많았다가 밤에는 줄어들 수 있다. 온프레미스 환경을 사용한다면 최악의 시나리오에 대비해 피크 기간을 처리하도록 충분한 리소스를 구매해야 하지만, 수요가 감소하는 기간에는 리소스가 낭비된다.

클라우드 환경에는 이러한 문제가 전혀 없다. 주요 클라우드 제공 업체는 모두 다양한 방식으로 탄력적인 환경을 제공한다. 쉬운 확장과 축소가 가능하다.

웹사이트 트래픽이 가변적인 경우, 트래픽을 처리하는 서버를 로드 밸런서 뒤에 배치하고 서버를 자동으로 더 추가해 트래픽 스파이크를 처리하도록 한다. 트래픽이 높은 기간이 지나면 서버를 종료하는 기타 경고 설정을 추가한다.

12.2 최상위 클라우드 제공 업체

클라우드 관련 제품이 쏟아져나오면서 많은 공급 업체가 클라우드 서비스에 대한 수요를 확보하려고 경쟁하고 있다. 하지만 기술 시장에서 흔히 그렇듯이 소수만이 정상에 올라 수요를 차지했다. 이 절에서는 상위 클라우드 업체 몇 가지를 알아보자.

아마존 웹 서비스

아마존 웹 서비스 Amazon Web Services (AWS)는 클라우드 개척자 중 하나다. AWS는 2006년 출시된 이래, 비전과 실행을 평가하는 가트너Gartner의 매직 쿼드런트Magic Quadrant에서 높은 순위를 차지하고 있다. AWS는 시작부터 클라우드 시장에서 큰 부분을 차지했으며, 기존 기업과 신생 기업 모두에게 매력적인 선택지다. 가트너는 AWS를 다음과 같이 평가했다.

> "AWS는 조직 전체의 전략적 채택을 위해 가장 많이 선택되는 공급 업체다."

AWS는 컨설턴트와 고문을 통해 고객이 서비스를 배포하고 최대한 활용하도록 돕는다. 요약하면 AWS는 고객 성공 실적이 탄탄하며 AWS 마켓플레이스에 강력한 파트너를 보유한, 가장 성숙하고 진보한 클라우드 공급자라고 할 수 있다.

하지만 단점도 있다. AWS가 시장 리더이고 AWS도 그 사실을 알고 있으므로 서비스가 저렴하지는 않을 수 있다. 또한 새로운 서비스와 기능으로 시장에 가장 먼저 진출하는 것을 매우 중요하게 생각하므로, 출시한 서비스는 기능이 완벽하지 않을 수 있다. 완전히 성숙하지 않은 서비스를 신속하게 출시하고 나서 문제를 해결하려는 것으로 보인다. 이는 사실 AWS만의 전술은 아니며 다른 클라우드 공급자도 마찬가지로 서비스의 베타 버전을 릴리스한다. 또한 아마존은 클라우드가 아닌 다른 시장에서도 경쟁하므로 잠재 고객이 '야수에게 먹이를 주지 않으려고' 다른 공급자를 선택하는 일이 종종 있다. 예를 들어 월마트Walmart는 전자 상거래 분야에서

AWS와 치열한 경쟁을 벌이고 있어, 무슨 수를 써서든 AWS를 사용하지 않는 것으로 알려져 있다.

마이크로소프트 애저

지난 몇 년간 마이크로소프트 애저는 가트너 매직 쿼드런트에서 AWS에 이어 2위를 차지했다. 실행 능력 면에서는 AWS에 크게 뒤졌지만, 강력한 2위로서 AWS를 뒤쫓고 있다.

마이크로소프트의 솔루션은 레거시 워크로드를 호스팅하거나 새로운 클라우드를 배포하려는 고객에게 매력적이다. 그 이유는 각각 다르다.

레거시 워크로드는 기존 마이크로소프트 고객이 이전에 기술 스택에 투자한 것을 활용하려는 경우에 주로 애저에서 실행된다.

새로운 클라우드 배포 시 애저 클라우드 서비스는 여러 장점이 있다. 장점은 애플리케이션 개발을 위한 마이크로소프트의 강력한 제품, 전문화된 **PaaS**^{Platform as a Service} 기능, 데이터 저장소, 머신러닝, 사물 인터넷(IoT) 서비스 등이다.

전략적으로 마이크로소프트 기술 스택에 커밋하는 기업은 프로덕션 환경에서 많은 대규모 애플리케이션을 배포할 수 있다. 애저가 빛을 발할 때는 개발자가 .NET 애플리케이션과 같은 마이크로소프트 제품군에 완전히 커밋한 뒤 애저에 배포할 때다. 마이크로소프트가 시장에 깊이 침투하는 또 다른 이유는 숙련된 영업 직원과 광범위한 파트너 네트워크 덕분이다.

마이크로소프트는 앞으로 기술 경쟁이 운영체제가 아닌 클라우드를 중심으로 이뤄질 것임을 인식하고, 타사 운영체제를 채택하는 데 점점 더 개방적으로 변하고 있다. 그 증명으로, 현재 애저 워크로드의 절반가량이 리눅스나 기타 오픈 소스 운영체제와 기술 스택에서 실행된다.

가트너 보고서는 마이크로소프트를 다음과 같이 평가했다.

> *"마이크로소프트는 VM웨어^{VMware}, 넷앱^{NetApp}, 레드햇^{Red Hat}, 크레이^{Cray}, 데이터브릭스^{Databricks}와 같은 일순위 협력 업체 제품을 통한 기술 파트너 유치와 관련해 고유한 비전이 있다."*

단점으로는 안정성, 다운타임, 서비스 중단에 대한 보고가 있었으며, 일부 고객은 마이크로소프트의 기술 지원 품질에 불만을 느꼈다.

구글 클라우드 플랫폼

2018년 구글은 GCP 제품으로, AWS와 애저만이 합류한 권위 있는 가트너 리더 쿼드런트에 진입했다. 2019년에 GCP는 치열한 두 경쟁사와 같은 사분면에 머물렀다. 다만 시장 점유율 측면에서는 두 경쟁사에 멀리 뒤처진 3위다. 하지만 구글은 최근에 영업 직원을 강화했고, 자금력이 풍부하며, 경쟁사에 뒤지지 않는 강력한 인센티브가 있으므로 무시할 수 없다.

구글은 머신러닝 분야 리더로서 명성이 확실하므로 GCP가 강력한 빅데이터 및 머신러닝 서비스를 제공함은 놀랍지 않다. 그 밖에도 GCP는 SAP나 기타 기존 고객 관계 관리(CRM) 시스템과 같은 레거시 워크로드를 호스팅하려는 대기업을 끌어들이고 있다.

머신러닝, 자동화, 컨테이너, 네트워킹에 관한 구글의 내부 혁신은 **텐서플로**^{TensorFlow}, 쿠버네티스^{Kubernetes} 같은 제품과 함께 클라우드 개발을 진전시켰다. GCP의 기술 제품은 오픈 소스에 대한 기여를 중심으로 이뤄진다.

하지만 클라우드 전략을 GCP에만 집중한다면 주의가 필요하다. 가트너는 최근 보고서에서 다음과 같이 말했다.

> *"구글은 기업 계정을 다룰 때 프로세스와 절차에 미숙하므로 기업 입장에서는 때때로 거래하기 어려울 수 있다."*

> *"구글은 숙련된 관리형 서비스 제공 업체(MSP)와 인프라 중심 전문 서비스 파트너가 매직 쿼드런트에 있는 다른 공급 업체들보다 훨씬 적다."*

그러나 이렇게도 말한다.

> *"구글은 이러한 단점을 개선하는 데 적극적이다."*

또한 가트너는 구글의 채널에 개선이 필요하다고 지적한다.

알리바바 클라우드

알리바바 클라우드^{Alibaba Cloud}는 2017년 가트너 매직 쿼드런트에 처음 등장했으며, 2019년 현재 알리윤^{Aliyun}이라는 알리바바 클라우드 제품은 틈새 플레이어^{Niche Player} 카테고리에 속한다. 가트너는 싱가포르에 본사를 둔 알리바바의 국제 서비스만 평가했다.

알리바바 클라우드는 중국 시장의 선두 주자이며, 많은 중국 기업과 중국 정부는 알리바바를 클라우드 공급자로 사용해 좋은 서비스를 받는다. 그러나 중국이 다른 국제 클라우드 공급 업체에 대한 제한을 일부 없앤다면 시장 점유율 리더십에서 큰 부분을 넘겨주게 될 수 있다.

알리바바는 중국에서는 하이브리드 클라우드 구축을 지원하지만, 기타 지역에서는 주로 클라우드 중심 워크로드에 사용된다. 2018년에는 VM웨어 및 SAP와 파트너십을 맺었다. 알리바바가 보유한 서비스 제품군은 다른 글로벌 제공 업체의 서비스 포트폴리오와 범위가 비슷하다. 알리바바 그룹과의 긴밀한 관계 덕분에 클라우드 서비스는 국제 기업이 중국에서 비즈니스를 하거나, 중국 기업이 중국 밖에서 비즈니스를 하는 데 가교 역할을 한다.

알리바바는 아직 AWS, 애저, GCP와 같은 경쟁 업체만큼 서비스 및 기술적 숙련도를 갖추지는 않은 것으로 보인다. 그리고 여러 지역에서 서비스를 특정 컴퓨팅 인스턴스에만 사용할 수 있다. 또한 알리바바 클라우드는 MSP 생태계, 서드 파티 엔터프라이즈 소프트웨어 통합, 운영 도구를 강화해야 한다.

오라클 클라우드 인프라스트럭처

2017년 오라클의 클라우드 제품은 가트너 매직 쿼드런트에서 비저너리Visionary에 올랐다. 그러나 2018년에 가트너의 평가 기준이 변경되면서 오라클은 틈새 플레이어로 이동했으며, 2019년에도 자리를 유지했다.

오라클 클라우드 인프라스트럭처 Oracle Cloud Infrastructure(OCI)는 기존 제품을 단계적으로 폐지하고자 오라클이 2016년에 출시한 2세대 서비스다. 기존 제품은 현재 오라클 클라우드 인프라스트럭처 클래식Oracle Cloud Infrastructure Classic이라고 한다.

OCI는 오라클 데이터베이스와 컨테이너 서비스의 원클릭 설치 및 구성을 통해, 가상화된 서버와 베어 메탈 서버를 모두 제공한다.

OCI는 오라클 워크로드에 기본적인 **IaaS**Infrastructure as a Service 기능 이상이 필요하지 않은 고객에게 어필한다. 오라클의 클라우드 전략은 애플리케이션, 데이터베이스, 미들웨어에 의존한다.

오라클은 자사 제품을 강화하고자 다른 클라우드 제공 업체의 인재를 유치했으며, 새로운 비즈니스를 확보하고 기존 오라클 고객이 OCI 클라우드로 이동하게끔 하는 데도 진전을 이뤘다. 다만 빅3를 따라잡으려면 아직 갈 길이 멀다.

IBM 클라우드

IBM은 메인프레임 시대에 명백한 컴퓨팅의 제왕이었지만, 메인프레임에서 벗어나 개인용 컴퓨터가 대중화되자 그 타이틀을 잃었다. IBM은 새로운 패러다임 변화에서 리더 자리를 되찾으려고 노력하고 있다. IBM 클라우드는 이 과제에 대한 IBM의 해답이다.

IBM의 다양한 클라우드 서비스에는 컨테이너 플랫폼, 서버리스 서비스, PaaS 제품 등이 있다. 이러한 서비스는 하이브리드 아키텍처를 위해 IBM 클라우드 프라이빗IBM Cloud Private으로 보완된다.

IBM은 다른 하위 계층 클라우드 제공 업체와 마찬가지로, 기술 대부분을 빅 블루Big Blue(IBM의 별칭)에서 구매하기를 선호하는 기존 고객에게 어필한다. 기존 고객은 일반적으로 기존 워크로드를 사용한다. IBM은 고객과의 오랜 관계를 활용해, 고객을 왓슨의 인공지능과 같은 새로운 IBM 솔루션으로 전환하기도 한다.

IBM은 중요한 프로덕션 서비스를 실행하며 이제 막 클라우드에 익숙해지기 시작한 대규모 기존 고객 기반으로부터 혜택을 받는다. IBM은 기존 고객들이 클라우드를 수용하고 전환할 수 있도록 지원하고 있다.

오라클과 마찬가지로 IBM은 AWS, 애저, 구글의 시장 점유율을 가져오려고 고군분투하고 있다.

12.3 아마존 웹 서비스

상위 3개 클라우드 제공 업체를 자세히 알아보자. 이미 알고 있겠지만 클라우드 제공 업체는 인공 서비스 이상을 제공하는데, 베어본 컴퓨팅과 스토리지 서비스부터 매우 정교한 상위 수준 서비스에 이른다. 클라우드 공급자가 제공하는 인공지능 및 머신러닝 서비스를 자세히 살펴보자.

12.3.1 아마존 세이지메이커

아마존 세이지메이커 Amazon SageMaker는 2017년 네바다주 라스베이거스에서 아마존의 연례행사인 리인벤트re:Invent 콘퍼런스에서 출시됐다. 세이지메이커는 개발자와 데이터 과학자가 클라우드에서 머신러닝 모델을 생성, 교육, 배포하도록 해주는 머신러닝 플랫폼이다.

데이터 과학자는 일상적인 작업에 흔히 **주피터 노트북**Jupyter Notebook을 사용한다. 주피터 노트북은 파이썬과 같은 컴퓨터 코드, 단락과 같은 텍스트 요소, 수식, 그래프, URL을 포함하는 문서다. 주피터 노트북은 분석, 설명, 결과(그림, 그래프, 표 등)를 포함하며, 온라인이나 노트북에서 처리할 수 있는 실행 가능 프로그램이므로 사람이 이해하기가 쉽다.

아마존 세이지메이커는 주피터 노트북을 강화한 것이라고 볼 수 있다. 세이지메이커는 기존 주피터 노트북과 비교하면 다음과 같은 장점이 있다.

- 아마존에서 제공하는 여러 머신러닝 서비스와 마찬가지로 세이지메이커는 완전 관리형 머신러닝 서비스이므로 운영체제 업그레이드나 드라이버 설치를 걱정할 필요가 없다.
- 아마존 세이지메이커는 가장 일반적인 머신러닝 모델을 구현하지만, 구현이 최적화되며 경우에 따라 동일한 알고리즘의 다른 구현보다 최대 10배 빠르게 실행된다. 또한 세이지메이커에서 머신러닝 모델을 기본적으로 제공하지 않는 경우 자체 알고리즘을 가져올 수 있다.
- 아마존 세이지메이커는 다양한 워크로드에 적절한 양의 기능을 제공한다. 알고리즘 훈련이나 배포에 사용할 머신 유형은 아마존에서 제공하는 다양한 유형 중에서 선택할 수 있다. 세이지메이커를 간단히 사용해보는 중이라면, 세이지메이커와 함께 사용 가능한 머신 중에서 **ml.t2.medium**이라는 작은 머신을 사용할 수 있다. 성능이 중요하다면 **ml.p3dn.24xlarge** 머신과 같이 가속화된 컴퓨터 인스턴스를 사용할 수 있다. 인스턴스의 성능은 불과 몇 년 전만 해도 값이 수백만 달러에 달했던 슈퍼컴퓨터의 성능과 동일하다.

개발자는 아마존 세이지메이커를 사용해 전체 머신러닝 파이프라인에서 생산성을 높일 수 있다. 자세한 내용은 다음과 같다.

데이터 준비

아마존 세이지메이커는 S3, RDS, 다이나모DB^DynamoDB, 람다^Lambda를 비롯한 AWS 서비스와 원활하게 통합된다. 따라서 머신러닝 알고리즘에서 사용할 데이터를 수집하고 준비하기가 용이하다.

알고리즘 선택과 훈련

기본적으로 아마존 세이지메이커는 속도와 정확성을 위해 최적화된 다양한 고성능의 확장 가능한 머신러닝 알고리즘을 제공한다. 이러한 알고리즘은 페타바이트 크기의 데이터 세트에 훈련을 수행할 수 있으며 유사한 구현의 성능보다 최대 10배까지 성능을 향상할 수 있다.

세이지메이커는 다음과 같은 알고리즘을 포함한다.

- BlazingText
- DeepAR 예측
- 팩토리제이션 머신
- K-평균
- RCF^Random Cut Forest
- 객체 탐지
- 이미지 분류
- NTM^Neural Topic Model
- IP Insights
- K-최근접 이웃(K-NN)
- 잠재 디리클레 할당(LDA)
- 선형 학습자
- Object2Vec
- 주성분 분석(PCA)
- 시맨틱 분할
- 시퀀스-투-시퀀스
- XGBoost

알고리즘 튜닝과 최적화

아마존 세이지메이커는 자동 모델 튜닝을 제공한다(하이퍼 파라미터 튜닝이라고도 한다). 지정된 하이퍼 파라미터 범위에서 동일한 알고리즘을 실행하는 입력 데이터 세트로 반복을 여러 번 실행함으로써 모델에 가장 적합한 매개변수 세트를 찾는다. 훈련 작업이 여러 번 실행되는 동안 최고 성능을 나타내는 버전의 스코어카드가 기록된다. '최상'은 사전 정의된 지표를 기반으로 정의한다.

이진 분류 문제를 예로 들어보자. 목표는 XGBoost 알고리즘 모델을 훈련해 알고리즘의 AUC^area under the curve 지표를 최대화하는 것이다. 알고리즘에 대해 다음과 같은 하이퍼 파라미터를 조정할 수 있나.

- `alpha`
- `eta`
- `min_child_weight`
- `max_depth`

이러한 하이퍼 파라미터의 최상의 값을 찾기 위해 하이퍼 파라미터 튜닝에 대한 값 범위를 지정한다. 일련의 훈련 작업이 시작되고 AUC가 가장 높은 하이퍼 파라미터 세트가 저장된다.

아마존 세이지메이커의 자동 모델 튜닝은 세이지메이커의 기본 제공 알고리즘과 사용자 지정 알고리즘 모두에서 사용 가능하다.

알고리즘 배포

아마존 세이지메이커에서 모델 배포 프로세스는 두 단계로 나뉜다.

1 모델 배포에 사용할 ML 컴퓨팅 인스턴스를 지정하는 엔드 포인트 구성을 생성한다.
2 모델을 배포하기 위해 ML 컴퓨팅 인스턴스를 한 개 이상 시작하고, 사용자가 예측을 할 수 있도록 호출할 URI를 노출한다.

엔드 포인트 구성 API는 ML 인스턴스 유형과 초기 인스턴스 수를 가져온다. 신경망의 경우 구성이 GPU 지원 인스턴스 유형을 포함할 수 있다. 엔드 포인트 API는 이전 단계에서 정의한 대로 인프라를 프로비저닝한다.

세이지메이커 배포는 일회성 및 배치 예측을 모두 지원한다. 배치 예측은 아마존 S3나 다른 AWS 스토리지 솔루션에 저장할 수 있는 데이터 세트에 대한 예측을 수행한다.

통합과 호출

아마존 세이지메이커는 서비스와 상호작용하는 다양한 방법과 인터페이스를 제공한다.

- **웹 API**: 세이지메이커에는 세이지메이커 서버 인스턴스를 제어하고 호출하는 데 사용 가능한 웹 API가 있다.
- **세이지메이커 API**: 다른 서비스와 마찬가지로 아마존에는 다음 프로그래밍 언어를 지원하는 세이지메이커용 API가 있다.
  - Go
  - C++
  - 자바
  - 자바스크립트
  - 파이썬
  - PHP
  - 루비

- **웹 인터페이스**: 주피터 노트북에 익숙하다면 아마존 세이지메이커를 사용하는 편이 좋다. 세이지메이커와 상호작용하는 웹 인터페이스는 주피터 노트북이다.
- **AWS CLI**: AWS 명령 줄 인터페이스

12.3.2 아마존 알렉사, 렉스, 폴리

이전 장에서 알렉사가 무엇인지 살펴봤으며, 알렉사가 일상에서 점점 더 많이 사용됨을 알았다. 이제 알렉사를 지원하는 기술을 살펴보자. 이 기술을 통해 자신만의 대화형 봇을 만들 수 있다.

아마존 렉스 Amazon Lex는 대화형 에이전트를 구축하는 데 사용하는 서비스이며, 다른 챗봇과 마찬가지로 1장에서 살펴본 튜링 테스트를 통과하려는 현세대의 시도다. 알렉사와의 대화를 인간의 대화와 구별하지 못할 정도가 되기까지는 상당한 시간이 걸릴 것이다. 하지만 아마존을 비롯한 여러 회사가 계속해서 발전하며 대화를 점점 더 자연스럽게 만든다. 아마존 렉스는 아마존 알렉사와 동일한 기술로 구동되며, 개발자는 렉스를 통해 정교한 자연어, 대화형 에이전트 또는 챗봇을 빠르게 구축할 수 있다. 간단한 경우에는 프로그래밍 없이 챗봇을 구축할 수 있다. 또한 통합 기술로 AWS 람다를 사용해 렉스를 AWS 스택의 다른 서비스와 통합할 수 있다.

챗봇은 16장에서 자세히 살펴보므로 여기서는 간단히만 알아보고 넘어가자.

12.3.3 아마존 컴프리헨드

아마존 컴프리헨드 Amazon Comprehend는 AWS에서 제공하는 자연어 처리 서비스로, 머신러닝을 사용해 콘텐츠를 분석하고, 엔티티 인식을 수행하고, 묵시적 및 명시적 관계를 찾는다. 기업들은 매일 생성하는 방대한 데이터에 가치 있는 정보가 있다는 사실을 깨닫기 시작했다. 고객 이메일, 지원 티켓, 제품 리뷰, 콜센터 대화, 소셜 미디어 상호작용으로부터 귀중한 통찰을 얻을 수 있다. 최근까지는 이러한 통찰을 얻는 비용이 컸지만, 아마존 컴프리헨드와 같은 도구를 사용하면 방대한 데이터를 비용 효율적으로 분석할 수 있다.

아마존 컴프리헨드의 또 다른 장점은 서버 프로비저닝, 드라이버 설치, 소프트웨어 업그레이드가 필요 없다는 점이다. 즉 완전히 관리되는 AWS 서비스이므로 사용하기 쉬우며, NLP에 대한 경험이 많이 필요하지 않아 신속하게 생산성을 높인다.

다른 AWS AI, ML 서비스와 마찬가지로 아마존 컴프리헨드는 AWS 람다, AWS 글루 같은 다른 AWS 서비스와 통합된다.

사용 사례

아마존 컴프리헨드를 사용해 문서를 스캔하고 문서에서 패턴을 식별할 수 있다. 이 기능은 감정 분석, 항목 추출, 주제별 문서 정리와 같은 다양한 사용 사례에 적용된다. 예를 들어 아마존 컴프리헨드는 고객과의 소셜 미디어 상호작용에서 텍스트를 분석하고, 핵심 문구를 식별하고, 고객의 경험이 긍정적인지 혹은 부정적인지 판단할 수 있다.

콘솔 접근

아마존 컴프리헨드는 AWS 관리 콘솔AWS Management Console에서 접근할 수 있다. 아마존 S3를 사용하면 아주 쉽게 서비스에 데이터를 수집할 수 있다. 그런 다음 컴프리헨드 서비스를 호출해 핵심 문구와 관계에 대한 텍스트를 분석한다. 컴프리헨드는 각 사용자 요청의 정확도 신뢰 수준을 결정하는 신뢰도 점수를 반환한다. 퍼센트가 높을수록 서비스 신뢰도가 높다. 컴프리헨드는 단일 요청을 처리하거나 여러 요청을 일괄 처리할 수 있다.

사용 가능한 API는 다음과 같다. 현재 컴프리헨드에는 통찰을 제공하는 여섯 가지 API가 있다.

- **핵심 문구 추출 API**: 핵심 문구와 용어를 식별한다.
- **감정 분석 API**: 긍정적, 부정적, 중립적 또는 혼합된 텍스트의 전체적인 의미와 느낌을 반환한다.
- **구문 API**: 사용자가 텍스트를 토큰화해 단어 경계를 정의하고, 명사와 동사처럼 품사가 다른 단어에 레이블을 지정하게 해준다.
- **엔티티 인식 API**: 텍스트에서 사람, 장소, 회사와 같은 엔티티를 식별하고 레이블을 지정한다.
- **언어 감지 API**: 텍스트가 작성되는 기본 언어를 식별한다. 이 서비스는 백 가지 이상 언어를 식별한다.
- **사용자 지정 분류 API**: 사용자가 사용자 지정 텍스트 분류 모델을 구축하도록 한다.

산업별 서비스

의료 산업을 위해 구축된 아마존 컴프리헨드 메디컬Amazon Comprehend Medical은 2018년 AWS 리인벤트에서 출시됐다. 컴프리헨드 메디컬은 의료 산업 전문용어를 식별하며, 특정 의료 이름이 지정된 엔티티와 관계 추출 API를 제공한다. AWS는 아마존 컴프리헨드 메디컬의 텍스트 입력을 저장하거나 향후 머신러닝 훈련에 사용하지 않는다.

12.3.4 아마존 리코그니션

아마존 리코그니션^{Amazon Rekognition}에서 인식을 의미하는 '리코그니션'의 철자는 'Recognition'이 아닌 'Rekognition'이 맞다. 아마존 리코그니션은 이미지와 영상을 분석하며, 사용자는 이 기능을 애플리케이션에 추가할 수 있다. 리코그니션은 수백만 개 레이블이 지정된 이미지로 사전 학습돼 다음을 빠르게 인식한다.

- **개체 유형**: 의자, 테이블, 자동차 등
- **유명인**: 배우, 정치인, 운동선수 등
- **사람**: 얼굴 분석, 얼굴 표정, 얼굴 품질, 사용자 확인 등
- **텍스트**: 이미지를 텍스트로 인식하고 텍스트로 변환
- **장면**: 춤, 축하, 식사 등
- **부적절한 콘텐츠**: 성인용 콘텐츠, 폭력적이거나 시각적으로 충격적인 콘텐츠

아마존 리코그니션은 지금까지 수십억 개 이미지와 동영상을 인식했으며, 이를 사용해 지속적으로 개선된다. 지난 몇 년간 가장 성공적인 머신러닝 적용 사례는 아마도 이미지 인식 영역일 것이다. 아마존 리코그니션은 딥러닝을 활용해 인상적인 결과를 보여준다. 아마존 리코그니션을 사용하는 데는 수준 높은 머신러닝 전문 지식이 필요하지 않다. 간단한 API가 제공되며, 이를 사용하기 위해 이미지와 몇 가지 매개변수가 서비스에 전달된다. 아마존 리코그니션은 계속해서 발전한다. 더 많이 사용할수록 더 많은 입력을 받고, 입력을 통해 더 많이 학습한다. 또한 아마존은 계속해서 서비스를 개선하고 새로운 기능을 추가하고 있다.

일반적인 아마존 리코그니션 사용 사례는 다음과 같다.

객체, 장면, 활동 감지

아마존 리코그니션을 사용하면 수천 가지 객체 유형(자동차, 집, 의자 등)과 장면(도시, 쇼핑몰, 해변 등)을 식별할 수 있다. 영상을 분석할 때 프레임 내에서 일어나는 특정 활동(예를 들면 '자동차 트렁크 비우기'나 '놀고 있는 어린이들')을 식별할 수 있다.

성별 인식

아마존 리코그니션을 사용해 이미지에 있는 사람이 남성인지 혹은 여성인지 판단할 수 있다. 다만 성별 결정에 이 기능만 단독으로 사용해서는 안 된다. 예를 들어 남성 배우가 배역 때문에

긴 머리 가발과 귀걸이를 착용한다면 여성으로 식별될 수 있다.

얼굴 인식 및 분석

얼굴 인식 시스템은 이미지나 영상에서 사람을 식별하고 인증하는 데 사용된다. 이 기술은 수십 년 전부터 사용됐으며, 최근에 딥러닝 기술과 리코그니션 같은 서비스가 보편화되면서 애플리케이션이 더 인기 있고, 저렴하고, 가용성이 높아졌다. 얼굴 인식 기술은 사진 공유 및 저장 서비스와 같은 오늘날의 많은 애플리케이션을 지원하며, 스마트폰 인증 단계에서 두 번째 방법으로 사용된다.

물체가 얼굴임을 인식한 후에는 추가로 얼굴 분석을 수행할 수 있다. 아마존 리코그니션이 결정을 지원하는 몇 가지 속성은 다음과 같다.

- 눈을 떴는지 혹은 감았는지
- 기분
  - 기쁨
  - 슬픔
  - 화남
  - 놀람
  - 역겨움
  - 침착함
  - 혼란스러움
  - 두려움
- 머리 색깔
- 눈 색깔
- 턱수염, 콧수염
- 안경
- 연령대
- 성별
- 얼굴의 시각적 기하학

감지된 속성은 수백만 개 이미지를 검색하고 구성해 사람의 기분과 같은 메타데이터 태그를 생성하거나 사람을 식별하는 데 유용하다.

경로 지정

영상 파일을 사용할 때 아마존 리코그니션으로 장면에서 사람의 경로를 추적할 수 있다. 예를 들어보자. 이미지에서 트렁크 주변에 가방을 둔 사람이 있으면, 도착해서 가방을 트렁크에서 꺼내놨는지 혹은 가방을 트렁크에 넣고 출발할 것인지 알 수 없다. 이때 경로 지정을 사용해 영상을 분석하면 결정을 내릴 수 있다.

안전하지 않은 콘텐츠 감지

아마존 리코그니션은 이미지나 영상 콘텐츠에서 잠재적으로 안전하지 않거나 부적절한 콘텐츠를 식별하는 데 도움이 된다. 자세한 레이블을 제공해, 이전에 결정된 기준에 근거해 해당 콘텐츠에 대한 접근을 정확하게 제어할 수 있다.

유명인 인식

이미지나 영상 라이브러리에서 유명인을 빠르게 식별해 사진과 영상을 분류할 수 있다. 이 기능은 마케팅, 광고, 미디어 산업에 유용하다.

이미지 내 텍스트

이미지 내에 텍스트가 있음을 확인하면 이미지 내 문자와 단어를 텍스트로 변환하는 것이 당연하다. 예를 들어 리코그니션이 번호판을 인식하는 데서 그치지 않고 이미지를 텍스트로 변환할 수도 있다면, 차량등록국^{Department of Motor Vehicles}(DMV)에 인덱스를 생성해 개인을 추적하고 소재를 파악하기가 쉽다.

12.3.5 아마존 트랜스레이트

아마존 트랜스레이트^{Amazon Translate}는 한 언어로 작성된 많은 양의 텍스트를 다른 언어로 번역하는 데 사용된다. 종량제이므로 번역할 항목을 제출할 때만 요금을 부과하며, 2019년 10월 기준 32개 언어를 지원한다.

표 12-1

언어	언어 코드	언어	언어 코드
아랍어	ar	일본어	ja
중국어(간체)	zh	한국어	kr
중국어(번체)	zh-TW	말레이시아어	ms
체코어	cs	노르웨이어	no
덴마크어	da	페르시아어	fa
네덜란드어	nl	폴란드어	pl
영어	en	포르투갈어	pt
핀란드어	fi	루마니아어	ro
프랑스어	fr	러시아어	ru
독일어	de	스페인어	es
그리스어	el	스웨덴어	sv
히브리어	he	태국어	th
힌디어	hi	터키어	tr
헝가리어	hu	우크라니아어	uk
인도네시아어	id	파키스탄어	ur
이탈리아어	it	베트남어	vi

몇 가지를 제외하고 대부분은 한 언어에서 다른 언어로 번역 가능하다. 사용자는 사전에 항목을 추가해 용어를 사용자 정의할 수 있으며, 브랜드나 제품 이름과 같이 조직이나 사용 사례에 특정한 용어를 포함할 수도 있다.

아마존 트랜스레이트는 머신러닝과 지속적인 학습 모델을 사용해 시간이 지남에 따라 번역 성능을 향상한다.

서비스 접근 방법은 세 가지로, 다른 AWS 서비스 접근 방법과 동일하다.

- AWS 콘솔에서 작은 텍스트 조각을 번역하고 서비스를 샘플링한다.
- AWS API를 사용한다(지원되는 언어는 C++, Go, 자바, 자바스크립트, .NET, Node.js, PHP, 파이썬, 루비).
- AWS CLI를 통해 접근한다.

아마존 트랜스레이트의 용도

여러 회사에서 아마존 트랜스레이트를 다른 외부 서비스와 함께 사용한다. 또한 아마존 트랜스레이트를 다른 AWS 서비스와 통합할 수 있다. 예를 들어 트랜스레이트를 아마존 컴프리헨드와 함께 사용해, 소셜 미디어 피드에서 미리 결정된 엔티티, 감정 혹은 키워드를 가져온 다음 추출된 용어를 번역한다. 다른 예로, 서비스를 아마존 S3와 페어링해 문서 저장소를 번역한 다음 아마존 폴리를 사용해 번역된 언어로 말할 수 있다.

아마존 트랜스레이트를 사용한다고 인간 번역가의 역할이 없어지지는 않는다. 몇몇 회사는 번역 프로세스의 속도를 높이고자 아마존 트랜스레이트와 인간 번역가가 협업하도록 한다.

12.3.6 아마존 머신러닝

아마존 세이지메이커가 나오기 전부터 **아마존 머신러닝**Amazon Machine Learning (Amazon ML)이 있었다. 아마존 ML은 세이지메이커보다 간단한 서비스로, 일부 사용 사례에서 여전히 강력한 도구가 된다. 아마존 ML은 2015년 4월 샌프란시스코에서 열린 AWS 서밋AWS Summit에서 출시됐다. 아마존 ML을 사용하면 모든 개발자가 머신러닝 기술을 쉽게 사용할 수 있으며, 아마존 ML은 시각화 도구와 마법사를 제공해 사용자에게 머신러닝 모델 생성 프로세스를 안내한다.

복잡한 ML 알고리즘과 기술을 배울 필요가 없다. 모델이 준비되면 아마존 ML은 쉽게 예측을 얻는다. 애플리케이션은 완전 관리형 서비스 내에서, 커스텀 예측 코드를 구현하지 않고도 간단한 API를 사용할 수 있다.

12.3.7 아마존 트랜스크라이브

아마존 트랜스크라이브 Amazon Transcribe 또한 2017년 리인벤트 콘퍼런스에서 발표됐다. 아마존 트랜스크라이브는 개인 비서로 볼 수 있다. 여러분이 말하면 자동으로 내용을 메모한다.

아마존 트랜스크라이브는 자동 음성 인식automatic speech recognition (ASR) 서비스로, 개발자는 트랜스크라이브를 사용해 다양한 애플리케이션에 음성-텍스트 기능을 추가할 수 있다. 아마존 트랜스크라이브 API는 저장된 오디오 파일을 분석하는 데 사용할 수 있으며, 음성을 문자로 변환한 텍스트 파일을 반환한다. 아마존 트랜스크라이브는 실시간으로도 사용할 수 있다. 라이브 오디오 스트림을 수신하고 변환된 텍스트가 포함된 실시간 스트림을 생성한다.

아마존 트랜스크라이브를 사용해 고객 서비스 호출을 기록하고 오디오나 영상 콘텐츠에 자막을 생성할 수 있다. 서비스는 WAV, MP3와 같은 일반적인 오디오 형식을 지원한다. 트랜스크라이브는 모든 단어에 대한 타임스탬프를 생성할 수 있으며, 생성된 텍스트로 원본 오디오 소스를 빠르게 찾는다. 다른 아마존 머신러닝 서비스와 마찬가지로 서비스를 지속적으로 개선하기 위해 처리 중인 텍스트로부터 지속적으로 학습한다.

12.3.8 아마존 텍스트랙트

필체 인식은 머신러닝에서 매우 어려운 문제다. 사람의 필체는 제각각이며, 어떤 사람은 필체가 엉망이어서 글을 쓰고 몇 분만 지나도 본인 글씨를 읽지 못하는 경우도 있다. **아마존 텍스트랙트**Amazon Textract는 엉망진창인 필체까진 아니어도 글자가 포함된 이미지를 텍스트로 변환하는 서비스다. 문서를 스캔하고, 텍스트로 변환하고, 인덱스를 생성하고, 사용자가 해당 문서의 콘텐츠를 검색할 수 있도록 한다면 유용한 스캔 문서와 팩스 문서를 서랍에 쌓아둔 사람에게 매우 유용할 것이다.

사용자는 아마존 텍스트랙트로 문서, 양식, 표에서 텍스트를 추출할 수 있다. 아마존 텍스트랙트는 문서 레이아웃과 주요 페이지 요소를 자동으로 감지한다. 포함된 양식이나 표에서 데이터를 식별하고 페이지 컨텍스트 내에서 해당 데이터를 추출한다. 그리고 정보를 다른 AWS 서비스와 통합해 AWS 람다 호출에 대한 입력으로 사용하거나 아마존 키네시스Amazon Kinesis에 대한 스트림으로 사용할 수 있다.

12.4 마이크로소프트 애저

마이크로소프트의 클라우드 서비스인 마이크로소프트 애저가 제공하는 기능을 살펴보자.

12.4.1 마이크로소프트 애저 머신러닝 스튜디오

마이크로소프트 **애저 머신러닝 스튜디오**Azure Machine Learning Studio는 아마존 세이지메이커에 대한 마이크로소프트의 대응이다. 머신러닝 스튜디오는 간단한 드래그 앤 드롭drag-and-drop 인터페이스가 있는 공동 작업 도구이며, 이를 사용해 머신러닝 모델을 구축, 테스트, 배포할 수 있다. 머신러닝 스튜디오를 사용하면 다른 애플리케이션에서 사용 가능한 모델을 게시할 수 있으며, 엑셀 등 BI 도구와 쉽게 통합할 수 있다.

머신러닝 스튜디오 대화형 워크스페이스

3장에서는 머신러닝 파이프라인을 배웠다. 머신러닝 스튜디오 대화형 워크스페이스는 파이프라인 개발을 단순화한다. 사용자는 데이터를 작업 공간으로 쉽게 수집하고, 데이터를 변환하고, 다양한 조작과 통계 기능을 통해 데이터를 분석하고, 마지막으로 예측을 생성한다. 머신러닝 파이프라인 개발은 일반적으로 반복 프로세스이며, 대화형 워크스페이스를 통해 반복적인 개발을 간단히 수행할 수 있다. 다양한 기능과 그 매개변수를 수정하면서 만족스러운 결과를 얻을 때까지 모델 성능을 시각화하고 분석할 수 있다.

애저 머신러닝 스튜디오는 예측 분석 모델을 쉽게 구축, 테스트, 반복하도록 대화형 시각적 워크스페이스를 제공한다. 데이터 세트를 드래그 앤 드롭해 작업 공간으로 가져올 수 있으며, 분석 모듈을 대화형 캔버스에 연결해 초기 실험experiment을 형성한 다음 머신러닝 스튜디오에서 실행할 수 있다. 결과가 만족스럽지 않으면 실험 매개변수를 수정하고 만족할 때까지 반복한다. 성능이 만족스러우면 학습 실험training experiment을 예측 실험predictive experiment으로 전환하고 웹 서비스로 게시해 사용자나 기타 서비스에서 모델에 접근할 수 있다.

머신러닝 스튜디오에는 프로그래밍이 필요 없다. 실험은 데이터 세트와 모듈을 시각적으로 연결해 예측 분석 모델을 구축함으로써 구성된다.

머신러닝 스튜디오 시작

애저를 사용해 프리 티어 계정을 만들 수 있다. 현재 기준 무료 계정은 다음과 같은 이점이 있다.

- 12개월 무료 제품을 제공한다(가상 머신, 스토리지, 데이터베이스 등).
- 프리 티어에 해당하지 않는 서비스는 200달러 크레딧을 제공한다.
- 유료 계정으로 업그레이드하지 않는 한 사용료를 자동으로 청구하지 않는다.
- 추가로, 애저에는 서버리스 제품과 AI 서비스를 비롯해 항상 무료인 제품이 25가지 이상 있다.

계정을 만들었으면 애저 머신러닝 스튜디오를 이용할 수 있다. 로그인하면 왼쪽에 다음과 같은 탭이 표시된다.

- **Project**: 프로젝트는 실험, 데이터 세트, 노트북을 비롯한 리소스 모음이다.
- **Experiments**: 실험은 생성, 수정, 실행, 저장할 수 있다.
- **Web Services**: 실험은 웹 서비스로 배포, 공개할 수 있다.
- **Notebooks**: 스튜디오는 주피터 노트북을 지원한다.
- **Datasets**: 스튜디오에 업로드된 데이터 세트.
- **Trained Models**: 훈련하고 실험에 저장된 모델.
- **Settings**: 계정과 리소스를 구성한다.

애저 머신러닝 갤러리

애저 머신러닝 갤러리Azure Machine Learning Gallery는 데이터 과학 커뮤니티가 이전에 코타나 인텔리전스 스위트Cortana Intelligence Suite의 구성 요소로 만든 솔루션을 공유할 수 있는 곳이다.

실험 구성 요소

실험은 데이터 세트와 분석 모듈로 구성된다. 데이터 세트와 모듈을 연결해 예측 분석 모델을 구성할 수 있다. 유효한 실험은 다음과 같은 특성이 있다.

- 실험에 최소 하나의 데이터 세트와 하나의 모듈이 있다.
- 데이터 세트는 모듈에만 연결할 수 있다.
- 모듈은 데이터 세트에 연결하거나 다른 모듈에 연결할 수 있다.
- 모듈의 모든 입력 포트는 데이터 흐름에 일부 연결돼야 한다.
- 각 모듈에 필요한 모든 매개변수를 설정해야 한다.

실험은 처음부터 만들거나 기존 실험을 템플릿으로 사용할 수 있다.

데이터 세트

데이터 세트는 실험에 사용할 수 있도록 머신러닝 스튜디오에 업로드된 데이터다. 머신러닝 스튜디오는 여러 샘플 데이터 세트를 포함하며, 필요에 따라 더 많은 데이터 세트를 스튜디오에 업로드할 수 있다.

모듈

모듈은 데이터에 수행하는 알고리즘이다. 머신러닝 스튜디오에는 다음과 같이 다양한 모듈이 있다.

- 데이터 수집 프로세스
- 훈련 기능
- 채점 기능
- 검증 프로세스

더 구체적인 예는 다음과 같다.

- **ARFF 변환 모듈**: .NET 직렬화된 데이터 세트를 ARFF^Attribute-Relation File Format로 변환한다.
- **기초 통계 계산 모듈**: 평균, 표준편차 등 기초 통계를 계산한다.
- **선형 회귀 모델**: 온라인 경사 하강법 기반 선형 회귀 모델을 생성한다.
- **점수 모델**: 훈련된 분류나 회귀 모델의 점수를 매긴다.

모듈에는 모듈 내부 알고리즘을 구성하는 데 사용 가능한 매개변수 세트가 있을 수 있다.

모델 배포

예측 분석 모델이 준비되면 머신러닝 스튜디오에서 바로 웹 서비스로 배포할 수 있다.

12.4.2 애저 머신러닝 서비스

애저 머신러닝 서비스^Azure Machine Learning Service는 데이터 과학자와 데이터 엔지니어가 클라우드에서 머신러닝 모델을 훈련, 배포, 자동화, 관리하는 데 사용하는 플랫폼이다. 서비스 사용자는 파이썬 기반 라이브러리를 사용해 강력한 애플리케이션과 워크플로를 만들 수 있다. 개발자는 AML 서비스를 사용해 사전 정의된 데이터 세트로 모델을 훈련한 다음, 도커^Docker 컨테이너에서 모델을 웹 서비스로 래핑하고, 다양한 오케스트레이터 컨테이너를 사용해 배포할 수 있다.

에지 머신러닝 서비스는 두 가지 방법으로 접근하고 사용한다.

- 소프트웨어 개발 키트(SDK) 사용
- 서비스 비주얼 인터페이스 사용

보다시피 애저 머신러닝 스튜디오와 매우 흡사하다. 둘은 유사한 서비스이며 언젠가는 마이크로소프트가 둘을 병합하거나 둘 중 하나를 사용하지 않기로 결정할 수도 있다. 만약 하나를 사용하지 않게 된다면, 마이크로소프트는 그 서비스에서 개발한 워크플로와 애플리케이션을 다른 하나로 마이그레이션하는 방법을 제공할 것이다.

머신러닝 스튜디오는 애저 머신러닝 서비스와 어떻게 다를까? 주요 차이점은 다음과 같다.

표 12-2 각 서비스에서 지원하는 다양한 기능과 차이점

애저 머신러닝 서비스	애저 머신러닝 스튜디오
• 훈련 및 점수 모델을 하이브리드 배포할 수 있다. 모델을 온프레미스[1]에서 훈련한 뒤 클라우드에 배포할 수 있으며, 그 반대도 가능하다. • 다른 프레임워크와 머신 인스턴스 유형을 자유롭게 사용할 수 있다. • AutoML과 자동 하이퍼 파라미터 튜닝을 지원한다.	• 초보자에게 적합하다. • 표준 실험은 빠르게 만들지만 사용자 지정은 더 어렵다. • 완전 관리형 서비스다. • 온프레미스에서 사용할 수 없다.

기능	애저 머신러닝 스튜디오	애저 머신러닝 서비스 SDK	애저 머신러닝 서비스 비주얼 인터페이스
출시 연도	2015	2018	2019(프리뷰)
사용자 인터페이스	웹 기반	API 기반	웹 기반
클라우드 지원	지원	지원	지원
온프레미스	불가능	가능	불가능
툴 지원	웹 기반	• 비주얼 스튜디오 • 애저 노트북 • 파이썬 인터페이스	웹 기반
GPU 지원	비지원	지원	지원
내장 알고리즘	• 분류 • 회귀 • 클러스터링 • 시계열 • 텍스트 분석 • 이상 탐지	외부 패키지 임포트 기능	• 분류 • 회귀 • 클러스터링

---

1 옮긴이_ 온프레미스(on-prem 혹은 on-premise)란 소프트웨어 등 솔루션을 클라우드와 같은 원격 환경이 아니라 자체 보유한 전산실 서버에 직접 설치해 운영하는 방식을 말한다. 온프레미스는 클라우드 컴퓨팅 기술이 나오기 전까지 기업 인프라 구축의 일반적인 방식이었으므로 '이전' 혹은 '전통적인'이라는 의미로 사용할 수 있다.

자동 하이퍼 파라미터 튜닝	불가능	가능	불가능
AutoML	불가능	가능	불가능
확장 편의성	간단하지 않음	pip를 이용해 쉽게 파이썬 패키지 설치 가능	간단하지 않음
파이썬 지원	가능	가능	가능
R 지원	가능	불가능	아직은 불가능
내장 컨테이너	불가능	가능	불가능

12.4.3 애저 코그니티브 서비스

의사 결정 서비스

권장 사항을 제공하고 효율적인 의사 결정을 지원하는 애플리케이션을 구축할 수 있다.

비전 서비스

이미지와 영상을 인식, 식별, 캡션, 인덱싱, 조정하는 애플리케이션을 활성화한다.

음성 서비스

음성을 텍스트로, 텍스트를 자연스러운 음성으로 변환한다. 또한 언어를 다른 언어로 번역할 수 있으며, 말하는 사람에 대한 확인과 인식을 지원한다.

검색 서비스

Bing 검색 지원을 애플리케이션에 추가할 수 있으며, 사용자는 단일 API 호출로 수십억 개 웹 페이지, 이미지, 영상, 뉴스 기사를 검색할 수 있다.

언어 서비스

애플리케이션이 사전 구축된 스크립트로 자연어를 처리해 텍스트 감정을 평가하고 텍스트 의도를 결정하도록 한다.

12.5 구글 클라우드 플랫폼

마이크로소프트 애저에서 제공하는 서비스를 살펴봤으니 또 다른 클라우드 플랫폼인 **구글 클라우드 플랫폼**^{Google Cloud Platform}(GCP)을 알아보자. 먼저 GCP의 AI 허브 서비스를 살펴본다.

12.5.1 AI 허브

AI 허브는 구글 클라우드 플랫폼에서 사용 가능한 서비스로, 엔드 투 엔드 머신러닝 파이프라인을 생성하는 플러그 앤 플레이 AI 구성 요소의 완전 관리형 저장소다. AI 허브는 다양하고 즉시 사용 가능한 머신러닝 알고리즘을 제공한다. AI 허브가 제공하는 엔터프라이즈 급 공동 작업 기능은 기업이 머신러닝 워크플로를 비공개로 호스팅하게 해주며, 재사용과 공유를 촉진한다. 또한 구글 클라우드나 다른 환경 및 클라우드 제공 업체에 모델을 쉽게 프로덕션으로 배포할 수 있다. AI 허브는 2018년에 출시돼 아직 초기 단계지만 구글이 AI 연구에 큰 중요성을 부여하는 만큼, 빠르게 성장하고 더 많은 기능을 계속 제공할 것으로 기대한다.

구성 요소 및 코드 검색

AI 허브는 사용자가 양질의 콘텐츠를 빠르게 검색할 수 있는 콘텐츠 저장소다. AI 허브를 통해 다음과 같은 게시자에 접근할 수 있다.

- 구글 AI
- 구글 클라우드 AI
- 구글 클라우드 파트너

기업 내에서 허브를 사용한다면 사용자는 다른 팀이 구축한 구성 요소도 찾을 수 있다.

협업

AI 허브는 사용자 생산성을 개선하고 중복 작업을 방지한다. AI 허브는 구성 요소에 접근 권한이 있는 조직 내 사용자만 구성 요소를 공유하도록 매우 세분화된 제어를 제공한다. 또한 사용자는 구글 엔지니어와 연구원이 만든 미리 정의된 머신러닝 알고리즘과, 애저 파트너와 기타 게시자가 공유하는 코드에 접근할 수 있다.

배포

AI 허브를 사용하면 비즈니스 요구에 맞춰 알고리즘과 파이프라인을 수정하거나 사용자 지정을 할 수 있다. 또한 훈련된 모델을 배포하는 메커니즘이 직관적이다. 모델을 구글 클라우드 혹은 기타 환경이나 클라우드 제공 업체에 배포할 수 있다.

12.5.2 구글 클라우드 AI 빌딩 블록

앞서 살펴본 AI 허브는 아마존 세이지메이커나 애저 머신러닝 스튜디오와 유사한 서비스다. 이외에도 구글 클라우드는 텍스트, 언어, 이미지, 영상에 머신러닝을 간단히 적용하는 완전 관리형 서비스 측면에서 AWS나 애저와 유사한 제품을 제공한다. 구글은 많은 관리 서비스를 구글 클라우드 AI 빌딩 블록 아래에 구성한다. 대부분의 관리형 서비스는 AutoML과 API라는 두 가지 방법으로 상호작용한다. AutoML은 커스텀 모델에, API는 사전 학습된 모델에 사용하며 두 가지를 개별적으로도, 함께도 사용할 수 있다.

구글 클라우드 AutoML 커스텀 모델

AutoML 서비스를 사용하면 구글의 최신 전이 학습 및 신경망 아키텍처 검색 기술로 다양한 사용 사례에 맞는 도메인별 커스텀 모델을 만들 수 있다.

구글 클라우드 사전 학습된 API

일반적인 사용 사례를 다룰 때, 사용자는 사전에 모델을 훈련할 필요 없이 사전 학습된 API를 사용해 즉시 생산성을 높일 수 있다. 사전 학습된 API는 지속적이고 투명하게 업그레이드돼 모델의 속도와 정확성을 높인다.

비전 API 및 AutoML 비전

사용자는 AutoML 비전Vision이나 사전 학습된 비전 API 모델을 사용해 이미지에서 통계를 도출할 수 있다. 이 서비스는 감정을 감지하고 텍스트를 이해하는 등의 작업을 할 수 있다.

서비스를 이용하기 위해 커스텀 이미지 모델을 사용해 이미지를 업로드하고 분석한다. 이 서비스는 인터페이스가 시각적이고 사용하기 쉬우며, 사용자는 정확성, 지연 시간, 크기에 대해 모델을 최적화할 수 있다. 결과는 클라우드 내 다른 애플리케이션이나 디바이스에 내보낼 수 있다.

구글 클라우드의 비전 API는 RESTful과 RPC API 호출을 사용해 접근 가능한 강력하고 사전 학습된 머신러닝 모델을 제공한다. 이 서비스는 이미지에 빠르게 레이블을 지정하고 분류하는 데, 사전 훈련돼 이미 수백만 개 카테고리를 포함한다.

얼굴 인식과 분석뿐 아니라 이미지에서 캡션을 인식해 텍스트로 변환하는 데도 사용할 수 있다.

AutoML 비디오 인텔리전스 및 비디오 인텔리전스 API

AutoML 비디오 인텔리전스^{Video Intelligence} 서비스는 커스텀 모델을 사용해 동영상에서 개체를 식별, 추적, 분류할 수 있는 간단한 인터페이스가 있으며, 프로그래밍이나 인공지능에 대한 광범위한 배경 지식이 필요 없다. 이 서비스는 사전 학습된 비디오 인텔리전스 API로 생성할 수 없는 커스텀 레이블이 필요한 애플리케이션에 사용된다.

비디오 인텔리전스 API에는 다양한 일반 개체, 장면, 활동을 인식하는 사전 학습된 모델이 있다. 저장된 영상 외에 스트리밍 영상도 지원한다. 더 많은 이미지가 처리되고 시간이 지남에 따라 자동으로 투명하게 개선된다.

AutoML 트랜스레이션 및 트랜스레이션 API

프로그래밍 경험이 적거나 전혀 없는 개발자와 번역가도 프로덕션 품질의 모델을 만들 수 있다. 트랜스레이션 API는 사전 학습된 신경망 알고리즘을 사용해 세계적 수준의 기계 번역을 제공한다. 일부 인스턴스에서는 인간에 필적하는 성능을 보인다.

AutoML 내추럴랭귀지 및 내추럴랭귀지 API

이 서비스는 사용이 간편한 API를 통해 텍스트 분류, 항목 추출, 감정 감지에 사용된다. 사용자는 AutoML 자연어 인터페이스를 활용해 데이터 세트를 제공하고 어떤 커스텀 모델을 사용할지 결정할 수 있다.

내추럴랭귀지 API에는 사전 학습된 모델이 있어, API 사용자가 다음과 같은 **자연어 이해**^{natural language understanding} (NLU) 기능에 접근할 수 있다.

- 엔티티 분석
- 감정 분석
- 콘텐츠 분류
- 엔티티 감정 분석
- 구문 분석

다이얼로그플로우

다이얼로그플로우Dialogflow는 대화형 에이전트를 만드는 데 사용하는 개발 서비스다. 자연스럽고 풍부한 상호작용이 가능한 챗봇을 구축할 수 있다. 서비스 사용자가 개발한 에이전트는 다음을 비롯해 다양한 플랫폼에 배포된다.

- 구글 어시스턴트
- 페이스북 메신저
- 슬랙
- 알렉사 음성 서비스

텍스트–음성 변환

구글 클라우드 텍스트–음성 변환Text-to-Speech은 텍스트를 사람과 같은 음성으로 변환한다. 30개 이상 언어와 억양, 180개가 넘는 목소리로 변환이 가능하다. 예를 들어 미국 억양과 영국 억양을 모방할 수 있다. 구글에서 개발한 음성 합성(WaveNet)과 신경망을 사용해 고음질 오디오를 제공한다. 사용자는 API를 호출하고 실제 같은 상호작용을 할 수 있다. 이 기술이 곧 다양한 고객 서비스 애플리케이션에 내장될 것이라고 상상하기는 어렵지 않다.

음성–텍스트 변환

앞서 본 텍스트–음성 변환 서비스의 반대라고 볼 수 있다. 텍스트–음성 변환이 목소리라면, 음성–텍스트 변환Speech-to-Text은 귀 역할을 한다. 구글 클라우드 음성–텍스트 변환을 사용하면 신경망 모델을 사용해 오디오 파일을 텍스트로 변환할 수 있다. 모델의 복잡성은 서비스 사용자에게 드러나지 않으며, 사용자는 간단히 API를 사용해 호출할 수 있다. 현재 기준 API는 120여 가지 언어와 변형을 지원한다.

다음 용도로 사용된다.

- 애플리케이션에서 음성 명령 활성화하기
- 콜센터 대화 내용 녹음하기
- 워크플로에서 다른 구글 서비스나 타사 서비스와 통합하기
- 실시간 오디오 혹은 사전 녹음된 오디오 처리하기

AutoML 테이블

이 서비스를 사용하면 분석가, 개발자, 데이터 과학자가 구조화된 데이터에 머신러닝 모델을 구축하고 배포할 수 있다. 많은 사용 사례에서 코딩이 거의 필요하지 않으므로 배포 속도를 크게 향상시킨다. 이때 마법사와 유사한 인터페이스를 통해 구성을 수행한다. 코딩이 필요한 경우 AutoML 테이블^{Tables}은 코랩 노트북$^{Colab\ Notebooks}$을 지원한다. 이는 주피터 노트북과 유사한 강력한 노트북으로, 많은 추가 기능을 제공해 사용하기 쉬우며 다른 사용자와 공동 작업을 할 수 있다. 또한 도메인에 구애받지 않아 다양한 문제를 해결하는 데 사용할 수 있다. 2019년 10월 기준, 아직 일반적으로 제공되지 않지만 베타 버전을 사용할 수 있다.

레코멘데이션 AI

이 구글 서비스는 고도로 맞춤화된 제품 추천을 대규모로 제공한다. 구글은 20여 년간 구글 애즈$^{Google\ Ads}$, 구글 검색, 유튜브를 통해 추천을 제공해왔다. 레코멘데이션 AI$^{Recommendations\ AI}$는 이러한 경험을 바탕으로, 서비스 사용자가 광범위한 애플리케이션과 사용 사례에서 고객의 요구와 선호도에 맞춰 개인화된 추천을 제공하도록 해준다. 이 제품은 현재 베타 버전이며 일반적으로 사용할 수 없다.

12.6 정리

이 장에서는 대부분의 기술 회사들이 클라우드 영역을 선도하기 위해 치열하게 경쟁한다는 것을 살펴봤다. 컴퓨터 역사상 새로운 기술이 출현하면 일반적으로 한 명의 플레이어가 모든 것을 독식하며 다른 경쟁자는 근근이 생존하게 된다.

클라우드는 그동안의 컴퓨터 역사상 가장 중요한 기술이 될 것이다. 고객들이 어떤 클라우드

제공자를 선택하든 간에, 알지 못하는 사이에 그 업체의 에코시스템에 갇히게 될 것이다. 고객이 스스로 이러한 상황에서 탈출하거나 다른 클라우드 제공자로 옮기기는 대단히 어렵다.

이 장에서는 상위 3개 클라우드 업체에서 제공하는 머신러닝을 분석했다. 업체들은 대부분의 기능과 서비스를 거의 같은 시기에 제공하고 있으므로 각자의 차별점을 부각하기는 어렵다. 이들이 몇 년 후에 어떻게 진화하고 어떤 서비스를 제공할지 지켜보면 흥미로울 것이다. 특히 인공지능과 머신러닝 분야에서는 더욱 그렇다.

기술자로서 한 가지 단점은 새롭게 등장하는 기술들을 따라가기 벅차다는 점과 그 기술들을 사용할 위험을 감수해야 한다는 점이다.

다음 장에서는 배운 개념을 활용해 인공지능으로 게임을 만드는 방법을 알아보자.

13

Chapter

인공지능을 이용한 게임 개발

다양한 검색 알고리즘을 학습하고 마지막 동전 남기기, 틱택토, 커넥트포, 헥사폰 게임을 플레이하는 지능형 봇을 구축해본다.

이 장의 학습 목표
- 조합 검색
- Minimax
- 알파−베타 가지치기
- Negamax

이 장에서는 **조합 검색**combinatorial search이라는 인공지능 기술을 사용해 게임을 구축하는 방법을 배운다. 가장 기본적인 형태는 무차별 대입 방식brute−force approach으로 볼 수 있다. 가능한 솔루션을 모두 탐색한다. 이 장 뒷부분에서는 모든 가능성을 시도할 필요 없이 검색 횟수를 줄이는 방법을 찾을 것이다. 검색 알고리즘을 사용해 게임에서 승리하기 위한 전략을 효과적으로 제시하는 방법을 학습하고 다양한 게임을 위한 지능형 봇을 구축한다.

이 장에서 다룰 내용은 다음과 같다.

- 게임의 검색 알고리즘
- 조합 검색
- 미니맥스 알고리즘
- 알파−베타 가지치기
- 네가맥스 알고리즘
- 마지막 동전 남기기 게임 봇 구축하기
- 틱택토 게임 봇 구축하기
- 커넥트포에서 서로 대결하는 두 봇 구축하기
- 헥사폰에서 서로 대결하는 두 봇 구축하기

13.1 게임에서 검색 알고리즘 사용하기

검색 알고리즘은 게임에서 전략을 파악하기 위해 자주 사용된다. 알고리즘은 가능한 게임 동작을 검색하고 가장 좋은 동작을 선택한다. 검색을 구현할 때는 다양한 매개변수를 고려한다(속도, 정확성, 복잡성 등). 알고리즘은 현재 게임 상태에서 가능한 모든 게임 동작을 고려한 뒤 각각 평가해 최상의 동작을 결정한다. 알고리즘의 목표는 결국 게임에서 승리하도록 하는 최적의 동작을 찾는 것이다. 게임마다 규칙과 제약이 다르며, 이러한 알고리즘은 규칙과 제약을 고려해 최상의 움직임을 탐색한다.

상대가 없는 게임은 상대가 있는 게임보다 최적화하기가 더 쉽다. 플레이어가 여러 명인 게임에서는 플레이가 더욱 복잡해진다. 2인용 게임을 생각해보자. 한쪽 플레이어가 게임에서 이기려고 할 때마다 반대쪽 플레이어는 상대가 이기지 못하도록 동작한다. 따라서 검색 알고리즘이 현재 상태에서 최적의 동작 세트를 찾을 때 상대 플레이어의 대응 동작을 고려해야 한다. 이는 각 이동 후 검색 알고리즘을 지속적으로 재평가해야 한다는 의미다.

컴퓨터가 게임을 어떻게 인식하는지 알아보자. 게임을 검색 트리라고 생각할 수 있다. 트리의 각 노드는 미래 상태를 나타낸다. 틱택토[1]를 예로 들어보자. 가능한 동작을 모두 나타내는 트리를 구성할 수 있다. 게임의 시작점인 트리의 뿌리부터 시작한다. 이 노드에는 다양한 이동을 나타내는 여러 자식 노드가 있다. 자식 노드들은 상대방이 더 움직인 후에는 게임 상태를 나타내는 자식 노드를 더 갖게 된다. 트리의 터미널 노드는 게임의 마지막 동작을 나타낸다. 게임은 무승부로 끝나거나 두 플레이어 중 한 명이 승리한다. 검색 알고리즘은 이 트리를 검색해 게임의 각 단계에서 결정을 내린다. 다음 절에서는 틱택토에서 절대 지지 않고 다양한 문제를 해결하는 데 유용한 완전 조합 검색을 비롯해 다양한 검색 기술을 살펴보자.

13.2 조합 검색

검색 알고리즘은 게임에 지능을 더해 문제를 해결하는 듯 보이지만 단점이 있다. 이러한 알고리즘은 하는 완전 검색(무차별 대입 검색이라고도 한다)이라는 검색 유형을 사용한다. 전체

---

1 옮긴이_영국에서는 'Noughts and Crosses'라고 한다.

검색 공간을 탐색하고 가능한 솔루션을 모두 테스트한다. 즉 알고리즘이 최적의 솔루션을 얻기 전에 가능한 솔루션을 모두 탐색해야 한다.

게임이 복잡해질수록 가능성이 엄청나게 많아지므로 무차별 대입 검색이 최선의 방법이 아닐 수 있다. 검색은 곧 계산적으로 어려워지게 된다. 이럴 때 조합 검색을 사용해 문제를 해결할 수 있다. 조합 검색은 검색 알고리즘이 휴리스틱을 사용해 솔루션 공간을 효율적으로 탐색함으로써 검색 공간을 줄이는 연구 분야를 의미한다. 체스나 바둑과 같은 게임에 유용하다.

조합 검색은 **가지치기**pruning 전략을 사용해 효율적으로 작동한다. 가지치기 전략은 명백하게 틀린 솔루션을 제거하므로 가능한 솔루션을 모두 테스트하지 않는다. 이는 시간과 노력을 절약하는 데 도움이 된다.

완전 조합 검색과 그 한계를 알아봤다. 이제 검색 트리를 '가지치기'해 모든 조합을 테스트하지 않아도 되는 방법을 살펴보자. 조합 검색을 수행할 수 있는 몇 가지 알고리즘을 살펴본다.

13.2.1 미니맥스 알고리즘

조합 검색을 개략적으로 살펴봤으니 이제 조합 검색 알고리즘에 사용되는 휴리스틱을 알아보자. 이러한 휴리스틱은 검색 전략의 속도를 높이기 위해 사용되며, **미니맥스**Minimax 알고리즘은 조합 검색에 사용되는 한 가지 전략이다. 두 선수가 서로 대결할 때 그들의 목표는 정반대다. 각 플레이어는 게임에서 이기려고 하며, 승리하기 위해 상대 플레이어가 무엇을 할지 예측해야 한다. 미니맥스는 전략을 통해 이를 달성하려고 한다. 상대방이 최대화하려는 기능을 최소화하려고 한다.

앞서 이야기했듯 무차별 대입은 가능한 동작이 적은 간단한 게임에서만 작동한다. 복잡한 게임에서는 컴퓨터가 최적의 플레이를 찾기 위해 가능한 상태를 모두 탐색할 수 없으며, 휴리스틱을 사용해 현재 상태를 기반으로 최적의 동작을 계산하게 된다. 컴퓨터는 트리를 구성하고 바닥에서부터 시작해 어떤 동작이 상대방에게 가장 득이 될지 평가한다. 상대방이 자신에게 가장 유리하며 컴퓨터에 가장 적은 이익을 주는 동작을 한다는 전제를 바탕으로 한다. 이 결과는 트리의 터미널 노드 중 하나이며 컴퓨터는 이 위치를 역으로 사용한다. 컴퓨터에서 사용 가능한 각 옵션에 값을 할당한 다음 가장 높은 값을 선택해 동작을 취한다.

13.2.2 알파-베타 가지치기

미니맥스 검색은 효율적인 전략이긴 하지만 트리에서 관련 없는 부분을 탐색한다. 하위 트리에 솔루션이 없음을 나타내는 표시기가 노드에서 발견되면 해당 하위 트리를 평가할 필요가 없다. 그러나 미니맥스 검색은 너무 보수적이므로 이러한 하위 트리를 일부 탐색하게 된다.

알파-베타 알고리즘은 미니맥스보다 똑똑하며 솔루션을 발견할 가능성이 없는 트리 부분을 검색하지 않는다. 이 프로세스를 가지치기라고 한다. 알파-베타 가지치기 전략은 트리에서 솔루션을 포함하지 않는 부분을 검색하는 것을 방지하는 데 사용한다.

알파-베타 가지치기의 알파, 베타 매개변수는 계산 중에 사용되는 두 가지 경계를 말한다. 이러한 매개변수는 가능한 솔루션 세트를 제한하는 값들을 나타내며, 이는 트리에서 이미 탐색한 부분을 기반으로 한다. 알파는 가능한 솔루션 수의 하한이고 베타는 가능한 솔루션 수의 상한이다.

앞서 설명했듯 각 노드에는 현재 상태에 따라 값을 할당할 수 있다. 알고리즘이 새로운 노드를 솔루션에 대한 잠재적 경로로 간주할 때, 노드 값의 현재 추정치가 알파와 베타 사이에 있는지 확인한다. 이것이 검색을 가지치기하는 방법이다.

13.2.3 네가맥스 알고리즘

네가맥스Negamex 알고리즘은 미니맥스의 변형으로, 실제 구현에 자주 사용된다. 2인용 게임은 일반적으로 제로섬게임이다. 즉 한쪽 플레이어의 손실은 반대쪽 플레이어의 이득이며 반대도 마찬가지다. 네가맥스는 이 속성을 광범위하게 사용해 게임에서 승리할 가능성을 높이는 전략을 마련한다.

게임에서 특정 위치의 가치는 두 플레이어 간에 서로 정반대다. 각 플레이어는 상대의 피해를 극대화할 동작을 찾는다. 동작에 따르는 가치는 상대방이 가장 적은 가치를 얻도록 돼야 한다. 두 가지 방식으로 원활하게 작동하므로 단일 방법을 사용해 위치를 평가할 수 있다. 따라서 단순성 측면에서 미니맥스보다 이점이 크다. 미니맥스의 경우 첫 번째 플레이어는 가치가 최대인 동작을 선택하고 두 번째 플레이어는 가치가 최소인 동작을 선택해야 한다. 여기서도 알파-베타 가지치기가 사용된다.

이 절에서는 인기 있는 조합 검색 알고리즘 몇 가지를 살펴봤다. 다음 절에서는 AI를 구축하고 알고리즘의 작동을 볼 수 있도록 라이브러리를 설치해보자.

13.3 easyAI 라이브러리 설치

이 장에서는 easyAI라는 라이브러리를 사용한다. easyAI는 인공지능 프레임워크이며 2인용 게임을 만드는 데 필요한 기능을 모두 제공한다(자세한 내용은 *http://zulko.git hub.io/ easyAI* 참고).

다음 명령어를 사용해 설치한다.

```
$ pip3 install easyAI
```

미리 구축된 루틴을 사용하려면 일부 파일에 접근할 수 있어야 한다. 책과 함께 제공된 코드 에는 easyAI라는 폴더가 있다. 이 폴더는 코드 파일과 같은 폴더에 있어야 한다. 이 폴더는 easyAI 깃허브 저장소의 하위 집합이다(깃허브 저장소: *https://github.com/Zulko/ea syAI*).

좀 더 익숙해지기 위해 소스 코드를 살펴보자.

13.4 마지막 동전 남기기 게임을 하는 봇 만들기

마지막 동전 남기기 게임에서는 각 플레이어가 동전 더미에서 교대로 동전을 가져간다. 동전 더미에서 가져올 수 있는 동전 개수에는 하한과 상한이 있다. 게임의 목표는 마지막 동전을 가 져가지 않는 것이다. 이 게임은 easyAI 라이브러리에 있는 Game of Bones의 변형이다. 사 용자와 컴퓨터가 대결하는 게임을 만드는 방법을 살펴보자.

새 파이썬 파일을 만들고 다음 패키지를 가져온다.

```
from easyAI import TwoPlayersGame, id_solve, Human_Player, AI_Player
from easyAI.AI import TT
```

게임의 모든 작업을 처리하는 클래스를 만든다. 이 코드는 easyAI 라이브러리에서 제공되는 기본 클래스 **TwoPlayersGame**에서 상속된다. 코드가 제대로 작동하게 하려면 몇 가지 매개변수를 정의해야 한다. 첫 번째는 players 변수다. player 객체는 나중에 설명한다. 다음 코드를 사용해 클래스를 생성한다.

```python
class LastCoinStanding(TwoPlayersGame):
    def __init__(self, players):
        # players와 필요한 매개변수를 정의한다
        self.players = players
```

게임을 시작할 플레이어를 정의한다. 플레이어에 1부터 시작해 숫자를 매기며, 예제에서는 플레이어 1이 게임을 시작한다.

```python
        # 게임을 시작할 플레이어와 매개변수를 정의한다
        self.nplayer = 1
```

동전 더미에 있는 동전 개수를 정의한다. 원하는 수로 지정할 수 있으며 예제에서는 25를 선택한다.

```python
        # 동전 더미에 있는 동전 개수
        self.num_coins = 25
```

꺼낼 수 있는 최대 동전 개수를 정의한다. 이 매개변수도 원하는 수를 자유롭게 선택할 수 있다. 예제에서는 4를 선택하자.

```python
        # 동작에 따른 최대 동전 개수
        self.max_coins = 4
```

가능한 동작을 모두 정의한다. 예제에서 플레이어는 한 번의 동작에 동전 1, 2, 3 혹은 4개를 가져갈 수 있다.

```
# 가능한 동작을 정의
def possible_moves(self):
    return [str(x) for x in range(1, self.max_coins + 1)]
```

동전을 제거하고 동전 더미에 남은 개수를 추적하는 메서드를 정의한다.

```
# 동전을 제거한다
def make_move(self, move):
    self.num_coins -= int(move)
```

남은 동전 개수를 확인해 게임에서 누가 이겼는지 확인한다.

```
# 상대방이 마지막 동전을 가져갔는가?
def win(self):
    return self.num_coins <= 0
```

누군가가 이겼다면 게임을 멈춘다.

```
# 누군가가 이겼다면 게임을 멈춘다
def is_over(self):
    return self.win()
```

win 메서드에 기반해 점수를 계산한다. 메서드를 정의해야 한다.

```
# 점수를 계산한다
def scoring(self):
    return 100 if self.win() else 0
```

동전 더미의 현재 상태를 보여주는 메서드를 정의한다.

```
# 동전 더미에 남은 동전 개수를 보여준다
def show(self):
    print(self.num_coins, 'coins left in the pile')
```

main 함수를 정의하고 이동 테이블transposition table을 정의한 후에 시작한다. 이동 테이블은 게임에서 알고리즘 속도를 높이기 위해 위치와 동작을 저장하는 데 사용한다. 다음 코드를 입력하자.

```python
if __name__ == "__main__":
    # 이동 테이블을 정의한다
    tt = TT()
```

동전 개수를 얻기 위한 ttentry 메서드를 정의한다. 이 메서드는 게임을 설명하기 위해 문자열을 생성하는 데 사용하는 옵션 메서드다.

```python
# 메서드를 정의한다
LastCoinStanding.ttentry = lambda self: self.num_coins
```

AI를 사용해 게임을 해결해보자. id_solve 함수는 반복 심화iterative deepening를 사용해 게임을 해결하는 데 사용한다. 모든 경로를 사용해 게임에서 이길 수 있는 사람을 결정한다. 다음 질문에 답해보자.

- 첫 번째 플레이어가 완벽하게 플레이해 승리할 수 있을까?
- 컴퓨터는 완벽한 상대에게 항상 지는가?

id_solve 메서드는 게임의 네가맥스 알고리즘 내 다양한 옵션을 여러 번 탐색한다. 항상 게임의 초기 상태에서 시작하며 진행할수록 깊이가 증가한다. 점수에 따라 누가 이기고 질지 나타낼 때까지 그렇게 진행한다. 메서드의 두 번째 인수는 시도할 깊이depth 목록을 가져온다. 예제에서는 2와 20 사이의 값을 모두 시도한다.

```python
# 게임 해결
result, depth, move = id_solve(LastCoinStanding,
    range(2, 20), win_score=100, tt=tt)
print(result, depth, move)
```

컴퓨터를 상대로 게임을 시작한다.

```
# 게임 시작
game = LastCoinStanding([AI_Player(tt), Human_Player()])
game.play()
```

전체 코드는 coins.py 파일에 있다. 대화형 프로그램이므로 사용자의 입력을 기다린다. 코드를 실행하면 컴퓨터와 대결하게 되며, 목표는 컴퓨터가 마지막 동전을 가져가도록 해 게임에서 이기는 것이다. 코드를 실행하면 처음에 다음과 같은 출력이 표시된다.

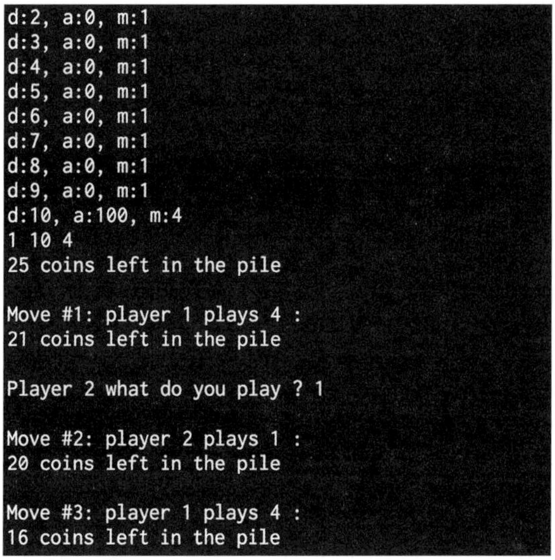

```
d:2, a:0, m:1
d:3, a:0, m:1
d:4, a:0, m:1
d:5, a:0, m:1
d:6, a:0, m:1
d:7, a:0, m:1
d:8, a:0, m:1
d:9, a:0, m:1
d:10, a:100, m:4
1 10 4
25 coins left in the pile

Move #1: player 1 plays 4 :
21 coins left in the pile

Player 2 what do you play ? 1

Move #2: player 2 plays 1 :
20 coins left in the pile

Move #3: player 1 plays 4 :
16 coins left in the pile
```

그림 13-1 마지막 동전 남기기 게임 초기 출력

스크롤을 내리면 다음과 같은 화면을 볼 수 있다.

```
Move #5: player 1 plays 2 :
11 coins left in the pile

Player 2 what do you play ? 4

Move #6: player 2 plays 4 :
7 coins left in the pile

Move #7: player 1 plays 1 :
6 coins left in the pile

Player 2 what do you play ? 2

Move #8: player 2 plays 2 :
4 coins left in the pile

Move #9: player 1 plays 3 :
1 coins left in the pile

Player 2 what do you play ? 1

Move #10: player 2 plays 1 :
0 coins left in the pile
```

그림 13-2 마지막 동전 남기기 게임의 최종 결과

[그림 13-2]가 나타내듯 사용자가 마지막 동전을 가져갔으므로 컴퓨터가 이겼다. 다음 절에서는 틱택토 게임 봇을 만들어보자.

13.5 틱택토 게임을 하는 봇 만들기

틱택토는 아마도 전 세계에서 매우 유명한 게임일 것이다. 사용자가 컴퓨터와 대결하는 게임을 만들어보자. 코드는 easyAI 라이브러리에 제공된 틱택토 게임의 가벼운 변형이다.

새 파이썬 파일을 생성하고 다음 패키지를 임포트한다.

```
from easyAI import TwoPlayersGame, AI_Player, Negamax
from easyAI.Player import Human_Player
```

게임을 플레이하기 위한 메서드를 모두 포함하는 클래스를 정의한다. 게임을 시작할 플레이어부터 정의하자.

```python
class GameController(TwoPlayersGame):
    def __init__(self, players):
        # 플레이어를 정의한다
        self.players = players

        # 게임을 시작할 플레이어를 정의한다
        self.nplayer = 1
```

행 방향으로 1부터 9까지 숫자가 매겨진 3x3 보드를 사용하자.

```python
        # 보드를 정의한다
        self.board = [0] * 9
```

가능한 동작을 계산할 메서드를 정의한다.

```python
    # 가능한 동작을 정의한다
    def possible_moves(self):
        return [a + 1 for a, b in enumerate(self.board) if b == 0]
```

동작 후에 보드를 업데이트할 메서드를 정의한다.

```python
    # 동작한다
    def make_move(self, move):
        self.board[int(move) - 1] = self.nplayer
```

누군가가 게임에서 졌는지 확인하는 메서드를 정의한다. 행에 3을 가졌는지 확인한다.

```python
    # 상대방이 행에 3을 가졌는가?
    def loss condition(self):
        possible_combinations = [[1,2,3], [4,5,6], [7,8,9], [1,4,7],
                                 [2,5,8], [3,6,9], [1,5,9], [3,5,7]]

        return any([all([(self.board[i-1] == self.nopponent)
            for i in combination]) for combination in possible_combinations])
```

loss_condition 메서드를 사용해 게임이 끝났는지 확인한다.

```python
# 게임이 끝났는지 확인
def is_over(self):
    return (self.possible_moves() == []) or self.loss_condition()
```

현재 상태를 보여주는 메서드를 정의한다.

```python
# 현재 상태를 보여준다
def show(self):
    print('\n'+'\n'.join([' '.join([['.', 'O', 'X'][self.board[3*j + i]]
        for i in range(3)]) for j in range(3)]))
```

loss_condition 메서드를 사용해 점수를 계산한다.

```python
# 점수를 계산한다
def scoring(self):
    return -100 if self.loss_condition() else 0
```

main 함수를 정의하고 알고리즘을 정의해 시작하자. AI 알고리즘으로 네가맥스를 사용한다. 알고리즘이 미리 생각해야 하는 턴 수는 미리 지정할 수 있다. 예제에서는 7을 선택하자.

```python
if __name__ == "__main__":
    # 알고리즘을 정의한다
    algorithm = Negamax(7)
```

게임을 시작하자.

```python
# 게임을 시작한다
GameController([Human_Player(), AI_Player( algorithm)]).play()
```

전체 코드는 파일 tic_tac_toe.py 파일에 있다. 컴퓨터와 대결하는 대화형 게임이다. 코드를 실행하면 처음에 다음과 같은 출력이 표시된다.

```
. . .
. . .
. . .

Player 1 what do you play ? 5

Move #1: player 1 plays 5 :

. . .
. 0 .
. . .

Move #2: player 2 plays 1 :

X . .
. 0 .
. . .

Player 1 what do you play ? 9

Move #3: player 1 plays 9 :

X . .
. 0 .
. . 0
```

그림 13-3 틱택토 게임 초기 결과

스크롤을 내리면 다음과 같은 화면을 볼 수 있다.

```
X 0 X
. 0 .
. X 0

Player 1 what do you play ? 4

Move #7: player 1 plays 4 :

X 0 X
0 0 .
. X 0

Move #8: player 2 plays 6 :

X 0 X
0 0 X
. X 0

Player 1 what do you play ? 7

Move #9: player 1 plays 7 :

X 0 X
0 0 X
0 X 0
```

그림 13-4 틱택토 게임 최종 결과

게임은 무승부로 끝난다. 이 절에서는 사용자와 대결하는 봇을 살펴봤다. 이제 커넥트포에서 대결하는 두 봇을 만들어보자.

13.6 커넥트포 게임을 하는 두 봇 만들기

커넥트포Connect Four는 밀턴 브래들리Milton Bradley 상표로 판매되는 인기 있는 2인용 게임이다. 'Four in a Row'나 'Four Up'이라는 이름으로도 알려져 있다. 게임에서 두 플레이어는 6개 행과 7개 열로 구성된 수직 격자에 교대로 원형 말을 둔다. 목표는 말 4개를 한 줄에 놓는 것이다.

이는 easyAI 라이브러리에 제공된 커넥트포 게임의 변형이다. 어떻게 만드는지 알아보자. 여기서는 사용자와 컴퓨터가 대결하는 것이 아니라 두 봇이 서로 대결하도록 만들자. 어느 것이 이기는지 확인하기 위해 각각 다른 알고리즘을 사용한다.

새 파이썬 파일을 만들고 다음 패키지를 임포트한다.

```python
import numpy as np
from easyAI import TwoPlayersGame, Human_Player, AI_Player, Negamax, SSS
```

게임을 플레이할 모든 메서드를 포함하는 클래스를 정의한다.

```python
class GameController(TwoPlayersGame):
    def __init__(self, players, board = None):
        # 플레이어를 정의한다
        self.players = players
```

6개의 행과 7개의 열을 갖는 보드를 정의한다.

```python
        # 보드의 구성을 정의한다
        self.board = board if (board != None) else (
            np.array([[0 for i in range(7)] for j in range(6)]))
```

누가 게임을 시작할지 정의한다. 예제에서는 첫 번째 플레이어가 게임을 시작하도록 한다.

```
# 게임을 누가 시작할지 정의한다
self.nplayer = 1
```

위치를 정의한다.

```
# 위치를 정의한다
self.pos_dir = np.array([[[i, 0], [0, 1]] for i in range(6)] +
    [[[0, i], [1, 0]] for i in range(7)] +
    [[[i, 0], [1, 1]] for i in range(1, 3)] +
    [[[0, i], [1, 1]] for i in range(4)] +
    [[[i, 6], [1, -1]] for i in range(1, 3)] +
    [[[0, i], [1, -1]] for i in range(3, 7)])
```

모든 가능한 이동을 얻는 메서드를 정의한다.

```
# 가능한 이동을 정의한다
def possible_moves(self):
    return [i for i in range(7) if (self.board[:, i].min() == 0)]
```

이동을 제어하는 메서드를 정의한다.

```
# 이동을 어떻게 제어할지 정의한다
def make_move(self, column):
    line = np.argmin(self.board[:, column] != 0)
    self.board[line, column] = self.nplayer
```

현재 상태를 보여주는 메서드를 정의한다.

```
# 현재 상태를 보여준다
def show(self):
    print('\n' + '\n'.join(
```

```
            ['0 1 2 3 4 5 6', 13 * '-'] +
            [' '.join([['.', 'O', 'X'][self.board[5 - j][i]]
            for i in range(7)]) for j in range(6)]))
```

손실이 어떻게 발생했는지 계산하는 메서드를 정의한다. 플레이어는 한 줄에 4개를 얻을 때마다 게임에서 이긴다.

```
# 손실이 어떻게 발생하는지 정의한다
def loss_condition(self):
    for pos, direction in self.pos_dir:
        streak = 0
        while (0 <= pos[0] <= 5) and (0 <= pos[1] <= 6):
            if self.board[pos[0], pos[1]] == self.nopponent:
                streak += 1
                if streak == 4:
                    return True
            else:
                streak = 0

            pos = pos + direction

    return False
```

loss_condition 메서드를 사용해 게임이 종료됐는지 확인한다.

```
# 게임 종료 여부를 확인한다
def is_over(self):
    return (self.board.min() > 0) or self.loss_condition()
```

점수를 계산한다.

```
# 점수를 계산한다
def scoring(self):
    return -100 if self.loss_condition() else 0
```

main 함수를 정의한다. 먼저 알고리즘을 정의하자. 두 알고리즘이 서로 경쟁한다. 첫 번째 플레이어에는 네가맥스를 사용하고 두 번째 플레이어에는 **SSS* 알고리즘**을 사용한다. SSS*는 최상 우선best-first 방식으로 트리를 순회해 상태 공간 검색을 수행하는 검색 알고리즘이다. 두 방법 모두 미리 고려해야 할 턴 수를 입력 인수로 사용한다. 예제에서는 두 알고리즘 모두 5를 사용한다.

```python
if __name__ == '__main__':
    # 사용할 알고리즘을 정의한다
    algo_neg = Negamax(5)
    algo_sss = SSS(5)
```

게임을 시작한다.

```python
    # 게임을 시작한다
    game = GameController([AI_Player(algo_neg), AI_Player(algo_sss)])
    game.play()
```

결과를 출력한다.

```python
    # 결과를 출력한다
    if game.loss_condition():
        print('\nPlayer', game.nopponent, 'wins.')
    else:
        print("\nIt's a draw.")
```

전체 코드는 connect_four.py 파일에 있다. 이 게임은 대화형이 아니며 두 알고리즘이 서로 대항한다. 네가맥스 알고리즘이 첫 번째 플레이어이고 SSS* 알고리즘이 두 번째 플레이어다.

코드를 실행하면 초기 결과는 다음과 같다.

```
0 1 2 3 4 5 6
-------------
. . . . . . .
. . . . . . .
. . . . . . .
. . . . . . .
. . . . . . .
. . . . . . .

Move #1: player 1 plays 0 :

0 1 2 3 4 5 6
-------------
. . . . . . .
. . . . . . .
. . . . . . .
. . . . . . .
. . . . . . .
O . . . . . .

Move #2: player 2 plays 0 :

0 1 2 3 4 5 6
-------------
```

그림 13-5 커넥트포 게임 초기 결과

스크롤을 내리면 마지막에는 다음과 같은 화면을 볼 수 있다.

```
O O O X O O .

Move #35: player 1 plays 6 :

0 1 2 3 4 5 6
-------------
X X O O X . .
O O X X O . .
X X O O X X .
O O X X O O .
X X O X X X .
O O O X O O O

Move #36: player 2 plays 6 :

0 1 2 3 4 5 6
-------------
X X O O X . .
O O X X O . .
X X O O X X .
O O X X O O .
X X O X X X X
O O O X O O O

Player 2 wins.
```

그림 13-6 커넥트포 게임 최종 결과

두 번째 플레이어가 게임에서 이겼다. 한 가지 게임을 더 해보자.

13.7 헥사폰 게임을 하는 두 봇 만들기

헥사폰Hexapawn은 NxM 크기 체스판으로 시작하는 2인용 게임이다. 보드 양쪽에 폰들이 있고, 폰 하나를 반대쪽 보드 끝까지 전진시키면 이긴다. 체스의 폰 규칙이 적용된다. 이 게임은 **easyAI** 라이브러리에 제공된 헥사폰 게임의 변형이다. 두 봇이 생성되고 서로 맞붙는다. 코드를 만들어보자.

새 파이썬 파일을 만들고 다음 패키지를 임포트한다.

```
from easyAI import TwoPlayersGame, AI_Player, Human_Player, Negamax
```

게임을 제어하는 데 필요한 메서드를 모두 포함하는 클래스를 정의한다. 먼저 양쪽에 각각 놓을 폰 개수와 보드 길이를 정의한다. 위치를 포함하는 튜플 리스트를 생성한다.

```
class GameController(TwoPlayersGame):
    def __init__(self, players, size = (4, 4)):
        self.size = size
        num_pawns, len_board = size
        p = [[(i, j) for j in range(len_board)] \
            for i in [0, num_pawns - 1]]
```

각 플레이어의 방향, 목표, 폰을 할당한다.

```
for i, d, goal, pawns in [(0, 1, num_pawns - 1, p[0]), (1, -1, 0, p[1])]:
    players[i].direction = d
    players[i].goal_line = goal
    players[i].pawns = pawns
```

플레이어를 정의하고 누가 먼저 시작할지 설정한다.

```
# 플레이어를 정의한다
self.players = players
```

```
# 누가 시작할지를 정의한다
self.nplayer = 1
```

체스 보드의 B6나 C7처럼 위치 식별에 사용할 알파벳을 정의한다.

```
# 알파벳을 정의한다
self.alphabets = 'ABCDEFGHIJ'
```

문자열을 튜플로 변환하는 lambda 함수를 정의한다.

```
# B4를 (1, 3)으로 변환한다
self.to_tuple = lambda s: (self.alphabets.index(s[0]), int(s[1:]) - 1)
```

튜플을 문자열로 변환하는 lambda 함수를 정의한다.

```
# (1, 3)을 B4로 변환한다
self.to_string = lambda move: ' '.join([self.alphabets[
    move[i][0]] + str(move[i][1] + 1)
    for i in (0, 1)])
```

가능한 이동에 대해 계산하는 메서드를 정의한다.

```
# 가능한 이동을 정의한다
def possible_moves(self):
    moves = []
    opponent_pawns = self.opponent.pawns
    d = self.player.direction
```

해당 위치에 상대방 폰이 없다면 유효한 이동이다.

```
for i, j in self.player.pawns:
    if (i + d, j) not in opponent_pawns:
        moves.append(((i, j), (i + d, j)))
```

```
        if (i + d, j + 1) in opponent_pawns:
            moves.append(((i, j), (i + d, j + 1)))

        if (i + d, j - 1) in opponent_pawns:
            moves.append(((i, j), (i + d, j - 1)))

    return list(map(self.to_string, [(i, j) for i, j in moves]))
```

이동하는 방법과 그에 따라 폰을 업데이트하는 방법을 정의한다.

```
# 이동하는 방법을 정의한다
def make_move(self, move):
    move = list(map(self.to_tuple, move.split(' ')))
    ind = self.player.pawns.index(move[0])
    self.player.pawns[ind] = move[1]

    if move[1] in self.opponent.pawns:
        self.opponent.pawns.remove(move[1])
```

손실 조건을 정의한다. 한 줄에 폰 4개를 두면 상대방은 패하게 된다.

```
# 손실을 정의한다
def loss_condition(self):
    return (any([i == self.opponent.goal_line
        for i, j in self.opponent.pawns])
        or (self.possible_moves() == []) )
```

loss_condition 메서드를 사용해 게임이 끝났는지 확인한다.

```
# 게임이 끝났는지 확인한다
def is_over(self):
    return self.loss_condition()
```

현재 상태를 출력한다.

```
# 현재 상태를 보여준다
def show(self):
    f = lambda x: '1' if x in self.players[0].pawns else (
            '2' if x in self.players[1].pawns else '.')

    print("\n".join([" ".join([f((i, j))
            for j in range(self.size[1])])
            for i in range(self.size[0])]))
```

main 함수를 정의하고 먼저 scoring 람다 함수를 정의한다.

```
if __name__=='__main__':
    # 점수를 계산한다
    scoring = lambda game: -100 if game.loss_condition() else 0
```

사용할 알고리즘을 정의한다. 예제에서는 Negamax를 사용한다. 이 알고리즘은 미리 12번의 이동을 계산하고 전략을 위해 scoring 람다 함수를 사용한다.

```
# 알고리즘을 정의한다
algorithm = Negamax(12, scoring)
```

게임을 시작한다.

```
# 게임을 시작한다
game = GameController([AI_Player(algorithm), AI_Player(algorithm)])
game.play()
print('\nPlayer', game.nopponent, 'wins after', game.nmove, 'turns')
```

전체 코드는 hexapawan.py 파일에 있다. 이 게임은 대화형이 아니며 두 봇을 생성하고 봇끼리 서로 경쟁한다. 코드를 실행하면 초기 화면은 다음과 같다.

```
1 1 1 1
. . . .
. . . :
2 2 2 2

Move #1: player 1 plays A1 B1 :
. 1 1 1
1 . . .
. . . .
2 2 2 2

Move #2: player 2 plays D1 C1 :
. 1 1 1
1 . . .
2 . . .
. 2 2 2

Move #3: player 1 plays A2 B2 :
. . 1 1
1 1 . .
2 . . .
. 2 2 2

Move #4: player 2 plays D2 C2 :
. . 1 1
```

그림13-7 헥사폰 게임 초기 화면

스크롤을 내리면 다음과 같은 최종 화면이 나타난다.

```
Move #4: player 2 plays D2 C2 :
. . 1 1
1 1 . .
2 2 . .
. . 2 2

Move #5: player 1 plays B1 C2 :
. . 1 1
. 1 . .
2 1 . .
. . 2 2

Move #6: player 2 plays C1 B1 :
. . 1 1
2 1 . .
. 1 . .
. . 2 2

Move #7: player 1 plays C2 D2 :
. . 1 1
2 1 . .
. . . .
. 1 2 2

Player 1 wins after 8 turns
```

그림 13-8 헥사폰 게임 최종 화면

[그림 13-8]에 나타나듯 첫 번째 플레이어가 게임에서 이겼다.

13.8 정리

이 장에서는 조합 검색이라는 특수한 인공지능 기술을 사용해 게임을 구축하는 방법을 배웠다. 게임에서 승리할 전략을 효과적으로 제시하기 위해 이러한 검색 알고리즘을 사용하는 방법을 학습했다. 이러한 알고리즘은 보다 복잡한 게임을 플레이하는 머신을 구축하고 다양한 문제를 해결하는 데 사용된다. 조합 검색을 사용해 검색 프로세스 속도를 높이는 방법을 알아봤다. 미니맥스와 알파-베타 가지치기를 학습했으며 네가맥스 알고리즘이 실제로 어떻게 사용되는지 살펴봤다. 그리고 이러한 알고리즘을 사용해 마지막 동전 남기기와 틱택토를 플레이하는 봇을 만들었다. 커넥트포와 헥사폰에서 서로 대결하는 두 봇을 만들었다.

다음 장에서는 음성 인식을 학습하고 음성을 자동으로 인식하는 시스템을 구축해본다.

음성 인식 구축

음성 데이터를 처리하고 특성을 추출하는 방법을 배운다. 추출한 기능을 사용해 음성 인식 시스템을 구축해본다.

이 장의 학습 목표
- 음성 인식의 정의와 특징
- 푸리에 변환
- 은닉 마르코프 모델(HMM)
- 음성 인식 시스템 구축

이 장에서는 음성 인식을 알아본다. 음성 신호speech signal를 사용해 작업하는 방법과 다양한 오디오 신호를 시각화하는 방법을 배운다. 다양한 음성 신호 처리 기술을 활용해 음성 인식 시스템을 구축해보자.

이 장에서 다룰 내용은 다음과 같다.

- 음성 신호로 작업하기
- 오디오 신호 시각화하기
- 오디오 신호를 주파수 영역으로 변환하기
- 오디오 신호 생성하기
- 톤 합성하기
- 음성 특성 추출하기
- 음성 인식하기

먼저 음성 신호로 작업하는 방법을 알아보자.

14.1 음성 신호 작업

음성 인식이란 인간이 말하는 단어를 이해하는 과정이다. 음성 신호는 마이크를 통해 포착하며, 시스템은 포착한 단어를 이해한다. 음성 인식은 인간-컴퓨터 상호작용, 스마트폰, 음성 전사, 생체 인식 시스템, 보안 등에 광범위하게 적용된다.

음성 신호를 분석하기 전에 신호의 특성을 이해하는 것이 중요하다. 신호는 다양한 신호의 복잡한 혼합이다. 복잡성은 언어의 여러 가지 측면에 의해 생기는데 감정, 억양, 언어, 소음이 포함된다.

이러한 복잡성 때문에 음성 신호를 분석하기 위한 강력한 규칙 세트는 정의하기가 어렵다. 이에 대조적으로 인간은 언어가 다양하더라도 말을 이해하는 데 문제가 없다. 인간은 인식을 비교적 쉽게 하지만 기계가 인간과 같이 인식하게 하려면 인간과 동일한 방식으로 말을 이해하도록 도와야 한다.

음성은 구어 이해, 화자 식별, 감정 인식, 억양 식별 등 다양한 측면과 응용 분야에서 연구된다. 이 장에서는 말을 이해하는 데 초점을 맞춘다. 음성 인식은 인간–컴퓨터 상호작용 분야에서 중요한 단계다. 인간과 상호작용하는 인지 로봇을 만들고 싶다면 로봇과 자연어로 소통해야 한다. 이는 최근 많은 연구자가 자동 음성 인식에 관심을 갖는 이유다. 다음 절에서 음성 신호를 처리하고 음성 인식기를 구축하는 방법을 살펴보자.

14.2 오디오 신호 시각화하기

오디오 신호를 시각화하는 방법을 살펴보자. 파일에서 오디오 신호를 읽고 작업하는 방법을 배우면 오디오 신호가 어떻게 구성되는지 이해하는 데 도움이 된다.

마이크를 사용해 오디오 파일을 녹음하면, 실제 오디오 신호를 샘플링한 디지털 버전이 저장된다. 실제 오디오 신호는 값이 연속적인 파동이므로 그대로 저장할 수 없다. 특정 주파수에서 신호를 샘플링해 이산 숫자 형식으로 변환해야 한다.

일반적으로 음성 신호를 44,100Hz로 샘플링한다. 음성 신호의 1초가 44,100개 부분으로 나뉜다는 의미이며, 각 타임스탬프의 값이 출력 파일에 저장된다. 1/44,100초마다 오디오 신호의 값을 저장한다. 이때 오디오 신호의 샘플링 주파수가 44,100Hz라고 한다. 샘플링 주파수가 높으면 오디오 신호는 사람에게 연속적으로 들리게 된다. 이제 오디오 신호를 시각화해보자.

새 파이썬 파일을 생성하고 다음 패키지를 임포트한다.

```
import numpy as np
import matplotlib.pyplot as plt
from scipy.io import wavfile
```

wavfile.read 메서드를 사용해 오디오 파일을 읽어온다. 이 메서드는 샘플링 주파수와 오디오 신호 값을 반환한다.

```
# 오디오 파일 읽기
sampling_freq, signal = wavfile.read('random_sound.wav')
```

신호의 형태, 데이터형, 지속 시간을 출력한다.

```
# 매개변수를 보여준다
print('\nSignal shape:', signal.shape)
print('Datatype:', signal.dtype)
print('Signal duration:', round(signal.shape[0] / float(sampling_freq), 2),
'seconds')
```

신호를 정규화한다.

```
# 신호를 정규화한다
signal = signal / np.power(2, 15)
```

그리기 위해 넘파이 배열에서 값 50개를 추출한다.

```
# 처음 50개를 추출한다
signal = signal[:50]
```

초 시간축을 구성한다.

```
# 밀리초로 시간축을 구축한다
time_axis = 1000 * np.arange(0, len(signal), 1) / float(sampling_freq)
```

오디오 신호를 그린다.

```
# 오디오 신호를 그린다
plt.plot(time_axis, signal, color='black')
plt.xlabel('Time (milliseconds)')
plt.ylabel('Amplitude')
plt.title('Input audio signal')
plt.show()
```

전체 코드는 audio_plotter.py 파일에 있다. 코드를 실행하면 다음과 같은 스크린샷이 나타난다.

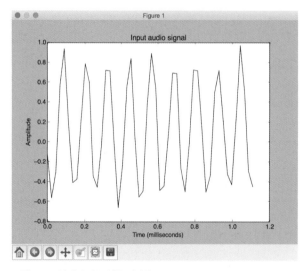

그림 14-1 입력 오디오 신호 시각화

[그림 14-1] 스크린샷은 입력 오디오 신호의 처음 50개 샘플을 보여준다. 결과는 다음과 같다.

```
Signal shape: (132300,)
Datatype: int16
Signal duration: 3.0 seconds
```

그림 14-2 입력 오디오 신호 결과

[그림 14-2]에서 출력된 결과는 신호에서 추출한 정보를 보여준다.

14.3 오디오 신호를 주파수 영역으로 변환하기

오디오 신호를 분석하려면 주파수 구성 요소를 이해해야 한다. 이를 통해 신호에서 의미 있는 정보를 추출하는 방법에 대한 통찰을 얻을 수 있다. 오디오 신호는 주파수, 위상, 진폭이 다양한 사인파sinusoid의 혼합으로 구성된다.

주파수 성분을 분석하면 많은 특성을 식별할 수 있다. 오디오 신호는 주파수 스펙트럼에서의 분포로 특징지어진다. 시간 영역 신호를 주파수 영역으로 변환하려면 **푸리에 변환**Fourier Transform과 같은 수학적 도구를 사용한다. 푸리에 변환을 복습하고 싶다면 *http://www.thefouriertransform.com* 링크를 이용하자.

오디오 신호를 시간 영역에서 주파수 영역으로 변환하는 방법을 살펴보자. 새 파이썬 파일을 만들고 다음 패키지를 임포트한다.

```python
import numpy as np
import matplotlib.pyplot as plt
from scipy.io import wavfile
```

`wavefile.read` 메서드를 사용해 입력 오디오 파일을 읽어온다. 샘플링 주파수와 오디오 신호를 반환한다.

```python
# 오디오 파일을 읽어온다
sampling_freq, signal = wavfile.read('spoken_word.wav')
```

오디오 신호를 정규화한다.

```python
# 값을 정규화한다
signal = signal / np.power(2, 15)
```

신호의 길이와 설반 길이를 주줄한다.

```python
# 오디오 신호 길이를 추출한다
len_signal = len(signal)
```

```
# 절반 길이를 추출한다
len_half = np.ceil((len_signal + 1) / 2.0).astype(np.int)
```

신호에 푸리에 변환을 적용한다.

```
# 푸리에 변환을 적용한다
freq_signal = np.fft.fft(signal)
```

주파수 영역 신호를 정규화하고 제곱한다.

```
# 정규화
freq_signal = abs(freq_signal[0:len_half]) / len_signal

# 제곱
freq_signal **= 2
```

홀수 경우와 짝수 경우에 푸리에 변환 신호를 적용한다.

```
# 주파수 변환 신호의 길이를 추출
len_fts = len(freq_signal)

# 짝수와 홀수 경우에 신호를 적용
if len_signal % 2:
    freq_signal[1:len_fts] *= 2
else:
    freq_signal[1:len_fts-1] *= 2
```

dB 신호 강도를 추출한다.

```
# 신호 강도(dB)를 추출
signal_power = 10 * np.log10(freq_signal)
```

x축을 만든다. 예제에서는 주파수(kHz)다.

```
# x축을 구축
x_axis = np.arange(0, len_half, 1) * (sampling_freq / len_signal) / 1000.0
```

그림을 그린다.

```
# 그림을 그린다
plt.figure()
plt.plot(x_axis, signal_power, color='black')
plt.xlabel('Frequency (kHz)')
plt.ylabel('Signal power (dB)')
plt.show()
```

전체 코드는 frequency_transform.py 파일에 있다. 코드를 실행하면 다음 스크린샷이 나타난다.

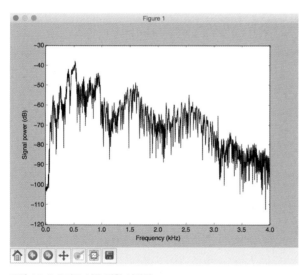

그림 14-3 오디오 신호 변환 시각화

[그림 14-3]은 주파수 스펙트럼에서 신호 강도를 보여준다. 예제에서는 주파수가 높을수록 신호 강도가 낮다.

14.4 오디오 신호 생성하기

오디오 신호가 동작하는 방법을 배웠으니 신호를 만드는 방법을 알아보자. 넘파이 패키지를 사용해 다양한 오디오 신호를 생성할 수 있다. 오디오 신호는 사인파의 혼합이며, 이를 이용해 미리 정의된 매개변수 몇 개로 오디오 신호를 생성한다.

새 파이썬 파일을 생성하고 다음 패키지를 임포트한다.

```python
import numpy as np
import matplotlib.pyplot as plt
from scipy.io.wavfile import write
```

출력 오디오 파일 이름을 정의한다.

```python
# 오디오가 저장될 출력 파일
output_file = 'generated_audio.wav'
```

지속 시간, 샘플링 주파수, 톤 주파수, 최솟값, 최댓값 등 오디오 매개변수를 설정한다.

```python
# 오디오 매개변수를 설정한다
duration = 4 # 초 단위
sampling_freq = 44100 # Hz 단위
tone_freq = 784
min_val = -4 * np.pi
max_val = 4 * np.pi
```

정의한 매개변수를 사용해 오디오 신호를 생성한다.

```python
# 오디오 신호를 생성
t = np.linspace(min_val, max_val, duration * sampling_freq)
signal = np.sin(2 * np.pi * tone_freq * t)
```

신호에 잡음을 추가한다.

```python
# 신호에 잡음을 추가
noise = 0.5 * np.random.rand(duration * sampling_freq)
signal += noise
```

신호를 정규화하고 스케일링한다.

```python
# 16-비트 정숫값으로 스케일링한다
scaling_factor = np.power(2, 15) - 1
signal_normalized = signal / np.max(np.abs(signal))
signal_scaled = np.int16(signal_normalized * scaling_factor)
```

생성된 오디오 신호를 출력 파일에 저장한다.

```python
# 오디오 신호를 출력 파일에 저장
write(output_file, sampling_freq, signal_scaled)
```

그리기 위해 처음 200개 값을 추출한다.

```python
# 오디오 신호에서 처음 200개 값을 추출
signal = signal[:200]
```

밀리초로 시간 축을 구성한다.

```python
# 밀리초로 시간 축을 구성
time_axis = 1000 * np.arange(0, len(signal), 1) / float(sampling_freq)
```

오디오 신호를 출력한다.

```python
# 오디오 신호를 출력
plt.plot(time_axis, signal, color='black')
plt.xlabel('Time (milliseconds)')
plt.ylabel('Amplitude')
```

```
plt.title('Generated audio signal')
plt.show()
```

전체 코드는 audio_generator.py 파일에 있다. 코드를 실행하면 다음 스크린샷이 나타난다.

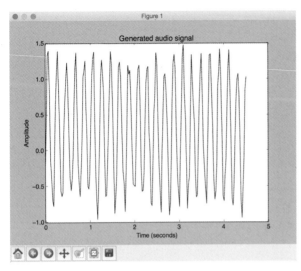

그림 14-4 오디오 신호 생성 시각화

generated_audio.wav 파일을 미디어 플레이어로 실행해 소리를 들어보자. 784Hz 신호와 잡음이 혼합된 신호일 것이다.

14.5 음악을 생성하기 위한 톤 합성하기

이전 절에서는 간단하고 별 의미 없는 모노톤을 생성했다. 이는 단지 단일 주파수였다. 이 원리를 활용해 서로 다른 톤을 결합해 음악을 합성하자.

A, C, G, F와 같은 표준 톤을 사용해 음악을 생성해보자. 표준 톤의 주파수 매핑은 *http://www.phy.mtu.edu/~suits/notefreqs.html* 링크에서 확인한다.

이 정보를 사용해 음악 신호를 생성해보자. 새 파이썬 파일을 만들고 다음 패키지를 임포트한다.

```
import json
import numpy as np
import matplotlib.pyplot as plt
from scipy.io.wavfile import write
```

입력 매개변수에 따라 톤을 생성하는 함수를 정의한다.

```
# 입력 매개변수에 따라 톤을 합성
def tone_synthesizer(freq, duration, amplitude=1.0, sampling_freq=44100):
    # 시간 축을 생성
    time_axis = np.linspace(0, duration, duration * sampling_freq)
```

설정한 매개변수를 사용해 오디오 신호를 생성하고 반환한다.

```
    # 오디오 신호를 생성
    signal = amplitude * np.sin(2 * np.pi * freq * time_axis)

    return signal.astype(np.int16)
```

main 함수를 정의한다. 출력 오디오 파일을 정의하자.

```
if __name__=='__main__':
    # 출력 오디오 파일 이름
    file_tone_single = 'generated_tone_single.wav'
    file_tone_sequence = 'generated_tone _sequence.wav'
```

톤 매핑 파일을 사용한다. 파일은 톤 이름(예를 들면 A, C, G)과 주파수의 매핑을 포함한다.

```
    # 소스: http://www.phy.mtu.edu/~suits/notefreqs.html
    mapping_file = 'tone_mapping.json'

    # 매핑 파일에서 주파수 맵으로 톤을 로드
    with open(mapping_file, 'r') as f:
        tone_map = json.loads(f.read())
```

지속 시간이 3초인 F 톤을 생성하자.

```python
# 'F' 톤을 생성하기 위한 입력 매개변수를 설정
tone_name = 'F'
# 초
duration = 3
# 진폭
amplitude = 12000
# 주파수(Hz)
sampling_freq = 44100
```

대응하는 톤 주파수를 추출한다.

```python
# 톤 주파수를 추출
tone_freq = tone_map[tone_name]
```

앞서 정의한 톤 합성 함수를 사용해 톤을 생성한다.

```python
# 앞서 정의한 매개변수를 사용해 톤을 생성
synthesized_tone = tone_synthesizer(tone_freq, duration, amplitude,
        sampling_freq)
```

생성된 오디오 신호를 출력 파일로 생성한다.

```python
# 오디오 신호를 출력 파일로 생성한다
write(file_tone_single, sampling_freq, synthesized_tone)
```

값을 음악처럼 만들기 위해 톤 순서를 정하자. 순서는 초 단위 지속 시간으로 정의한다.

```python
# 초 단위 지속 시간으로 톤 순서를 정의
tone_sequence = [('G', 0.4), ('D', 0.5), ('F', 0.3), ('C', 0.6), ('A', 0.4)]
```

톤 순서를 기반으로 오디오 신호를 생성한다.

```
# 순서에 따라 오디오 신호를 생성
signal = np.array([])
for item in tone_sequence:
    # 톤 이름을 가져온다
    tone _name = item[0]
```

각 톤에 대응하는 주파수를 추출한다.

```
# 톤에 대응하는 주파수를 추출
freq = tone_map[tone_name]
```

대응하는 지속 시간을 추출한다.

```
# 지속 시간 추출
duration = item[1]
```

tone_syntehsizer 함수를 사용해 톤을 합성한다.

```
# 톤 합성
synthesized_tone = tone_synthesizer(freq, duration, amplitude,
        sampling_freq)
```

값을 메인 출력 신호에 추가한다.

```
# 출력 신호에 추가
signal = np.append(signal, synthesized_tone, axis=0)
```

메인 출력 신호를 출력 파일로 저장한다.

```
# 오디오를 출력 파일로 저장
write(file_tone_sequence, sampling_freq, signal)
```

전체 코드는 synthesizer.py 파일에 있다. 코드를 실행하면 generated_tone_single.wav 와 generated_to ne_sequence.wav 라는 파일 두 개가 생성된다.

미디어 플레이어로 오디오 파일을 실행해 각 소리를 들어보자.

14.6 음성 특성 추출하기

시간 영역 신호를 주파수 영역으로 변환하는 방법을 배웠다. 주파수 영역 특성은 모든 음성 인식 시스템에서 광범위하게 사용된다. 실제 주파수 도메인 특성은 앞서 배운 개념보다 좀 더 복잡하다. 신호를 주파수 영역으로 변환한 후에는 특성 벡터 형태로 사용할 수 있는지 확인해야 한다. 여기에서 **멜 주파수 켑스트럼 계수**Mel Frequency Cepstral Coefficient (MFCC) 개념이 필요하다. MFCC는 오디오 신호에서 주파수 영역 특성을 추출하는 데 사용하는 도구다.

오디오 신호에서 주파수 특성을 추출하기 위해 MFCC는 먼저 파워 스펙트럼을 추출한다. 그런 다음 필터 뱅크와 이산 코사인 변환Discrete Cosine Transform (DCT)을 사용해 특성을 추출한다.

MFCC에 대한 자세한 내용은 다음 링크에서 확인하자.

- *http://practicalcryptography.com/miscellaneous/machine-learning/guide-mel-frequency-cepstral-coefficients-mfccs*

python_speech_features라는 패키지를 사용해 MFCC 특성을 추출하자. 패키지는 다음 링크에 있다.

- *http://python-speech-features.readthedocs.org/en/latest*

사용하기 쉽도록 관련 폴더가 코드 번들에 포함돼 있다. 패키지 사용에 필요한 파일이 포함된 코드 번들에 features라는 폴더가 있다. MFCC 특성을 추출하는 방법을 살펴보자.

새 파이썬 파일을 생성하고 다음 패키지를 임포트한다.

```
import numpy as np
import matplotlib.pyplot as plt
from scipy.io import wavfile
from python_speech_features import mfcc, logfbank
```

입력 오디오 파일을 읽고 분석을 위해 처음 10,000개 샘플을 추출한다.

```
# 입력 오디오 파일을 읽어온다
sampling_freq, signal = wavfile.read('random_sound.wav')

# 분석을 위해 처음 10,000 개 샘플을 가져온다
signal = signal[:10000]
```

MFCC를 추출한다.

```
# MFCC 특성 추출
features_mfcc = mfcc(signal, sampling_freq)
```

MFCC 매개변수를 출력한다.

```
# MFCC 매개변수를 출력한다
print('\nMFCC:\nNumber of windows =', features_mfcc.shape[0])
print('Length of each feature =', features_mfcc.shape[1])
```

MFCC 특성을 그린다.

```
# 특성을 그린다
features_mfcc = features_mfcc.T
plt.matshow(features_mfcc )
plt.title('MFCC')
```

필터 뱅크 특성을 추출한다.

```
# 필터 뱅크 특성을 추출
features_fb = logfbank(signal, sampling_freq)
```

필터 뱅크 매개변수를 출력한다.

```
# 필터 뱅크 매개변수를 출력
print('\nFilter bank:\nNumber of windows =', features_fb.shape[0])
print('Length of each feature =', features_fb.shape[1])
```

특성을 그린다.

```
# 특성을 그린다
features_fb = features_fb.T
plt.matshow(features_fb)
plt.title('Filter bank')

plt.show()
```

전체 코드는 feature_extractor.py 파일에 있다. 코드를 실행하면 스크린샷 두 개가 나타난다. 처음 스크린샷은 MFCC 특성을 보여준다.

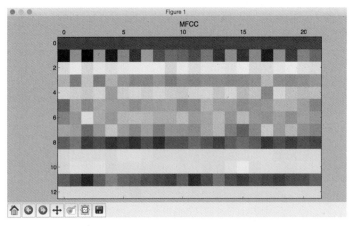

그림 14-5 MFCC 특성 그래프

두 번째 스크린샷은 필터 뱅크 특성을 보여준다.

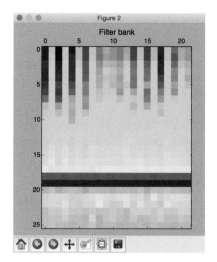

그림 14-6 필터 뱅크 특성 그래프

출력 결과는 다음과 같다.

```
MFCC:
Number of windows = 22
Length of each feature = 13

Filter bank:
Number of windows = 22
Length of each feature = 26
```

그림 14-7 MFCC와 필터 뱅크 특성 결과

예제를 통해 알 수 있듯 소리를 그림으로 변환하는 작업은 매우 유용하다. 소리를 다른 방식으로 분석함으로써 통찰력을 도출한다.

14.7 음성 인식하기

음성 신호를 분석하는 기술을 모두 배웠으니 말을 인식하는 방법을 살펴보자. 음성 인식 시스템은 오디오 신호를 입력으로 받아 단어를 인식한다. 여기에는 **은닉 마르코프 모델**hidden Markov model(HMM)이 사용된다.

13장에서 배웠듯 HMM은 시퀀스 데이터 분석에 탁월하다. 오디오 신호는 시계열 신호, 즉 시퀀스 데이터의 표현이다. 일련의 은닉 상태를 거치는 시스템에 의해 출력이 생성된다고 가정한다. 목표는 신호에서 단어를 식별할 수 있도록, 은닉 상태가 무엇인지 알아내는 것이다. 자세한 내용은 *https://web.stanford.edu/~jurafsky/slp3/A.pdf*를 참고하자.

음성 인식 시스템을 구축하기 위해 hmmlearn이라는 패키지를 사용하자. 패키지에 관한 자세한 내용은 *http://hmmlearn.readthedocs.org/en/latest*에 있다.

다음 명령을 실행해 패키지를 설치한다.

```
$ pip3 install hmmlearn
```

음성 인식 시스템을 훈련하려면 단어마다 오디오 파일 데이터 세트가 필요하다. *https://code.google.com/archive/p/hmm-speech-recognition/downloads*에서 제공하는 데이터베이스를 사용하자.

사용하기 쉽도록, 파일이 모두 포함된 코드 번들에 **data**라는 폴더가 제공됐다. 데이터 세트는 단어 7개를 포함한다. 각 단어는 연관된 폴더가 있으며, 각 폴더에는 오디오 파일 15개가 있다.

각 폴더에서 오디오 파일을 훈련용으로 14개, 테스트용으로 1개 사용한다. 이 데이터 세트는 사실 매우 작으며, 실제로는 훨씬 더 큰 데이터 세트로 음성 인식 시스템을 구축한다. 예제에서는 작은 데이터 세트를 사용해 음성 인식에 익숙해지고 시스템 구축법을 익히자.

각 단어에 대한 HMM 모델을 만들고 참조를 위해 모든 모델을 저장한다. 새로운 오디오 파일에서 단어를 인식하려면 모든 모델을 실행하고 가장 높은 점수를 받은 모델을 선택한다. 이 시스템을 구축해보자.

새로운 파이썬 파일을 생성하고 다음 패키지를 임포트한다.

```
import os
import argparse
import warnings

import numpy as np
from scipy.io import wavfile
```

```
from hmmlearn import hmm
from python_speech_features import mfcc
```

입력 인수를 파싱하는 함수를 정의한다. 입력 폴더를 설정해야 한다. 입력 폴더는 음성 인식 시스템을 훈련하는 데 필요한 오디오 파일을 포함한다.

```
# 입력 인수를 파싱하는 함수를 정의
def build_arg_parser():
    parser = argparse.ArgumentParser(description='Trains the HMM-based speech \
            recognition system')
    parser.add_argument("--input-folder", dest="input_folder", required=True,
            help="Input folder containing the audio files for training")
    return parser
```

HMM을 훈련하기 위한 클래스를 정의한다.

```
# HMM을 훈련할 클래스를 정의
class ModelHMM(object):
    def __init__(self, num_components=4, num_iter=1000):
        self.n_components = num_components
        self.n_iter = num_iter
```

공분산 유형과 HMM 유형을 정의한다.

```
        self.cov_type = 'diag'
        self.model_name = 'GaussianHMM'
```

각 단어를 위한 모델에 저장할 변수를 초기화한다.

```
        self.models = []
```

설정한 매개변수를 사용해 모델을 정의한다.

```
            self.model = hmm.GaussianHMM(n_components=self.n_components,
                covariance_type=self.cov_type, n_iter=self.n_iter)
```

모델을 훈련하는 메서드를 정의한다.

```
# 'training_data'는 각 행이 13차원인 2D 넘파이 배열이다
def train(self, training_data):
    np.seterr(all='ignore')
    cur_model = self.model.fit(training_data)
    self.models.append(cur_model)
```

입력 데이터의 점수를 계산하는 메서드를 정의한다.

```
# 입력 데이터에 대한 추론을 위해 HMM 모델을 실행
def compute_score(self, input_data):
    return self.model.score(input_data)
```

훈련 데이터 세트에서 단어마다 모델을 구축하는 함수를 정의한다.

```
# 각 단어를 위한 모델 구축하는 함수를 정의
def build_models(input_folder):
    # 모든 모델을 저장할 변수를 초기화
    speech_models = []
```

입력 디렉터리를 파싱한다.

```
# 입력 디렉터리를 파싱한다
for dirname in os.listdir(input_folder):
    # 하위 폴더의 이름을 얻어온다
    subfolder = os.path.join(input_folder, dirname)

    if not os.path.isdir(subfolder):
        continue
```

레이블을 추출한다.

```
# 레이블 추출
label = subfolder[subfolder.rfind('/') + 1:]
```

훈련 데이터를 저장할 변수를 초기화한다.

```
# 변수 초기화
X = np.array([])
```

훈련에 사용할 파일 리스트를 생성한다.

```
# 훈련에 사용할 파일 리스트를 생성한다
# 테스트를 위해 폴더마다 파일을 하나씩 남겨둔다
training_files = [x for x in os.listdir(subfolder) if \
                  x.endswith('.wav')][:-1]

# 훈련 파일을 순회하고 모델을 구축한다
for filename in training_files:
    # 현재 파일 경로를 추출한다
    filepath = os.path.join(subfolder, filename)
```

현재 파일에서 오디오 신호를 읽어온다.

```
# 입력 파일에서 오디오 신호를 읽어온다
sampling_freq, signal = wavfile.read(filepath)
```

MFCC 특성을 추출한다.

```
# MFCC 특성 추출
with warnings.catch_warnings():
    warnings.simplefilter('ignore')
    features_mfcc = mfcc(signal, sampling_freq)
```

변수 X에 데이터 포인트를 추가한다.

```python
# 변수 X에 추가
if len(X) == 0:
    X = features_mfcc
else:
    X = np.append(X, features_mfcc, axis=0)
```

HMM 모델을 초기화한다.

```python
# HMM 모델을 생성
model = ModelHMM()
```

훈련 데이터를 사용해 모델을 훈련한다.

```python
# HMM을 훈련한다
model.train(X)
```

현재 단어를 위한 모델을 저장한다.

```python
# 현재 단어를 위한 모델을 저장한다
speech_models.append((model, label))

# 변수를 리셋한다
model = None

return speech_models
```

테스트 데이터 세트에 테스트를 실행할 함수를 정의한다.

```python
# 입력 파일에 테스트를 실행할 함수를 정의한다
def run_tests(test_files):
    # 입력 데이터를 분류한다
```

```
for test_file in test_files:
    # 입력 파일을 읽어온다
    sampling_freq, signal = wavfile.read(test_file)
```

MFCC 특성을 추출한다.

```
# MFCC 특성 추출
with warnings.catch_warnings():
    warnings.simplefilter('ignore')
    features_mfcc = mfcc(signal, sampling_freq)
```

최대 점수와 출력 레이블을 저장할 변수를 정의한다.

```
# 변수를 정의
max_score = -float('inf')
output_label = None
```

각 모델을 순회하며 최상을 선택한다.

```
# 모든 HMM 모델을 통해 현재 특성 벡터를 실행하고
# 점수가 가장 높은 항목을 선택
for item in speech_models:
    model, label = item
```

점수를 평가하고 최대 점수와 비교한다.

```
score = model.compute_score(features_mfcc)
if score > max_score:
    max_score = score
    predicted_label = label
```

결과를 출력한다.

```
# 예측 결과를 출력
start_index = test_file.find('/') + 1
end_index = test_file.rfind('/')
original_label = test_file[start_index:end_index]
print('\nOriginal: ', original_label)
print('Predicted:', predicted_label)
```

main 함수를 정의하고 입력 매개변수에서 입력 폴더를 얻어온다.

```
if __name__=='__main__':
    args = build_arg_parser().parse_args()
    input_folder = args.input_folder
```

입력 폴더 내 각 단어에 대한 HMM 모델을 구축한다.

```
# 각 단어에 대한 HMM 모델 구축
speech_models = build_models(input_folder)
```

각 폴더에서 테스트를 위해 파일을 하나씩 남겼다. 파일을 사용해 모델이 얼마나 정확한지 알아보자.

```
# 테스트 파일 - 각 하위 폴더의 15번째 파일
test_files = []
for root, dirs, files in os.walk(input_folder):
    for filename in (x for x in files if '15' in x):
        filepath = os.path.join(root, filename)
        test_files.append(filepath)

run_tests(test_files)
```

전체 코드는 speech_recognizer.py 파일에 있다. data 폴더는 코드 파일과 같은 폴더에 있어야 한다. 다음 코드를 실행하자.

```
$ python3 speech_recognizer.py --input-folder data
```

코드를 실행하면 결과는 다음과 같다.

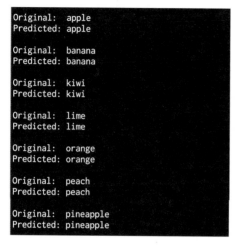

```
Original:  apple
Predicted: apple

Original:  banana
Predicted: banana

Original:  kiwi
Predicted: kiwi

Original:  lime
Predicted: lime

Original:  orange
Predicted: orange

Original:  peach
Predicted: peach

Original:  pineapple
Predicted: pineapple
```

그림 14-8 인식한 단어 결과

[그림 14-8]이 나타내듯 음성 인식 시스템은 모든 단어를 정확하게 인식한다.

14.8 정리

이 장에서는 음성 인식을 배웠다. 음성 신호와 관련 개념으로 작업하는 방법을 알아보고 오디오 신호를 시각화했다. 푸리에 변환을 사용해 시간 영역 오디오 신호를 주파수 영역으로 변환하는 방법도 배웠다. 또한 사전 정의된 매개변수를 사용해 오디오 신호를 생성하는 방법을 살펴봤다.

이 개념을 활용해 톤을 연결해 음악을 합성했다. MFCC가 실제로 어떻게 사용되는지 알아봤다. 이를 사용해 음성에서 주파수 특성을 추출하는 방법을 배우고 음성 인식 시스템을 구축했다. 다음 장에서는 자연어 처리 개념과 모델링 및 분류를 통해 텍스트 데이터를 분석하는 방법을 살펴본다.

15 자연어 처리

Chapter

자연어 처리에 사용하는 다양한 기술을 학습한다. 배운 내용을 활용해 카테고리 예측기, 성별 식별자, 감정 분석기를 구축해본다.

이 장의 학습 목표
- 토큰화
- 형태소 분석
- 기본형화
- 청킹
- 단어 가방 모델
- 잠재 디리클레 할당

이 장에서는 자연어 처리(NLP)라는 흥미로운 주제를 알아본다. 앞서 이야기했듯 컴퓨터가 인간 언어를 이해한다면 진정으로 훨씬 더 유용해질 것이다. NLP는 이것이 어떻게 가능할지 이해하기 위한 기초다.

토큰화, 형태소 분석, 기본형화와 같은 다양한 개념을 배우고, 이 개념들을 사용해 텍스트를 처리한다. 그리고 단어 가방 모델과 이를 사용해 텍스트를 분류하는 방법을 알아본다. 또한 머신러닝을 사용해 문장의 감정을 분석하는 방법을 살펴본 후, 주제 모델링을 알아보고 문서에서 주제를 식별하는 시스템을 구현해본다.

이 장에서 다룰 내용은 다음과 같다.

- 관련 NLP 패키지 설치하기
- 텍스트 데이터 토큰화하기
- 형태소 분석을 통해 단어를 기본 형식으로 변환하기
- 기본형화를 통해 단어를 기본 형식으로 변환하기
- 텍스트 데이터를 청크로 나누기
- 단어 가방 모델을 사용해 문서-용어 행렬 추출하기
- 카테고리 예측기 구축하기
- 성별 식별자 구축하기
- 감정 분석기 구축하기
- 잠재 디리클레 할당을 사용한 주제 모델링

15.1 패키지 소개 및 설치

자연어 처리는 현대 시스템에서 중요한 부분이 됐다. 검색 엔진, 대화형 인터페이스, 문서 프로세서 등에서 광범위하게 사용된다. 기계는 구조화된 데이터는 잘 처리하지만 형식이 자유로운 텍스트는 잘 처리하지 못한다. NLP의 목표는 컴퓨터가 자유롭게 작성된 텍스트를 이해하고 언어를 이해하도록 하는 알고리즘을 개발하는 것이다.

형식이 자유로운 자연어를 처리할 때 어려운 점은 변형이 매우 많다는 점이다. 문맥은 문장을 이해하는 데 중요한 역할을 한다. 인간은 타고난 언어 이해 능력이 뛰어나며, 인간이 언어를 어떻게 그렇게 쉽고 직관적으로 이해하는지는 아직 명확히 밝혀지지 않았다. 인간은 과거의 지식과 경험을 토대로 대화를 이해하고, 문맥이 명확하지 않아도 다른 사람이 말하는 내용에서 요점을 빠르게 파악한다.

이 문제를 해결하고자 NLP 연구원들은 머신러닝 접근 방식을 사용해 다양한 애플리케이션을 개발하기 시작했다. 애플리케이션을 구축하기 위해 많은 텍스트를 얻은 다음 알고리즘을 훈련해 텍스트 분류, 감정 분석, 주제 모델링 등 다양한 작업을 수행한다. 알고리즘은 입력 **텍스트 데이터**text data에서 패턴을 감지하고 그로부터 통찰력을 도출하도록 훈련한다.

이 장에서는 텍스트 분석과 NLP 애플리케이션 구축에 사용하는 다양한 개념을 설명한다. 이를 통해 텍스트 데이터에서 의미 있는 정보를 추출하는 방법을 이해한다. 애플리케이션을 구축하기 위해 Natural Language Toolkit(NLTK)이라는 파이썬 패키지를 사용한다. 다음 명령을 실행해 설치하자.

```
$ pip3 install nltk
```

NLTK에 관한 자세한 정보는 *http://www.nltk.org*에 있다. NLTK에서 제공하는 모든 데이터 세트에 접근하려면 NLTK를 다운로드해야 한다. 다음을 입력해 파이썬 셸을 열자.

```
$ python3
```

파이썬 셸에 진입했다. 다음을 입력해 데이터를 다운로드한다.

```
>>> import nltk
>>> nltk.download()
```

이 장에서도 gensim이라는 패키지를 사용한다. gensim은 많은 애플리케이션에 유용한 강력한 시맨틱 모델링 라이브러리다. 다음 명령을 실행해 설치하자.

```
$ pip3 install genism
```

gensim이 제대로 작동하려면 pattern이라는 패키지가 필요할 수도 있다. 다음 명령어를 실행해 설치하자.

```
$ pip3 install pattern
```

gensim에 관한 자세한 정보는 *https://radimrehurek.com/gensim*에 있다. NLTK를 설치했으면 본격적으로 시작하자.

15.2 텍스트 데이터 토큰화

텍스트는 분석을 위해 작은 조각으로 나눠야 한다. **토큰화**tokenization를 적용하자. 토큰화는 텍스트를 단어나 문장 같은 조각으로 나누는 처리 과정이다. 이 조각을 토큰이라고 한다. 토큰화 방법은 하려는 작업에 따라 직접 정의할 수 있다. NLTK를 사용해 입력 텍스트를 토큰화해보자.

새 파이썬 파일을 만들고 다음 패키지를 임포트한다.

```
from nltk.tokenize import sent_tokenize, \
    word_tokenize, WordPunctTokenizer
```

토큰화에 사용할 입력 텍스트를 정의한다.

```
# 입력 테스트 정의
input_text = "Do you know how tokenization works? \
        It's actually quite interesting! \
        Let's analyze a couple of sentences and figure it out."
```

입력 텍스트를 문장 토큰으로 분리한다.

```
# 문장 토큰화
print("\nSentence tokenizer:")
print(sent_tokenize(input_text))
```

입력 텍스트를 단어 토큰으로 분할한다.

```
# 단어 토큰화
print("\nWord tokenizer:")
print(word_tokenize(input_text))
```

WordPunct 토크나이저를 사용해 입력 텍스트를 단어 토큰으로 분할한다.

```
# WordPunct 토크나이저
print("\nWord punct tokenizer:")
print(WordPunctTokenizer().tokenize(input _text))
```

전체 코드는 **tokenizer.py** 파일에 있다. 코드를 실행하면 결과는 다음과 같다.

```
Sentence tokenizer:
['Do you know how tokenization works?', "It's actually quite interesting!", "Let's analyze a couple of se
ntences and figure it out."]

Word tokenizer:
['Do', 'you', 'know', 'how', 'tokenization', 'works', '?', 'It', "'s", 'actually', 'quite', 'interesting'
, '!', 'Let', "'s", 'analyze', 'a', 'couple', 'of', 'sentences', 'and', 'figure', 'it', 'out', '.']

Word punct tokenizer:
['Do', 'you', 'know', 'how', 'tokenization', 'works', '?', 'It', "'", 's', 'actually', 'quite', 'interest
ing', '!', 'Let', "'", 's', 'analyze', 'a', 'couple', 'of', 'sentences', 'and', 'figure', 'it', 'out', '.
']
```

그림 15-1 토큰화 결과

문장 토큰화는 입력 데이터를 문장으로 나눈다. 두 단어two-word 토큰화는 마침표에 따라 다르게 동작한다. 예를 들어 It's라는 단어는 일반 토큰화를 사용할 때와 punkt 토큰화를 사용할 때 각각 다르게 분할된다.

15.3 형태소 분석을 사용해 단어를 기본 형식으로 변환하기

텍스트에는 변형이 많다. 텍스트로 작업할 때는 한 가지 단어의 여러 형태를 처리해야 하며, 이 단어들의 기본 형태가 같음을 컴퓨터가 이해하도록 해야 한다. 예를 들어 sing이라는 단어는 singer, singing, song, sung 등 다양한 형태로 나타난다. 이 단어들은 모두 의미가 유사하며 이 과정을 형태소 분석이라고 한다. 형태소 분석은 어근/기본 단어의 형태학적 변형을 생성하는 방법이다. 인간은 이러한 기본 형식을 쉽게 식별하고 문맥을 도출한다.

텍스트를 분석할 때 단어의 기본 형태를 추출하면 유용하다. 이를 통해 입력 텍스트에서 유용한 통계를 얻을 수 있다. 한 가지 방법은 **형태소 분석**stemming이다. 형태소 분석기stemmer의 목표는 다양한 형태의 단어를 줄이는 것이다. 이는 단어의 끝을 잘라내어 기본 형태를 추출하는 휴리스틱 프로세스다. NLTK를 사용해 형태소 분석을 해보자.

새 파이썬 파일을 만들고 다음 패키지를 임포트한다.

```
from nltk.stem.porter import PorterStemmer
from nltk.stem.lancaster import LancasterStemmer
from nltk.stem.snowball import Snowbal lStemmer
```

몇 가지 입력 단어를 정의한다.

```
input_words = ['writing', 'calves', 'be', 'branded', 'horse', 'randomize',
               'possibly', 'provision', 'hospital', 'kept', 'scratchy', 'code']
```

포터Porter, 랭커스터Lancaster, 스노우볼Snowball 형태소 분석기를 위한 객체를 생성한다.

```
# 다양한 형태소 분석기 객체를 생성한다
porter = PorterStemmer()
lancaster = LancasterStemmer()
snowball = SnowballStemmer('english')
```

표에 표시할 이름 리스트와 그에 따른 출력 텍스트 형식을 생성한다.

```
# 표에 표시할 이름 리스트를 생성한다
stemmer_names = ['PORTER', 'LANCASTER', 'SNOWBALL']
formatted_text = '{:>16}' * (len(stemmer_names) + 1)
print('\n', formatted_text.format('INPUT WORD', *stemmer_names), '\n', '='*68)
```

단어를 순회하면서 세 가지 형태소 분석기를 사용해 형태소를 추출한다.

```
# 각 단어에서 형태소를 추출하고 결과를 표시한다
for word in input_words:
    output = [word, porter.stem(word),
        lancaster.stem(word), snowball.stem(word)]
    print(formatted_text.format(*output))
```

전체 코드는 **stammer.py** 파일에 있다. 코드를 실행하면 결과는 다음과 같다.

```
      INPUT WORD           PORTER        LANCASTER         SNOWBALL
=====================================================================
         writing            write             writ            write
          calves             calv             calv             calv
              be               be               be               be
         branded            brand            brand            brand
           horse             hors             hors             hors
       randomize           random           random           random
        possibly          possibl             poss          possibl
       provision           provis           provid           provis
        hospital           hospit           hospit           hospit
            kept             kept             kept             kept
        scratchy          scratchi         scratchy         scratchi
            code             code              cod             code
```

그림 15-2 형태소 분석기 결과

여기서 사용한 세 가지 형태소 분석 알고리즘을 알아보자. 모두 기본적으로 목표가 동일하지만 기본 형태에 도달하는 데 사용하는 엄격함 수준이 다르다.

포터 형태소 분석기는 가장 덜 엄격하고 랭커스터는 가장 엄격하다. 출력을 면밀히 관찰하면 차이점을 알 수 있다. 형태소 분석기는 possibly나 provision과 같은 단어에 다르게 작동한다. 랭커스터 형태소 분석기는 단어를 많이 줄이므로 출력이 약간 난독화[obfuscated]돼 있으며, 동시에 알고리즘은 빠르다. 스노우볼 형태소 분석기는 속도와 엄격함 사이에서 균형을 맞춘다.

15.4 기본형화를 사용해 단어를 기본 형식으로 변환하기

기본형화[lemmatization]는 단어를 기본 형태로 줄이는 또 다른 방법이다. 이전 절에서는 형태소 분석기에서 얻은 기본 형태 중 일부는 의미가 없음을 확인했다. 기본형화는 단어가 다양하게 변형된 형태를 그룹화해 단일 항목으로 분석하는 과정이다.

기본형화는 형태소 분석과 비슷하지만 단어에 맥락을 제공한다. 따라서 의미가 비슷한 단어를 한 단어로 연결한다. 예를 들어 세 가지 형태소 분석기는 calves의 기본 형태가 calv라고 했지만(실제 단어가 아님) 기본형화는 더 구조화된 접근 방식으로 문제를 해결한다. 다음은 몇 가지 기본형화 예시다.

- **rocks** : rock
- **corpora** : corpus
- **worse** : bad

기본형화 과정에서는 단어의 어휘 및 형태학적 분석을 사용한다. ing, ed와 같은 어미를 제거해 기본 형태를 얻는다. 이때 단어의 기본 형태를 기본형[lemma]이라고 한다. 예를 들어 calves라는 단어를 기본형화하면 calf를 출력으로 얻는다. 한 가지 주목할 점은 단어가 동사인지 혹은 명사인지에 따라 출력이 다르다는 점이다. NLTK를 사용해 기본형화를 해보자.

새 파이썬 파일을 만들고 다음 패키지를 임포트한다.

```
from nltk.stem import WordNetLemmatizer
```

몇 가지 입력 단어를 정의하자. 이전 절과 출력을 비교하기 위해 동일한 단어들을 사용한다.

```
input_words = ['writing', 'calves', 'be', 'branded', 'horse', 'randomize',
               'possibly', 'provision', 'hospital', 'kept', 'scratchy', 'code']
```

lemmatizer 객체를 생성한다.

```
# lemmatizer 객체를 생성
lemmatizer = WordNetLe mmatizer()
```

표로 출력할 lemmatizer 이름 리스트를 생성하고 그에 따라 텍스트 형식을 지정한다.

```
# 표시할 lemmatizer 이름 리스트를 생성
lemmatizer_names = ['NOUN LEMMATIZER', 'VERB LEMMATIZER']
formatted_text = '{:>24}' * (len(lemmatizer_names) + 1)
print('\n', formatted_text.format('INPUT WORD', *lemmatizer_names), '\n', '='*75)
```

단어를 순회하면서 명사 및 동사 기본형화를 사용해 기본형화를 한다.

```
# 각 단어를 기본형화하고 출력을 표시한다
for word in input_words:
    output = [word, lemmatizer.lemmatize(word, pos='n'),
              lemmatizer.lemmatize(word, pos='v')]
    print(formatted_text.format(*output))
```

전체 코드는 lemmatizer.py 파일에 있다. 코드를 실행하면 결과는 다음과 같다.

```
    INPUT WORD        NOUN LEMMATIZER        VERB LEMMATIZER
==========================================================================
       writing               writing                 write
        calves                  calf                 calve
            be                    be                    be
       branded               branded                 brand
         horse                 horse                 horse
     randomize             randomize             randomize
      possibly              possibly              possibly
     provision             provision             provision
      hospital              hospital              hospital
          kept                  kept                  keep
      scratchy              scratchy              scratchy
          code                  code                  code
```

그림 15-3 기본형화 출력

명사 기본형화는 writing, calves와 같은 단어와 관련해 동사 기본형화와 다르게 작동함을 알수 있다. 또한 출력을 형태소 분석기 출력과 비교해봐도 차이가 있다. 형태소 분석기 출력은 의미가 있을 수도 있고 없을 수도 있지만, 기본형화 출력은 모두 의미가 있다.

15.5 텍스트 데이터를 청크로 나누기

텍스트 데이터는 일반적으로 추가 분석을 위해 여러 조각으로 나눠져야 하는데, 이 과정을 **청킹**chunking이라고 한다. 청킹은 텍스트 분석에서 자주 사용된다. 텍스트를 청크로 나누는 데 사용하는 조건은 문제에 따라 달라진다.

청킹은 토큰화와 동일하지 않다. 출력 청크가 의미가 있다는 사실을 제외하면 청킹 중에 어떠한 제약도 따르지 않는다.

큰 텍스트 문서를 다룰 때는 의미 있는 정보를 추출하기 위해 텍스트를 청크로 분할하는 것이 중요하다. 이 절에서는 입력 텍스트를 여러 조각으로 나누는 방법을 살펴보자.

새 파이썬 파일을 만들고 다음 패키지를 임포트한다.

```
import numpy as np
from nltk.corpus import brown
```

입력 텍스트를 청크로 나누는 함수를 정의한다. 첫 번째 매개변수는 텍스트이고 두 번째 매개변수는 각 청크에 있는 단어 개수다.

```python
# 입력 텍스트를 청크로 분할한다
# 각 청크는 단어 N개를 포함한다
def chunker(input_data, N):
    input_words = input_data.split(' ')
    output = []
```

단어들을 순회하면서 입력 매개변수를 사용해 청크로 분할한다. 함수는 리스트를 반환한다.

```python
    cur_chunk = []
    count = 0
    for word in input_words:
        cur_chunk.append(word)
        count += 1
        if count == N:
            output.append(' '.join(cur_chunk))
            count, cur_chunk = 0, []

    output.append(' '.join(cur_chunk))

    return output
```

main 함수를 정의하고 브라운 말뭉치Brown corpus를 사용해 입력 데이터를 읽어온다. 데이터는 원하는 만큼 읽어오면 된다. 예제에서는 단어 12,000개를 읽는다.

```python
if __name__=='__main__':
    # 브라운 말뭉치에서 처음 12,000개 단어를 읽어온다
    input_data = ' '.join(brown.words()[:12000])
```

각 청크에 있는 단어 개수를 정의한다.

```
# 각 청크에 있는 단어 개수를 정의한다
chunk_size = 700
```

입력 텍스트를 청크로 분할하고 결과를 표시한다.

```
chunks = chunker(input_data, chunk_size)
print('\nNumber of text chunks =', len(chunks), '\n')
for i, chunk in enumerate(chunks):
    print('Chunk', i+1, '==>', chunk[:50])
```

전체 코드는 text_chunker.py 파일에 있다. 코드를 실행하면 결과는 다음과 같다.

```
Number of text chunks = 18

Chunk 1 ==> The Fulton County Grand Jury said Friday an invest
Chunk 2 ==> '' . ( 2 ) Fulton legislators `` work with city of
Chunk 3 ==> . Construction bonds Meanwhile , it was learned th
Chunk 4 ==> , anonymous midnight phone calls and veiled threat
Chunk 5 ==> Harris , Bexar , Tarrant and El Paso would be $451
Chunk 6 ==> set it for public hearing on Feb. 22 . The proposa
Chunk 7 ==> College . He has served as a border patrolman and
Chunk 8 ==> of his staff were doing on the address involved co
Chunk 9 ==> plan alone would boost the base to $5,000 a year a
Chunk 10 ==> nursing homes In the area of `` community health s
Chunk 11 ==> of its Angola policy prove harsh , there has been
Chunk 12 ==> system which will prevent Laos from being used as
Chunk 13 ==> reform in recipient nations . In Laos , the admini
Chunk 14 ==> . He is not interested in being named a full-time
Chunk 15 ==> said , `` to obtain the views of the general publi
Chunk 16 ==> '' . Mr. Reama , far from really being retired , i
Chunk 17 ==> making enforcement of minor offenses more effectiv
Chunk 18 ==> to tell the people where he stands on the tax issu
```

그림 15-4 텍스트 청크 결과

[그림 15-4]는 각 청크의 처음 50개 문자를 보여준다. 텍스트를 분할하고 청킹하는 기술을 배웠으니 다음 절에서는 텍스트 분석을 시작하는 방법을 살펴보자.

15.6 단어 가방 모델을 사용해 용어의 빈도 추출하기

단어 가방 모델 Bag of Words model을 사용하는 텍스트 분석의 주요 목표는 머신러닝을 사용할 수 있도록 텍스트를 숫자 형식으로 변환하는 것이다. 단어를 수백만 개 포함하는 텍스트 문서를 생각해보자. 문서를 분석하려면 텍스트를 추출해 숫자 형식으로 변환해야 한다.

머신러닝 알고리즘이 데이터를 분석하고 의미 있는 정보를 추출하려면 숫자 데이터가 필요하다. 단어 가방 모델이 등장할 차례다. 이 모델은 문서 내 모든 단어에서 어휘를 추출하고 **문서-용어 행렬**document-term matrix을 사용해 모델을 구축한다. 이를 통해 우리는 모든 문서를 단어 가방으로 표현할 수 있다. 이때 단어 개수만 추적하고 문법적 세부 사항과 어순은 무시한다.

문서-용어 행렬을 살펴보자. 문서-용어 행렬은 기본적으로 문서에 나타나는 다양한 단어의 개수를 알려주는 표다. 따라서 텍스트 문서는 다양한 단어의 가중치 조합으로 표현될 수 있다. 우리는 임계값을 설정하고 더 의미 있는 단어를 선택할 수 있으며, 문서 내 모든 단어에 대한 히스토그램을 구축하게 된다. 히스토그램은 특성 벡터로 사용되며, 특성 벡터는 텍스트 분류에 사용된다.

다음 문장들을 보자.

- **문장 1**: The children are playing in the hall
- **문장 2**: The hall has a lot of space
- **문장 3**: Lots of children like playing in an open space

세 문장에는 고유한 단어 14개가 있다.

- the
- children
- are
- playing
- in
- hall
- has
- a
- lot

- of
- space
- like
- an
- open

각 문장의 단어 개수를 사용해 히스토그램을 구성해보자. 고유한 단어가 14개이므로 각 특성 벡터는 14차원이다.

- **문장 1** : [2, 1, 1, 1, 1, 1, 0, 0, 0, 0, 0, 0, 0, 0]
- **문장 2** : [1, 0, 0, 0, 0, 1, 1, 1, 1, 1, 1, 0, 0, 0]
- **문장 3** : [0, 1, 0, 1, 1, 0, 0, 0, 1, 1, 1, 1, 1, 1]

단어 가방 모델로 특성을 추출했으므로 머신러닝 알고리즘을 사용해 데이터를 분석할 수 있다. NLTK에서 단어 가방 모델을 구축하는 방법을 살펴보자.

새 파이썬 파일을 만들고 다음 패키지를 임포트한다.

```
import numpy as np
from sklearn.feature_extraction.text import CountVectorizer
from nltk.corpus import brown
from text_chunker import chunker
```

브라운 말뭉치에서 입력 데이터를 읽어온다. 데이터는 원하는 만큼 읽어오면 되며, 예제에서는 단어 5,400개를 사용한다.

```
# 브라운 말뭉치에서 데이터를 읽어온다
input_data = ' '.join(brown.words()[:5400])
```

각 청크의 단어 개수를 정의한다.

```
# 각 청크의 단어 개수
chunk_size = 800
```

입력 텍스트를 청크로 분할한다.

```
text_chunks = chunker(input_data, chunk_size)
```

청크를 딕셔너리 아이템으로 변환한다.

```
# 딕셔너리 아이템으로 변환
chunks = []
for count, chunk in enumerate(text_chunks):
    d = {'index': count, 'text': chunk}
    chunks.append(d)
```

각 단어의 개수를 구하는 문서-용어 행렬을 추출한다. 이때 두 가지 입력 매개변수를 사용하는 CountVectorizer 메서드를 사용한다. 첫 번째 매개변수는 최소 문서 빈도이고 두 번째 매개변수는 최대 문서 빈도다. 빈도는 텍스트에서 단어가 등장한 횟수를 의미한다.

```
# 문서-용어 행렬 추출
count_vectorizer = CountVectorizer(min_df=7, max_df=20)
document_term_matrix = count_vectorizer.fit_transform([chunk['text']
for chunk in chunks])
```

단어 가방 모델을 사용해 어휘를 추출하고 표시한다. 어휘는 이전 단계에서 추출한 단어 목록을 의미한다.

```
# 어휘를 추출하고 표시한다
vocabulary = np.array(count_vectorizer.get_feature_names())
print("\nVocabulary:\n", vocabulary)
```

표시할 이름을 생성한다.

```
# 청크 이름을 생성한다
chunk_names = []
```

```
for i in range(len(text_chunks)):
    chunk_names.append('Chunk-' + str(i+1))
```

문서-용어 행렬을 출력한다.

```
# 문서-용어 행렬을 출력한다
print("\nDocument term matrix:")
formatted_text = '{:>12}' * (len(chunk_names) + 1)
print('\n', formatted_text.format('Word', *chunk_names), '\n')
for word, item in zip(vocabulary, document_term_matrix.T):
    # 'item'은 'csr_matrix' 데이터 구조다
    output = [word] + [str(freq) for freq in item.data]
    print(formatted_ text.format(*output))
```

전체 코드는 bag_of_words.py 파일에 있다. 코드를 실행하면 결과는 다음과 같다.

```
Document term matrix:

        Word     Chunk-1     Chunk-2     Chunk-3     Chunk-4     Chunk-5     Chunk-6     Chunk-7
         and          23           9           9          11           9          17          10
         are           2           2           1           1           2           2           1
          be           6           8           7           7           6           2           1
          by           3           4           4           5          14           3           6
      county           6           2           7           3           1           2           2
         for           7          13           4          10           7           6           4
          in          15          11          15          11          13          14          17
          is           2           7           3           4           5           5           2
          it           8           6           8           9           3           1           2
          of          31          20          20          30          29          35          26
          on           4           3           5          10           6           5           2
         one           1           3           1           2           2           1           1
        said          12           5           7           7           4           3           7
       state           3           7           2           6           3           4           1
        that          13           8           9           2           7           1           7
         the          71          51          43          51          43          52          49
          to          11          26          20          26          21          15          11
         two           2           1           1           1           1           2           2
         was           5           6           7           7           4           7           3
       which           7           4           5           4           3           1           1
        with           2           2           3           1           2           2           3
```

그림 15-5 문서-용어 행렬 결과

[그림 15-5]의 단어 가방 모델 문서-용어 행렬에서, 모든 단어와 각 청크에 단어가 나타난 횟수를 볼 수 있다. 단어 개수를 세었으니, 다음 절에서는 나아가 단어 빈도를 기준으로 예측을 시작하자.

15.7 카테고리 예측기 구축

카테고리 예측기는 텍스트가 속한 카테고리를 예측하는 데 사용한다. 텍스트 분류에 자주 사용하며, 검색 엔진은 카테고리 예측기를 사용해 검색 결과를 관련성에 따라 정렬한다. 예를 들어 주어진 문장이 스포츠, 정치, 과학 중 어디에 속하는지 예측하려면 데이터 말뭉치를 구축하고 알고리즘을 훈련한다. 이 알고리즘은 새로운 데이터에 대한 추론에 사용할 수 있다.

예측기를 구축하는 데는 **TF-IDF**^{Term Frequency–Inverse Document Frequency}라는 지표를 사용한다. 일련의 문서에서 각 단어의 중요성을 이해해야 한다. TF–IDF 지표는 문서 세트 내 문서에서 주어진 단어가 얼마나 중요한지 이해하는 데 도움이 된다.

TF–IDF 지표의 첫 번째 부분을 살펴보자. **용어 빈도**^{Term Frequency}(TF)는 문서에서 각 단어가 얼마나 자주 나타나는지를 나타낸다. 문서마다 단어 개수가 다르므로 히스토그램에서 숫자가 서로 다르다. 따라서 공정성을 위해 히스토그램을 정규화해야 한다. 용어 빈도는 각 단어 개수를 문서 내 총 단어 개수로 나눈 값이다.

TF–IDF 지표의 두 번째 부분은 **역 문서 빈도**^{Inverse Document Frequency}(IDF)로, 단어가 문서 세트 내 문서에서 얼마나 고유한지를 나타낸다. 용어 빈도를 계산할 때 모든 단어는 중요성이 같다고 가정한다.

하지만 and, or, the와 같은 단어가 많이 나타나므로 각 단어의 빈도에만 의존할 수는 없다. 자주 등장하는 단어의 빈도 균형을 맞추려면 해당 단어의 가중치를 줄이고 희귀 단어의 가중치를 늘려야 한다. 이를 통해 각 문서에 고유한 단어를 식별할 수 있으며, 고유한 특성 벡터를 공식화하는 데 도움이 된다.

이 통계를 계산하려면 특정 단어를 포함하는 문서 개수를 계산한 뒤 총 문서 개수로 나눈다. 이 비율은 특정 단어를 포함하는 문서의 비율이다. 그리고 이 비율의 음의 알고리즘을 사용해 역 문서 빈도가 계산된다.

그리고 용어 빈도와 역 문서 빈도를 결합해 문서를 분류하는 특성 벡터를 공식화한다. 이 작업은 감정 분석, 텍스트 맥락 분석, 주제 분석 등 텍스트에서 더 깊은 의미를 얻기 위한 심층 분석의 기초가 된다. 카테고리 예측기를 만드는 방법을 살펴보자.

새 파이썬 파일을 만들고 다음 패키지를 임포트한다.

```
from sklearn.datasets import fetch_20newsgroups
from sklearn.naive_bayes import MultinomialNB
from sklearn.feature_extraction.text import TfidfTransformer
from sklearn.feature_extraction.text import CountVectorizer
```

훈련에 사용할 카테고리 맵을 정의하자. 예제에서는 카테고리 5개를 사용한다. 이 딕셔너리 객체의 키는 사이킷런 데이터 세트의 이름을 참조한다.

```
# 카테고리 맵을 정의
category_map = {
        'talk.politics.misc': 'Politics', 'rec.autos': 'Autos',
        'rec.sport.hockey': 'Hockey', 'sci.electronics': 'Electronics',
        'sci.med': 'Medicine'}
```

fetch_20newsgroups를 사용해 훈련 데이터 세트를 얻어온다.

```
# 훈련 데이터 세트를 얻어온다
training_data = fetch_20newsgroups(subset='train',
    categories=category_map.keys(), shuffle=True, random_state=5)
```

CountVectorizer 객체를 사용해 용어 개수를 추출한다.

```
# 카운트 벡터라이저를 구축하고 용어 개수를 추출
count_vectorizer = CountVectorizer()
train_tc = count_vectorizer.fit_transform(training_data.data)
print("\nDimensions of training data:", train_tc.shape)
```

TF-IDF 변형기를 생성하고 데이터를 사용해 훈련한다.

```
# TF-IDF 변형기 생성
tfidf = TfidfTransformer()
train_tfidf = tfidf.fit_transform(train_tc)
```

테스트에 사용할 샘플 입력 문장을 정의한다.

```
# 테스트 데이터를 정의
input_data = [
    'You need to be careful with cars when you are driving on slippery roads',
    'A lot of devices can be operated wirelessly',
    'Players need to be careful when they are close to goal posts',
    'Political debates help us understand the perspectives of both sides'
]
```

훈련 데이터를 사용해 다항 나이브 베이즈 분류기를 훈련한다.

```
# 다항 나이브 베이즈 분류기를 훈련
classifier = MultinomialNB().fit(train_tfidf, training_data.target)
```

카운트 벡터라이저를 사용해 입력 데이터를 변형한다.

```
# 카운트 벡터라이저를 사용해 입력 데이터를 변형
input_tc = count_vectorizer.transform(input_data)
```

벡터화된 데이터가 추론 모델을 통해 실행될 수 있도록, TF-IDF 변환기를 사용해 데이터를 변환한다.

```
# TF-IDF 변환기를 사용해 벡터화된 데이터를 변환
input_tfidf = tfidf.transform(input_tc)
```

TF-IDF 변환기 벡터를 사용해 출력을 예측한다.

```
# 출력 카테고리를 예측
predictions = cla ssifier.predict(input_tfidf)
```

입력 테스트 데이터 내 각 샘플의 출력 카테고리를 출력한다.

```
# 결과를 출력
for sent, category in zip(input_data, predictions):
    print('\nInput:', sent, '\nPredicted category:', \
        category_map[training_data.target_names[category]])
```

전체 코드는 category_predictor.py 파일에 있다. 코드를 실행하면 결과는 다음과 같다.

```
Dimensions of training data: (2844, 40321)

Input: You need to be careful with cars when you are driving on slippery roads
Predicted category: Autos

Input: A lot of devices can be operated wirelessly
Predicted category: Electronics

Input: Players need to be careful when they are close to goal posts
Predicted category: Hockey

Input: Political debates help us understand the perspectives of both sides
Predicted category: Politics
```

그림 15-6 카테고리 예측 결과

예측된 카테고리가 정확함을 직관적으로 알 수 있다. 다음 절에서는 또 다른 텍스트 분석 유형인 성별 식별을 살펴보자.

15.8 성별 식별자 구축

성별 식별은 흥미로운 문제이며 정확한 과학이라고 할 수는 없다. 남성과 여성 모두 사용할 수 있는 이름을 떠올려보자.

- 데이나Dana
- 에인절Angel
- 린지Lindsey
- 모건Morgan
- 제시Jessie
- 크리스Chris

- 페이튼^{Payton}

- 트레이시^{Tracy}

- 스테이시^{Stacy}

- 조던^{Jordan}

- 로빈^{Robin}

- 시드니^{Sydney}

또한 미국과 같은 다인종 사회에는 다양한 국가에서 사용하는 고유 이름이 많으며, 이 이름들은 영어 규칙을 따르지 않는다. 일반적으로 다양한 이름에 대해 합리적 추측을 할 수 있다. 이 절에서 살펴볼 간단한 예제에서는 특성 벡터를 구성하고 분류기를 훈련하기 위해 휴리스틱을 사용한다. 사용할 휴리스틱은 이름에서 마지막 N개 문자다.

예를 들어 ia로 끝나는 이름은 어밀리아^{Amelia}나 제넬리아^{Genelia} 같은 여성 이름일 가능성이 높다. 반면에 rk로 끝나면 이름은 마크^{Mark}나 클라크^{Clark} 같은 남성 이름일 가능성이 높다. 문자를 정확히 몇 개 사용할지 알지 못하므로, 이 매개변수를 사용해 가장 좋은 답을 찾아보자.

새 파이썬 파일을 만들고 다음 패키지를 임포트한다.

```
import random

from nltk import NaiveBayesClassifier
from nltk.classify import accuracy as nltk_accuracy
from nltk.corpus import names
```

입력 단어에서 마지막 N개 문자를 추출하는 함수를 정의한다.

```
# 입력 단어에서 마지막 N개 문자를 추출한다. 문자는 '특성'으로 동작한다
def extract_features(word, N=2):
    last_n_letters = word[-N:]
    return {'feature': last_n_letters.lower()}
```

main 함수를 정의하고 scikit-learn 패키지에서 훈련 데이터를 추출한다. 데이터는 레이블링된 남성 이름과 여성 이름을 포함한다.

```
if __name__=='__main__':
    # NLTK에서 사용 가능하며 레이블링된 이름을 사용해 훈련 데이터를 생성
    male_list = [(name, 'male') for name in names.words('male.txt')]
    female_list = [(name, 'female') for name in names.words('female.txt')]
    data = (male_list + female_list)
```

난수 생성기를 시드하고 데이터를 섞는다.

```
    # 난수 생성기를 시드한다
    random.seed(5)

    # 데이터를 섞는다
    random.shuffle(data)
```

테스트에 사용할 샘플 이름 몇 개를 생성한다.

```
    # 테스트 이름을 생성
    input_names = ['Alexander', 'Danielle', 'David', 'Cheryl']
```

훈련과 테스트에 사용할 데이터 비율을 정의한다.

```
    # 훈련과 테스트에 사용할 샘플 데이터의 비율을 정의
    num_train = int(0.8 * len(data))
```

마지막 N개 문자는 성별을 예측할 특성 벡터로 사용된다. 이 매개변수는 성능이 어떻게 변하는지 보여준다. 예제에서는 값이 1부터 6까지다.

```
    # 길이에 따라 순회해 정확도를 비교
    for i in range(1, 6):
        print('\nNumber of end letters:', i)
        features = [(extract_features(n, i), gender) for (n, gender) in data]
```

데이터를 훈련용과 테스트용으로 분리한다.

```
train_data, test_data = features[:n um_train], features[num_train:]
```

훈련 데이터를 사용해 **NaiveBayesClassifier**를 구축한다.

```
classifier = NaiveBayesClassifier.train(train_data)
```

NLTK에서 사용 가능한 내부 정확도 메서드를 사용해 분류기 정확도를 계산한다.

```
# 분류기 정확도를 계산
accuracy = round(100 * nltk_accuracy(classifier, test_data), 2)
print('Accuracy = ' + str(accuracy) + '%')
```

입력 테스트 리스트 내 각 이름의 결과를 예측한다.

```
# 훈련된 모델을 사용해 각 이름의 결과를 예측한다
for name in input_names:
    print(name, '==>', classifier.classify(extract_features(name, i)))
```

전체 코드는 **gender_identifier.py** 파일에 있다. 코드를 실행하면 결과는 다음과 같다.

```
Number of end letters: 1
Accuracy = 74.7%
Alexander ==> male
Danielle ==> female
David ==> male
Cheryl ==> male

Number of end letters: 2
Accuracy = 78.79%
Alexander ==> male
Danielle ==> female
David ==> male
Cheryl ==> female

Number of end letters: 3
Accuracy = 77.22%
Alexander ==> male
Danielle ==> female
David ==> male
Cheryl ==> female
```

그림 15-7 성별 인식 결과

[그림 15-7]은 테스트 데이터를 이용한 예측 결과와 정확도를 보여준다. 좀 더 살펴보자.

```
Number of end letters: 4
Accuracy = 69.98%
Alexander ==> male
Danielle ==> female
David ==> male
Cheryl ==> female

Number of end letters: 5
Accuracy = 64.63%
Alexander ==> male
Danielle ==> female
David ==> male
Cheryl ==> female
```

그림 15-8 성별 인식 결과

정확도는 두 글자에서 정점에 이르고 그 후 감소하기 시작했다. 다음 절에서는 또 다른 흥미로운 문제를 살펴보자. 텍스트의 감정을 분석한다.

15.9 감정 분석기 구축

감정 분석은 텍스트의 감정을 결정하는 과정이다. 예를 들어 영화 리뷰가 긍정적인지 혹은 부정적인지 판단하는 데 사용한다. 이는 자연어 처리에서 매우 인기 있는 응용 사례다. 문제에 따라 카테고리를 더 추가할 수도 있다. 감정 분석은 사람들이 제품, 브랜드, 주제에 대해 어떻게 생각하는지 이해하거나 마케팅 캠페인, 여론조사, 소셜 미디어 존재, 전자 상거래 사이트의 제품 리뷰 등을 분석하는 데 자주 사용된다.

영화 리뷰의 감정을 결정하는 방법을 살펴보자. 나이브 베이즈 분류기를 사용해 감정 분석기를 구축한다. 먼저 텍스트에서 고유한 단어를 모두 추출한다. NLTK 분류기가 이 데이터를 수집하려면 데이터는 딕셔너리 형태로 정렬돼 있어야 한다. 텍스트 데이터가 훈련 세트와 테스트 세트로 나뉘면, 나이브 베이즈 분류기는 리뷰를 긍정 혹은 부정으로 분류하도록 훈련된다. 그런 다음 긍정적인 리뷰와 부정적인 리뷰를 가장 잘 나타내는 단어가 계산돼 표시된다. 이 흥미로운 정보는 다양한 반응을 나타내는 데 어떤 단어들이 사용되는지 보여준다. 작업을 살펴보자.

새 파이썬 파일을 만들고 다음 패키지를 임포트한다.

```
from nltk.corpus import movie_reviews
from nltk.classify import NaiveBayesClassifier
from nltk.classify.util import accuracy as nltk_accuracy
```

입력 단어에 기반해 딕셔너리 객체를 만들고 그 딕셔너리를 반환하는 함수를 정의한다.

```
# 단어 입력 리스트로부터 특성 추출
def extract_features(words):
    return dict([(word, True) for word in words])
```

main 함수를 정의하고 레이블링된 영화 리뷰를 로드한다.

```
if __name__=='__main__':
    # 말뭉치로부터 리뷰를 로드
```

```
fileids_pos = movie_reviews.fileids('pos')
fileids_neg = movie_reviews.fileids('neg')
```

영화 리뷰에서 특성을 추출하고 그에 맞는 레이블링을 한다.

```
# 리뷰에서 특성 추출
features_pos = [(extract_features(movie_reviews.words(
    fileids=[f])), 'Positive') for f in fileids_pos]
features_neg = [(extract_features(movie_reviews.words(
    fileids=[f])), 'Negative') for f in fileids_neg]
```

훈련과 테스트를 분할하도록 정의한다. 예제에서는 훈련을 80%, 테스트를 20%로 정의한다.

```
# 훈련과 테스트를 80:20으로 분할하도록 정의
threshold = 0.8
num_pos = int(threshold * len(features_pos))
num_neg = int(threshold * len(features_neg))
```

훈련과 테스트를 위한 특성 벡터를 분할한다.

```
# 훈련 세트와 테스트 세트 생성
features_train = features_pos[:num_pos] + features_neg[:num_neg]
features_test = features_pos[num_pos:] + features_neg[num_neg:]
```

훈련과 테스트에 사용할 데이터 포인트 개수를 출력한다.

```
# 사용할 데이터 포인트 개수를 출력
print('\nNumber of training datapoints:', len(features_train))
print('Number of test d atapoints:', len(features_test))
```

훈련 데이터를 사용해 NaiveBayesClassifier를 훈련하고, NLTK에서 제공되는 정확도 메
서드를 사용해 정확도를 계산한다.

```
# 나이브 베이즈 분류기 훈련
classifier = NaiveBayesClassifier.train(features_train)
print('\nAccuracy of the classifier:', nltk_accuracy(classifier, features_test))
```

유용한(정보를 나타내는) 단어 상위 N개를 출력한다.

```
N = 15
print('\nTop ' + str(N) + ' most informative words:')
for i, item in enumerate(classifier.most_informative_features()):
    print(str(i+1) + '. ' + item[0])
    if i == N - 1:
        break
```

테스트에 사용할 샘플 문장을 정의한다.

```
# 입력 영화 리뷰를 테스트
input_reviews = [
    'The costumes in this movie were great',
    'I think the story was terrible and the characters were very weak',
    'People say that the director of the movie is amazing',
    'This is such an idiotic movie. I will not recommend it to anyone.'
]
```

샘플 데이터를 순회하고 결과를 예측한다.

```
print("\nMovie review predictions:")
for review in input_reviews:
    print("\nReview:", review)
```

각 클래스의 확률을 계산한다.

```
# 확률을 계산
probabilities = classifier.prob_classify(extract_features(review.split()))
```

확률 중에서 가장 큰 값을 선택한다.

```
# 가장 큰 값을 선택
predict ed_sentiment = probabilities.max()
```

예측된 결과 클래스(긍정적인 감정 혹은 부정적인 감정)를 출력한다.

```
# 결과를 출력
print("Predicted sentiment:", predicted_sentiment)
print("Probability:", round(probabilities.prob(predicted_sentiment), 2))
```

전체 코드는 sentiment_analyer.py 파일에 있다. 코드를 실행하면 결과는 다음과 같다.

```
Number of training datapoints: 1600
Number of test datapoints: 400

Accuracy of the classifier: 0.735

Top 15 most informative words:
1. outstanding
2. insulting
3. vulnerable
4. ludicrous
5. uninvolving
6. astounding
7. avoids
8. fascination
9. symbol
10. seagal
11. affecting
12. anna
13. darker
14. animators
15. idiotic
```

그림 15-9 감정 분석 결과

[그림 15-9]는 유용한 단어 상위 15개를 보여준다. 스크롤을 내리면 다음 결과를 볼 수 있다.

```
Movie review predictions:

Review: The costumes in this movie were great
Predicted sentiment: Positive
Probability: 0.59

Review: I think the story was terrible and the characters were very weak
Predicted sentiment: Negative
Probability: 0.8

Review: People say that the director of the movie is amazing
Predicted sentiment: Positive
Probability: 0.6

Review: This is such an idiotic movie. I will not recommend it to anyone.
Predicted sentiment: Negative
Probability: 0.87
```

그림 15-10 영화 리뷰 감정 결과

결과를 보면 직관적으로 예측이 올바름을 알 수 있다. 이 절에서는 정교한 감정 분석기를 만들었다. 이제 NLP에 대한 학습을 계속 진행해 잠재 디리클레 할당의 기초를 배울 차례다.

15.10 잠재 디리클레 할당을 사용한 주제 모델링

주제 모델링topic modeling은 주제에 해당하는 텍스트 데이터의 패턴을 식별하는 과정이다. 이 기술을 사용하면 텍스트가 여러 주제를 포함할 때 입력 텍스트에서 주제를 식별하고 구분할 수 있다. 또한 문서 세트에서 숨겨진 주제 구조thematic structure를 알아내는 데 사용할 수 있다.

주제 모델링은 문서를 최적의 방식으로 구성하는 데 도움이 된다. 주의할 점은 주제 모델링 알고리즘은 레이블링된 데이터가 필요 없다는 점이다. 자신의 패턴을 인식해 학습하는 비지도 학습과 같다. 인터넷에서 방대한 텍스트 데이터가 생성되므로 주제 모델링은 중요하다. 다른 방법으로는 요약이 불가능한 데이터를 주제 모델링을 통해 요약할 수 있다.

잠재 디리클레 할당 Latent Dirichlet Allocation은 주제 모델링 기술로, 주어진 텍스트가 여러 주제의 조합이라는 것이 기본 개념이다. 다음 문장을 보자.

"데이터 시각화는 재무 분석에서 중요한 도구다."

이 문장은 데이터, 시각화, 금융 등 주제가 여러 가지다. 이 조합은 큰 문서에서 텍스트를 식별하는 데 도움이 된다. 이는 개념을 포착하고 그것을 기반으로 모델을 만드는 통계 모델이다. 모델은 이러한 주제를 기반으로 하는 임의의 프로세스에서 문서가 생성된다고 가정한다. 여기서 주제는 미리 정의된 어휘의 전체 문서 내 분포를 의미한다. 파이썬으로 주제 모델링을 해보자.

이 절에서는 gensim 라이브러리를 사용한다. 이 장 첫 번째 절에서 이미 설치했으니, 시작하기 전에 한 번 더 확인하자.

새 파이썬 파일을 만들고 다음 패키지를 임포트한다.

```
from nltk.tokenize import RegexpTokenizer
from nltk.corpus import stopwords
from nltk.stem.snowball import SnowballStemmer
from gensim import models, corpora
```

입력 데이터를 로드하는 함수를 정의한다. 입력 파일은 라인으로 분리된 문장 10개를 포함한다.

```
# 입력 데이터 로드
def load_data(input_file):
    data = []
    with open(input_file, 'r') as f:
        for line in f.readlines():
            data.append(line[:-1])

    return data
```

입력 텍스트를 처리하는 함수를 정의한다. 첫 번째 단계는 텍스트를 토큰화하는 작업이다.

```
# 토큰화, 중지 단어 삭제, 형태소 분석을 하는 함수
def process(input_text):
    # 정규 표현식 토크나이저를 생성한다
    tokenizer = RegexpTokenizer(r'\w+')
```

토큰화된 텍스트를 형태소 분석한다.

```python
# 스노우볼 토크나이저를 생성
stemmer = SnowballStemmer('english')
```

입력 텍스트에서, 정보를 더하지 않는 중지 단어를 제거해야 한다. 중지 단어 리스트를 가져온다.

```python
# 중지 단어 리스트를 가져온다
stop_words = stopwords.words('english')
```

입력 문자열을 토큰화한다.

```python
# 입력 문자열을 토큰화
tokens = tokenizer.tokenize(input_text.lower())
```

중지 단어를 제거한다.

```python
# 중지 단어 제거
tokens = [x for x in tokens if not x in stop_words]
```

토큰화된 단어를 형태소 분석하고 리스트를 반환한다.

```python
# 토큰화된 단어를 형태소 분석
tokens_stemmed = [stemmer.stem(x) for x in tokens]

return tokens_stemmed
```

main 함수를 정의하고 제공된 data.txt 파일에서 입력 데이터를 로드한다.

```python
if __name__=='__main__':
    # 입력 데이터 로드
    data = load_data('data.txt')
```

텍스트를 토큰화한다.

```
# 문장 토큰 리스트를 생성
tokens = [process(x) for x in data]
```

토큰화된 문장을 기반으로 딕셔너리를 생성한다.

```
# 문장 토큰을 기반으로 딕셔너리를 생성
dict_tokens = corpora.Dictionary(tokens)
```

문장 토큰으로 문서-용어 행렬을 생성한다.

```
# 문서 용어-행렬을 생성
doc_term_mat = [dict_tokens.doc2bow(token) for token in tokens]
```

주제 개수를 입력 매개변수로 제공해야 한다. 예제에서 입력 텍스트는 주제가 두 가지다.

```
# LDA 모델을 위한 주제 개수를 정의
num_topics = 2
```

LatentDirichlet 모델을 생성한다.

```
# LDA 모델을 생성
ldamodel = models.ldamodel.LdaModel(doc_term_mat,
    num_topics=num_topics, id2word=dict_tokens, passes=25)
```

각 주제에 대해 기여도가 높은 상위 5개 단어를 출력한다.

```
num_words = 5
print('\nTop ' + str(num_words) + ' contributing words to each topic:')
for item in ldamodel.print_topics(num_topics=num_topics, num_words=num_words):
    print('\nTopic', item[0])
```

```
# 기여도 상위 5개 단어와 상대적 기여도를 출력
list_of_strings = item[1].split(' + ')
for text in list_of_strings:
    weight = text.split('*')[0]
    word = text.split('*')[1]
    print(word, '==>', st r(round(float(weight) * 100, 2)) + '%')
```

전체 코드는 topic_modeler.py 파일에 있다. 코드를 실행하면 결과는 다음과 같다.

```
Top 5 contributing words to each topic:

Topic 0
mathemat ==> 2.7%
structur ==> 2.6%
set ==> 2.6%
formul ==> 2.6%
tradit ==> 1.6%

Topic 1
empir ==> 4.7%
expand ==> 3.3%
time ==> 2.0%
peopl ==> 2.0%
histor ==> 2.0%
```

그림 15-11 주제 모델 결과

예제를 통해 이러한 주제 모델링 방법이 두 주제를 분리하는 데 훌륭함을 알 수 있다. [그림 15-11]의 텍스트를 보면 각 문장은 수학 혹은 역사와 관련 있다.

15.11 정리

이 장에서는 자연어 처리의 다양한 기본 개념을 배웠다. 토큰화와 입력 텍스트를 여러 토큰으로 분리하는 방법을 살펴봤다. 형태소 분석과 기본형화를 사용해 단어를 기본 형식으로 줄이는 방법을 배웠다. 사전 정의한 조건에 따라 입력 텍스트를 청크로 분할하는 텍스트 청커를 구현했다.

단어 가방 모델을 알아보고 입력 텍스트를 위한 문서—용어 행렬을 구축했다. 그리고 머신러닝을 사용해 텍스트를 분류하는 방법을 배웠다. 휴리스틱을 사용해 성별 식별자를 구축했으며, 머신러닝을 사용해 영화 리뷰의 감정을 분석했다. 마지막으로 주제 모델링을 알아보고 문서에서 주제를 식별하는 시스템을 구현했다.

다음 장에서는 은닉 마르코프 모델을 사용해 시퀀스 데이터를 모델링한 뒤, 이를 사용해 주식 시장 데이터를 분석하는 방법을 알아본다.

16 챗봇

챗봇 구축에 필요한 기본 개념과 도구를 살펴본 뒤 이를 기반으로 챗봇을 구축해본다.

이 장의 학습 목표
- 오늘날과 미래의 챗봇
- 챗봇 기본 개념
- 잘 설계된 챗봇의 특징
- 다이얼로그플로우

이 장에서는 챗봇이 무엇이며 어떻게 사용하는지 배운다. 나만의 챗봇을 만드는 방법도 알아본다. 이 장에서 다룰 내용은 다음과 같다.

- 챗봇의 미래
- 오늘날의 챗봇
- 챗봇 기본 개념
- 인기 있는 챗봇 플랫폼
- **다이얼로그플로우:**
  - 다이얼로그플로우 설정하기
  - 위젯을 사용해 챗봇을 웹사이트에 통합하기
  - 파이썬을 사용해 챗봇을 웹사이트에 통합하기
  - 다이얼로그플로우에서 웹훅 설정하기
  - 인텐트에 대한 웹훅 활성화하기
  - 인텐트에 대한 훈련 문구 설정하기
  - 인텐트에 대한 매개변수와 작업 설정하기
  - 웹훅에서 이행 응답 작성하기

    웹훅에서 응답 확인하기

먼저 챗봇의 미래와 여러 잠재적 애플리케이션을 알아보자.

16.1 챗봇의 미래

앞으로 몇 년간 AI가 우리 사회를 어떻게 뒤집을지는 예측하기 어렵다. 원자력 기술이 핵무기 개발과 원자력 발전소에 사용된 것처럼 AI는 고귀한 목적으로도, 사악한 목적으로도 사용될 수 있다. 전 세계 군대에서 AI 기술을 활용하는 강력한 무기를 가질 수도 있다. 예를 들어 현재 '기성품' 기술을 사용해 드론을 만들고, 표적이 될 사람의 사진을 제공해 공격하도록 할 수 있다.

기술이 보다 건설적인 사용 사례에 사용되더라도 향후 몇 년간 기술 혼란이 어떻게 펼쳐질지 알기 어렵다. 여러 연구는 AI로 인해 생산성이 향상돼 전체 산업에서 과거만큼 많은 인력이 필요하지 않을 것이라고 예측한다. 예를 들어 트럭 운송과 같은 운송 산업이나 콜센터 산업은 AI 기술이 인력을 쉽게 대체할 수 있다.

지난 몇 년간 음성 인터페이스는 우리 삶에 점점 더 침투했다. 알렉사, 시리, 구글 홈과 같은 애플리케이션이 우리 삶과 문화에 단단히 자리 잡았으며, 위챗, 페이스북 메신저, 왓츠앱, 슬랙과 같은 메시징 플랫폼은 기업이 사람들과 상호작용하고, 이를 통해 수익을 창출할 기회를 제공한다. 이러한 메시징 플랫폼은 점점 인기가 높아지며 널리 퍼지고 있다. 2019년 기준 가장 큰 메시징 플랫폼 4개가 가장 큰 소셜 네트워킹 플랫폼 4개보다 더 많은 활성 사용자를 보유했다 (41억 대 34억).

콜센터는 지난 몇 년 사이 극적으로 변화했다. 챗봇, 클라우드, 음성 생체 인식으로 인해 기술이 계속 발전함에 따라 기업은 고객 서비스를 개선하고 적은 인력으로 더 많은 통화를 처리할 수 있다. 향후 5년 또는 10년 내에는 은행에 전화를 걸면 아주 특수한 경우에만 사람이 관여하고 통화 대부분이 자동으로 처리되는 모습을 쉽게 그려볼 수 있다.

이러한 추세는 계속해서 가속화할 것이다. 현재는 아무도 대부분의 챗봇 대화와 인간 대화를 혼동하지 않지만, 대화는 몇 년 안에 더 자연스럽고 부드러워질 것이다. 콜센터에 전화를 걸 때 목적은 문제를 해결하려는 것뿐 아니라 불만을 제기하려는 것일 수도 있다. 챗봇이 발전할수록 우리에게 공감과 이해를 표하는 일이 가능할 것이다. 또한 이전 통화에 대한 접근 권한을 가지며, 대화를 기억함으로써 관계를 구축할 수도 있다.

예를 들어 챗봇이 사용자가 언급한 자녀 이름을 기억했다가, 다음에 전화할 때 자녀가 어떻게 지내는지 물어보는 일이 곧 어렵지 않게 될 것이다. 또한 사용자가 웹, 스마트폰 앱과 같은 채널을 통해 은행과 통신하거나 지점의 누군가와 대화할 때 챗봇은 입력된 정보에 접근할 수 있으며, 정보를 활용해 더 빠르고 좋은 서비스를 제공한다. 또한 언젠가는 온라인 같은 채널보다 고객 서비스에 전화하는 것이 더 빠르고 효율적이게 될 것이다. 필자도 마찬가지로 알렉사가 기능이 좋아질수록 더 많이 사용하게 됐으며, 알렉사의 기능과 특징에 더 익숙해지고 편안해졌다. 여전히 알렉사를 당황시켜려고 노력하는 중이지만 아직 성공하지 못했다.

알렉사를 비롯한 스마트 홈 어시스턴트를 사용해 다음과 같은 일을 수행할 수 있다.

- 음악 청취
- 알람 설정
- 쇼핑 목록 생성
- 일기예보 확인
- 집 주변 장치 제어
- 온라인 상거래 상품 주문
- 항공권 예약

그러나 이 경험은 더 복잡해질 것이다. 기술이 발전할수록 적어도 몇 가지 측면에서는 인간을 능가할 것이다. 예를 들어 챗봇은 (의도적으로 프로그래밍하지 않는 한) 절대 불만을 갖지 않는다.

AI(특히 챗봇)의 지속적인 발전에 따르는 윤리적 영향은 끊임없이 이슈가 되고 있다. 챗봇이 발전하고 인간과 유사해질수록, 규제 당국은 사용자가 인간이 아닌 챗봇과 대화할 때 기업이 그 사실을 공개하도록 할 것이다. 이는 적절한 규칙일 수 있다. 그러나 챗봇의 완성도가 완벽에 가까워지면 대화 상대가 챗봇임을 처음부터 공개하더라도, 상대가 우리와 공감하는 인간이 아니라 컴퓨터라는 사실을 곧 잊을 것이다.

구글 듀플렉스Google Duplex는 챗봇이 얼마나 자연스럽게 들리는지 보여준다. 다음 링크에서 데모를 볼 수 있다.

- `https://www.youtube.com/watch?v=D5VN56jQMWM`

이 기술은 일반적으로 사용 가능하며 안드로이드 휴대폰이나 아이폰에서 사용할 수 있다.

챗봇은 가정, 자동차, 웨어러블, 콜센터, 휴대폰 등에서 다양하게 활용될 것이다. 주성에 따르면 글로벌 챗봇 시장은 2019년 42억 달러에서 2024년 157억 달러로 30.2% 성장할 것으로 예상된다. 다른 기술과 마찬가지로, 챗봇과 함께 성장한 젊은 사람들은 삶을 편리하게 해주는 챗봇이 없는 삶이 어떤지 결코 알지 못할 것이다.

이 절에서는 몇 년 뒤 챗봇이 어떤 모습일지 이야기했다. 다음 절에서는 현실로 돌아와서 오늘날 사용 가능한 도구를 활용해 기존 챗봇 기술로 훌륭한 애플리케이션을 만드는 방법을 살펴본다.

16.2 오늘날의 챗봇

이전 절에서는 AI가 발전함에 따라 몇 년 뒤 가능할 것으로 예상하는 기술을 알아봤다. 다른 기술과 마찬가지로 모든 것이 완성될 때까지 기다려서는 안 된다. 이 절을 비롯한 16장 나머지 부분에서는 현재 가능한 기술과, 애플리케이션을 최대한 유용하고 사용자 친화적으로 만들기 위한 모범 사례에 중점을 둔다.

현재 챗봇은 도메인 데이터와 특정 의도로 프로그래밍해야 한다는 점을 고려할 때, 기존 기술을 활용해 챗봇을 프로그래밍하려면 좋은 설계와 계획을 세심하게 만들어야 한다. 챗봇을 만들 때 광범위한 솔루션을 생각하지는 말고, 명확한 목표를 갖고 시작하자. 현재 잘 정의되고 좁은 도메인 공간에서 동작하는 챗봇은 '만병통치약'이 되려고 하는 챗봇보다 잘 작동하고 유용할 가능성이 높다.

온라인 상거래에 사용하고자 설계된 챗봇은 자동차 문제를 진단하는 데 사용할 수 없다. 사용하려면 해당 도메인에서 다시 프로그래밍해야 한다. 챗봇을 특정 목표와 공간에 집중하면 사용자에게 더 나은 경험을 제공할 수 있다.

필자의 개인적인 이야기를 공유한다. 몇 년 전 마이애미에서 한 음식점 방문한 적이 있다. 영어는 미국에서 가장 일반적인 언어이지만 마이애미에서는 그렇지 않다. 필자는 메뉴를 보고 음료를 주문한 다음 애피타이저를 주문했다. 메인 코스를 주문할 차례가 됐고 필자는 웨이터와 가벼운 대화를 하기로 했다. 질문이 정확히 무엇이었는지는 잊어버렸지만 "마이애미에 사는 건 어떤가요?"와 비슷한 말이었다. 당황한 표정으로 보아 웨이터가 질문을 이해하지 못한 듯했고, 몇 번이나 설명했지만 그는 여전히 이해하지 못했다. 필자는 그가 편안해지도록 다시 스페인어로 말하면서 대화를 끝냈다.

요점은 웨이터가 '음식점용 영어'를 알고 있으며 서빙할 때 필요한 말과 상호작용을 모두 알고 있다는 점이다. 그러나 이외의 것들은 그의 영역 밖이었다. 이후 절에서 챗봇을 개발할 때도 마찬가지로 의도한 도메인에 있어야만 사용자와 소통할 수 있다. 예를 들어 음식점 예약을 위해 개발된 챗봇은 의료 진단에 사용하면 도움이 되지 않는다.

오늘날 챗봇은 적용 범위가 다소 좁다. 현재 알렉사, 시리, 구글 홈은 특정 작업에만 도움이 되며 아직 공감, 풍자, 비판적 사고와 같은 인간의 특성을 잘 다루지 못한다. 현재 상태에서 챗봇은 인간 중심 방식으로 반복적인 작업을 지원한다. 챗봇을 가능한 한 특정 도메인 내에 둬야 한다고 해서 챗봇에 '개성'을 주입하면 안 된다는 의미는 아니다. 알렉사는 때때로 건방지고 유머러스하며 여러분의 챗봇도 그렇게 만들어야 한다. 그러면 챗봇에 대한 참여도가 높아진다.

사람들은 대화할 때 어느 정도 상호 관심을 기대한다. 답변이 정보를 알리고 대화를 촉진할 뿐 아니라 후속 질문을 제공하는 방식으로 대화가 진행될 것이라고 기대한다. 속어를 약간 사용하면 챗봇을 보다 현실적이고 매력적으로 만드는 데 큰 도움이 된다.

챗봇을 직접 설계하기 전에 개발에 도움이 될 기본 개념 몇 가지를 살펴보자.

16.3 챗봇 기본 개념

코드를 개발하기 전에 기준을 설정하고 챗봇과 관련된 유용한 개념을 살펴보자.

에이전트

에이전트는 모든 대화를 처리하고 필요한 작업을 라우팅하는 시스템이다. 자연어 이해 모듈로, 사용자의 특정한 요구 사항을 충족하기 위해 자주 훈련된다.

인텐트

두 사람이 의사소통을 시작할 때는 각자 이유가 있다. 간단히 친구가 어떻게 지냈는지 알아보고 싶을 수도 있고, 무언가를 판매하려는 것일 수도 있다. 화자의 '인텐트(의도)'는 크게 세 가지로 분류된다.

- **즐겁게 해주려는 의도**: 예 농담을 한다.
- **무언가를 알리려는 의도**: 예 시간이 몇 시인지 혹은 기온이 몇 도인지 질문하고 응답을 받는다.
- **설득하려는 의도**: 예 무언가를 판매하려고 설득한다.

대부분의 챗봇의 역할은 명령을 이행하고 작업을 수행하는 것이다. 그러므로 첫 번째로 할 일은 챗봇을 호출한 사람의 의도를 확인하는 작업이다. 인텐트에는 컨텍스트, 훈련 단계, 작업과 매개변수, 응답과 같은 요소가 있다.

컨텍스트

컨텍스트는 대화에 이미 사용된 핵심 개념을 보존해 일관성과 유창성을 제공한다.

엔티티

단어 세트를 정의된 엔티티로 그룹화한다. 예를 들어 펜, 연필, 종이, 지우개, 공책은 문구라고 할 수 있다. 다이얼로그플로우는 이미 구축되고 훈련된 엔티티를 제공하며, 사용자 지정 엔티티를 구축하고 훈련할 수도 있다. 그러면 훈련 문구의 중복을 줄이는 데 도움이 된다.

통합

다이얼로그플로우, 렉스와 같은 챗봇 플랫폼은 구글 어시스턴트, 페이스북 메신저, 킥Kik 및 바이버Viber 등 널리 사용되는 대화 및 메시징 플랫폼 대부분과 통합할 수 있다.

이행

이행fulfillment은 최종 사용자의 표현에 따라 작업을 수행하고 사용자에게 동적 응답을 보내는 연결 서비스다. 예를 들어 사용자가 직원에 관한 세부 정보를 찾는 경우, 서비스는 데이터베이스에서 세부 정보를 가져와 사용자에게 즉시 응답한다.

발언

같은 내용도 대화를 나눌 때마다 약간 다른 방식으로 질문할 수 있다. 예를 들어 "오늘 하루 어땠어?"라는 내용으로 질문을 하는 데는 다양한 방법이 있다. 예를 들면 다음과 같다.

- 당신의 하루에 대해 말해주세요.
- 오늘 하루 어땠어?
- 오늘 하루는 어땠습니까?
- 일은 어땠어?

인간은 자연스럽게 발화의 의미를 해석하며, 질문 자체가 아니라 질문자가 묻는 내용에 대답하는 데 능숙하다. 예를 들어 "좋은 하루 보내셨습니까?"라는 질문을 단순히 해석하면 대답은 "예" 혹은 "아니오"가 돼야 한다. 그러나 인간은 질문의 진정한 의미가 "당신의 하루에 대해 말해주세요"일 수 있음을 이해할 수 있다.

대부분의 챗봇 플랫폼은 모든 발화를 일일이 철자화하지 않아도 작동한다. 오히려 '모호한' 일치를 수행하며, 모든 조합을 알려주지 않아도 이해한다.

깨우기 단어

알렉사, 시리 등 많은 챗봇은 '깨우는' 명령을 받기 전까지 휴면 상태를 유지한다. 챗봇을 깨우려면 깨우기 단어wake-word가 필요하다. 알렉사는 깨우기 단어로 '알렉사'가 가장 많이 사용되며, 시리의 기본 깨우기 단어는 '헤이 시리Hey Siri'다. 그리고 스타십 엔터프라이즈Starship Enterprise의 깨우기 단어는 '컴퓨터Computer'다.

시작 단어

챗봇을 깨워 작업을 수행하도록 하려면 시작 단어launch word가 필요하다. 몇 가지 예는 다음과 같다.

- Order(주문해줘)
- Tell me(말해줘)
- Add(추가해줘)
- Turn on(켜줘)

시작 단어는 명령으로 볼 수 있다.

슬롯값 또는 엔티티

슬롯값은 매개변수로 변환될 단어다. 몇 가지 예를 살펴보자.

- Order milk(우유 주문해줘)
- Tell me the capital of Italy(이탈리아의 수도를 말해줘)
- Add bread to the shopping list(쇼핑 목록에 빵을 추가해줘)
- Turn on the oven(오븐을 켜줘)

밑줄을 그은 단어는 슬롯값이다. 매개변수에 매개변수 유형(정수, 문자열 등)이 있듯이 슬롯 값에는 슬롯 유형이 있다. 일부 슬롯 유형은 기본 제공되며 사용자 정의 슬롯 유형도 생성할 수 있다. 슬롯 유형의 몇 가지 예는 다음과 같다.

- 국가 이름
- 이메일 주소
- 전화번호
- 날짜

일부 챗봇 플랫폼은 슬롯 유형을 엔티티로 참조한다.

오류 계획 및 기본 사례

잘 설계된 챗봇은 예상치 못한 경우를 항상 적절히 처리한다. 특정 상호작용에 대해 프로그래 밍된 답변이 없는 경우, 챗봇은 예상치 못한 조건을 가능한 한 우아하게 처리하는 기본 동작을 표시할 수 있어야 한다. 예를 들어 미국 국내선 항공편을 예약해주는 챗봇은, 사용자가 캐나다 밴쿠버로 전세 항공편을 요청하는 경우 미국 내 도시에만 서비스를 제공한다고 말한 뒤 목적지 를 다시 물어봐야 한다.

웹훅

웹훅^{webhook}은 HTTP 푸시 API 혹은 웹 콜백이다. 이벤트가 발생하면 바로 애플리케이션에서 소비자에게 데이터를 전송하므로 리버스 API라고도 한다. 소비자가 애플리케이션을 지속적으로 폴링할 필요가 없다.

지금까지 챗봇을 잘 다루려면 알아야 하는 기본 개념을 살펴봤다. 다음 절에서는 유용하고 '잘 설계된' 챗봇을 만드는 방법을 알아보자.

16.4 잘 설계된 챗봇

챗봇이 유용하고 효율적이려면 몇 가지 특성이 필요하다. 이러한 특성을 가진 챗봇을 '잘 설계된' 챗봇이라고 한다. 특성은 다음과 같다.

적응성(Adaptability)

적응형 챗봇은 수신한 발화를 모두 이해하고 그에 적응한다. 명시적으로 프로그래밍되지 않은 발화라면, 챗봇 사용자를 올바른 방향으로 되돌리는 자연스러운 응답을 하거나, 대안으로 해당 발화를 인간 운영자에게 넘길 수 있어야 한다.

개인화(Personalization)

인간은 자신이 특별하다는 느낌을 좋아한다. 누군가가 자신의 이름을 듣고, 다른 사람이 자신에 대한 사소한 것들을 기억하기를 원한다(예를 들면 자녀 이름, 모교 등). 개인화된 챗봇은 이전 상호작용을 통해 수집한 사용자 정보를 기억한다.

가용성(Availability)

챗봇은 사용자를 도울 수 있어야 한다. 이는 전통적인 플랫폼 가용성을 뛰어넘는다. 물론 챗봇은 항상 도울 준비가 돼 있어야 하며 필요할 때마다 접근할 수 있어야 한다. 그러나 의도한 것을 챗봇을 통해 얼마나 빨리 얻을 수 있는지 또한 중요하다. 기존 대화식 음성 응답Interactive Voice Response (IVR) 시스템의 탐색 트리를 생각해보자. 시스템이 사용자의 의도를 파악하게 하려면 숫자를 여러 번 눌러야 한다. 이러한 시스템은 가용성이 낮다.

공감성(Relatability)

공감성이 있는 챗봇은 사용자에게 진정으로 평범한 대화를 하고 있다는 인식을 준다.

이제 챗봇을 직접 개발할 준비가 거의 끝났다. 개발을 시작하기 전에 챗봇 개발과 배포의 기반이 될 주요 챗봇 플랫폼을 살펴보자.

16.5 챗봇 플랫폼

가장 널리 사용되는 챗봇들은 구글, AWS, 마이크로소프트 등 주요 공급 업체에서 개발한 플랫폼에서 만든 것이다. 챗봇 개발 시 기술 스택을 선택할 때는 공급 업체의 서비스를 신중하게 고려해야 한다. 이 세 가지 대형 공급 업체는 안정적이고 확장 가능한 클라우드 컴퓨팅 서비스를 제공해 사용자가 필요에 따라 챗봇을 구현하고 사용자 지정을 하는 데 도움이 된다. 현재 텍스트 기반 혹은 음성 기반 봇을 쉽게 만들 수 있는 가장 유명한 플랫폼은 다음과 같다.

- 구글 다이얼로그플로우(전 Api.ai)
- 마이크로소프트 애저 봇 서비스
- 아마존 렉스
- 페이스북 Wit.ai
- IBM 왓슨

나열한 것들을 비롯한 여러 플랫폼을 사용해 강력한 챗봇을 만들 수 있다. 이제 더 깊은 이해를 위해 한 가지 플랫폼에 초점을 맞추자. 여러 챗봇 서비스 중에서 다이얼로그플로우는 초보자가 사용하기에 적합한 강력한 선택지다. 다음 절에서 다이얼로그플로우를 살펴보고, 이후 절에서는 플랫폼을 사용해 챗봇을 개발한다.

16.6 다이얼로그플로우를 사용한 챗봇 개발

구글은 오랫동안 머신러닝과 자연어 처리를 광범위하게 연구해왔다. 연구 결과의 대부분은 다이얼로그플로우 도구에 반영됐다. 다이얼로그플로우는 구글 클라우드 음성-텍스트 변환 API와 구글 어시스턴트, 아마존 알렉사, 페이스북 메신저 등 타사 서비스와 통합된다.

코드를 작성하지 않고도 상당한 기능을 제공하는 챗봇을 만들 수 있다. 먼저 코드 없이 구글 클라우드 플랫폼 콘솔을 사용해 챗봇을 구성하는 방법을 검토하자. 이후 절에서는 챗봇을 다른 서비스와 통합하는 방법을 보여주며, 학습하려면 파이썬 언어에 대한 기본적인 이해가 필요하다.

시작하는 방법

1 구글 계정을 사용해 *https://dialogflow.com*에 무료로 가입한다.

2 챗봇이 제대로 작동하게 하려면 다이얼로그플로우에서 요청한 권한을 모두 수락해야 한다. 그러면 GCP 서비스에서 데이터를 관리할 수 있고 구글 어시스턴트와 통합할 수 있다.

3 *https://console.dialogflow.com*에서 다이얼로그플로우 콘솔에 접근할 수 있다.

4 마지막으로, 기본 언어(나중에 다른 언어 추가 가능)와 구글 프로젝트 식별자를 선택해 새 에이전트를 생성한다. 결제 및 기타 설정을 사용하려면 구글 클라우드 콘솔의 프로젝트 이름이 필요하다. 프로젝트가 없어도 걱정하지 말고 새 프로젝트를 생성하자.

가입하고 사용할 준비가 됐으면 먼저 다이얼로그플로우를 설정하자.

16.6.1 다이얼로그플로우 설정

다이얼로그플로우에 처음 로그인하면 몇 가지 권한을 허용하라는 메시지가 나타난다. 권한을 허용하지 않으면 이후 예제가 제대로 작동하지 않으므로 허용하는 것이 좋다.

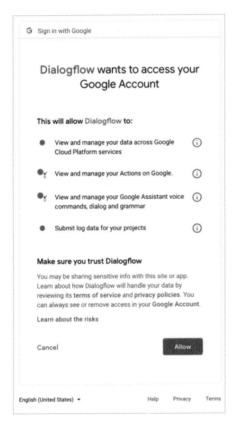

그림 16-1 다이얼로그플로우 콘솔에 접근하기 위한 구글 클라우드 콘솔 권한

다이얼로그플로우 내의 개발은 앞서 논의한 두 가지 주요 개념인 인텐트(의도)와 컨텍스트를 활용한다. 인텐트는 사용자가 챗봇에 제공한 발화의 의도를 식별한다. 컨텍스트는 대화에 일관성과 유창성을 준다.

'Intents' 탭을 클릭하면 다음과 같은 화면이 나타난다.

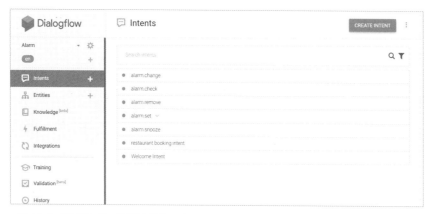

그림 16-2 다이얼로그플로우 챗봇 인텐트 생성

앞서 배웠듯 슬롯 유형 또한 챗봇 개발에 중요한 개념이다. 다이얼로그플로우에서는 슬롯 유형을 엔티티entity라고 한다. 엔티티를 사용하면 대화에서 공통되거나 매개변수적으로 반복되는 개념을 식별할 수 있다. 엔티티는 기본으로 제공되거나 사용자가 정의할 수 있다. 엔티티를 사용하면 챗봇이 더욱 다재다능하고 유연해진다. 'Entities' 탭을 클릭하면 다음 화면이 나타난다.

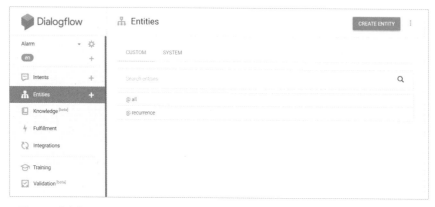

그림 16-3 다이얼로그플로우 챗봇 엔티티 생성

인텐트만 사용하는 기본 예제부터 시작하자. 먼저 에이전트를 만들고 다이얼로그플로우 인터페이스를 통해 몇 가지 인텐트를 정의한다. 인텐트는 프로그래밍 방식으로 생성할 수 있지만, 예제에서는 간단히 그래픽 인터페이스를 사용해 인텐트를 생성하자. 먼저 대체 인텐트[fallback intent]를 설정한다. 이는 다른 인텐트가 호출되지 않으면 호출되는 인텐트다.

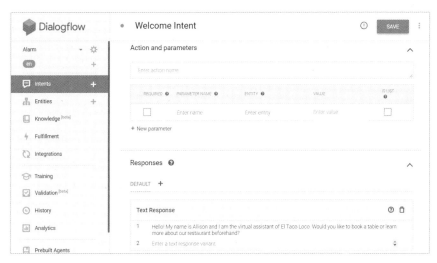

그림 16-4 다이얼로그플로우 대체 인텐트 생성

[그림 16-4]에서 볼 수 있듯 'Try it now' 양식을 작성해 답을 얻어보자. 초기에 아직 생성된 인텐트가 없으면 챗봇은 대체 인텐트를 사용한다. 대체 인텐트가 있으면 대화가 중단되지 않는다.

'Default Fallback Intent'를 탐색하면 전체 'Responses' 목록이 표시된다. 많은 응답이 이미 정의돼 있다. 인텐트가 일치하면 챗봇 엔진은 항목을 무작위로 선택한다.

콘솔을 사용해 첫 번째 인텐트를 만들어보자. 'Training phrases' 양식도 작성해야 한다. 이는 인텐트를 유발할 사용자에게 기대하는 문장이다. 문장을 정확하고 포괄적으로 구성할수록 챗봇이 인텐트를 식별하기가 수월하다.

이제 인텐트를 더 십입해 챗봇에 기능을 추가할 수 있다. 오른쪽에 있는 도우미[helper]를 사용해 챗봇을 지속적으로 테스트할 수 있다.

인텐트만 사용해서도 분명히 강력한 챗봇을 만들 수 있다. 다이얼로그플로우는 대부분의 어려운 작업을 수행한다. 챗봇을 더욱 강력하게 만들려면 인텐트에 컨텍스트를 추가한다. 또한 대화의 컨텍스트를 유지하면서 다른 인텐트로 이동할 때 매개변수를 추가해 챗봇을 보다 유연하게 할 수 있다. 다음으로 챗봇을 웹사이트에 통합하는 방법을 살펴보자.

16.6.2 위젯을 사용해 챗봇을 웹사이트에 통합하기

다이얼로그플로우 챗봇을 웹사이트에 통합하려면 다음 두 가지 방법을 사용할 수 있다.

- 위젯 사용
- 파이썬 사용

가장 쉬운 첫 번째 방법을 먼저 알아보자. 이 방법은 아이프레임iframe을 사용해 다이얼로그플로우를 웹 페이지에 통합한다. 왼쪽 메뉴에서 'Integrations'를 선택하고 'Web Demo'가 활성화 됐는지 확인하자. HTML 코드를 복사해 웹 페이지에 붙여 넣으면 사이트에서 챗봇을 사용할 수 있다.

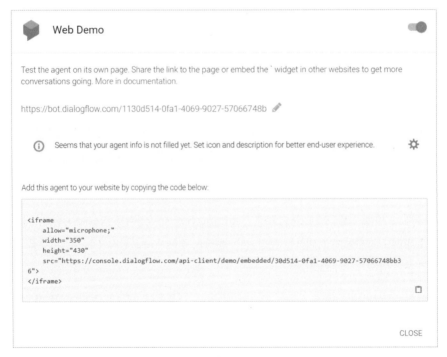

그림 16-5 아이프레임을 사용해 웹사이트에 챗봇 통합

다음으로 파이썬을 사용해 챗봇을 통합하는 방법을 살펴보자. 앞서 봤듯이 위젯을 사용하는 통합 방법은 매우 쉽다. 하지만 봇이 어떻게 구현될지에 대한 통제권이 거의 없다. 반면에 파이썬 방법을 사용해 챗봇을 통합하면 개발자가 챗봇을 배포하는 방법과 관련해 더 많은 제어와 유연성을 얻는다.

16.6.3 파이썬을 사용해 챗봇을 웹사이트에 통합하기

다이얼로그플로우 챗봇을 호출하는 또 다른 방법은 파이썬을 사용하는 것이다. 먼저 코드를 실행하는 데 필요한 패키지 요구 사항을 설치해야 한다.

```
$ pip3 install DialogFlow
$ pip3 install google-api-core
```

코드는 인텐트를 입력으로 사용하는 클라이언트 세션을 초기화하며, 최종적으로 fulfillment라는 응답과 해당 신뢰도를 10진수 값으로 반환한다. 답을 구하는 문장은 text_to_be_analyzed라는 변수에 저장된다. 문장을 추가해 스크립트를 편집하자. 파이썬을 사용하면 더 많은 사용자 지정 논리를 쉽게 만들 수 있다. 예를 들어 인텐트를 포착한 다음 사용자 지정 작업을 트리거할 수 있다.

```
# 다음 모듈을 설치한다
# DialogFlow 0.5.1
# google-api-core 1.4.1

import DialogFlow
from google.api_core.exceptions import InvalidArgument

PROJECT_ID = 'google-project-id'
LANGUAGE_CODE = 'en-US'
GOOGLE_APPLICATION_CREDENTIALS = 'credentials.json'
SESSION_ID = 'current-user-id'

analyzed_text = "Hi! I'm Billy. I want tacos. Can you help me?"

session_client = DialogFlow.SessionsClient()
```

```
session = session_client.session_path(PROJECT_ID, SESSION_ID)

text_input = DialogFlow.types.TextInput(text=analyzed_text,
    language_code=LANGUAGE_CODE)
query_input = DialogFlow.types.QueryInput(text=text_input)
try:
    response = session_client.detect_intent(session=session,
    query_input=query_input)
except InvalidArgument:
    raise

print("Query text:", response.query_result.query_text)
print("Detected intent:",
    response.query_result.intent.display_name)
print("Detected intent confidence:",
    response.query_result.intent_detection_confidence)
print("Fulfillment text:",
    response.query_result.fulfillment_text)
```

코드에서 볼 수 있듯 이 함수에는 **session_id**가 필요하다. 이 값은 현재 세션을 식별한다. 사용자 ID를 사용해 쉽게 검색할 수 있도록 하면 좋다.

파이썬 코드가 작동하려면 새 토큰이 필요하다. 다이얼로그플로우 API 버전 2.0은 접근 토큰 대신 GCP 서비스 계정과 연결된 비공개 키를 기반으로 하는 인증 시스템을 사용한다. 이 절차를 통해 JSON 형식의 개인 키를 얻을 수 있다.

이행 및 웹훅

세션을 생성하는 방법을 설정했으니 이제 유용한 용도로 사용하자. 세션을 갖는 목적은 서버에 요청을 하고 요청을 이행할 수 있는 응답을 받기 위함이다. 다이얼로그플로우에서는 요청을 웹훅이라고 하며 응답에 느슨하게 대응한다. 이행fulfillment은 다이얼로그플로우의 유용한 기능으로, 이행을 사용하면 백엔드와 통신하고 동적 응답을 생성할 수 있다. 이행을 통해 다이얼로그플로우의 요청을 수락하고, 요청을 처리하고, 다이얼로그플로우 호환 JSON으로 응답하는 웹훅을 개발할 수 있다.

다이얼로그플로우에서 웹훅은 특정 웹훅 지원 인텐트가 호출될 때 백엔드에서 데이터를 가져오는 데 사용된다. 인텐트의 정보가 웹훅 서비스로 전달된 뒤 응답이 반환된다.

이를 위해 **ngrok**를 사용할 수 있다. ngrok 소프트웨어는 웹훅을 호출하는 데 사용하는 웹 터널링 도구다. 로컬 서버를 사용해 API와 웹훅을 테스트할 수 있다.

이 절에서 사용할 또 다른 도구는 플라스크^{Flask}다. 플라스크는 경량 웹 프레임워크로, 외부 애플리케이션을 호출하는 웹훅 서비스를 만드는 데 사용한다. 예제에서 호출할 외부 애플리케이션은 다이얼로그플로우 에이전트다. 플라스크를 사용하려면 먼저 설치하자.

```
$ pip3 install Flask
```

플라스크에 대한 자세한 내용은 *https://pypi.org/project/Flask*에 있다.

플라스크를 사용한 웹훅 생성

먼저 기본 플라스크 앱을 생성할 수 있다.

```python
# 플라스크 의존성을 임포트
from flask import Flask

# 플라스크 앱 초기화
app = Flask(__name__)

# 기본 라우트
@app.route('/')
def index():
    return 'Hello World'

# 웹훅을 위한 라우트 생성
@app.route('/webhook')
def webhook():
    return 'Hello World'

# 앱 실행
if __name__ == '__main__':
    app.run()
```

다음 명령어를 사용해 애플리케이션을 테스트한다.

```
$ python app.py
```

또는

```
$ FLASK_APP=hello.py
$ flask run
```

웹 서비스가 시작한다는 출력이 표시되면 애플리케이션의 초기 버전이 작동하고 있다는 의미다. 지금까지는 로컬 서버만 사용하므로 인터넷을 통해 외부 클라이언트가 접근할 수 없다. 다이얼로그플로우용 웹훅으로 애플리케이션을 통합하려면 인터넷을 통해 접근 가능한 서버에 배포해야 한다. 여기에 ngrok 도구가 사용된다. 도구는 *https://ngrok.io*에서 다운로드한다.

ngrok를 실행하려면 다음 명령을 사용하자.

```
$ ngrok http <port_number>
```

예를 들면 다음과 같다.

```
$ ngrok http 5000
```

수신한 결과는 다음과 비슷하다.

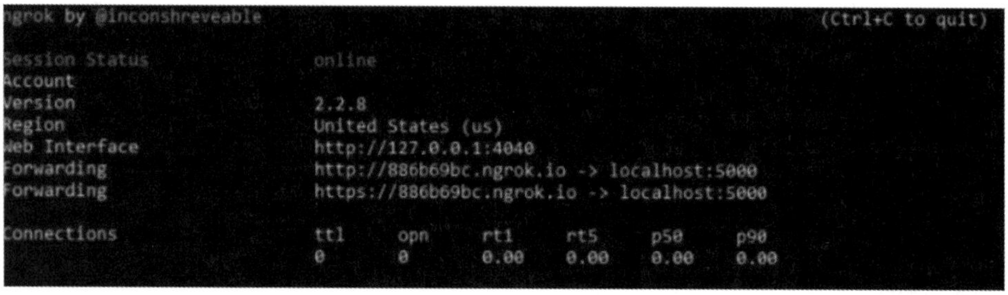

그림 16-6 ngrok 초기화 결과

다음으로 다이얼로그플로우의 웹훅을 셋업하는 방법을 살펴보자.

16.6.4 다이얼로그플로우에서 웹훅을 설정하는 방법

다이얼로그플로우에서 웹훅을 설정하려면 왼쪽 사이드바에서 'Fulfillment'를 선택하고 ngrok
에서 생성한 웹훅 URL을 입력한다.

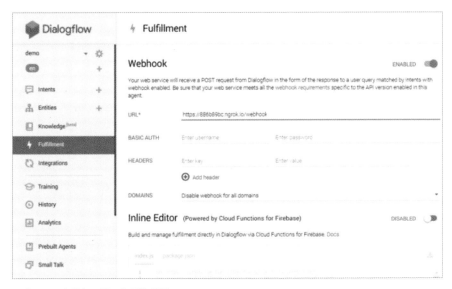

그림 16-7 다이얼로그플로우 웹훅 셋업

URL 끝에 '/webhook'이 추가됐는지 확인하자.

*https://886b89bc.ngrok.io/*가 아니라 *https://886b89bc.ngrok.io/webhook*과 같이 표
시돼야 한다.

인덱스 경로가 아닌 /webhook 경로에서 요청을 처리한다. URL에 웹훅 접미사가 없으면 다음
오류가 발생한다.

```
Webhook call failed. Error: 405 Method Not Allowed
```

URL이 접미사를 포함하도록 수정하면 오류가 발생하지 않는다.

다음으로 인텐트를 지원하고 서버 데이터를 가져오려면 웹훅을 사용하도록 설정해야 한다. 방법을 살펴보자.

16.6.5 인텐트에 대한 웹훅 활성화

인텐트에 웹훅을 활성화하려면 웹훅을 활성화할 인텐트를 열고, 페이지 하단으로 스크롤을 내린 뒤, 'Enable webhook call for this intent' 옵션을 활성화한다.

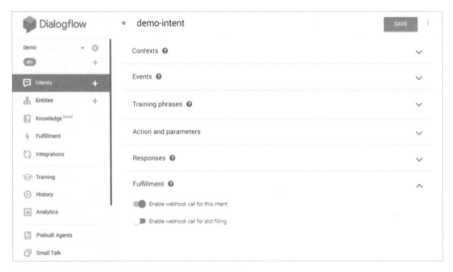

그림 16-8 인텐트를 위한 다이얼로그플로우 웹훅 가능 설정

인텐트가 트리거되면 웹훅에 요청을 보내고 응답을 받는다. 이제 훈련 문구 설정으로 넘어가자.

16.6.6 인텐트에 대한 훈련 문구 설정

훈련 문구는 챗봇이 어떤 인텐트가 호출되는지 확인하는 데 도움이 되는 발화다. 다음과 같은 방법으로 설정한다.

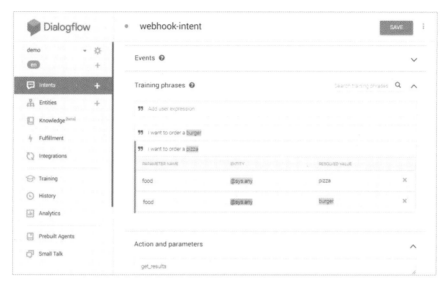

그림 16-9 인텐트를 위한 다이얼로그플로우 훈련 문구 셋업

다음으로 매개변수와 작업을 설정한다.

16.6.7 인텐트에 대한 매개변수 및 작업 설정

인텐트에 작업과 매개변수를 설정해야 한다. 이는 웹훅에서 요청을 처리하는 데 사용한다.

현재 예제에서 **get_results**는 'Action'으로 설정된다. 인텐트가 POST 요청을 사용해 웹훅을 호출할 때마다 **get_results**가 'Action'으로 수신된다. 웹훅을 호출하는 인텐트가 여러 개면, 작업을 사용해 구분하고 이를 통해 다른 응답을 생성한다.

매개변수를 웹훅에 전달할 수도 있다. 이를 위해 매개변수 이름과 그 값을 정의한다. 처음에는 매우 간단한 예제로 시작하지만 결국에는 사용자가 식당에서 음식을 주문할 수 있도록 할 것이다. 예를 들어 사용자가 "버거와 감자튀김 주문할게요"라고 말하면 챗봇은 발언을 백엔드에 전달해 유효성 검사, 저장, 처리를 한다.

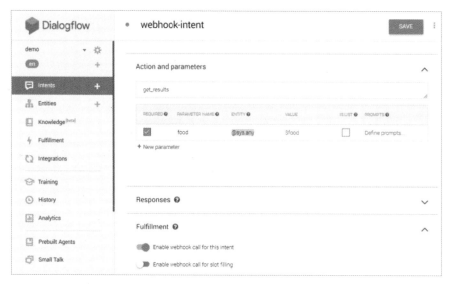

그림 16-10 다이얼로그플로우 작업과 매개변수 설정

작업과 매개변수는 선택적 값이다. 웹훅은 작업과 매개변수가 전달되지 않아도 작동한다. 작업이 없는 인텐트를 구별하려면 요청 JSON에서 인텐트 이름을 확인한다.

16.6.8 웹훅에서 이행 응답 빌드

웹훅 응답은 유효한 JSON 응답을 사용해 구성해야 한다. 그러면 다이얼로그플로우가 프런트엔드에 메시지를 제대로 표시한다. 응답은 파이썬을 사용해 구성할 수 있으며, 사용 가능한 응답 유형은 다음과 같다.

- 간단한 응답
- 기본 카드
- 제안
- 목록 카드
- 캐러셀carousel 찾아보기
- 캐러셀 응답

다음 코드는 다이얼로그플로우에 대한 `fulfillment` 텍스트를 포함하는 간단한 JSON 응답을 생성한다.

```python
# 플라스크 의존성을 임포트한다
from flask import Flask, request, make_response, jsonify

# 플라스크 앱을 초기화한다
app = Flask(__name__)

# 초기 라우트
@app.route('/')
def index():
    return 'Hello World'

# 응답을 위한 함수
def results():
    # 요청 객체를 구성
    req = request.get_json(force=True)

    # JSON에서 작업을 가져온다
    action = req.get('queryResult').get('action')

    # 이행 응답을 반환
    return {'fulfillmentText': 'This is a webhook response'}

# 웹훅을 위한 라우트를 생성
@app.route('/webhook', methods=['GET', 'POST'])
def webhook():
    # 응답을 반환
    return make_response(jsonify(results()))

# 앱을 실행
if __name__ == '__main__':
    app.run()
```

이는 요청/응답(웹훅/이행) 메커니즘을 보여주는 매우 간단한 예다. 사용자는 인텐트에 대해 다음 응답을 확인해야 한다.

```
This is a webhook response.
```

다음 코드를 사용해 요청으로부터 action을 가져왔음을 확인할 수 있다.

```
action = req.get('queryResult').get('action')
```

동작은 예제에서는 사용하지 않았지만 이러한 목적으로 사용할 수 있다. 이제 서버에서 응답을 받는 방법과 응답에 따른 처리 방법을 살펴보자.

16.6.9 웹훅에서 응답 확인

창 오른쪽에 있는 콘솔을 사용해 인텐트를 호출하고 응답을 확인한다. 예제에서 응답은 다음과 같다.

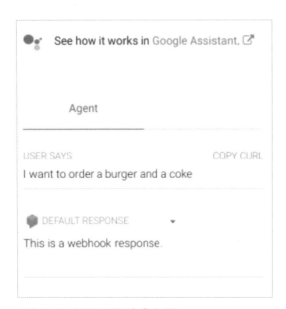

그림 16-11 다이얼로그플로우 응답 검증

챗봇을 디버깅하고 문제를 해결하려면 'DIAGNOSTIC INFO'를 클릭한다. 여기에서 모든 다이얼로그플로우 요청의 세부 정보와 웹훅에서 수신한 응답을 볼 수 있다. 'DIAGNOSTIC INFO'는 웹훅에 오류가 있을 때 디버깅에도 사용할 수 있다.

이 장의 목적은 챗봇에 대한 기본 개념을 소개하는 것이다. 지금까지 살펴본 챗봇은 서버에서 응답을 받는 방법을 보여줄 뿐이다. 챗봇을 개선하는 방법을 살펴보자. 분명한 개선 사항 몇 가지를 예로 들어보자. 사용자가 요청한 음식을 기존 메뉴와 비교해 해당 항목이 메뉴에 있는지 확인하고, 사용자가 요청한 양을 재고와 비교해 주문이 이행될 수 있는지 확인한다. 또한 회계와 추적을 위해 주문을 백엔드 데이터베이스에 저장하고, 주문을 이행하기 위해 챗봇을 로봇이나 백엔드 시스템에 연결한다.

16.7 정리

이 장에서는 챗봇의 미래와 챗봇이 발전할수록 사회에 어떤 영향을 미칠지를 살펴봤다. 그리고 현재 챗봇 기술의 한계를 알아보고 한계에 대해 권장되는 모범 사례를 배웠다. 챗봇의 기본 개념과 가장 인기 있는 챗봇 플랫폼도 알아봤다.

구글에서 개발한 다이얼로그플로우라는 챗봇 플랫폼을 자세히 살펴봤다. 플랫폼에 익숙해지기 위해 기본 예제를 수행하고, 웹훅을 사용해 다른 백엔드 서비스와 통합하는 방법을 배웠다. 챗봇 기능을 테스트하고 올바르게 설정됐는지 확인하는 방법을 단계별로 이해했다.

다음 장에서는 또 다른 흥미로운 주제를 살펴본다. 시퀀스 데이터를 훈련하고 시계열 분석에 사용하는 방법을 알아보자.

17

Chapter

시퀀스 데이터와 시계열 분석

시퀀스 데이터의 다양한 특성을 살펴보고 은닉 마르코프 모델을 사용해 시퀀스 데이터를 분석하는 방법을 학습한다. 배운 내용을 활용해 주식시장 데이터를 분석해본다.

이 장의 학습 목표
- 판다스 라이브러리
- 시계열 데이터
- 외판원 문제(TSP)
- 조건부 랜덤 필드

이 장에서는 시퀀스 학습 모델을 구축하는 방법을 배운다. 모델을 구축하고 사용하는 방법을 잘 이해하기 위해 여러 주제를 다룬다. **판다스**^{Pandas}에서 시계열 데이터를 처리하는 방법을 배운다. 시계열 데이터를 분할하고 다양한 작업을 수행하는 방법을 이해한 뒤 롤링 방식으로 시계열 데이터에서 다양한 통계를 추출하는 방법을 살펴본다. 또한 은닉 마르코프를 알아보고 모델을 구축하는 시스템을 구현한다. 조건부 랜덤 필드를 사용해 알파벳 시퀀스를 분석하는 방법을 이해한다. 마지막으로 지금까지 배운 기술을 사용해 주식시장 데이터를 분석하는 방법을 알아본다.

이 장에서 다룰 내용은 다음과 같다.

- 시퀀스 데이터 이해하기
- 판다스로 시계열 데이터 처리하기
- 시계열 데이터 슬라이싱하기
- 시계열 데이터에서 작업 수행하기
- 시계열 데이터에서 통계 추출하기
- 은닉 마르코프 모델을 사용해 데이터 생성하기
- 조건부 랜덤 필드로 알파벳 시퀀스 식별하기
- 주식시장 분석하기

먼저 시퀀스 데이터를 살펴보자.

17.1 시퀀스 데이터 이해

머신러닝 세계에서 우리는 이미지, 텍스트, 영상, 센서 판독 값을 비롯해 다양한 유형의 데이터를 만난다. 데이터는 유형에 따라 서로 다른 유형의 모델링 기술이 필요하다. 시퀀스 데이터는 순서가 중요한 데이터를 의미한다. 시퀀스 데이터는 실생활에서 자주 볼 수 있다. 다음 예를 보자.

- **유전자 시퀀스 데이터**: 시퀀스 데이터에 대한 가장 좋은 예이자 가장 중요한 예다. 유전자가 나타나는 순서는 생명을 만들고 유지하며, 유전체 서열은 인간이 살아 있도록 하는 정보를 포함한다.
- **인간의 언어**: 의사소통을 할 때는 순서가 매우 중요하다. 예를 들어 이 책에 나오는 단어의 순서를 바꾸기 시작하면 얼마 되지 않아 내용을 완전히 이해할 수 없게 될 것이다.
- **컴퓨터 언어**: 대부분의 컴퓨터 언어에서 모든 것이 제대로 작동하려면 올바른 입력 순서가 필수다. 예를 들어 기호 '>='는 여러 컴퓨터 언어에서 '크거나 같음'을 의미하지만 '=>'는 일부 언어에서 할당을 의미하거나 구문 오류를 생성한다.

시계열 데이터는 시퀀스 데이터의 하위 분류다. 몇 가지 예를 살펴보자.

- **주식시장 가격**: 시계열 데이터의 최고봉은 주식가격이다. 많은 데이터 과학자는 어느 정도 경력이 되면 데이터 과학 기술을 사용해 주식시장을 예측하려고 한다. 하지만 그것이 얼마나 어려운지 깨닫고 다른 연구 주제나 문제로 넘어가는 사람이 많다. 주식 예측이 어려운 몇 가지 이유는 다음과 같다.
  - 주식은 경기순환 내 시기에 따라 경제 상황에 다르게 반응한다.
  - 주가는 많은 변수의 영향을 받으므로 매우 복잡한 시스템이다.
  - 주식의 가장 급격한 움직임 중 일부는 시장 거래 시간 외에 발생하므로 해당 정보에 대해 실시간으로 조치를 취하기가 어렵다.
- **애플리케이션 로그**: 정의에 따라 애플리케이션 로그에는 두 가지 구성 요소가 있다. 구성 요소는 작업이 발생한 시간을 나타내는 타임스탬프와, 로그로 기록되는 정보 혹은 오류다.
- **IoT 활동**: IoT 장치의 활동은 시간 순서 방식으로 발생하므로 시계열 데이터로 사용할 수 있다.

시계열 데이터는 센서, 마이크, 주식시장을 비롯한 모든 데이터 소스에서 얻은 타임스탬프 값이다. 시계열 데이터에는 효과적으로 분석하기 위해 모델링해야 하는 중요한 특성이 많다.

시계열 데이터의 특정 매개변수에 대한 측정은 일정한 시간 간격으로 수행된다. 측정은 타임라인에 정렬 및 저장되며 표시 순서가 중요하다. 이 순서는 데이터에서 패턴을 추출하는 데 사용된다.

이 장에서는 시계열 데이터와 시퀀스 데이터를 설명하는 모델을 구축하는 일반적인 방법을 살펴본다. 이러한 모델을 통해 시계열 변수의 동작을 이해하고, 모델이 이전에 보지 못한 값을 예측하고 만들게 된다.

시계열 데이터 분석은 금융, 센서 데이터 분석, 음성 인식, 경제학, 일기예보, 제조 등 많은 분야에서 광범위하게 사용된다.

이 장에서는 시계열 관련 작업을 처리하는 라이브러리 판다스를 사용한다.

판다스는 데이터 조작과 분석에 사용되는 강력하고 인기 있는 파이썬 패키지로, 특히 테이블 구조를 조작하는 방법과 작업을 제공한다. '판다스'는 곰을 연상시키는 귀여운 이름이지만, 여러 기간의 관측치를 포함하는 데이터 세트를 의미하는 계량경제학 용어인 패널 데이터panel data에서 유래했다.

또한 유용한 패키지인 `hmmlearn`과 `pystruct`도 사용한다. 먼저 설치했는지 확인하자. 패키지를 설치하려면 다음 명령을 실행한다.

```
$ pip3 install pandas
$ pip3 install hmmlearn
$ pip3 install pystruct
$ pip3 install cvxopt
$ pip3 install timeseries
```

`cvxopt`를 설치할 때 오류가 발생하면 *http://cvxopt.org/install*에서 관련 정보를 얻을 수 있다. 패키지를 성공적으로 설치했으면 다음 절로 넘어가 판다스에서 시계열 데이터를 처리하는 방법을 살펴보자.

17.2 판다스로 시계열 데이터 처리하기

판다스는 분명 파이썬에서 가장 중요한 라이브러리다. 판다스의 메서드를 잘 사용하는 법을 배우는 것이 중요하며, 이는 다른 프로젝트에서 파이썬을 사용할 때도 도움이 된다. 판다스를 사용하면 시계열 분석 외에도 많은 기능을 수행할 수 있다.

다음은 몇 가지 예다.

- 통합 인덱싱을 통한 데이터프레임 조작
- 다양한 파일 형식에서 데이터를 읽고 인메모리 데이터 구조에 데이터를 쓰는 방법
- 데이터 정렬
- 데이터 필터링
- 결측치 대치
- 데이터 세트 재구성 및 피벗
- 레이블 기반 슬라이싱, 인덱싱, 하위 집합 생성
- 효율적인 열 삽입 및 삭제
- 데이터 세트에 대한 작업별로 그룹화
- 데이터 세트 병합 및 결합

이 절에서는 판다스를 사용해 일련의 숫자를 시계열 데이터로 변환하고 시각화한다. 판다스는 타임스탬프를 추가하고, 데이터를 구성한 다음 효율적으로 작업할 수 있는 옵션을 제공한다.

새 파이썬 파일을 만들고 다음 패키지를 임포트한다.

```
import numpy as np
import matplotlib.pyplot as plt
import pandas as pd
```

입력 파일에서 데이터를 읽어오는 함수를 정의한다. 매개변수 인덱스는 관련 데이터를 포함하는 열을 가리킨다.

```
def read_data(input_file, index):
    # 입력 데이터에서 데이터 읽어오기
    input_data = np.loadtxt(input_file, delimiter=',')
```

문자열을 판다스 날짜 형식으로 변환하는 lambda 함수를 정의한다.

```
# 문자열을 판다스 날짜 형식으로 변환하는 lambda 함수
to_date = lambda x, y: str(int(x)) + '-' + str(int(y))
```

lambda 함수를 사용해 입력 파일에서 첫 번째 라인부터 시작 날짜를 얻어오자.

```
# 시작 날짜 추출
start = to_date(input_data[0, 0], input_data[0, 1])
```

판다스 라이브러리는 작업을 수행할 때 종료 날짜가 포함되지 않으므로 마지막 라인의 date 필드를 한 달 늘려야 한다.

```
# 종료 날짜 추출
if input_data[-1, 1] == 12:
    year = input_data[-1, 0] + 1
    month = 1
else:
    year = input_data[-1, 0]
    month = input_data[-1, 1] + 1

end = to_date(year, month)
```

날짜가 있는 인덱스 목록을 작성하자. 시작 및 종료 날짜를 월별 빈도로 사용한다.

```
# 월별 빈도로 날짜 리스트를 생성
date_indices = pd.date_range(start, end, freq='M')
```

타임스탬프를 사용해 판다스 데이터 시리즈를 생성한다.

```
# 시계열 데이터를 생성하기 위해 입력 데이터에 타임스탬프 추가
output = pd.Series(input_data[:, index], index=date_indices)

return output
```

main 함수를 정의하고 입력 파일을 설정한다.

```
if __name__=='__main__':
    # 입력 파일 이름
    input_file = 'data_2D.txt'
```

데이터를 포함하는 열을 설정한다.

```
# 시계열 데이터로 변환할 열 지정
indices = [2, 3]
```

열을 순회하면서 각 열의 데이터를 읽어온다.

```
# 열을 순회하고 데이터를 그린다
for index in indices:
    # 열을 시계열 형식으로 변환한다
    timeseries = read_data(input_file, index)
```

시계열 데이터를 그린다.

```
# 데이터를 그린다
plt.figure()
timeseries.plot()
plt.title('Dimension ' + str(index - 1))

plt.show()
```

전체 코드는 time series.py 파일에 있다. 코드를 실행하면 두 가지 스크린샷이 표시된다.

다음 스크린샷은 첫 번째 차원의 데이터를 나타낸다.

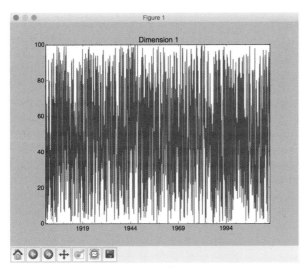

그림 17-1 일일 데이터를 사용해 그린 첫 번째 차원의 데이터

두 번째 스크린샷은 두 번째 차원의 데이터를 나타낸다.

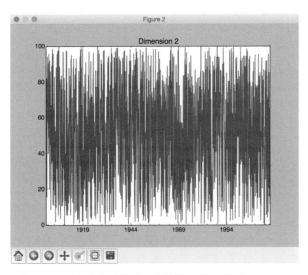

그림 17-2 일일 데이터를 사용해 그린 두 번째 차원 데이터

이 절에서는 판다스를 사용해 외부 파일에서 데이터를 로드하는 방법, 시계열 형식으로 변환하는 방법, 데이터를 그리고 시각화하는 방법에 대한 기본기를 다졌다. 다음 절에서는 데이터를 추가로 조작하는 방법을 배운다.

17.3 시계열 데이터 슬라이싱하기

시계열 데이터를 로드했으니 이를 분할하는 방법을 살펴보자. **슬라이싱**slicing은 데이터를 다양한 하위 간격으로 나누고 관련 정보를 추출하는 과정을 의미한다. 이는 시계열 데이터 세트로 작업할 때 유용하다. 인덱스를 사용하는 대신 타임스탬프를 사용해 데이터를 분할한다.

새 파이썬 파일을 만들고 다음 패키지를 임포트한다.

```python
import numpy as np
import matplotlib.pyplot as plt
import pandas as pd

from timeseries import read_data
```

입력 데이터 파일에서 세 번째 열(제로 인덱스)을 로드한다.

```python
# 입력 데이터 로드
index = 2
data = read_data('data_2D.txt', index)
```

시작 연도와 종료 연도를 정의하고 연 단위로 데이터를 그린다.

```python
# 연 단위로 데이터를 그린다
start = '2003'
end = '2011'
plt.figure()
data[start:end].plot()
plt.title('Input data from ' + start + ' to ' + end)
```

시작 및 종료 월을 정의하고 월 단위로 데이터를 그린다.

```python
# 월 단위로 데이터를 그린다
start = '1998-2'
end = '2006-7'
```

```
plt.figure()
data[start:end].plot()
plt.title('Input data from ' + start + ' to ' + end)

plt.show()
```

전체 코드는 파일 **slicer.py** 파일에 있다. 코드를 실행하면 두 그림이 표시된다. 첫 번째 스크린샷은 2003년부터 2011년까지의 데이터를 보여준다.

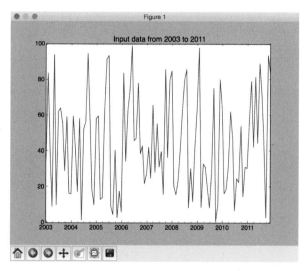

그림 17-3 월 단위로 그린 데이터(2003 – 2011)

두 번째 스크린샷은 1998년 2월부터 2006년 7월까지의 데이터를 보여준다.

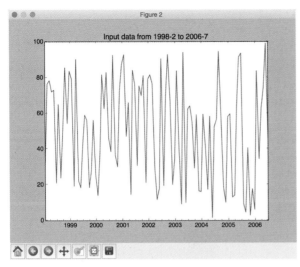

그림 17-4 월 단위로 그린 데이터(1998-2006)

이전 절에서 만든 차트([그림 17-1]과 [그림 17-2])는 읽기가 어려웠다. 데이터가 '묶여서' 보였기 때문이다. 데이터를 월 단위로 분할하면 데이터의 상승과 하락을 시각화하기가 훨씬 쉽다.

다음 절에서는 판다스 라이브러리에서 사용 가능한 다양한 기능을 살펴본다. 필터링, 요약과 같은 기능이 데이터 세트를 더 잘 분석하고 시각화하는 데 어떻게 도움이 되는지 알아보자.

17.4 시계열 데이터에 작업 수행하기

판다스 라이브러리는 시계열 데이터에 효율적으로 작동하며 필터링, 추가 등 다양한 작업을 수행할 수 있다. 조건을 설정할 수 있으며 판다스는 데이터 세트를 필터링하고 조건에 따라 올바른 하위 집합을 반환한다. 시계열 데이터도 로드하고 필터링할 수 있다. 예제를 살펴보자.

새 파이썬 파일을 만들고 다음 패키지를 임포트한다.

```
import numpy as np
import pandas as pd
import matplotlib.pyplot as plt

from timeseries import read_data
```

입력 파일 이름을 정의한다.

```
# 입력 파일 이름
input_file = 'data_2D.txt'
```

세 번째 열과 네 번째 열을 각각의 변수로 로드한다.

```
# 데이터 로드
x1 = read_data(input_file, 2)
x2 = read_data(input_file, 3)
```

2차원으로 이름 붙인 판다스의 **DataFrame** 객체를 생성한다.

```
# 슬라이싱을 위한 판다스 데이터프레임을 생성
data = pd.DataFrame({'dim1': x1, 'dim2': x2})
```

시작 연도와 끝 연도를 설정해 데이터를 그린다.

```
# 데이터를 그린다
start = '1968'
end = '1975'
data[start:end].plot()
plt.title('Data overlapped on top of each other')
```

조건을 사용해 데이터를 필터링한 뒤 표시한다. 예제에서는 **dim1**의 데이터포인트 중 45보다 작은 것과 **dim2**의 데이터포인트 중 30보다 큰 것을 모두 가져온다.

```
# 조건을 사용해 필터링한다
# 'dim1'이 특정 값보다 작다
# 'dim2'이 특정 값보다 크다
data[(data['dim1'] < 45) & (data['dim2'] > 30)].plot()
plt.title('dim1 < 45 and dim2 > 30')
```

두 개의 판다스 시리즈를 추가할 수도 있다. 주어진 시작일과 종료일 사이에 **dim1**과 **dim2**를 추가하자.

```
# 두 개의 데이터프레임을 추가
plt.figure()
diff = data[start:end]['dim1'] + data[start:end]['dim2']
diff.plot()
plt.title('Summation (dim1 + dim2)')

plt.show()
```

전체 코드는 파일 **operator.py** 파일에 있다. 코드를 실행하면 세 가지 스크린샷이 표시된다. 첫 번째 스크린샷은 1968년부터 1975년까지의 데이터를 보여준다.

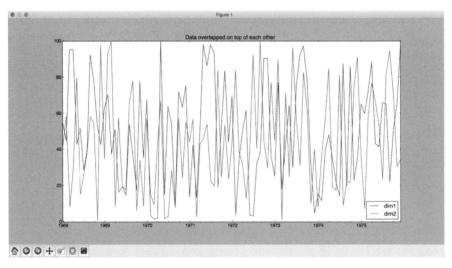

그림 17-5 중첩된 데이터(1968 – 1975)

두 번째 스크린샷은 필터링된 데이터를 보여준다.

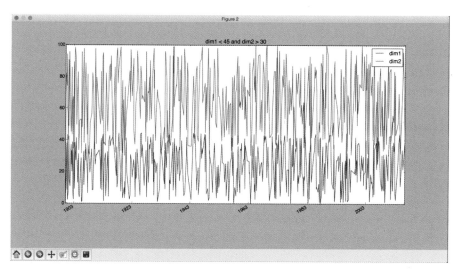

그림 17-6 'dim<45'와 'dim>30'의 데이터(1968 – 1975)

세 번째 스크린샷은 합산 결과를 보여준다.

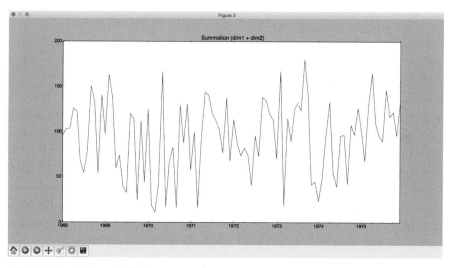

그림 17-7 dim1과 dim2의 합산(1968 – 1975)

이 절에서는 필터링과 합산을 비롯해 판다스 라이브러리에서 사용 가능한 다양한 기능을 배웠다. 데이터 과학에서는 모델을 선택하고 훈련하기 전에 분석할 데이터 세트를 이해하는 것이 중요하며, 판다스는 이를 수행하는 데 유용한 도구다.

다음 절에서는 유용한 라이브러리 두 가지를 더 소개한다. 소개할 라이브러리는 데이터 세트에 대한 다양한 통계를 계산하는 데 사용된다.

17.5 시계열 데이터에서 통계 추출하기

시계열 데이터에서 통계를 추출함으로써 의미 있는 통찰을 얻을 수 있다. 통계의 예로는 평균, 분산, 상관관계, 최댓값과 같은 연산이 있으며, 이러한 통계는 윈도를 사용해 롤링 방식으로 계산할 수 있다. 미리 정해진 윈도 크기를 사용해 해당 윈도 내에서 통계를 계산한다. 통계를 시간이 지남에 따라 시각화하면 흥미로운 패턴을 볼 수 있다. 시계열 데이터에서 통계를 추출하는 방법을 살펴보자.

파이썬을 생성하고 다음 패키지를 임포트한다.

```python
import numpy as np
import matplotlib.pyplot as plt
import pandas as pd

from timeseries import read_data
```

입력 파일 이름을 정의한다.

```python
# 입력 파일 이름
input _file = 'data_2D.txt'
```

세 번째와 네 번째 열을 각각의 변수로 로드한다.

```python
# 시계열 형식으로 입력 데이터를 로드
x1 = read_data(input_file, 2)
x2 = read_data(input_file, 3)
```

두 차원으로 이름 붙인 판다스 **DataFrame**을 생성한다.

```
# 슬라이싱을 위해 판다스 데이터프레임을 생성
data = pd.DataFrame({'dim1': x1, 'dim2': x2})
```

각 차원에 따라 최댓값과 최솟값을 추출한다.

```
# 최댓값과 최솟값을 추출
print('\nMaximum values for each dimension:')
print(data.max())
print('\nMinimum values for each dimension:')
print(data.min())
```

처음 12개 행에 대한 전체 평균과 행별 평균을 추출한다.

```
# 전체 평균과 행별 평균을 추출
print('\nOverall mean:')
print(data.mean())
print('\nRow-wise mean:')
print(data.mean(1)[:12])
```

윈도 크기 24를 사용해 이동 평균을 그린다.

```
# 윈도 크기 24를 사용해 이동 평균을 그린다
data.rolling(center=False, window=24).mean().plot()
plt.title('Rolling mean')
```

상관계수를 출력한다.

```
# 상관계수를 추출
print('\nCorrelation coefficients:\n', data.corr())
```

윈도 크기 60을 사용해 이동 상관관계를 그린다.

```
# 윈도 크기 60을 사용해 이동 상관관계를 그린다
plt.figure()
plt.title('Rolling correlation')
data['dim1'].rolling(window=60).corr(other=data['dim 2']).plot()

plt.show()
```

전체 코드는 stats_extractor.py 파일에 있다. 코드를 실행하면 두 가지 스크린샷이 표시된
다. 첫 번째 스크린샷은 이동 평균을 보여준다.

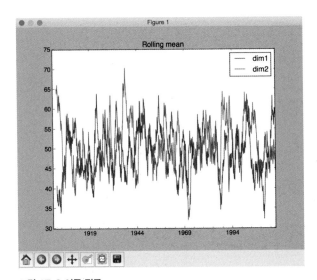

그림 17-8 이동 평균

두 번째 스크린샷은 이동 상관관계를 보여준다.

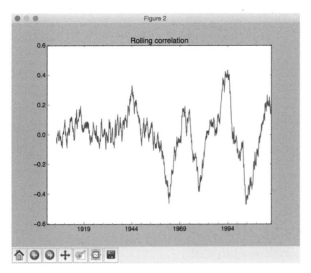

그림 17-9 이동 상관관계

다음과 같은 결과를 볼 수 있다.

```
Maximum values for each dimension:
dim1    99.98
dim2    99.97
dtype: float64

Minimum values for each dimension:
dim1    0.18
dim2    0.16
dtype: float64

Overall mean:
dim1    49.030541
dim2    50.983291
dtype: float64
```

그림 17-10 최대, 최소 차원과 전체 평균

스크롤을 내리면 행별 평균값과 상관계수가 표시된다.

```
Row-wise mean:
1900-01-31    85.595
1900-02-28    75.310
1900-03-31    27.700
1900-04-30    44.675
1900-05-31    31.295
1900-06-30    44.160
1900-07-31    67.415
1900-08-31    56.160
1900-09-30    51.495
1900-10-31    61.260
1900-11-30    30.925
1900-12-31    30.785
Freq: M, dtype: float64

Correlation coefficients:
        dim1      dim2
dim1  1.00000   0.00627
dim2  0.00627   1.00000
```

그림 17-11 행별 평균과 상관계수

그림의 상관계수는 각 차원과 다른 모든 차원의 상관관계 수준을 나타낸다. 1.0은 완벽한 상관관계를 나타내며 0.0은 서로 전혀 관련이 없음을 나타낸다. dim1은 dim1과 완벽하게 상관되고 dim2는 dim2와 완벽하게 상관된다. 이는 모든 컴퓨전 행렬에 해당된다. 변수가 자기 자신과 완벽하게 상관된다는 의미다. 또한 dim1은 dim2와 낮은 상관관계를 갖는다. 이는 dim1이 dim2의 값을 예측하는 능력이 낮음을 의미한다. 지금까지 나온 주가 예측 모델로 조만간 백만장자가 되지는 않을 것이다. 다음 절에서는 시계열 데이터 분석에 유용한 은닉 마르코프 모델이라는 기술을 배운다.

17.6 은닉 마르코프 모델을 사용해 데이터 생성하기

은닉 마르코프 모델 Hidden Markov Model (HMM)은 시퀀스 데이터를 분석하기 위한 강력한 분석 기술이다. 모델링되는 시스템이 은닉 상태가 있는 마르코프 프로세스라고 가정한다. 이는 기본 시스템이 가능한 상태 세트 중 하나일 수 있음을 의미한다.

일련의 상태 전환을 거쳐 일련의 출력을 생성한다. 출력만 관찰할 수 있고 상태는 관찰할 수 없다. 즉 상태는 숨겨져 있다. 목표는 알 수 없는 데이터의 상태 전환을 추론할 수 있도록 데이터를 모델링하는 것이다.

HMM을 이해하기 위해 외판원 문제를 살펴보자. 다음 예에서 외판원은 업무를 수행하기 위해 런던, 바르셀로나, 뉴욕을 돌아야 한다. 목표는 이동 시간을 최소화해 가장 효율적으로 업무를 수행하는 것이다. 업무 약속과 일정을 고려할 때 한 도시에서 다른 도시로 이동할 확률을 나타내면 [표 17-1]과 같다. 표에서 $P(X{\to}Y)$는 X에서 Y로 이동할 확률을 의미한다.

표 17-1

도시	확률
P(런던 → 런던)	0.10
P(런던 → 바르셀로나)	0.70
P(런던 → 뉴욕)	0.20
P(바르셀로나 → 바르셀로나)	0.15
P(바르셀로나 → 런던)	0.75
P(바르셀로나 → 뉴욕)	0.10
P(뉴욕 → 뉴욕)	0.05
P(뉴욕 → 런던)	0.60
P(뉴욕 → 바르셀로나)	0.35

이 정보를 전이 행렬transition matrix로 표현해보자.

표 17-2

	런던	바르셀로나	뉴욕
런던	0.10	0.70	0.20
바르셀로나	0.75	0.15	0.10
뉴욕	0.60	0.5	0.05

모든 정보를 얻었으니 문제 설명을 설정하자. 외판원은 화요일에 런던에서 출발하고 금요일에 무언가를 계획한다. 이는 외판원이 어디에 있는지에 달려 있다. 그가 금요일에 바르셀로나에 있을 확률은 얼마일까? [표 17-2]를 통해 파악할 수 있다.

문제를 모델링할 마르코프 체인Markov Chain이 없다면 여행 일정이 어떤지 알 수 없다. 목표는 외판원이 주어진 날에 각 도시에 있을 것이라는 확신을 가지고 말하는 것이다.

전이 행렬을 T로 표시하고 현재 날짜를 $X(i)$로 표시하면 다음과 같다.

$$X(i+1) = X(i).T$$

금요일은 화요일에서 3일 떨어져 있다. 이는 $X(i+3)$를 계산해야 함을 의미한다. 계산은 다음과 같다.

$$X(i+1) = X(i).T$$

$$X(i+2) = X(i+1).T$$

$$X(i+3) = X(i+2).T$$

따라서 본질적으로는 다음과 같다.

$$X(i+3) = X(i).T^3$$

$X(i)$를 다음과 같이 설정한다.

$$X(i) = [0.10\ 0.70\ 0.20]$$

다음 단계는 행렬의 세제곱을 계산하는 것이다. 온라인에서 여러 가지 행렬 연산 도구를 사용할 수 있다(*http://matrix.reshish.com/multiplication.php* 참고).

모든 행렬 계산을 수행하면 확률을 얻을 수 있다. 다음은 목요일에 외판원이 각 도시에 있을 확률 결과다.

$$P(런던) = 0.31$$

$$P(바르셀로나) = 0.53$$

$$P(뉴욕) = 0.16$$

외판원이 바르셀로나에 있을 확률이 다른 도시에 있을 확률보다 높음을 알 수 있다. 바르셀로나가 지리적으로 뉴욕보다 런던에 더 가까우므로 의미가 있다.

파이썬에서 HMM을 모델링하는 방법을 살펴보자. 새 파이썬 파일을 만들고 다음 패키지를 임포트한다.

```
import datetime

import numpy as np
import matplotlib.pyplot as plt
from hmmlearn.hmm import GaussianHMM

from timeseries import read_data
```

입력 파일에서 데이터를 로드한다.

```
# 입력 데이터 로드
data = np.loadtxt('data_1D.txt', delimiter=',')
```

학습을 위한 세 번째 열을 추출한다.

```
# 학습을 위한 데이터(세 번째 열)를 추출
X = np.column_stack([data[:, 2]])
```

5개 성분과 대각 공분산을 갖는 가우시안 HMM을 생성한다.

```
# 가우시안 HMM을 생성
num_components = 5
hmm = GaussianHMM(n_components=num_components, covariance_type='diag', n_
iter=1000)
```

HMM을 훈련한다.

```
# HMM을 훈련
print('\nTraining the Hidden Markov Model...')
hmm.fit(X)
```

HMM의 각 구성 요소의 평균과 분산 값을 출력한다.

```
# HMM 상태 출력
print('\nMeans and variances:')
for i in range(hmm.n_components):
    print('\nHidden state', i+1)
    print('Mean =', round(hmm.means_[i][0], 2))
    print('Variance =', round(np.diag(hmm.covars_[i])[0], 2))
```

훈련된 HMM을 사용해 샘플 1200개를 생성하고 그린다.

```
# HMM 모델을 사용해 데이터를 생성
num_samples = 1200
generated_data, _ = hmm.sample(num_samples)
plt.plot(np.arange(num_samples), generated_data[:, 0], c='black')
plt.title('Generated data')

plt.show()
```

전체 코드는 파일 hmm.py 파일에 있다. 코드를 실행하면 생성된 샘플 1,200개를 보여주는 다음 스크린샷이 나타난다.

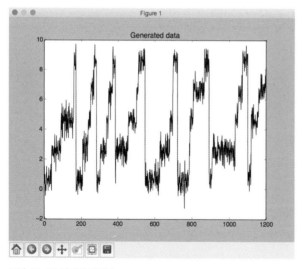

그림 17-12 생성된 데이터

다음과 같은 결과를 볼 수 있다.

```
Training the Hidden Markov Model...

Means and variances:

Hidden state 1
Mean = 4.6
Variance = 0.25

Hidden state 2
Mean = 6.59
Variance = 0.25

Hidden state 3
Mean = 0.6
Variance = 0.25

Hidden state 4
Mean = 8.6
Variance = 0.26

Hidden state 5
Mean = 2.6
Variance = 0.26
```

그림 17-13 HMM 학습

차트를 해석하는 방법은 다른 여정을 고려할 때 판매 경로를 횡단하는 데 걸리는 시간이 다르다. [그림 17-13]은 이러한 경로에 대한 평균과 분산을 나타낸다.

HMM을 배웠으니 시계열 분석과 관련된 다른 주제를 알아보자. 다음 절에서는 일반적으로 조건부 랜덤 필드로 알려진 확률 모델을 살펴보고 HMM과의 차이점을 알아보자.

17.7 조건부 랜덤 필드로 알파벳 시퀀스 식별하기

조건부 랜덤 필드 Conditional Random Field(CRF)는 구조화된 데이터를 분석하는 데 자주 사용되는 확률 모델이다. CRF를 사용해 다양한 형태의 시퀀스 데이터에 레이블을 지정하고 분류한다. 다음은 CRF가 적용되는 일반적인 사용 사례다.

- 필체 인식
- 문자 인식
- 물체 감지

- 명명된 개체 인식
- 유전자 예측
- 이미지 분할
- 품사 태그 지정
- 소음 감소

CRF와 관련해 주목할 사항은 차별적 모델discriminative model이라는 점이다. 생성 모델인 HMM과 대조해보자.

레이블이 지정된 측정 시퀀스에 조건부 확률 분포를 정의할 수 있으며, 이를 사용해 CRF 모델을 구축한다. HMM에서는 관찰 시퀀스와 레이블에 결합 분포를 정의한다.

CRF의 주요 장점은 본질적으로 조건부라는 점이다. HMM은 그렇지 않다. CRF는 출력 관측치 간의 독립성을 가정하지 않는다. HMM은 특정 시간의 출력이 이전 데이터 포인트와 통계적으로 독립적이라고 가정한다. HMM은 추론 프로세스가 강력한 방식으로 작동하도록 하기 위해 이러한 가정을 해야 한다. 하지만 가정이 항상 참은 아니다. 실제 데이터는 시간 종속성으로 가득하다.

CRF는 자연어 처리, 음성 인식, 생명공학 등 다양한 응용 분야에서 HMM을 능가하는 경향이 있다. 이 절에서는 CRF를 사용해 단어를 분석하고 식별하는 방법을 설명한다.

이것은 데이터의 종속성을 식별하는 기능을 보여주기 좋은 사용 사례. 영어 단어의 글자 순서는 결코 무작위가 아니다. 'random(무작위)'이라는 단어를 예로 들어보자. 첫 번째 글자 다음에 모음이 올 확률은 자음이 올 확률보다 높다. 단어의 두 번째 문자가 x일 확률은 0이 아니다(예를 들어 'exempt', 'exact', 'exhibit'은 두 번째 문자가 x다). 하지만 첫 번째 문자가 r이라면 두 번째 문자가 x일 확률은 얼마일까? 이 조건에 맞는 단어를 떠올릴 수 없다. 만일 있더라도 그리 많지 않으므로 확률이 낮다. CRF는 이 사실을 이용한다.

새 파이썬 파일을 만들고 다음 패키지를 임포트한다.

```python
import os
import argparse
import string
import pickle
```

```
import numpy as np
import matplotlib.pyplot as plt
from pystruct.datasets import load_letters
from pystruct.models import ChainCRF
from pystruct.learners import FrankWolfeSSVM
```

입력 인수를 파싱하는 함수를 정의하자. C 값을 입력 매개변수로 전달할 수 있다. C 매개변수는 오분류에 페널티를 얼마나 줄지를 제어한다. C 값이 높을수록 훈련 중 오분류에 더 높은 페널티를 부과하지만 결국 모델이 과적합될 수 있다. 반면에 C 값이 낮으면 모델을 더 일반화할 수 있다. 하지만 훈련 데이터 포인트의 오분류에 더 낮은 페널티를 부과함을 뜻하기도 한다.

```
def build_arg_parser():
    parser = argparse.ArgumentParser(description='Trains a Conditional \
            Random Field classifier')
    parser.add_argument("--C", dest="c_val", required=False, type=float,
            default=1.0, help='C value to be used for training')
    return parser
```

CRF 모델 구축의 모든 기능을 처리하는 클래스를 정의한다. **FrankWolfeSSVM**과 함께 체인 CRF 모델을 사용한다.

```
# CRF를 모델링하는 클래스
class CRFModel(object):
    def __init__(self, c_val=1.0):
        self.clf = FrankWolfeSSVM(model=ChainCRF(), C=c_val, max_iter=50)
```

훈련 데이터를 로드하는 함수를 정의한다.

```
# 훈련 데이터를 로드
def load_data(self):
    alphabets = load_letters()
    X = np.array(alphabets['data'])
    y = np.array(alphabets['labels'])
```

```
        folds = alphabets['folds']

        return X, y, folds
```

CRF 모델을 훈련하는 함수를 정의한다.

```
    # CRF를 훈련
    def train(self, X_train, y_train):
        self.clf.fit(X_train, y_train)
```

CRF 모델의 정확도를 평가하는 함수를 정의한다.

```
    # CRF의 정확도를 평가
    def evaluate(self, X_test, y_test):
        return self.clf.score(X_test, y_test)
```

새로운 데이터 포인트에 학습된 CRF 모델을 실행하는 함수를 정의한다.

```
    # 새로운 데이터에 학습된 CRF 모델을 실행
    def classify(self, input_data):
        return self.clf.predict(input_data)[0]
```

인덱스 목록을 기반으로 알파벳에서 하위 문자열을 추출하는 함수를 정의한다.

```
    # 인덱스를 알파벳으로 변환
    def convert_to_letters(indices):
        # 모든 알파벳에 대한 넘파이 배열을 생성
        alphabets = np.array(list(string.ascii_lowercase))
```

문자를 추출한다.

```
    # 입력 인덱스를 기반으로 문자를 추출
    output = np.take(alphabets, indices)
```

```
    output = ''.join(output)

    return output
```

메인 함수를 정의하고 입력 인수를 파싱한다.

```
if __name__=='__main__':
    args = build_arg_parser().parse_args()
    c_val = args.c_val
```

CRF 모델 객체를 생성한다.

```
# CRF 모델을 생성
crf = CRFModel(c_val)
```

입력 데이터를 로드하고 훈련 세트와 테스트 세트로 분리한다.

```
# 훈련 데이터와 테스트 데이터를 로드한다
X, y, folds = crf.load_data()
X_train, X_test = X[folds == 1], X[folds != 1]
y_train, y_test = y[folds == 1], y[folds != 1]
```

CRF 모델을 훈련한다.

```
# CRF 모델을 훈련
print('\nTraining the CRF model...')
crf.train(X_train, y_train)
```

CRF 모델의 정확도를 평가하고 결과를 출력한다.

```
# 정확도를 평가
score = crf.evaluate(X_test, y_test)
print('\nAccuracy score =', str(round(score*100, 2)) + '%')
```

테스트 데이터 포인트에 실행하고 결과를 출력한다.

```python
indices = range(3000, len(y_test), 200)
for index in indices:
    print("\nOriginal =", convert_to_letters(y_test[index]))
    predicted = crf.classify([X_test[index]])
    print("Predicted =", convert_to_lett ers(predicted))
```

전체 코드는 **crf.py** 파일에 있다. 코드를 실행하면 결과는 다음과 같다.

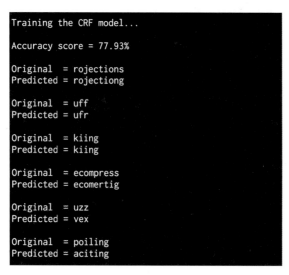

```
Training the CRF model...

Accuracy score = 77.93%

Original  = rojections
Predicted = rojectiong

Original  = uff
Predicted = ufr

Original  = kiing
Predicted = kiing

Original  = ecompress
Predicted = ecomertig

Original  = uzz
Predicted = vex

Original  = poiling
Predicted = aciting
```

그림 17-14 CRF 모델 훈련

스크롤을 끝까지 내리면 다음과 같은 결과를 볼 수 있다.

```
Original = abulously
Predicted = abuloualy

Original = ormalization
Predicted = ormalisation

Original = ake
Predicted = aka

Original = afeteria
Predicted = ateteria

Original = obble
Predicted = obble

Original = hadow
Predicted = habow

Original = ndustrialized
Predicted = ndusqrialyled

Original = ympathetically
Predicted = ympnshetically
```

그림 17-15 원래 결과와 예측 결과

그림이 나타내듯 단어를 대부분 정확하게 예측한다. 예제를 통해 CRF의 능력과 HMM과의 차이점을 확인했다. 다음 절에서는 HMM을 예제에 적용해 간단한 시장 데이터를 분석한다.

17.8 주식시장 분석하기

이 절에서는 HMM을 사용해 주식시장 데이터를 분석한다. 예제에서 데이터는 이미 구성돼 있으며 타임스탬프가 있다. `matplotlib` 패키지에서 사용 가능한 데이터 세트를 사용한다. 데이터 세트에는 여러 회사의 수년에 걸친 주가를 포함한다. HMM은 이러한 시계열 데이터를 분석하고 기본 구조를 추출할 수 있는 생성 모델이다. HMM을 사용해 주가 변동을 분석하고 결과를 생성해보자.

모델에 의해 생성된 결과가 생산 품질에 가깝기를 기대하거나, 모델을 실제 거래에 사용해 수익을 올릴 수 있을 것이라고 기대하지 말자. 주식거래에 어떻게 사용할 수 있을지에 대한 생각을 시작하는 데 토대를 제공할 뿐이다. 주식거래를 꼭 하고 싶다면 모델을 계속 개선하고, 여러 데이터 세트에 적용해보고, 현재 시장 데이터에 사용하는 편이 좋다. 예제에서는 모델이 얼마나 수익성이 있는지는 다루지 않는다.

새 파이썬 파일을 만들고 다음 패키지를 임포트한다.

```
import datetime
import warnings

import numpy as np
import matplotlib.pyplot as plt
import yfinance as yf
from hmmlearn.hmm import GaussianHMM
```

1970년 9월 4일부터 2016년 5월 17일까지의 주식시장 시세를 로드한다. 날짜 범위는 자유롭게 선택할 수 있다.

```
# matplotlib 패키지로부터 과거 주식거래를 로드
start_date = datetime.date(1970, 9, 4)
end_date = datetime.date(2016, 5, 17)
intc = yf.Ticker('INTC').history(start=start_date, end=end_date)
```

매일 종가의 백분율 차이를 확인하자.

```
# 종가의 백분율 차이를 가져온다
diff_percentages = 100.0 * np.diff(intc.Close) / intc.Close[:-1]
```

두 데이터 열을 쌓아 훈련 데이터 세트를 만든다.

```
# 훈련을 위해 백분율 차이와 볼륨 값을 쌓는다
training_data = np.column_stack([diff_percentages, intc.Volume[:-1]])
```

7개 성분과 대각 공분산을 사용해 가우시안 HMM을 만들고 훈련한다.

```
# 가우시안 HMM을 생성하고 훈련한다
hmm = GaussianHMM(n_components=7, covariance_type='diag', n_iter=1000)
with warnings.catch_warnings():
```

```
warnings.simplefilter('ignore')
hmm.fit(training_data)
```

훈련된 HMM 모델을 사용해 샘플 300개를 생성한다. 생성할 샘플 개수는 선택할 수 있다.

```
# HMM 모델을 사용해 데이터 생성
num_samples = 300
samples, _ = hmm.sample(num_samples)
```

생성된 백분율 차이 값을 그린다.

```
# 백분율 차이를 그린다
plt.figure()
plt.title('Difference percentages')
plt.plot(np.arange(num_samples), samples[:, 0], c='black')
```

거래된 주식의 양을 그린다.

```
# 거래된 주식의 양을 그린다
plt.figure()
plt.title('Volume of shares')
plt.plot(np.arange(num_samples), samples[:, 1], c='black')
plt.ylim (ymin=0)

plt.show()
```

전체 코드는 stock_market.py 파일에 있다. 코드를 실행하면 두 가지 스크린샷이 나타난다. 첫 번째 스크린샷은 HMM에서 생성된 백분율 차이를 보여준다.

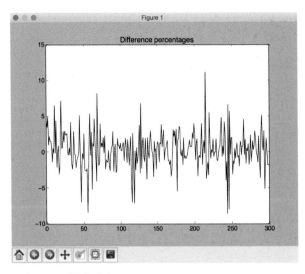

그림 17-16 백분율 차이

두 번째 스크린샷은 HMM에서 생성된 거래된 주식의 양을 보여준다.

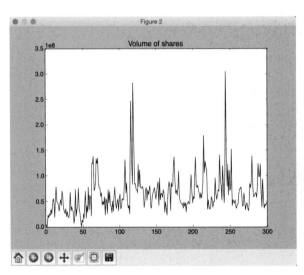

그림 17-17 주식 양

데이터 세트의 실제 데이터 포인트를 사용해 HMM 모델 예측값의 정확도를 계산하는 작업은
여러분에게 맡긴다. 이 모델을 거래 신호를 생성하는 데 사용하려면 약간의 작업이 필요하다.
서두에서 언급했듯이 실제 돈을 사용한 거래에 이 코드를 사용하는 것은 바람직하지 않다.

17.9 정리

이 장에서는 시퀀스 학습 모델을 구축하는 방법을 배웠다. 판다스에서 시계열 데이터를 처리하는 방법을 이해했으며 시계열 데이터를 분할하고 다양한 작업을 수행하는 방법을 살펴봤다. 롤링 방식으로 시계열 데이터에서 다양한 통계를 추출하는 방법을 배웠다. 은닉 마르코프 모델을 이해하고 모델을 구축하기 위한 시스템을 구현했다.

조건부 랜덤 필드를 사용해 알파벳 시퀀스를 분석하는 방법을 살펴봤다. 다양한 기법으로 주식 시장 데이터를 분석하는 방법을 배웠다.

다음 장에서는 이미지 인식 분야에서 AI를 구현하는 방법을 알아보자.

18 이미지 인식

Chapter

이미지 인식의 중요성을 알아보고 라이브 영상에서 물체를 감지 및 추적하는 방법을 학습한다. 얼굴과 눈을 감지하고 추적하는 예제를 살펴본다.

이 장의 학습 목표
- OpenCV 라이브러리
- 프레임 차이
- 색 공간 및 배경 삭제를 이용한 추적
- 캠시프트 알고리즘
- 광학 흐름 기반 추적
- 하르 캐스케이드

이 장에서는 물체 감지와 추적을 알아본다. 먼저 머신러닝에서 이미지 인식이 중요한 이유를 이해한다. 그리고 컴퓨터 비전에서 많이 사용되는 라이브러리인 OpenCV라는 이미지 인식 패키지를 알아본다. OpenCV를 설치한 뒤 영상에서 움직이는 부분을 감지하는 방법을 알아보기 위해 프레임 차이를 학습한다. 색 공간과 배경 삭제를 사용해 물체를 추적하는 방법을 알아본다. 캠시프트 알고리즘을 사용해 대화형 물체 추적기를 구축하고, 광학 흐름 기반 추적기를 구축하는 방법을 배운다. 얼굴 감지와 하르 캐스케이드, 통합 이미지 등 관련 개념을 살펴본다. 그리고 이 기술을 사용해 눈 감지기와 추적기를 구축한다.

이 장에서 다룰 내용은 다음과 같다.

- OpenCV 설치하기
- 프레임 차이
- 색 공간을 사용해 객체 추적하기
- 배경 삭제를 사용해 물체 추적하기
- 캠시프트 알고리즘을 사용해 대화형 객체 추적기 구축하기
- 광학 흐름 기반 추적기 구축하기
- 얼굴 감지 및 추적기 구축하기
- 물체 감지를 위해 하르 캐스케이드 사용하기
- 특성 추출을 위해 통합 이미지 사용하기
- 눈 감지기 및 추적기 구축하기

먼저 OpenCV를 소개하고 설치 방법을 살펴본다.

18.1 이미지 인식의 중요성

이 책의 주제를 통해 분명히 알 수 있듯 인공지능, 특히 머신러닝은 오늘날 사회에서 일어나는 디지털 트랜스포메이션을 주도하는 기술이다. '본다'는 것은 인간의 학습 과정에서 매우 중요한 요소다. 컴퓨터에서도 마찬가지로 (다른 방법을 통해 '본다'고 하더라도) 이미지를 포착하고 포함된 내용을 인식하는 일은, 머신러닝 파이프라인에 제공할 데이터 세트를 생성하고 데이터로부터 통찰을 얻는 데 무엇보다 중요하다.

확실한 예 한 가지는 자율 주행 기술이다. 컴퓨터는 인간과 마찬가지로 주어진 시간에 기가바이트 단위의 데이터를 수집하고 분석해 삶을 바꾸는 결정을 실시간으로 내릴 수 있어야 한다. 필자는 자율 주행 기술이 널리 보급되기를 매우 기대하고 있다. 예상컨대 머지않아 이루어질 것이다. 세계보건기구(WHO)에 따르면 2013년에 도로 교통사고로 사망한 사람은 125만 명에 이른다. 자율 주행 자동차가 배치되면 사망자를 상당히 줄일 수 있을 것이다.

자율 주행 기술은 이미지 인식의 한 가지 응용이며, 이외에도 응용 사례는 무한에 가깝다. 다음과 같은 용도로 많이 사용된다.

- **자동화된 이미지 분류**: 구글 포토와 페이스북에서 직접 경험할 수 있다. 이미지를 업로드하면 페이스북이 사진 속 인물이 누구인지 제안한다.
- **역 이미지 검색**: 구글에서는 키워드를 입력으로 사용하고 결과로 이미지를 가져오는 대신 이미지를 입력으로 사용할 수 있다. 구글은 이미지가 포함하는 내용에 대한 추측을 제공한다($https://images.google.com$ 참고).
- **광학 문자 인식**: 이미지를 텍스트로 변환하는 작업은 이미지 인식 기술에 크게 의존한다.
- **MRI 및 초음파 해석**: 몇몇 도구는 암을 비롯한 질병을 인식하는 능력이 인간을 능가한다.

이미지 인식의 몇 가지 실용적인 응용 사례를 알아봤다. 이를 직접 살펴보기 위해 사용할 패키지를 알아보자.

18.2 OpenCV

이 장에서는 OpenCV라는 패키지를 사용한다. 이름에서도 알 수 있듯 OpenCV(오픈 소스 컴퓨터 비전)는 실시간 컴퓨터 비전을 위해 사용하는 오픈 소스 크로스 플랫폼 파이썬 패키지 이며 인텔 랩스Intel Labs에서 시작됐다. OpenCV는 텐서플로, 파이토치, 카페Caffe와 함께 사용할 수 있다.

OpenCV에 관한 자세한 내용은 *http://opencv.org*를 참조한다. 예제를 진행하기 전에 OpenCV를 반드시 설치하자. 다음은 운영체제에 따라 파이썬 3과 함께 OpenCV 3를 설치하는 링크다.

- **윈도우**: *https://solarianprogrammer.com/2016/09/17/install-opencv-3-with-python-3-on-windows*
- **우분투**: *http://www.pyimagesearch.com/2015/07/20/install-opencv-3-0-andpython-3-4-on-ubuntu*
- **맥**: *http://www.pyimagesearch.com/2015/06/29/install-opencv-3-0-andpython-3- 4-on-osx*

설치했으면 다음 절로 넘어가 프레임 차이를 알아보자.

18.3 프레임 차이

프레임 차이frame differencing는 영상에서 움직이는 부분을 식별하는 데 사용하는 간단한 기술이다. 직관적으로 대부분의 애플리케이션에서 재미있는 부분은 바로 이 부분이다. 예를 들어 달리는 사람의 영상이 있다면 배경 이미지가 아니라 달리는 사람을 분석하고 싶을 것이다. 영화를 볼 때는 주로 가장 앞에서 말하고 움직이는 인물에 집중하며 지루한 배경에는 관심을 두지 않는 경향이 있다.

때때로 배경에서 옥에 티를 찾아 영화에서 숨겨진 문제를 발견하기도 한다. 예를 들면 〈왕좌의 게임〉 최근 에피소드에서는 화면 뒤쪽에서 스타벅스 컵이 발견됐다. 이는 규칙보다는 예외라고 볼 수 있다.

라이브 영상 스트림에서 캡처한 연속 프레임 간의 차이는 많은 정보를 제공한다. 연속 프레임 간의 차이를 가져와 나타내는 방법을 살펴보자. 이 절에서 사용할 코드에는 연결된 카메라가 필요하므로 컴퓨터에 카메라가 있는지 확인하자.

새 파이썬 파일을 만들고 다음 패키지를 임포트한다.

```
import cv2
```

프레임 차이를 계산하는 함수를 정의하자. 현재 프레임과 다음 프레임의 차이를 계산한다.

```
# 프레임의 차이를 계산
def frame_diff(prev_frame, cur_frame, next_frame):
    # 현재 프레임과 다음 프레임 간의 차이
    diff_frames_1 = cv2.absdiff(next_frame, cur_frame)
```

현재 프레임과 이전 프레임 간의 차이를 계산한다.

```
    # 현재 프레임과 이전 프레임 간의 차이
    diff_frames_2 = cv2.absdiff(cur_frame, prev_frame)
```

두 프레임 차이에 AND 비트 연산을 계산하고 반환한다.

```
    return cv2.bitwise_and(diff_frames_1, diff_frames_2)
```

웹캠에서 현재 프레임을 얻는 함수를 정의한다. 영상 캡처 객체로부터 프레임을 읽어온다.

```
# 웹캠에서 현재 프레임을 얻어오는 함수를 정의
def get_frame(cap, scaling_factor):
    # 영상 캡처 객체에서 현재 프레임을 읽어온다
    _, frame = cap.read()
```

스케일링 계수scaling factor에 따라 프레임 크기를 조정하고 반환한다.

```
    # 이미지 크기를 조정
    frame = cv2.resize(frame, None, fx=scaling_factor,
                                fy=scaling_factor, interpolation=cv2.INTER_AREA)
```

이미지를 그레이스케일로 변환하고 반환한다.

```
    # 그레이스케일로 변환
    gray = cv2.cvtColor(frame, cv2.COLOR_RGB2GRAY)

    return gray
```

main 함수를 정의하고 영상 캡처 객체를 초기화한다.

```
if __name__=='__main__':
    # 영상 캡처 객체를 정의
    cap = cv2.VideoCapture(0)
```

이미지 크기를 조절하기 위해 스케일링 계수를 정의한다.

```
    # 이미지 크기 조절을 위한 스케일링 계수를 정의
    scaling_factor = 0.5
```

현재 프레임, 다음 프레임, 그 이후 프레임을 가져온다.

```
    # 현재 프레임을 가져온다
    prev_frame = get_frame(cap, scaling_factor)

    # 다음 프레임을 가져온다
    cur_frame = get_frame(cap, scaling_factor)

    # 그 이후 프레임을 가져온다
    next_frame = get_frame(cap, scaling_factor)
```

사용자가 Esc 키를 누를 때까지 무한 반복한다. 프레임 차이 계산으로 시작하자.

```
# 사용자가 Esc 키를 누를 때까지 웹캠에서 프레임을 읽어온다
while True:
    # 프레임 차이를 표시한다
    cv2.imshow('Object Movement', frame_diff(prev_frame, cur_frame, next_frame))
```

frame 변수를 업데이트한다.

```
# 변수를 업데이트한다
prev_frame = cur_frame
cur_frame = next_frame
```

웹캠에서 다음 프레임을 가져온다.

```
# 다음 프레임을 가져온다
next_frame = get_frame(cap, scaling_factor)
```

사용자가 Esc 키를 눌렀는지 확인한다. 키를 눌렀으면 반복을 빠져나온다.

```
# 사용자가 Esc 키를 눌렀는지 확인
key = cv2.waitKey(10)
if key == 27:
    break
```

반복을 빠져나오면 창이 정상적으로 종료되도록 한다.

```
# 모든 창 종료
cv2.destroyA llWindows()
```

전체 코드는 제공된 **frame_diff.py** 파일에 있다. 코드를 실행하면 라이브 출력을 보여주는 출력 창이 나타난다. 움직이면 [그림 18-1]과 같이 실루엣이 표시된다.

그림 18-1 실루엣 이미지

[그림 18-1]에서 흰색 선은 실루엣을 나타낸다. 무엇을 얻었으며 이는 왜 중요한가? 애플리케이션에 따라 원본 이미지가 제공한 정보가 모두 필요하지는 않을 수 있다. 원본 이미지는 훨씬 더 자세하며 대비와 색이 훨씬 더 많다. 자율 주행 자동차를 예로 들어보자. 앞에 있는 차가 빨간색인지 초록색인지는 상관없다. 우리를 향해 오고 있으며 충돌할 것인지가 훨씬 중요하다. 이미지에서 관련 없는 정보를 모두 필터링함으로써 시스템의 다른 알고리즘이 관련 있는 정보를 훨씬 더 효율적으로 처리할 수 있으며, 그 결과 위험에 더 빠르게 대응한다.

필터링은 영상을 로드할 공간이 제한적이거나 비용이 커서 이미지를 압축해 공간을 더 효율적으로 만들어야 할 때도 유용하다. 이외에도 필터링이 유용한 시나리오는 여러분이 더 생각해보길 바라며, 이 절에서 설명한 내용이 상상력과 창의력을 자극하기에 충분했으면 한다.

프레임 차이로 얻은 정보는 유용하지만, 그 정보로 강력한 추적기를 만들 수는 없다. 소음에 민감하며 실제로 물체를 완전히 추적하지는 않는다. 강력한 물체 추적기를 구축하려면 정확한 추적을 위해 물체의 어떤 특성을 사용해야 하는지 알아야 한다. 이는 색 공간과 관련 있다. 다음 절에서 알아보자.

18.4 색 공간을 사용한 객체 추적

이미지는 다양한 색 공간을 사용해 표현할 수 있다. RGB 색 공간은 가장 많이 사용되는 색 공간이지만 객체 추적과 같은 애플리케이션에는 적합하지 않다. 따라서 이 절에서는 HSV 색 공간을 사용한다. HSV 색 공간은 인간이 색을 인식하는 방식에 보다 가까운 직관적인 색 공간 모델이다(*https://en.wikipedia.org/wiki/HSL_and_HSV* 참고).

파이썬 파일을 생성하고 다음 패키지를 임포트한다.

```
import cv2
import numpy as np
```

웹캠에서 현재 프레임을 가져오는 함수를 정의한다. 영상 캡처 객체를 읽어오기 시작한다.

```
# 웹캠에서 현재 프레임을 얻는 함수를 정의
def get_frame(cap, scaling_factor):
    # 영상 캡처 객체로부터 현재 프레임을 읽어온다
    _, frame = cap.read()
```

스케일링 계수를 기준으로 프레임 크기를 변경한 뒤 반환한다.

```
    # 이미지 크기를 변경한다
    frame = cv2.resize(frame, None, fx=scaling_factor,
                        fy=scaling_factor, interpolation=cv2.INTER_AREA)

    return frame
```

main 함수를 정의한다. 영상 캡처 객체를 초기화한다.

```
if __name__=='__main__':
    # 영상 캡처 객체를 정의한다
    cap = cv2.VideoCapture(0)
```

캡처한 프레임의 크기를 조절하는 데 사용할 스케일링 계수를 정의한다.

```
    # 이미지 크기 조절을 위한 스케일링 계수를 정의한다
    scaling_factor = 0.5
```

사용자가 Esc 키를 누를 때까지 반복한다. 현재 프레임을 읽어온다.

```
# 사용자가 Esc 키를 누를 때까지 웹캠에서 프레임을 읽어온다
while True:
    # 현재 프레임을 얻어온다
    frame = get_frame(cap, scaling_factor)
```

OpenCV에 내장된 함수를 사용해 이미지를 HSV 색 공간으로 변환한다.

```
# 이미지를 HSV 색 공간으로 변환
hsv = cv2.cvtColor(frame, cv2.COLOR_BGR2HSV)
```

인간의 피부색에 대한 대략적인 HSV 색 범위를 정의한다.

```
# HSV에서 인간의 피부색 범위를 정의한다
lower = np.array([0, 70, 60])
upper = np.array([50, 150, 255])
```

마스크를 생성하기 위해 HSV 이미지의 임계값을 설정한다.

```
# 피부색만 얻기 위해 HSV 이미지의 임계값을 설정한다
mask = cv2.inRange(hsv, lower, upper)
```

마스크와 원본 이미지에 AND 비트 연산을 수행한다.

```
# 마스크와 원본 이미지에 AND 비트 연산 수행
img_bitwise_and = cv2.bitwise_and(frame, frame, mask=mask)
```

이미지를 부드럽게 하기 위해 미디언 블러median blur를 실행한다.

```
# 미디언 블러 실행
img_median_blurred = cv2.medianBlur(img_bitwise_and, 5)
```

입력과 출력 프레임을 보여준다.

```
# 입력과 출력을 보여준다
cv2.imshow('Input', frame)
cv2.imshow('Output', img _median_blurred)
```

사용자가 Esc 키를 눌렀는지 확인한다. 눌렀으면 루프를 빠져나온다.

```
# 사용자가 Esc 키를 눌렀는지 확인
c = cv2.waitKey(5)
if c == 27:
    break
```

루프를 빠져나오면 모든 창이 정상적으로 종료되도록 한다.

```
# 모든 창 종료
cv2.destroyAllWindows()
```

전체 코드는 colorspaces.py 파일에 있다. 코드를 실행하면 두 스크린샷이 나타난다. 제목이 'Input'인 창은 캡처된 프레임이다.

그림 18-2 캡처된 프레임

제목이 'Output'인 창은 피부 마스크를 보여준다.

그림 18-3 출력 프레임

[그림 18-3]에서 볼 수 있듯 이제 이미지에는 한 가지 색만 있으며 이는 피부색에 해당한다. 다른 것은 모두 검은색이다. 이전 절과 마찬가지로 관심 있는 정보만 포함하도록 이미지를 필터링했다. 이 예제의 필터링은 다르지만, 결과는 이제 이미지를 추가로 처리하는 데 필요한 정보만 남았다는 사실이다.

다음은 몇 가지 애플리케이션 예다.

- 비정상적인 피부 상태나 변색을 감지하는 시스템.
- 사람의 피부색을 감지할 때만 켜지는 보안 시스템. 항구에서 사용해 인간이 컨테이너에 숨어 있는지 확인할 수 있다.

다른 애플리케이션은 무엇이 있을까? 다음 절에서는 배경 삭제라는 이미지 변환 기술을 알아본다.

18.5 배경 삭제를 사용한 객체 추적

배경 삭제background subtraction는 영상의 배경을 모델링한 뒤 모델을 사용해 움직이는 물체를 감지하는 기술이다. 이 기술은 영상 감시뿐 아니라 영상 압축에도 많이 사용되며, 정적인 장면 내에서 움직이는 물체를 감지해야 할 때 잘 작동한다. 알고리즘은 배경을 감지하고, 모델을 만들고, 현재 프레임에서 배경을 삭제해 전경을 얻는다. 전경은 움직이는 물체에 해당한다.

주요 단계 중 하나는 배경 모델을 만드는 작업이다. 연속 프레임을 구분하지 않으므로 프레임 차이와는 다르다. 배경을 모델링하고 실시간으로 업데이트하므로 움직이는 기준선에 맞게 조정하는 적응형 알고리즘이다. 따라서 프레임 차이보다 성능이 훨씬 뛰어나다.

새 파이썬 파일을 만들고 다음 패키지를 임포트한다.

```python
import cv2
import numpy as np
```

현재 프레임을 가져오는 함수를 정의한다.

```python
# 웹캠에서 현재 프레임을 얻어오는 함수를 정의한다
def get_frame(cap, scaling_factor):
    # 영상 캡처 객체에서 현재 프레임을 읽어온다
    _, frame = cap.read()
```

프레임 크기를 변경하고 반환한다.

```python
    # 이미지 크기 변경
    frame = cv2.resize(frame, None, fx=scaling_factor,
                       fy=scaling_factor, interpolation=cv2.INTER_AREA)

    return frame
```

main 함수를 정의하고 영상 캡처 객체를 초기화한다.

```python
if __name__=='__main__':
    # 영상 캡처 객체를 정의한다
    cap = cv2.VideoCapture(0)
```

배경 삭제 객체를 정의한다.

```
# 배경 삭제 객체를 정의한다
bg_subtractor = cv2.createBackgroundSubtractorMOG2()
```

히스토리와 학습률을 정의한다. 다음 주석은 history가 무엇인지 설명한다.

```
# 학습에 사용할 이전 프레임 수를 정의한다
# 이 요소는 알고리즘의 학습률을 제어한다
# 학습률은 모델이 백그라운드에서 학습하는 속도를 나타낸다
# 'history' 값이 클수록 학습 속도가 느리다
# 이 매개변수를 사용해 출력에 미치는 영향을 확인할 수 있다
history = 100

# 학습률을 정의한다
learning_rate = 1.0/history
```

사용자가 Esc 키를 누를 때까지 반복한다. 현재 프레임을 얻어온다.

```
# 사용자가 Esc 키를 누를 때까지 웹캠에서 프레임을 읽어온다
while True:
    # 현재 프레임을 가져온다
    frame = get_frame(cap, 0.5)
```

미리 정의한 배경 삭제 객체를 사용해 mask를 계산한다.

```
# 마스크 계산
mask = bg_subtractor.apply(frame, learningRate=learning_rate)
```

mask를 그레이스케일에서 RGB로 변환한다.

```
# 그레이스케일 이미지에서 RGB 컬러 이미지로 변환
mask = cv2.cvtColor(mask, cv2.COLOR_GRAY2BGR)
```

입력 이미지와 출력 이미지를 표시한다.

```
# 이미지를 표시한다
cv2.imshow('Input', frame)
cv2.imshow('Output', mask & frame)
```

사용자가 Esc 키를 눌렀는지 확인한다. 눌렀으면 루프를 종료한다.

```
# 사용자가 Esc 키를 눌렀는지 확인
c = cv2.waitKey(10)
if c == 27:
    break
```

루프를 빠져나오면 영상 캡처 객체를 해제하고 모든 창을 정상적으로 종료한다.

```
# 영상 캡처 객체를 해제
cap.release()

# 모든 창을 종료
cv2.destroyAllWindows()
```

전체 코드는 background_subtraction.py 파일에 있다. 코드를 실행하면 라이브 출력 창이 나타난다. 다음 그림과 같이 여러분이 움직일 때마다 모습이 부분적으로 나타나는 것을 볼 수 있다.

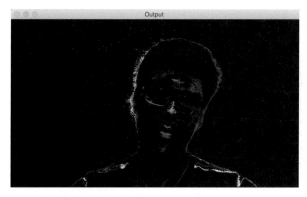

그림 18-4 배경 삭제 이미지

움직임을 멈추면 배경의 일부분이 되므로 여러분의 모습이 점점 사라진다. 알고리즘은 여러분을 배경의 일부로 간주하고 그에 따라 모델을 업데이트하기 시작한다.

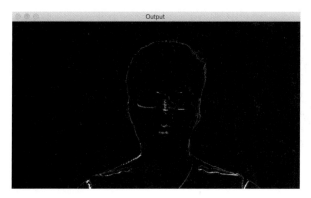

그림 18-5 배경 삭제 이미지

계속 가만히 있으면 [그림 18-6]처럼 점점 사라지게 된다.

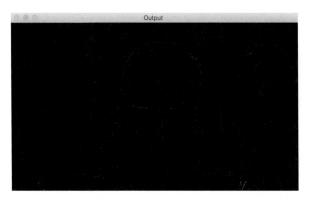

그림 18-6 배경 삭제 이미지

점점 사라진다는 것은 현재 화면이 배경 모델의 일부가 되고 있음을 의미한다.

움직임이 있을 때만 이미지를 생성하면 저장 공간이 크게 절약된다. 이러한 방식은 보안 카메라에 유용하다. 빈 주차장에 초점을 맞춘 카메라를 몇 시간 동안 보는 일은 페인트가 마르는 과정을 볼 때보다 지루할 수 있지만, 보안 시스템이 프레임에 움직임이 있을 때 녹화할 정도로 똑똑하다면 '재미있는' 부분을 빨리 알아차릴 수 있다.

색 공간 기반 추적을 사용해 색 객체를 추적하려면 먼저 색을 정의해야 한다. 이는 제한적인 것 같다! 라이브 영상에서 객체를 어떻게 선택하는지 살펴보고 객체 추적기를 만들어보자. 여기에는 **캠시프트**Continuously Adaptive Mean Shift (CAMShift) 알고리즘이 관련된다. 캠시프트 알고리즘은 평균 이동 알고리즘의 적응 버전이다. 다음 절에서 캠시프트 알고리즘을 알아보자.

18.6 캠시프트 알고리즘을 사용한 대화형 객체 추적기 구축

캠시프트를 이해하기에 앞서 평균 이동이 어떻게 작동하는지 살펴보자. 주어진 프레임에서 관심 영역은 어디인가? 이 영역은 관심 객체를 포함하며 객체를 추적하기 위해 그 주위에 그린 대략적인 경계를 가리킨다. 영상 내에서 관심 객체가 움직일 때 객체 추적기가 이를 추적하도록 하자.

이를 위해 관심 영역의 컬러 히스토그램을 기반으로 포인트 세트를 선택한 다음 중심을 계산한다. 중심의 위치가 관심 영역의 기하학적 중심에 있다면 객체가 움직이지 않았다는 뜻이다. 반면에 기하학적 중심에 있지 않다면 객체가 움직였고, 둘러싸는 경계도 이동해야 함을 의미한다. 중심의 움직임은 객체가 움직인 방향을 직접적으로 나타낸다. 새 중심이 경계 상자의 기하학적 중심이 되도록 경계 상자를 이동해야 한다. 프레임마다 이 작업을 하고 실시간으로 객체를 추적한다. 이 알고리즘은 평균(즉 중심)이 계속 이동하며, 이를 통해 객체를 추적하므로 평균 이동이라고 한다.

평균 이동이 캠시프트와 어떤 관련이 있는지 살펴보자. 평균 이동의 문제점은 물체의 크기가 시간이 지남에 따라 바뀔 수 없다는 점이다. 경계 상자를 그린 뒤에는 객체가 카메라에서 얼마나 떨어져 있는지에 관계없이 상자 크기가 일정하게 유지된다. 반면에 캠시프트를 사용하면 경계 상자의 크기가 객체 크기에 따라 조정된다(자세한 내용은 *http://docs.opencv.org/3.1.0/db/df8/tutorial_py_meanshift.html* 참고). 추적기를 만드는 방법을 알아보자.

새로운 파일을 생성하고 다음 패키지를 임포트한다.

```
import cv2
import numpy as np
```

객체 추적과 관련 있는 기능을 모두 처리하는 클래스를 정의한다.

```
# 객체 추적과 관련 있는 기능을 처리하는 클래스를 정의
class ObjectTracker(object):
    def __init__(self, scaling_factor=0.5):
        # 영상 캡처 객체를 초기화한다
        self.cap = cv2.VideoCapture(0)
```

현재 프레임을 캡처한다.

```
        # 웹캠에서 프레임을 캡처한다
        _, self.frame = self.cap.read()
```

스케일링 계수를 설정한다.

```
# 캡처된 프레임을 위한 스케일링 계수
self.scaling_factor = scaling_factor
```

프레임 크기를 변경한다.

```
# 프레임 크기를 변경한다
self.frame = cv2.resize(self.frame, None,
    fx=self.scaling_factor, fy=self.scaling_factor, interpolation=cv2.INTER_AREA)
```

출력을 보여줄 창을 생성한다.

```
# 프레임을 출력할 창을 생성
cv2.namedWindow('Object Tracker')
```

마우스에서 입력을 가져올 마우스 콜백 함수를 설정한다.

```
# 마우스를 추적할 마우스 콜백 함수를 설정한다
cv2.setMouseCallback('Object Tracker', self.mouse_event)
```

사각형 영역을 추적할 변수를 초기화한다.

```
# 사각형 영역 선택과 관련된 변수를 초기화
self.selection = None

# 시작 위치와 관련된 변수를 초기화
self.drag_start = None

# 추적 상태와 관련된 변수를 초기화
self.tracking_state = 0
```

마우스 이벤트를 추적할 함수를 정의한다.

```
# 마우스 이벤트를 추적할 메서드를 정의
def mouse_event(self, event, x, y, flags, param):
    # x와 y 좌표를 16비트 넘파이 정수로 변환
    x, y = np.int16([x, y])
```

마우스 왼쪽 버튼이 눌렸으면 사용자가 사각형을 그리기 시작했음을 의미한다.

```
# 마우스 버튼 이벤트가 발생했는지 확인
if event == cv2.EVENT_LBUTTONDOWN:
    self.drag_start = (x, y)
    self.tracking_state = 0
```

사용자가 현재 마우스를 드래그해 사각형 영역의 크기를 설정한다면 너비와 높이를 추적한다.

```
# 사용자가 영역을 선택하기 시작했는지 확인
if self.drag_start:
    if flags & cv2.EVENT_FLAG_LBUTTON:
        # 프레임의 차원을 추출
        h, w = self.frame.shape[:2]
```

사각형의 시작 좌표(x와 y)를 설정한다.

```
# 초기 위치를 얻어온다
xi, yi = self.drag_start
```

좌표의 최댓값과 최솟값을 가져와서, 사각형을 그리기 위해 마우스를 드래그하는 방향과 무관하게 만든다.

```
# 최댓값과 최솟값을 가져온다
x0, y0 = np.maximum(0, np.minimum([xi, yi], [x, y]))
x1, y1 = np.minimum([w, h], np.maximum([xi, yi], [x, y]))
```

selection 변수를 리셋한다.

```python
# selection 변수를 리셋
self.selection = None
```

사각형 선택을 끝낸다.

```python
# 사각형 선택을 끝낸다
if x1-x0 > 0 and y1-y0 > 0:
    self.selection = (x0, y0, x1, y1)
```

선택이 끝났으면, 사각형 영역에서 객체 추적을 시작해야 함을 알리는 플래그를 설정한다.

```python
else:
    # 선택이 끝나면 추적 시작
    self.drag_start = None
    if self.selection is not None:
        self.tracking_state = 1
```

객체를 추적할 메서드를 정의한다.

```python
# 객체 추적을 시작할 메서드
def start_tracking(self):
    # 사용자가 Esc 키를 누를 때까지 반복
    while True:
        # 웹캠에서 프레임을 캡처
        _, self.frame = self.cap.read()
```

프레임 크기를 변경한다.

```python
# 입력 프레임 크기를 변경
self.frame = cv2.resize(self.frame, None,
    fx=self.scaling_factor, fy=self.scaling_factor,
    interpolation=cv2.INTER_AREA)
```

프레임 복사본을 생성한다. 이것은 나중에 필요하다.

```
# 프레임 복사본 생성
vis = self.frame.copy()
```

프레임의 색 공간을 RGB에서 HSV로 변환한다.

```
# 프레임을 HSV 색 공간으로 변환
hsv = cv2.cvtColor(self.frame, cv2.COLOR_BGR2HSV)
```

미리 정의된 임계값을 기반으로 마스크를 생성한다.

```
# 미리 정의된 임계값을 기반으로 마스크 생성
mask = cv2.inRange(hsv, np.array((0., 60., 32.)),
                        np.array((180., 255., 255.)))
```

사용자가 영역을 선택했는지 확인한다.

```
# 사용자가 영역을 선택했는지 확인
if self.selection:
    # 선택한 사각형의 좌표를 추출
    x0, y0, x1, y1 = self.selection

    # 추적 창을 추출
    self.track_window = (x0, y0, x1-x0, y1-y0)
```

마스크와 함께 HSV 이미지에서 관심 영역을 추출한다. 이에 따라 관심 영역의 히스토그램을 계산한다.

```
# 관심 영역 추출
hsv_roi = hsv[y0:y1, x0:x1]
mask_roi = mask[y0:y1, x0:x1]
```

```
# 마스크를 사용해 HSV 이미지 내 관심 영역의 히스토그램을 계산
hist = cv2.calcHist( [hsv_roi], [0], mask_roi, [16], [0, 180] )
```

히스토그램을 정규화한다.

```
# 히스토그램을 정규화하고 reshape한다
cv2.normalize(hist, hist, 0, 255, cv2.NORM_MINMAX)
self.hist = hist.reshape(-1)
```

원본 프레임에서 관심 영역을 추출한다.

```
# 프레임에서 관심 영역 추출
vis_roi = vis[y0:y1, x0:x1]
```

관심 영역에 NOT 비트 연산을 적용해 계산한다. 이는 단지 출력 목적으로 사용된다.

```
# 이미지의 네거티브(출력 목적)를 계산
cv2.bitwise_not(vis_roi, vis_roi)
vis[mask == 0] = 0
```

시스템이 추적 모드인지 확인한다.

```
# 시스템이 '추적' 모드인지 확인
if self.tracking_state == 1:
    # selection 변수를 리셋
    self.selection = None
```

히스토그램 역투영back projection을 계산한다.

```
# 히스토그램 역투영을 계산
hsv_backproj = cv2.calcBackProject([hsv], [0], self.hist, [0, 180], 1)
```

히스토그램과 마스크에 AND 비트 연산을 한다.

```
# 히스토그램 역투영과 마스크에 AND 비트 연산
hsv_backproj &= mask
```

추적기 종료 기준을 정의한다.

```
# 추적기 종료 기준을 정의
term_crit = (cv2.TERM_CRITERIA_EPS | cv2.TERM_CRITERIA_COUNT, 10, 1)
```

역투영 히스토그램에 캠시프트 알고리즘을 적용한다.

```
# 'hsv_backproj'에 캠시프트 적용
track_box, self.track_window = cv2.CamShift(hsv_backproj,
            self.track_window, term_crit)
```

객체 주변에 타원을 그리고 출력한다.

```
# 객체 주위에 타원을 그린다
cv2.ellipse(vis, track_box, (0, 255, 0), 2)

# 출력 라이브 영상을 보여준다
cv2.imshow('Object Tracker', vis)
```

사용자가 Esc 키를 누르면 루프를 종료한다.

```
# 사용자가 Esc 키를 누르면 종료
c = cv2.waitKey(5)
if c == 27:
    break
```

루프를 빠져나오면 모든 창을 정상적으로 종료한다.

```
# 모든 창 종료
cv2.destroyAllWindows()
```

main 함수를 정의하고 추적을 시작한다.

```
if __name__ == '__main__':
    # 추적 시작
    ObjectTracker().start_tracking()
```

전체 코드는 camshift.py 파일에 있다. 코드를 실행하면 웹캠을 통해 라이브 영상을 보여주는 창이 나타난다.

객체를 손에 쥐어 주위에 사각형이 그려지도록 한다. 사각형을 그린 뒤에는 마우스 포인터를 최종 위치에서 멀리 이동해야 한다. 이미지는 다음과 같다.

그림 18-7 객체 감지 이미지

선택이 됐으면 마우스 포인터를 다른 위치로 이동해 사각형을 고정한다. 이 이벤트는 추적 과정을 시작한다. [그림 18-8]을 보자.

그림 18-8 객체 감지 이미지

객체를 움직여보면 객체가 계속 추적됨을 알 수 있다.

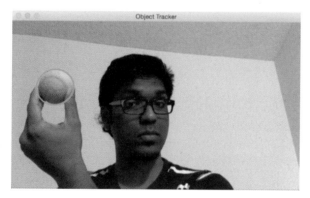

그림 18-9 객체 추적 이미지

잘 작동하는 것 같다. 객체를 이리저리 움직여 실시간으로 어떻게 추적되는지 확인해보자.

지금까지 이미지 인식의 다양한 응용 가능성을 알아봤다. 지금까지 배운 것을 어떻게 적용할지에 대해 자신만의 아이디어를 생각해냈기를 바란다. 사람들이 사용하는 기술은 이 장에서 다룬 것보다 조금 더 정교할 수 있지만 개념은 그리 다르지 않다. 예를 들어 내셔널 풋볼 리그(NFL)에서는 이와 같은 기술을 사용해 텔레비전에 9미터 마커를 가상으로 설정한다. 또한 메이저 리그 베이스볼(MLD)에서는 이 절에서 배운 것과 유사한 기법으로 스트라이크존을 그린다. 가장 가까운 예는 윔블던 토너먼트에서 테니스공이 어디에 착지하는지 확인하고 아웃 여부를 결정하는 데 사용하는 기술이다.

다음 절에서는 이미지 인식에 유용한 기술인 광학 흐름 기반 추적을 알아본다.

18.7 광학 흐름 기반 추적

2020년 1월, 마틴 스코세이지 감독 영화 〈아이리시맨〉이 오스카상 후보에 올랐다. 영화는 트럭 운전사이자 갱스터인 프랭크 시런Frank Sheeran (로버트 드 니로Robert De Niro가 역을 맡음)의 삶을 조명한다. 영화는 시런의 20대부터 80대에 이르는 다양한 시기의 모습을 보여준다. 화면에 나오는 사람은 분명 드 니로였으며, 그는 정말로 20세와 80세로 보였다.

이전 영화들에서는 분장을 사용해 이러한 효과를 냈을 것이다. 반면 이 영화에서는 분장을 사용하는 대신 특수 효과를 사용했으며 드 니로의 얼굴을 '디지털' 분장으로 수정했다. 놀랍지 않은가? 그동안 컴퓨터로 사실적인 얼굴을 만들기는 매우 어려웠지만 할리우드와 특수 효과 아티스트는 마침내 방법을 개발했다.

물론 그 기술은 이 장에서 다룰 내용보다 더 정교하지만, 광학 흐름은 여기에 기초가 되는 기술이다. 영상에서 사람 얼굴이 달라지게 하려면 움직일 때마다 얼굴을 추적할 수 있어야 한다. 광학 흐름으로 이 문제를 해결할 수 있다.

광학 흐름은 컴퓨터 비전에서 널리 사용되는 기술로, 이미지 특징점feature point을 사용해 객체를 추적한다. 연속적인 라이브 영상 프레임에서 각 특징점을 추적한다. 프레임에서 일련의 특징점을 감지하면 변위 벡터를 계산해 이를 추적하며, 연속 프레임 사이에서 특징점의 움직임을 볼 수 있다. 이러한 벡터를 모션 벡터라고 한다. 광학 흐름을 수행하는 방법은 여러 가지지만 루카스-카나데Lucas-Kanade 방법이 가장 많이 사용된다(원본 기술 문서는 *http://cseweb.ucsd.edu/classes/sp02/cse252/lucaskanade81.pdf* 참고).

첫 번째로 현재 프레임에서 특징점을 추출한다. 각 특징점을 중심으로 3x3 패치(픽셀)이 생성된다. 각 패치 내 포인트가 모두 비슷하게 동작한다고 가정하며, 창 크기는 상황에 따라 조정할 수 있다.

각 패치에 대해 이전 프레임의 인접 항목에서 일치하는 항목을 찾는다. 오류 지표를 기반으로 가장 일치하는 항목을 선택한다. 현재 패치에 가장 가까운 패치를 얻기 위해 다양한 3x3 패치를 찾으므로 검색 영역은 3x3보다 크다. 이를 얻으면 현재 패치의 중심점과 이전 프레임에서 일치하는 패치의 경로가 모션 벡터가 된다. 다른 패치들도 유사하게 모션 벡터를 계산한다.

새 파이썬 파일을 만들고 다음 패키지를 임포트한다.

```
import cv2
import numpy as np
```

광학 흐름을 사용해 추적을 하는 함수를 정의한다. 영상 캡처 객체와 스케일링 계수를 초기화한다.

```
# 객체를 추적하는 함수를 정의
def start_tracking():
    # 영상 캡처 객체를 초기화
    cap = cv2.VideoCapture(0)
    # 프레임을 위한 스케일링 계수를 정의
    scaling_factor = 0.5
```

추적할 프레임 수와 건너뛸 프레임 수를 정의한다.

```
    # 추적할 프레임 수
    num_frames_to_track = 5

    # 건너뛸 프레임 수
    num_frames_jump = 2
```

추적 경로와 프레임 인덱스와 관련 있는 변수를 초기화한다.

```
    # 변수를 초기화한다
    tracking_paths = []
    frame_index = 0
```

창 크기, 최대 레벨, 종료 조건 등 추적 매개변수를 정의한다.

```
# 추적 매개변수를 정의
tracking_params = dict(winSize  = (11, 11), maxLevel = 2,
        criteria = (cv2.TERM_CRITERIA_EPS | cv2.TERM_CRITERIA_COUNT, 10, 0.03))
```

사용자가 Esc 키를 누를 때까지 반복한다. 현재 프레임을 캡처하고 크기를 조정한다.

```
# 사용자가 Esc 키를 누를 때까지 반복
while True:
    # 현재 프레임을 캡처
    _, frame = cap.read()

    # 프레임 크기 조정
    frame = cv2.resize(frame, None, fx=scaling_factor, fy=scaling_factor,
                    interpolation=cv2.INTER_AREA)
```

프레임을 RGB에서 그레이스케일로 변환한다.

```
# 그레이스케일로 변환
frame_gray = cv2.cvtColor(frame, cv2.COLOR_BGR2GRAY)
```

프레임 복사본을 생성한다.

```
# 프레임 복사본을 생성
output_img = frame.copy()
```

추적 경로의 길이가 0보다 큰지 확인한다.

```
    if len(tracking_paths) > 0:
        # 이미지를 가져온다
        prev_img, current_img = prev_gray, frame_gray
```

특징점을 만든다.

```
# 특징점을 만든다
feature_points_0 = np.float32([tp[-1] for tp in \
        tracking_paths]).reshape(-1, 1, 2)
```

특징점과 추적 매개변수를 사용해 이전 이미지와 현재 이미지를 기반으로 광학 흐름을 계산한다.

```
# 광학 흐름 계산
feature_points_1, _, _ = cv2.calcOpticalFlowPyrLK(
        prev_img, current_img, feature_points_0,
        None, **tracking_params)

# 역(reverse)광학 흐름 계산
feature_points_0_rev, _, _ = cv2.calcOpticalFlowPyrLK(
        current_img, prev_img, feature_points_1,
        None, **tracking_params)

# 광학 흐름과 역광학 흐름 간의 차이를 계산
diff_feature_points = abs(feature_points_0 - \
        feature_points_0_rev).reshape(-1, 2).max(-1)
```

좋은 특징점을 추출한다

```
# 좋은 특징점 추출
good_points = diff_feature_points < 1
```

새로운 추적 경로를 위한 변수를 초기화한다.

```
# 변수를 초기화한다
new_tracking_paths = []
```

모든 좋은 특징점에 반복하고 그 주위에 원을 그린다.

```python
# 모든 좋은 특징점에 반복
for tp, (x, y), good_points_flag in zip(tracking_paths,
            feature_points_1.reshape(-1, 2), good_points):
    # 플래그가 true가 아니면 계속 진행
    if not good_points_flag:
        continue
```

x축과 y축을 추가하고, 추적할 프레임 수를 초과하지 않도록 한다.

```python
# x축과 y축을 추가하고 그 길이가 임계값보다 큰지 확인한다
tp.append((x, y))
if len(tp) > num_frames_to_track:
    del tp[0]


new_tracking_paths.append(tp)
```

특징점 주위에 원을 그린다. 추적 경로를 업데이트하고, 움직임을 보여주기 위해 새로운 추적 경로를 사용해 선을 그린다.

```python
# 특징점 주위에 원을 그린다
cv2.circle(output_img, (x, y), 3, (0, 255, 0), -1)

# 추적 경로를 업데이트한다
tracking_paths = new_tracking_paths

# 선을 그린다
cv2.polylines(output_img, [np.int32(tp) for tp in tracking_paths],
            False, (0, 150, 0))
```

앞서 건너뛸 프레임 수로 지정한 수만큼 프레임을 건너뛰고 if 조건으로 이동하자.

```python
# 프레임을 건너뛴 후 if 조건으로 이동
if not frame_index % num_frames_jump:
    # 마스크를 생성하고 원을 그린다
```

```
mask = np.zeros_like(frame_gray)
mask[:] = 255
for x, y in [np.int32(tp[-1]) for tp in tracking_paths]:
    cv2.circle(mask, (x, y), 6, 0, -1)
```

마스크, 최대 모서리, 품질 레벨, 최소 거리, 블록 크기 등 매개변수와 내장 함수를 함께 사용해서 추적할 좋은 특징을 계산한다.

```
# 추적할 좋은 특징 계산
feature_points = cv2.goodFeaturesToTrack(frame_gray,
    mask = mask, maxCorners = 500, qualityLevel = 0.3,
    minDistance = 7, blockSize = 7)
```

특징점이 존재하면 추적 경로에 추가한다.

```
# 특징점이 존재하는지 확인하고, 존재한다면 추적 경로에 추가한다
if feature_points is not None:
    for x, y in np.float32(feature_points).reshape(-1, 2):
        tracking_paths.append([(x, y)])
```

프레임 인덱스와 이전 그레이스케일 이미지와 관련된 변수를 업데이트한다.

```
# 변수 업데이트
frame_index += 1
prev_gray = frame_gray
```

출력을 보여준다.

```
# 출력을 표시한다
cv2.imshow('Optical Flow', output_img)
```

사용자가 Esc 키를 눌렀는지 확인하고 눌렀다면 루프를 빠져나온다.

```
# 사용자가 Esc 키를 눌렀는지 확인
c = cv2.waitKey(1)
if c == 27:
    break
```

main 함수를 정의하고 추적을 시작한다. 추적기를 종료하면 모든 창이 정상적으로 종료되도록
한다.

```
if __name__ == '__main__':
    # 추적기를 시작한다
    start_tracking()

    # 모든 창을 종료
    cv2.destroyAllWindows()
```

전체 코드는 optical_flow.py 파일에 있다. 코드를 실행하면 라이브 영상 화면이 나타난다.
다음 스크린샷과 같이 특징점을 볼 수 있다.

그림 18-10 객체 추적 이미지

여러분이 움직일 때마다 특징점의 움직임을 나타내는 선을 볼 수 있다.

그림 18-11 객체 추적 이미지

반대 방향으로 움직이면 그에 따라 선 방향이 바뀐다.

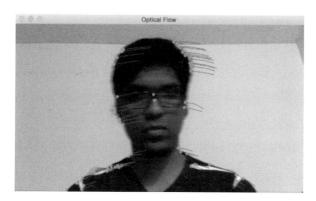

그림 18-12 객체 추적 이미지

결과를 확인했으면 다음 절에서 얼굴 감지와 추적을 알아보자.

18.8 얼굴 감지 및 추적

얼굴 감지face detection는 이미지에서 얼굴의 위치를 감지하는 것을 말한다. 종종 얼굴 인식face recognition과 혼동되는데, 얼굴 인식은 이미지에 있는 사람이 누구인지 식별하는 과정이다. 일반적인 생체 인식 시스템은 얼굴 감지와 얼굴 인식을 모두 활용한다. 얼굴 감지를 통해 얼굴을 찾은 뒤 얼굴 인식을 통해 사람을 식별한다. 이 절에서는 라이브 영상에서 얼굴의 위치를 자동으로 감지하고 추적하는 방법을 알아본다.

18.8.1 물체 감지를 위해 하르 캐스케이드 사용하기

하르 캐스케이드 Haar Cascade를 사용해 예제 영상에서 얼굴을 감지하자. 이 경우 하르 캐스케이드는 하르 특징을 기반으로 하는 캐스케이드 분류기를 말한다. 폴 비올라Paul Viola와 마이클 존스Michael Jones는 2001년 획기적인 연구 논문에서 이 물체 감지법을 처음으로 고안했다(자세한 내용은 *https://www.cs.cmu.edu/~efros/courses/LBMV07/Papers/viola-cvpr-01.pdf* 참고). 논문에서는 모든 물체를 감지하는 데 사용할 수 있는 효과적인 머신러닝 기술을 설명한다.

그들은 단순 분류기의 부스트 캐스케이드를 사용한다. 이 캐스케이드는 높은 정확도로 수행되는 전체 분류기를 구축하는 데 사용한다. 이는 (높은 정확도로 수행되는) 단일 단계 분류기를 구축하는 프로세스를 피하는 데 도움이 된다. 강력한 단일 단계 분류기를 구축하는 것은 계산 집약적인 프로세스다.

예를 들어 테니스공을 감지한다고 해보자. 탐지기를 구축하려면 테니스공의 모양을 학습할 수 있는 시스템이 필요하다. 주어진 이미지가 테니스공을 포함하는지 유추할 수 있어야 한다. 테니스공 이미지 여러 개를 사용해 시스템을 훈련해야 하며, 테니스공을 포함하지 않는 이미지도 많이 필요하다. 이는 시스템이 물체를 구별하는 방법을 학습하는 데 도움이 된다.

정확한 모델을 만들면 모델이 복잡해질 것이다. 따라서 실시간으로 실행할 수 없다. 반대로 모델이 너무 간단하면 정확하지 않을 수 있다. 속도와 정확성 사이의 트레이드오프는 머신러닝 세계에서 흔히 발생한다. 비올라–존스Viola-Jones 방법은 일련의 간단한 분류기를 구축해 이 문제를 극복한다. 그리고 이러한 분류기는 계단식으로 연결돼 강력하고 정확한 통합 분류기를 형성한다.

이를 사용해 얼굴을 어떻게 감지하는지 살펴보자. 얼굴을 감지하는 머신러닝 시스템을 구축하려면 먼저 특징 추출기를 구축해야 한다. 머신러닝 알고리즘은 특징을 사용해 얼굴이 어떻게 생겼는지 이해한다. 이것이 바로 **하르 특징**haar feature이 관련되는 부분이다.

하르 특징은 이미지 전체에 걸친 패치의 단순한 합계와 차이이며 계산하기가 쉽다. 강력한 확장을 위해 여러 이미지 크기에서 이 작업을 수행한다. 이와 관련된 자세한 튜토리얼은 *http://www.cs.ubc.ca/~lowe/425/slides/13-ViolaJones.pdf*를 참고하자.

특징이 추출되면 단순한 분류기의 부스트 캐스케이드를 통해 전달한다. 이미지에서 다양한 직사각형 하위 영역을 확인하고 얼굴이 없는 것은 버린다. 이를 통해 최종 답에 빠르게 도달할 수 있다. 특징을 신속하게 계산하기 위해 통합 이미지라는 개념을 사용했다.

18.8.2 특징 추출을 위해 통합 이미지 사용하기

하르 특징을 계산하려면 이미지 내 여러 하위 영역의 합계와 차이를 계산해야 한다. 합계와 차이를 여러 스케일로 계산해야 하므로 계산 집약적인 프로세스가 된다. 따라서 실시간 시스템을 구축하기 위해 통합 이미지를 사용한다. 다음 그림을 보자.

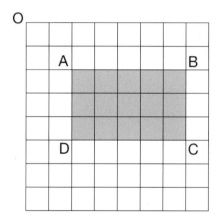

그림 18-13 ABCD 영역

[그림 18-13]에서 직사각형 **ABCD**의 합계를 계산할 때 직사각형 영역 내 모든 픽셀을 계산할 필요는 없다. **OC**는 왼쪽 위 모서리인 **O**와, 사각형의 대각선 반대쪽 모서리에 있는 점 **C**에 의해 형성된 영역을 나타낸다. 다음 공식을 사용해 직사각형 **ABCD**의 면적을 계산한다.

$$ABCD \text{ 사각형 영역} = OC - (OB + OD - OA)$$

공식에서 특별한 점은 무엇일까? 무엇도 반복하지 않으며 직사각형 영역을 새로 계산할 필요가 없다는 점이나. 방정식 오른쪽에 있는 값들은 모두 이전 주기 동안 계산했으므로 사용 가능하다. 직사각형 면적을 계산하는 데 이것들을 직접 사용했다. 효과적인 방법은 큰 직사각형을 먼저 고려하고(**O**와 **C**가 대각선으로 마주보는) 그다음에 밝은 영역을 잘라내서 어두운 영역만 남기는 것이다. 이러한 방식으로 얼굴 감지기를 만드는 방법을 살펴보자.

새 파이썬 파일을 만들고 다음 패키지를 임포트한다.

```python
import cv2
import numpy as np
```

얼굴 감지에 해당하는 하르 캐스케이드 파일을 로드한다.

```python
# 하르 캐스케이드 파일 로드
face_cascade = cv2.CascadeClassifier(
  'haar_cascade_files/haarcascade_frontalface_default.xml')

# 캐스케이드 파일을 정상적으로 로드했는지 확인
if face_cascade.empty():
 raise IOError('Unable to load the face cascade classifier xml file')
```

영상 캡처 객체를 초기화하고 스케일링 계수를 정의한다.

```python
# 영상 캡처 객체를 초기화
cap = cv2.VideoCapture(0)

# 스케일링 계수 정의
scaling_factor = 0.5
```

사용자가 Esc 키를 누를 때까지 반복한다. 현재 프레임을 캡처한다.

```python
# 사용자가 Esc 키를 누를 때까지 반복한다
while True:
    # 현재 프레임을 캡처한다
    _, frame = cap.read()
```

프레임 크기를 조정한다.

```
# 프레임 크기 조정
frame = cv2.resize(frame, None,
    fx=scaling_factor, fy=scaling_factor,
    interpolation=cv2.INTER_AREA)
```

이미지를 그레이스케일로 변환한다.

```
# 그레이스케일로 변환
gray = cv2.cvtColor(frame, cv2.COLOR_BGR2GRAY)
```

그레이스케일에서 얼굴 감지를 실행한다.

```
# 그레이스케일 이미지에서 얼굴 감지 실행
face_rects = face_cascade.detectMultiScale(gray, 1.3, 5)
```

감지된 얼굴에 반복하고 주위에 사각형을 그린다.

```
# 얼굴 주위에 사각형을 그린다
for (x,y,w,h) in face_rects:
    cv2.rectangle(frame, (x,y), (x+w,y+h), (0,255,0), 3)
```

출력을 보여준다.

```
# 출력을 보여준다
cv2.imshow('Face Detector', frame)
```

사용자가 Esc 키를 눌렀는지 확인한다. 눌렀으면 루프를 빠져나온다.

```
# 사용자가 Esc 키를 눌렀는지 확인한다
c = cv2.waitKey(1)
if c == 27:
    break
```

루프를 빠져나오면 영상 캡처 객체를 해제하고 모든 창을 정상적으로 종료한다.

```
# 영상 캡처 객체 해제
cap.release()

# 모든 창 종료
cv2.destroyAllWindows()
```

전체 코드는 face_detector.py 파일에 있다. 코드를 실행하면 다음과 같은 화면이 나타난다.

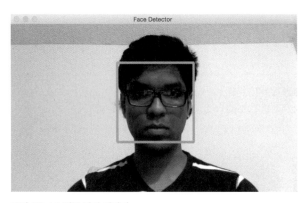

그림 18-14 얼굴 감지 이미지

다음 절에서는 유사한 개념인 눈 감지 및 추적 방법을 알아보자.

18.9 눈 감지 및 추적

눈 감지는 얼굴 감지와 유사하게 작동한다. 얼굴 캐스케이드 파일을 사용하는 대신 눈 캐스케이드 파일을 사용한다. 새 파이썬 파일을 만들고 다음 패키지를 임포트한다.

```
import cv2
import numpy as np
```

얼굴과 눈 감지에 해당하는 하르 캐스케이드 파일을 로드한다.

```
# 얼굴과 눈에 해당하는 하르 캐스케이드 파일 로드
face_cascade = cv2.CascadeClassifier('haar_cascade_files/haarcascade_ \
        frontalface_default.xml')
eye_cascade = cv2.CascadeClassifier('haar_cascade_files/haarcascade_eye.xml')

# 얼굴 캐스케이드 파일을 정상적으로 로드했는지 확인
if face_cascade.empty():
    raise IOError('Unable to load the face cascade classifier xml file')

# 눈 캐스케이드 파일을 정상적으로 로드했는지 확인
if eye_cascade.empty():
    raise IOError('Unable to load the eye cascade classifier xml file')
```

영상 캡처 객체를 초기화하고 스케일링 계수를 정의한다.

```
# 영상 캡처 객체를 초기화
cap = cv2.VideoCapture(0)

# 스케일링 계수를 정의
ds_factor = 0.5
```

사용자가 Esc 키를 누를 때까지 반복한다.

```
# 사용자가 Esc 키를 누를 때까지 반복한다
while True:
    # 현재 프레임을 캡처한다
    _, frame = cap.read()
```

프레임 크기를 조정한다.

```
# 프레임 크기 조정
frame = cv2.resize(frame, None, fx=ds_factor, fy=ds_factor,
                   interpolation=cv2.INTER_AREA)
```

프레임을 RGB에서 그레이스케일로 변환한다.

```
# 그레이스케일로 변환
gray = cv2.cvtColor(frame, cv2.COLOR_BGR2GRAY)
```

얼굴 감지를 실행한다.

```
# 그레이스케일 이미지에 얼굴 감지를 실행한다
faces = face_cascade.detectMultiScale(gray, 1.3, 5)
```

검출된 얼굴에서 해당 영역에 눈 감지를 실행한다.

```
# 검출된 얼굴에 눈 감지를 실행
for (x,y,w,h) in faces:
    # 그레이스케일 얼굴 ROI 추출
    roi_gray = gray[y:y+h, x:x+w]
```

관심 영역을 추출하고 눈 감지를 실행한다.

```
    # 컬러 얼굴 ROI를 추출
roi_color = frame[y:y+h, x:x+w]

    # 그레이스케일 ROI에 눈 감지를 실행
eyes = eye_cascade.detectMultiScale(roi_gray)
```

눈 주위에 원을 그리고 결과를 출력한다.

```
    # 눈 주위에 원을 그린다
for (x_eye,y_eye,w_eye,h_eye) in eyes:
    center = (int(x_eye + 0.5*w_eye), int(y_eye + 0.5*h_eye))
    radius = int(0.3 * (w_eye + h_eye))
    color = (0, 255, 0)
    thickness = 3
```

```
cv2.circle(roi_color, center, radius, color, thickness)

# 결과를 출력한다
cv2.imshow('Eye Detector', frame)
```

사용자가 Esc 키를 누르면 루프를 빠져나온다.

```
# 사용자가 Esc 키를 눌렀는지 확인한다
c = cv2.waitKey(1)
if c == 27:
    break
```

루프를 빠져나오면 영상 캡처 객체를 해제하고 모든 창을 종료한다.

```
# 영상 캡처 객체 해제
cap.release()

# 모든 창 종료
cv2.destroyAllWindows()
```

전체 코드는 eye_detector.py 파일에 있다. 코드를 실행하면 다음과 같은 화면이 나타난다.

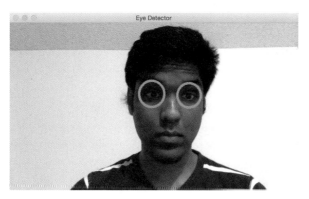

그림 18-15 눈 감지 이미지

이전 절의 아이디어를 빌려와 이 절에서 배운 기술을 사용하면 영화 캐릭터에 안경(또는 수염,

콧수염 등)을 추가할 수 있다. 혹은 트럭 운전사의 눈을 추적해(눈을 깜빡이는 속도, 눈을 감았는지 여부 등) 피곤한지 확인하고 필요시 차를 세우도록 할 수 있다.

이 장에서는 이미지 인식 기술이 다양한 사례에서 어떻게 응용되는지 설명했다. 여러분이 배운 기술을 자신의 아이디어와 결합해 어떻게 적용할지가 기대된다.

18.10 정리

이 장에서는 물체 감지 및 추적 기술을 배웠다. 다양한 운영체제에서 파이썬을 지원하는 OpenCV를 설치하는 방법을 이해했다. 프레임 차이를 알아보고 영상에서 움직이는 부분을 감지하는 데 사용했다. 색 공간을 사용해 사람의 피부를 추적하는 방법을 알아봤다. 또한 배경 삭제를 사용해 정적인 장면에서 물체를 추적하는 방법을 학습했다.

캠시프트 알고리즘을 사용해 대화형 객체 추적기를 만들었으며, 광학 흐름 기반 추적기를 만드는 방법을 배웠다. 얼굴 감지 기술을 알아보고 하르 캐스케이드와 통합 이미지 개념을 이해했다. 이 기술을 사용해 눈 감지기와 추적기를 만들었다.

다음 장에서는 인공 신경망을 살펴보고, 이러한 기술을 사용해 광학 문자 인식 엔진을 구축해보자.

19 신경망

신경망을 구축하고 훈련하는 방법을 학습한다. 퍼셉트론이 무엇이며 신경망 구축에 어떻게 사용되는지 알아본다. 마지막에는 광학 문자 인식 엔진을 구축해본다.

이 장의 학습 목표
- 퍼셉트론
- 단일 계층 신경망
- 다층 신경망
- 벡터 양자화기
- 순환 신경망(RNN)
- 광학 문자 인식(OCR)

이 장에서는 신경망을 알아본다. 먼저 신경망을 소개하고 관련 라이브러리 설치 방법을 설명한다. 그리고 퍼셉트론과 이를 기반으로 분류기를 구축하는 방법을 살펴본 뒤, 더 깊이 들어가 단일 계층 신경망과 다중 계층 신경망을 학습한다.

나중에 벡터 양자화기를 구축하기 위해 신경망을 사용하는 방법을 살펴본다. 순환 신경망을 사용해 시퀀스 데이터를 분석하고, 마지막으로 신경망을 사용해 광학 문자 인식 엔진을 구축한다.

이 장에서 다룰 내용은 다음과 같다.

- 신경망 소개
- 퍼셉트론 기반 분류기 구축하기
- 단일 계층 신경망 구축하기
- 다층 신경망 구축하기
- 벡터 양자화기 구축하기
- 순환 신경망을 사용해 시퀀스 데이터 분석하기
- 광학 문자 인식(OCR) 데이터베이스에서 문자 시각화하기
- 광학 문자 인식(OCR) 엔진 구축하기

먼저 신경망이 무엇인지 알아보자.

19.1 신경망 소개

AI의 기본 전제 중 하나는, 일반적으로는 인간의 지능이 필요한 작업을 수행할 수 있는 시스템을 구축하는 것이다. 인간의 두뇌는 새로운 개념을 배우는 데 놀랍도록 뛰어나다. 인간 두뇌 모델을 사용해 시스템을 구축하면 어떨까? **신경망**neural network은 인간 두뇌의 학습 과정을 느슨하게 시뮬레이션하도록 설계된 모델이다.

신경망은 데이터에서 기본 패턴을 식별하고 그로부터 학습하도록 설계된다. 분류, 회귀, 세분화를 비롯해 다양한 작업에 사용할 수 있다. 신경망의 한 가지 단점은 데이터를 신경망에 공급하기 전에 숫자 형식으로 변환해야 한다는 점이다. 예를 들어 시각, 텍스트, 시계열 등 다양한 유형의 데이터를 처리하는데, 이때 신경망에서 이해할 수 있도록 문제를 표현하는 방법을 찾아야 한다. 이 과정을 이해하기 위해 먼저 신경망 구축법을 살펴보고 신경망을 훈련하는 방법을 학습하자.

19.1.1 신경망 구축

인간 학습 프로세스의 일부 요소는 계층적이다. 인간 두뇌 신경망에는 여러 부분이 있으며 각 단계는 세밀한 정도가 서로 다르다. 어떤 부분은 단순한 것을 배우고 어떤 부분은 좀 더 복잡한 것을 배운다.

물체를 시각적으로 인식할 때를 예로 들어보자. 상자를 볼 때 인간 두뇌의 첫 번째 부분은 모서리와 가장자리 같은 단순한 것을 식별한다. 다음 부분은 일반적인 모양을 식별하고, 그다음 부분은 그것이 어떤 종류의 객체인지 식별한다. 이 과정은 뇌 기능에 따라 다를 수 있지만 예시를 통해 아이디어를 얻을 수 있다. 인간 두뇌는 이 계층 구조를 사용해 작업을 분리하고 객체를 식별한다.

인간 두뇌의 학습 과정을 시뮬레이션하기 위해 **뉴런**neuron 층을 사용해 신경망을 구축한다. 이 뉴런은 생물학적 뉴런에서 영감을 받았다. 신경망의 각 계층은 독립적인 뉴런의 집합이다. 계층 내에서 각 뉴런은 인접 계층의 뉴런에 연결된다.

19.1.2 신경망 훈련

N차원 입력 데이터를 처리하는 경우 **입력층**input layer은 뉴런 N개로 구성된다. 훈련 데이터에 고유한 클래스 M개가 있다면 **출력층**output layer은 뉴런 M개로 구성된다. 입력층과 출력층 사이 계층을 **은닉층**hidden layer이라고 한다. 단순한 신경망은 두세 계층으로 구성되고 심층 신경망은 여러 계층으로 구성된다.

그렇다면 신경망을 사용해 데이터를 분류하는 방법은 무엇일까? 먼저 적절한 훈련 데이터를 수집하고 레이블을 지정한다. 각 뉴런은 간단한 기능으로 작동하며 신경망은 오류가 특정 임계값 아래로 떨어질 때까지 스스로 훈련한다. 오차는 예측한 출력과 실제 출력의 차이다. 오류가 얼마나 큰지에 따라 신경망은 스스로 조정하며 솔루션에 가까워질 때까지 재훈련한다.

신경망에 대해 개략적으로 생각해봤으니 이제 직접 실행하며 익힐 차례다. 이 장에서는 뉴로랩NeuroLab이라는 라이브러리를 사용한다. 뉴로랩은 기본 신경망 알고리즘을 구현하는 라이브러리다. 구성을 위한 다양한 매개변수가 있으며, 인터페이스는 매트랩MATLAB의 NNTNeural Network Toolbox 패키지와 비슷하다. 뉴로랩 라이브러리는 넘파이 패키지를 기반으로 한다(자세한 내용은 *https://pythonhosted.org/neurolab* 참고).

터미널에서 다음 명령을 실행해 설치한다.

```
pip3 install neurolab
```

설치했으면 다음 절로 넘어가 퍼셉트론 기반Perceptron-based 분류기를 구축하자.

19.2 퍼셉트론 기반 분류기 구축

뉴런, 수상돌기, 축삭은 두뇌 요소를 구성한다. 마찬가지로 **퍼셉트론**perceptron은 신경망 내에서 가장 기본적인 구조다.

신경망의 신화는 많은 변화를 겪었으며 산티아고 라몬 이 카할Santiago Ramon y Cajal과 찰스 스콧 셰링턴 경Sir Charles Scott Sherrington이 수행한 신경학적 연구를 기반으로 발전했다. 라몬 이 카할은 신경 조직 구조를 탐구하는 선구자였으며 다음 사실을 입증했다.

- 뉴런은 서로 통신할 수 있다.
- 뉴런은 다른 뉴런과 물리적으로 분리돼 있다.

1943년 논문인 「A Logical Calculus of Ideas Immanent in Nervous Activity」에서는 라몬 이 카할, 셰링턴, 워런 맥컬록Warren McCulloch, 월터 피츠Walter Pitts의 연구를 활용해, 1차 논리 문장과 유사한 이진 임계값 활성화 기능을 가진 뉴런의 구조를 차용한 아키텍처를 설명했다.

다음 그림은 맥컬록–피츠 뉴런을 나타낸 것이며, 다른 말로 퍼셉트론이라고 한다.

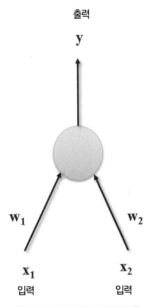

그림 19-1 기본적인 퍼셉트론 기능

퍼셉트론은 많은 신경망의 기본 구성 요소다. 입력을 받아 계산을 수행한 다음 출력을 생성한다. 간단한 선형 함수를 사용해 결정을 내린다. 예를 들어 N차원 입력 데이터 포인트를 다룬다고 하자. 퍼셉트론은 수 N개의 가중합을 계산한 다음 상수를 더해 출력을 생성한다. 이때 상수를 뉴런의 편향이라고 한다. 이러한 단순한 퍼셉트론을 사용해 복잡한 심층 신경망을 설계할 수 있다는 점은 주목할 만하다.

이 장에서는 이러한 기본 구조를 사용해 머신러닝을 수행하는 방법을 알아보자. 이후 장에서는 훨씬 더 정교한 예제와 흥미로운 신경망 애플리케이션을 알아본다. 많은 신경망은 (얼마나 복잡하든 관계없이) 퍼셉트론이라는 단순한 개념을 활용한다. 그러므로 이 주제를 완벽히 이해하는 것이 중요하다. 뉴로랩^{NeuroLab}을 사용해 퍼셉트론 기반 분류기를 만드는 방법을 살펴보자.

새 파이썬 파일을 만들고 다음 패키지를 임포트한다.

```python
import numpy as np
import matplotlib.pyplot as plt
import neurolab as nl
```

제공된 텍스트 파일 data_perceptron.txt에서 입력 데이터를 로드한다. 각 라인은 공백과 '-'로 분리된 숫자를 포함한다. 처음 두 수는 특성이며 마지막 숫자는 레이블이다.

```python
# 입력 데이터를 로드
text = np.loadtxt('data_perceptron.txt')
```

텍스트를 데이터 포인트와 레이블로 분리한다.

```python
# 데이터 포인트와 레이블 분리
data = text[:, :2]
labels = text[:, 2].reshape((text.shape[0], 1))
```

포인트를 그린다.

```python
# 입력 데이터를 그린다
plt.figure()
plt.scatter(data[:,0], data[:,1])
plt.xlabel('Dimension 1')
plt.ylabel('Dimension 2')
plt.title('Inpu t data')
```

각 차원이 가질 수 있는 최댓값과 최솟값을 정의한다.

```
# 각 차원의 최댓값과 최솟값을 정의한다
dim1_min, dim1_max, dim2_min, dim2_max = 0, 1, 0, 1
```

데이터를 두 클래스로 분리했으므로 출력을 표현할 때는 한 비트만 필요하다. 따라서 출력층은 뉴런 한 개를 포함한다.

```
# 출력층 내 뉴런 수
num_output = labels.shape[1]
```

데이터 포인트가 2차원인 데이터 세트가 있다. 입력 뉴런이 두 개인 퍼셉트론을 정의해보자. 각 차원에 뉴런 한 개를 할당한다.

```
# 입력 뉴런이 두 개인 퍼셉트론을 정의한다(입력 데이터가 2차원이므로)
dim1 = [dim1_min, dim1_max]
dim2 = [dim2_min, dim2_max]
perceptron = nl.net.newp([dim1, dim2], num_output)
```

훈련 데이터를 사용해 퍼셉트론을 훈련한다.

```
# 데이터를 사용해 퍼셉트론을 훈련한다
error_progress = perceptron.train(data, labels, epochs=100, show=20, lr=0.03)
```

오류 지표를 사용해 학습 과정을 그린다.

```
# 학습 과정을 그린다
plt.figure()
plt.plot(error_progress)
plt.xlabel('Number of epochs')
plt.ylabel('Training error')
plt.title('Training error progress')
plt.grid()

plt.show()
```

전체 코드는 perceptron_classifier.py 파일에 제공된다. 코드를 실행하면 두 가지 출력 스크린샷을 얻는다.

첫 번째 스크린샷은 입력 데이터 포인트를 나타낸다.

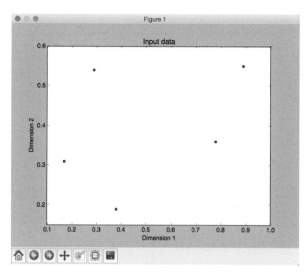

그림 19-2 학습 진행

두 번째 스크린샷은 오류 지표를 사용해 학습 진행을 그린다.

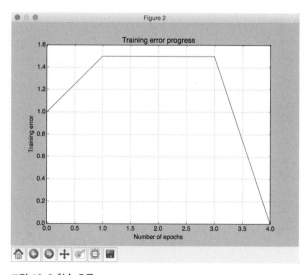

그림 19-3 학습 오류

[그림 19-3]에서 네 번째 에폭epoch이 끝날 때 오류가 0으로 내려가는 것을 볼 수 있다. 오류가 0이면 더는 개선할 수 없다. 다음 절에서는 모델을 개선하고 단일 계층 신경망을 생성한다.

19.3 단일 계층 신경망 구축

소수의 퍼셉트론이 있는 모델을 구축해보는 것은 좋은 시작이며, 이를 통해 신경망이라는 흥미진진한 개념을 이해했다. 하지만 이렇게 단순한 모델은 실제로 문제를 해결하는 데는 충분하지 않다. 인간의 뇌에는 약 850억 개 뉴런이 있다. 이렇게 많은 노드가 있는 신경망을 구축하지는 않겠지만 이 숫자를 보면 복잡한 문제를 해결하는 데 얼마나 많은 노드가 필요한지 가늠해볼 수 있다. 노드가 수십억 개인 모델을 구축하기 전에 **단일 계층 신경망**single layer neural network을 구축하는 다음 단계로 넘어가자. 단일 계층 신경망은 출력을 생성하기 위해 입력 데이터에 작용하는 독립적인 뉴런들로 구성된다. 시작해보자.

새로운 파이썬 파일을 생성하고 다음 패키지를 임포트한다.

```
import numpy as np
import matplotlib.pyplot as plt
import neurolab as nl
```

제공된 data_simple_nn.txt 파일의 입력 데이터를 사용한다. 파일의 각 라인에는 숫자 4개가 있다. 처음 두 숫자는 데이터 포인트를 형성하고 마지막 두 숫자는 레이블이다. 레이블에 숫자 두 개를 할당하는 이유는 무엇일까? 데이터 세트에 개별 클래스 4개가 있으므로 이를 나타내려면 2비트가 필요하다. 데이터를 로드하자.

```
# 입력 데이터 로드
text = np.loadtxt('data_simple_nn.txt')
```

데이터를 데이터 포인트와 레이블로 분리한다.

```
# 데이터를 데이터 포인트와 레이블로 분리한다
data = text[:, 0:2]
labels = text[:, 2:]
```

입력 데이터를 그린다.

```
# 입력 데이터를 그린다
plt.figure()
plt.scatter(data[:,0], data[:,1])
plt.xlabel('Dimension 1')
plt.ylabel('Dimension 2')
plt.title('Input data')
```

각 차원의 최솟값과 최댓값을 추출한다(이전 절처럼 직접 코딩할 필요는 없다).

```
# 각 차원의 최솟값과 최댓값
dim1_min, dim1_max = data[:,0].min(), data[:,0].max()
dim2_min, dim2_max = data[:,1].min(), data[:,1].max()
```

출력층 뉴런 개수를 정의한다.

```
# 출력층 뉴런 개수를 정의한다
num_output = labels.shape[1]
```

앞 매개변수를 사용해 단일 계층 신경망을 정의한다.

```
# 단일 계층 신경망을 정의한다
dim1 = [dim1_min, dim1_max]
dim2 = [dim2_min, dim2_max]
nn = nl.net.newp([dim1, dim2], num_output)
```

훈련 데이터를 사용해 신경망을 훈련한다.

```
# 신경망을 훈련한다
error_progress = nn.train(data, labels, epochs=100, show=20, lr=0.03)
```

학습 과정을 그린다.

```
# 학습 과정을 그린다
plt.figure()
plt.plot(error_progress)
plt.xlabel('Number of epochs')
plt.ylabel('Training error')
plt.title('Training error progress')
plt.grid()

plt.show()
```

샘플 테스트 데이터 포인트 몇 개를 정의하고, 이 포인트를 사용해 신경망을 실행한다.

```
# 테스트 데이터 포인트에 분류기를 실행한다
print('\nTest results:')
data_test = [[0.4, 4.3], [4.4, 0.6], [4.7, 8.1]]
for item in data_test:
    print(item, '-->', nn.sim([item])[0])
```

전체 코드는 simple_neural_network.py 파일에 있다. 코드를 실행하면 두 가지 스크린샷을 얻는다.

첫 번째 스크린샷은 입력 데이터 포인트를 보여준다.

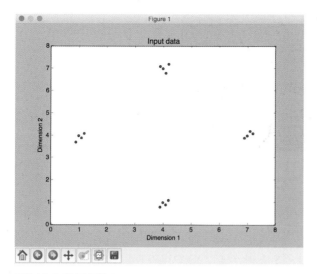

그림 19-4 데이터 포인트

두 번째 스크린샷은 학습 과정을 보여준다.

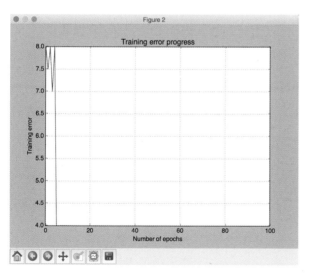

그림 19-5 학습 과정

그래프를 종료하면 다음 결과를 얻는다.

```
Epoch: 20; Error: 4.0;
Epoch: 40; Error: 4.0;
Epoch: 60; Error: 4.0;
Epoch: 80; Error: 4.0;
Epoch: 100; Error: 4.0;
The maximum number of train epochs is reached

Test results:
[0.4, 4.3] --> [ 0.   0.]
[4.4, 0.6] --> [ 1.   0.]
[4.7, 8.1] --> [ 1.   1.]
```

그림 19-6 학습 에폭

[그림 19-5]에 나타나듯 오류가 빠르게 감소하기 시작한다. 이는 훈련이 더 나은 예측을 효율적으로 생성하고 있음을 의미한다. 이 예제에서는 오류가 0으로 내려가지 않았지만 모델을 몇 세대 더 실행하면 오류가 계속 감소할 것으로 예상된다. 2D 그래프에서 이러한 테스트 데이터 포인트를 찾으면 예측된 출력이 올바른지 시각적으로 확인할 수 있다.

19.4 다층 신경망 구축

모델을 몇 개의 노드에서 단일 계층으로 발전시켰지만 850억 개 노드와는 여전히 거리가 멀다. 이 절에서도 이를 다루지는 않겠지만 좀 더 알아보자. 인간의 뇌는 단일 계층 모델을 사용하지 않는다. 일부 뉴런의 출력은 다른 뉴런의 입력이 된다. 이러한 특성을 지닌 모델을 **다층 신경망**multi-layered neural network이라고 한다. 이와 같은 아키텍처는 정확도가 더 높으며 더 복잡하고 다양한 문제를 해결할 수 있다. 뉴로랩을 사용해 다층 신경망을 구축하는 방법을 알아보자.

새 파이썬 파일을 만들고 다음 패키지를 임포트한다.

```
import numpy as np
import matplotlib.pyplot as plt
import neurolab as nl
```

이전 두 절에서 신경망을 분류기로 사용하는 방법을 알아봤다. 이 절에서는 다층 신경망을 회귀자로 사용하는 방법을 살펴보자. 방정식 $y = 3x^2 + 5$를 기반으로 샘플 데이터 포인트 몇 개를 생성한 뒤 정규화한다.

```
# 훈련 데이터를 생성한다
min_val = -15
max_val = 15
num_points = 130
x = np.linspace(min_val, max_val, num_points)
y = 3 * np.square(x) + 5
y /= np.linalg.norm(y)
```

이전 변수의 형태를 변경해 훈련 데이터 세트를 생성한다.

```
# 데이터와 레이블을 생성한다
data = x.reshape(num_points, 1)
labels = y.reshape(num_points, 1)
```

입력 데이터를 그린다.

```
# 입력 데이터를 그린다
plt.figure()
plt.scatter(data, labels)
plt.xlabel('Dimension 1')
plt.ylabel('Dimension 2')
plt.title('Input data')
```

은닉층 두 개가 있는 다층 신경망을 정의한다. 신경망은 원하는 방식으로 자유롭게 설계할 수 있다. 예제에서는 뉴런이 첫 번째 층에 10개, 두 번째 층에 6개가 있다. 이때 해야 할 작업은 값을 예측하는 것이므로 출력층은 뉴런 1개로 구성된다.

```
# 은닉층 2개를 갖는 다층 신경망을 정의한다
# 첫 번째 은닉층은 뉴런 10개로 구성된다
# 두 번째 은닉층은 뉴런 6개로 구성된다
# 출력층은 뉴런 1개로 구성된다
nn = nl.net.newff ([[min_val, max_val]], [10, 6, 1])
```

훈련 알고리즘을 **경사 하강법**gradient descent method으로 설정한다.

```python
# 훈련 알고리즘을 경사 하강법으로 설정
nn.training = nl.train.train_gd
```

생성된 훈련 데이터를 사용해 신경망을 훈련한다.

```python
# 신경망을 훈련한다
error_progress = nn.train(data, labels, epochs=2000, show=100, goal=0.01)
```

훈련 데이터 포인트에 신경망을 실행한다.

```python
# 훈련 데이터 포인트에 신경망 실행
output = nn.sim(data)
y_pred = output.reshape(num_points)
```

학습 과정을 그린다.

```python
# 학습 오류를 그린다
plt.figure()
plt.plot(error_progress)
plt.xlabel('Number of epochs')
plt.ylabel('Error')
plt.title('Training error progress')
```

예측 결괏값을 그린다.

```python
# 결과를 그린다
x_dense = np.linspace(min_val, max_val, num_points * 2)
y_dense_pred = nn.sim(x_dense.reshape(x_dense.size,1)).reshape(x_dense.size)

plt.figure()
plt.plot(x_dense, y_dense_pred, '-', x, y, '.', x, y_pred, 'p')
```

```
plt.title('Actual vs predicted')

plt.show()
```

전체 코드는 multilayer_neural_network.py 파일에 있다. 코드를 실행하면 세 가지 스크린샷을 얻는다.

첫 번째 스크린샷은 입력 데이터를 보여준다.

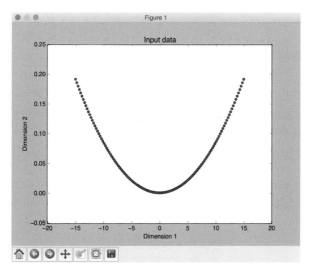

그림 19-7 입력 데이터

두 번째 스크린샷은 학습 과정을 보여준다.

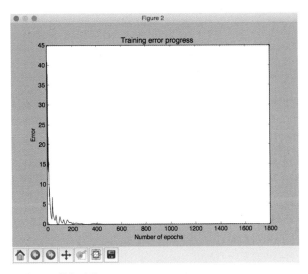

그림 19-8 학습 과정

세 번째 스크린샷은 입력 데이터에 겹친 예측 결괏값을 보여준다.

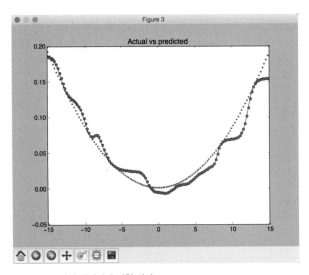

그림 19-9 입력 데이터에 겹친 결과

예측 결과는 실제 입력과 거의 비슷하다. 신경망을 계속 훈련하면 오류가 감소하고 예측 결과가 입력 곡선과 거의 일치하는 것을 볼 수 있다.

다음 결과가 출력된다.

```
Epoch: 100; Error: 1.9247718251621995;
Epoch: 200; Error: 0.15723294798079526;
Epoch: 300; Error: 0.021680213116912858;
Epoch: 400; Error: 0.1381761995539017;
Epoch: 500; Error: 0.04392553381948737;
Epoch: 600; Error: 0.02975401597014979;
Epoch: 700; Error: 0.014228560930227126;
Epoch: 800; Error: 0.0346020784297052;
Epoch: 900; Error: 0.035934053149433196;
Epoch: 1000; Error: 0.025833284445815966;
Epoch: 1100; Error: 0.013672412879982398;
Epoch: 1200; Error: 0.01776586425692384;
Epoch: 1300; Error: 0.04310242610384976;
Epoch: 1400; Error: 0.03799681296096611;
Epoch: 1500; Error: 0.02467030041520845;
Epoch: 1600; Error: 0.010094873168855236;
Epoch: 1700; Error: 0.01210866043021068;
The goal of learning is reached
```

그림 19-10 학습 에폭

이전 절에서는 기본 신경망을 구축하는 방법을 배웠다. 다음 절에서도 이어서 신경망 구축 방법을 학습한다. 이제 벡터 양자화기를 사용해 신경망을 구축하는 방법을 알아보자.

19.5 벡터 양자화기 구축

벡터 양자화 Vector Quantization는 입력 데이터가 고정된 개수의 대표 포인트로 표현되는 양자화 기술이다. 숫자를 반올림하는 것과 동일한 N차원이다. 이 기술은 일반적으로 음성/이미지 인식 및 압축, 의미 분석 등 여러 분야에서 사용된다. 최적 벡터 양자화 이론의 역사는 이산화를 사용해 신호 전송 절차를 최적화하기 위한 연구가 수행된 벨 연구소Bell Labs의 1950년대로 거슬러 올라간다.

벡터 양자화 신경망은 해석 가능성이 높다는 장점이 있다. 벡터 c를 만드는 방법을 살펴보자.

> **NOTE** 뉴로랩(v, 0.3.5) 현재 버전에서 몇 가지 문제로 인해 다음 코드를 실행하면 오류가 발생한다. 다행히도 해결 방법이 있지만 뉴로랩 패키지를 변경해야 한다. 뉴로랩 패키지에서 net.py 파일의 179행인 (layer_out. np['w'][n][st : i] .fill (1.0))를 layer_out.np ['w'][n] [int (st) : int (i)]. fill (1.0))로 바꾸면 문제를 해결할 수 있다. 공식 뉴로랩 패키지에 수정 사항이 구현될 때까지 이 방법을 사용하자.

새로운 파이썬 파일을 생성하고 다음 패키지를 임포트한다.

```
import numpy as np
import matplotlib.pyplot as plt
import neurolab as nl
```

data_vector_quantization.txt 파일에서 입력 데이터를 로드한다. 파일의 각 라인에는 숫자 6개가 있다. 처음 두 숫자는 데이터 포인트를 형성하고 마지막 네 숫자는 원-핫 인코딩된 레이블을 형성한다. 총 4개 클래스가 있다.

```
# 입력 데이터를 로드
text = np.loadtxt('data_vector_quantization.txt')
```

텍스트를 데이터와 레이블로 분리한다.

```
# 텍스트를 데이터와 레이블로 분리한다
data = text[:, 0:2]
labels = text[:, 2:]
```

두 계층이 있는 신경망을 정의한다. 뉴런은 입력층에 10개, 출력층에 4개가 있다.

```
# 두 계층이 있는 신경망을 정의한다
# 입력 계층에 10개, 출력 계층에 4개 뉴런을 정의
num_input_neurons = 10
num_output_neurons = 4
weights = [1/num_output_neurons] * num_output_neurons
nn = nl.net.newlvq(nl.tool.minmax(data), num_input_neurons, weights)
```

훈련 데이터를 사용해 신경망을 학습한다.

```
# 신경망을 학습한다
_ = nn.train(data, labels, epochs=500, goal=-1)
```

출력 클러스터를 시각화하기 위해 포인트 그리드를 생성하자.

```
# 입력 그리드를 생성
xx, yy = np.meshgrid(np.arange(0, 10, 0.2), np.arange(0, 10, 0.2))
xx.shape = xx.size, 1
yy.shape = yy.size, 1
grid_xy = np.concatenate((xx, yy), axis=1)
```

신경망을 사용해 포인트 그리드를 평가한다.

```
# 포인트 그리드를 평가한다
grid_eval = nn.sim(grid_xy)
```

4개 클래스를 추출한다.

```
# 4개 클래스를 정의한다
class_1 = data[labels[:,0] == 1]
class_2 = data[labels[:,1] == 1]
class_3 = data[labels[:,2] == 1]
class_4 = data[labels[:,3] == 1]
```

4개 클래스에 대응하는 그리드를 추출한다.

```
# 4개 클래스에 모두에 대한 X-Y 그리드를 정의
grid_1 = grid_xy[grid_eval[:,0] == 1]
grid_2 = grid_xy[grid_eval[:,1] == 1]
grid_3 = grid_xy[grid_eval[:,2] == 1]
grid_4 = grid_xy[grid_eval[:,3] == 1]
```

출력을 그린다.

```
# 출력을 그린다
plt.plot(class_1[:,0], class_1[:,1], 'ko',
        class_2[:,0], class_2[:,1], 'ko',
        class_3[:,0], class_3[:,1], 'ko',
        class_4[:,0], class_4[:,1], 'ko')
plt.plot(grid_1[:,0], grid_1[:,1], 'm.',
        grid_2[:,0], grid_2[:,1], 'bx',
        grid_3[:,0], grid_3[:,1], 'c^',
        grid_4[:,0], grid_4[:,1], 'y+')
plt.axis([0, 10, 0, 10])
plt.xlabel('Dimension 1')
plt.ylabel('Dimension 2')
plt.title('Vector quantization')

plt.show()
```

전체 코드는 vector_quantizer.py 파일에 있다. 코드를 실행하면 다음 스크린샷이 나타난다. 입력 데이터 포인트와 클러스터 사이의 경계를 보여준다.

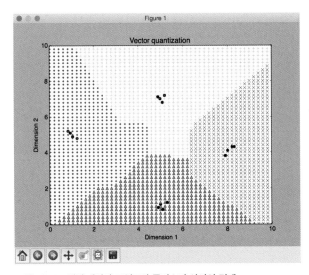

그림 19-11 입력 데이터 포인트와 클러스터 사이의 경계

다음 결과도 볼 수 있다.

```
Epoch: 100; Error: 0.0;
Epoch: 200; Error: 0.0;
Epoch: 300; Error: 0.0;
Epoch: 400; Error: 0.0;
Epoch: 500; Error: 0.0;
The maximum number of train epochs is reached
```

그림 19-12 학습 에폭

벡터 양자화기를 사용해 신경망을 구축하는 방법을 배웠다. 다음 절에서도 이어서 신경망을 학습한다. 순환 신경(RNN)을 사용해 시퀀스 데이터를 분석하는 방법을 알아보자.

19.6 순환 신경망을 사용한 시퀀스 데이터 분석

지금까지 모든 신경망 예제에서 정적 데이터를 사용했다. 신경망은 시퀀스 데이터를 처리하는 모델을 구축하는 데도 효과적으로 사용할 수 있다. 순환 신경망은 시퀀스 데이터 모델링에 적합하다(순환 신경망에 대한 자세한 내용은 *https://www.jeremyjordan.me/introduction-to-recurrent-neural-networks* 참고).

시계열 데이터로 작업할 때는 보통 일반적인 학습 모델을 사용할 수 없다. 강력한 모델을 구축하려면 데이터의 시간적 종속성을 포착해야 한다. 구축하는 방법을 알아보자.

새 파이썬 파일을 만들고 다음 패키지를 임포트한다.

```
import numpy as np
import matplotlib.pyplot as plt
import neurolab as nl
```

파형을 생성하는 함수를 정의한다. 사인파 4개를 정의하자.

```
def get_data(num_points):
    # 파형을 생성
    wave_1 = 0.5 * np.sin(np.arange(0, num_points))
    wave_2 = 3.6 * np.sin(np.arange(0, num_points))
    wave_3 = 1.1 * np.sin(np.arange(0, num_points))
    wave_4 = 4.7 * np.sin(np.arange(0, num_points))
```

전체 파형에 대해 다양한 진폭을 생성한다.

```
# 다양한 진폭을 생성한다
amp_1 = np.ones(num_points)
amp_2 = 2.1 + np.zeros(num_points)
amp_3 = 3.2 * np.ones(num_points)
amp_4 = 0.8 + np.zeros(num_points)
```

전체 파형을 생성한다.

```
wave = np.array([wave_1, wave_2, wave_3, wave_4]).reshape(num_points * 4, 1)
amp = np.array([[amp_1, amp_2, amp_3, amp_4]]).reshape(num_points * 4, 1)

return wave, amp
```

신경망 결과를 시각화하는 함수를 정의한다.

```
# 결과를 시각화한다
def visualize_output(nn, num_points_test):
    wave, amp = get_data(num_points_test)
    output = nn.sim(wave)
    plt.plot(amp.reshape(num_points_test * 4))
    plt.plot(output.reshape(num_points_test * 4))
```

main 함수를 생성하고 파형을 생성한다.

```
if __name__=='__main__':
    # 샘플 데이터 생성
    num_points = 40
    wave, amp = get_data(num_points)
```

두 계층을 갖는 순환 신경망을 생성한다.

```
# 두 계층을 갖는 순환 신경망을 생성
nn = nl.net.newelm([[-2, 2]], [10, 1], [nl.trans.TanSig(), nl.trans.PureLin()])
```

각 계층에 대한 초기화 함수를 설정한다.

```
# 각 계층에 대한 초기화 함수를 설정
nn.layers[0].initf = nl.init.InitRand([-0.1, 0.1], 'wb')
nn.layers[1].initf = nl.init.InitRand([-0.1, 0.1 ], 'wb')
nn.init()
```

신경망을 훈련한다.

```
# 순환 신경망을 훈련한다
error_progress = nn.train(wave, amp, epochs=1200, show=100, goal=0.01)
```

신경망을 통해 데이터를 실행한다.

```
# 신경망을 통해 데이터를 실행
output = nn.sim(wave)
```

결과를 그린다.

```
# 결과를 그린다
plt.subplot(211)
plt.plot(error_progress)
plt.xlabel('Number of epochs')
plt.ylabel('Error (MSE)')

plt.subplot(212)
plt.plot(amp.reshape(num_points * 4))
plt.plot(output.reshape(num_points * 4))
plt.legend(['Original', 'Predicted'])
```

새로운 테스트 데이터에 신경망 성능을 테스트한다.

```
# 새로운 테스트 데이터에 신경망 성능을 테스트
plt.figure()

plt.subplot(211)
visualize_output(nn, 82)
plt.xlim([0, 300])

plt.subplot(212)
visualize_output(nn, 49)
plt.xlim([0, 300])

plt.show()
```

전체 코드는 recurrent_neural_network.py 파일에 있다. 코드를 실행하면 두 가지 그림이
나타난다.

첫 번째 스크린샷에서 위쪽 그림은 학습 과정을 보여주며 아래쪽 그림은 입력 파형에 겹친 예
측 결괏값을 보여준다.

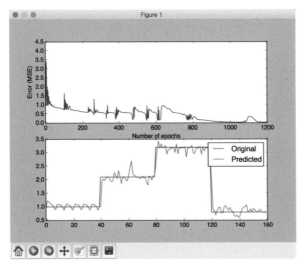

그림 19-13 입력 파형에 겹친 출력

다음 스크린샷에서 위쪽 절반은 파형의 길이를 늘린 경우이며 아래쪽 절반은 파형의 길이를 줄인 경우다. 이는 신경망이 파형을 시뮬레이션하는 방법을 보여준다.

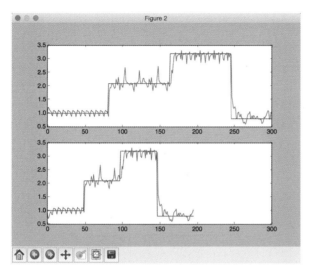

그림 19-14 파형의 시뮬레이션

다음 결과도 볼 수 있다.

```
Epoch: 100; Error: 0.7378753203612153;
Epoch: 200; Error: 0.6276459886666788;
Epoch: 300; Error: 0.586316536629095;
Epoch: 400; Error: 0.7246461052491963;
Epoch: 500; Error: 0.7244266943409208;
Epoch: 600; Error: 0.5650581389122635;
Epoch: 700; Error: 0.5798180931911314;
Epoch: 800; Error: 0.19557566610789826;
Epoch: 900; Error: 0.10837074465396046;
Epoch: 1000; Error: 0.04330852391940663;
Epoch: 1100; Error: 0.3073835343028226;
Epoch: 1200; Error: 0.034685278416163604;
The maximum number of train epochs is reached
```

그림 19-15 학습 에폭

그림에서 보듯 최대 훈련 에폭 수에 도달할 때까지 오류가 지속적으로 감소한다.

이 절에서는 RNN을 사용해 시계열 데이터를 분석하는 방법을 학습했다. 다음 절에서는 광학 문자 인식을 살펴봄으로써 신경망의 실제 적용을 알아본다.

19.7 광학 문자 인식 데이터베이스에서 문자 시각화하기

신경망은 **광학 문자 인식**Optical Character Recognition(OCR)에도 사용할 수 있으며, 이는 매우 일반적인 사용 사례다. 필체를 컴퓨터 문자로 변환하는 기술은 많은 컴퓨터 과학자가 해결하려고 시도했음에도 아직 달성하기 어려운 문제로 남아 있다. 그동안 큰 발전을 이뤘지만 정확도는 100%에 도달하지 못했다. 이유가 무엇일까?

다음 시나리오를 생각해보자. 직접 글씨를 쓰고 5분이 지난 뒤에 글자를 읽을 수 없었던 적이 있는가? 컴퓨터는 이러한 문제를 항상 갖고 있다. 예를 들어 숫자 6을 적는 방법은 무한하며, 일부는 6보다 0이나 5처럼 보일 것이다. 필자의 생각이 틀릴 수도 있지만, 컴퓨터가 의사의 손글씨를 인식할 수 있게 되기 전에 암 치료제를 먼저 찾을 것이라고 생각한다. 이미 높은 수준의 정확성을 보이며 손글씨가 '아름다울수록' 읽기가 쉬워진다. 계속해서 이 문제를 해결하려는 이유는 많은 응용 사례에서 가치 있는 목표이기 때문이다. 간단한 예로 의사의 시간은 매우 귀중하다. 시스템이 자신의 메모를 잘 인식할수록 환자를 치료하고 돕는 데 에너지를 집중하고 서류 작업에 신경을 덜 쓸 수 있다.

광학 문자 인식은 이미지에서 손으로 쓴 문자를 인식하는 프로세스다. 모델을 구축하기 전에 데이터 세트에 익숙해지자. 예제에서 사용할 데이터세트는 *http://ai.stanford.edu/~btaskar/ocr*에서 제공된다.

`letter.data`라는 파일을 다운로드한다. 편의를 위해 이 파일은 코드 번들로 제공된다. 해당 데이터를 로드하는 방법과 문자를 시각화하는 방법을 살펴보자.

새 파이썬 파일을 생성하고 다음 패키지를 임포트한다.

```
import os
import sys

import cv2
import numpy as np
```

OCR 데이터를 포함하는 입력 파일을 정의한다.

```
# 입력 파일을 정의
input_file = 'letter.data'
```

시각화 매개변수를 비롯해 파일에서 데이터를 로드하는 데 필요한 매개변수를 정의한다.

```
# 시각화 매개변수를 정의
img_resize_factor = 12
start = 6
end = -1
height, width = 16, 8
```

사용자가 Esc 키를 누를 때까지 파일의 각 라인을 반복한다. 파일에서 라인은 탭 문자로 분리돼 있다. 각 라인을 읽어서 최대 255까지 스케일업한다.

```
# 사용자가 Esc 키를 누를 때까지 파일의 각 라인을 반복
with open(input_file, 'r') as f:
    for line in f.readlines():
        # 데이터 읽기
        data = np.array([255 * float(x) for x in line.split('\t') [start:end]])
```

1D 배열을 2D 이미지로 변형한다.

```
# 데이터를 2D 이미지로 변형
img = np.reshape(data, (height, width))
```

시각화를 위해 이미지를 조정한다.

```
# 이미지 조정
img_scaled = cv2.resize(img, None, fx=img_resize_factor,
    fy=img_resize_factor)
```

이미지를 출력한다.

```
# 이미지를 출력
cv2.imshow('Image', img_scaled)
```

사용자가 Esc 키를 눌렀는지 확인한다. 눌렀으면 루프를 종료한다.

```
# 사용자가 Esc 키를 눌렀는지 확인
c = cv2.waitKey()
if c == 27:
    break
```

전체 코드는 character_visualizer.py 파일에 있다. 코드를 실행하면 문자를 출력하는 결과 스크린샷을 얻는다. 스페이스바를 누르면 더 많은 문자를 볼 수 있다. 예를 들어 o는 다음과 같이 보인다.

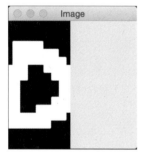

그림 19-16 문자 o에 대한 그림

i는 다음과 같이 보인다.

그림 19-17 문자 i에 대한 그림

지금까지는 문자를 '인식'하지 않았으며, 데이터 세트를 시각화하고 모델이 정확한 예측을 하고 있는지 확인했다. 다음 절에서 광학 문자 인식 엔진을 구축한다.

19.8 광학 문자 인식 엔진 구축

이 데이터로 작업하는 방법을 배웠으니 신경망을 사용해 광학 문자 인식 시스템을 구축해보자.

새 파이썬 파일을 만들고 다음 패키지를 임포트한다.

```
import numpy as np
import neurolab as nl
```

입력 파일을 정의한다.

```
# 입력 파일을 정의
input_file = 'letter.data'
```

로드할 데이터 포인트 수를 정의한다.

```
# 입력 파일에서 로드할 데이터 포인트 수를 정의
num_datapoints = 50
```

서로 다른 문자를 모두 포함하는 문자열을 정의한다.

```
# 서로 다른 문자를 모두 포함하는 문자열
orig_labels = 'omandig'
```

뉴런 클래스 수를 추출한다.

```
# 구별된 문자 수를 계산
num_orig_labels = len(orig_labels)
```

훈련과 테스트 분리를 정의한다. 훈련에 90%를, 테스트에 10%를 사용한다.

```
# 훈련과 테스트 매개변수를 정의
num_train = int(0.9 * num_datapoints)
num_test = num_datapoints - num_train
```

데이터 세트 추출 매개변수를 정의한다.

```
# 데이터 세트 추출 매개변수를 정의
start = 6
end = -1
```

데이터 세트를 생성한다.

```
# 데이터 세트를 생성
data = []
labels = []
with open(input_file, 'r') as f:
    for line in f.readlines():
        # 현재 라인을 탭으로 분리
        list_vals = line.split('\t')
```

레이블 리스트에 없는 레이블은 넘어간다.

```
        # 레이블이 레이블 리스트에 있는지 확인한다
        # 그렇지 않다면 건너뛴다
        if list_vals[1] not in orig_labels:
            continue
```

현재 레이블을 추출하고 메인 리스트에 추가한다.

```
        # 현재 레이블을 추출해 메인 리스트에 추가
        label = np.zeros((num_orig_labels, 1))
```

```
    label[orig_labels.index(list_vals[1])] = 1
    labels.append(label)
```

문자 벡터를 추출해 메인 리스트에 추가한다.

```
# 문자 벡터를 추출해 메인 리스트에 추가
cur_char = np.array([float(x) for x in list_vals[start:end]])
data.append(cur_char)
```

데이터 세트를 생성했으면 루프를 끝낸다.

```
# 데이터 세트를 생성했으면 루프를 끝낸다
if len(data) >= num_datapoints:
    break
```

리스트를 넘파이 배열로 변환한다.

```
# 데이터와 레이블을 넘파이 배열로 변환
data = np.asfarray(data)
labels = np.array(labels).reshape(num_datapoints, num_orig_labels)
```

차원 수를 추출한다.

```
# 차원 수를 추출
num_dims = len(data[0])
```

피드포워드 신경망을 만들고 학습 알고리즘을 경사 하강법으로 설정한다.

```
# 피드포워드 신경망 생성
nn = nl.net.newff([[0, 1] for _ in range(len(data[0]))],
       [128, 16, num_orig_labels])
```

```
# 학습 알고리즘을 경사 하강법으로 설정
nn.trainf = nl.train.train_gd
```

신경망을 훈련한다.

```
# 신경망을 훈련한다
error_progress = nn.train(data[:num_train,:], labels[:num_train,:],
        epochs=10000, show=100, goal=0.01)
```

테스트 데이터의 결과를 예측한다.

```
# 테스트 입력의 결과를 예측한다
print('\nTesting on unknown data:')
predicted_test = nn.sim(data[num_train:, :])
for i in range(num_test):
    print('\nOriginal:', orig_labels[np.argmax(labels[i])])
    print('Predicted:', orig_labels[np.argmax(predicted_test[i])])
```

전체 코드는 ocr.py 파일에 있다. 코드를 실행하면 결과는 다음과 같다.

```
Epoch: 100; Error: 80.75182001223291;
Epoch: 200; Error: 49.823887961230206;
Epoch: 300; Error: 26.624261963923217;
Epoch: 400; Error: 31.131906412329677;
Epoch: 500; Error: 30.589610928772494;
Epoch: 600; Error: 23.129959531324324;
Epoch: 700; Error: 15.561849160600984;
Epoch: 800; Error: 9.52433563455828;
Epoch: 900; Error: 1.4032941634688987;
Epoch: 1000; Error: 1.1584148924740179;
Epoch: 1100; Error: 0.844934060039839;
Epoch: 1200; Error: 0.646187646028962;
Epoch: 1300; Error: 0.48881681329304894;
Epoch: 1400; Error: 0.4005475591737743;
Epoch: 1500; Error: 0.34145887283532067;
Epoch: 1600; Error: 0.29871068426249625;
Epoch: 1700; Error: 0.2657577763744411;
Epoch: 1800; Error: 0.23921810237252988;
Epoch: 1900; Error: 0.2172060084455509;
Epoch: 2000; Error: 0.19856823374761018;
Epoch: 2100; Error: 0.18253521958793384;
Epoch: 2200; Error: 0.16855895648078095;
```

그림 19-18 학습 에폭

1만 에폭까지 진행할 수 있다. 1만 에폭까지 완료하면 다음 결과를 볼 수 있다.

```
Epoch: 9500; Error: 0.032460181065798295;
Epoch: 9600; Error: 0.027044816600106478;
Epoch: 9700; Error: 0.022026328910164213;
Epoch: 9800; Error: 0.018353324233938713;
Epoch: 9900; Error: 0.01578969259136868;
Epoch: 10000; Error: 0.014064205770213847;
The maximum number of train epochs is reached

Testing on unknown data:

Original: o
Predicted: o

Original: m
Predicted: n

Original: m
Predicted: m

Original: a
Predicted: d

Original: n
Predicted: n
```

그림 19-19 학습 에폭

[그림 19-1]에서 볼 수 있듯 우리의 모델은 세 가지를 맞췄다. 더 큰 데이터 세트를 사용하고 더 오래 훈련하면 더 높은 정확도를 얻을 수 있다. 신경망을 더 오래 훈련하고 모델 구성을 조정해보면서 더 높은 정확도와 더 나은 결과를 얻는지 확인하자.

이 장에서 배운 OCR과 일반적인 신경망에 대한 내용이 흥미로웠기를 바란다. 다음 장에서는 현재 머신러닝 혁명의 최전선에 있는 여러 사용 사례를 검토한다.

19.9 정리

이 장에서는 신경망을 학습했다. 신경망을 구축하고 훈련하는 방법을 배웠으며, 퍼셉트론 개념을 알아보고 이를 기반으로 분류기를 구축했다. 단일 계층 신경망과 다층 신경망을 살펴봤으며 신경망을 사용해 벡터 양자화기를 구축했다. 순환 신경망을 사용해 시퀀스 데이터를 분석하고 신경망을 사용해 광학 문자 인식 엔진을 구축했다.

다음 장에서는 강화 학습을 알아보고 스마트 학습 에이전트를 구축해보자.

20 Chapter 합성곱 신경망을 이용한 딥러닝

딥러닝의 기본을 학습한다. 합성곱 신경망에 관련된 다양한 개념을 살펴보고 이를 이미지 인식에
사용하는 방법을 알아본다. 학습한 내용을 기반으로 실제 애플리케이션을 구축해본다.

이 장의 학습 목표
- 생성적 적대 신경망(GAN)
- 합성곱 신경망 아키텍처와 계층 유형
- 텐서플로 라이브러리
- 선형 회귀자와 이미지 분류기 구축

이 장에서는 딥러닝과 **합성곱 신경망**Convolutional Neural Network(CNN)을 알아본다. CNN은 지난 몇
년간 특히 이미지 인식 분야에서 두각을 나타냈다. 이 장에서는 CNN 아키텍처와 그 내부에 사
용되는 계층 유형을 살펴본다. 먼저 텐서플로라는 패키지를 사용하는 방법을 알아보고 퍼셉트
론 기반 선형 회귀를 구축한다. 단일 계층 신경망을 사용해 이미지 분류기를 구축하는 방법을
배운다.

그리고 CNN을 사용해 이미지 분류기를 구축해본다. 이미지 분류기에는 많은 애플리케이션이
있다. 이름은 멋지지만 물체가 무엇인지 식별하는 컴퓨터의 능력일 뿐이다. 예를 들어 어떤 물
체가 핫도그인지 아닌지를 결정하는 분류기를 만들 수도 있다. 이는 단순한 사례지만 이미지 분
류기는 삶과 죽음을 가르는 애플리케이션이 될 수도 있다. 이미지 분류 소프트웨어가 내장돼 있
어 민간인과 적군을 구분하는 드론을 상상해보자. 이러한 경우에는 실수가 있어서는 안 된다.

이 장에서 다룰 내용은 다음과 같다.

- CNN 기초
- CNN 아키텍처
- CNN 계층 유형
- 퍼셉트론 기반 선형 회귀 구축하기
- 단일 계층 신경망을 사용해 이미지 분류기 구축하기
- CNN을 사용해 이미지 분류기 구축하기

20.1 합성곱 신경망 기초

최근 뉴스에 CNN과 **생성적 적대 신경망**Generative Adversarial Network(GAN)이 등장했다. GAN은 이언 굿펠로Ian Goodfellow와 동료들이 2014년에 처음 개발한 CNN 클래스다. GAN에서 두 신경망은 게임에서 서로 경쟁한다(게임 이론적 의미에서). 데이터 세트가 주어지면 GAN은 훈련 세트와 유사한 데이터 예를 새롭게 만드는 방법을 배운다. 예를 들면 (조금 느릴 수는 있지만) 존재하지 않는 사람의 얼굴을 생성하는 웹사이트가 있다.

상상력을 마음껏 펼쳐보자. 이렇게 생성된 '인간' 중 일부를 사용해 영화를 만드는 일은 확실히 가능할 것이다. 그 반대를 해결하기 위한 연구도 있다. 주어진 이미지가 GAN 생성 이미지인지 혹은 실제 사람인지 확인할 수 있을까? 링크 *https://thispersondoesnotexist.com*에서 웹사이트를 둘러보자.

페이지를 계속 새로고침하면 매번 새로운 이미지가 생성된다. GAN은 원래 비지도 학습을 위한 생성 모델로 만들어졌다. 또한 준지도 학습, 지도 학습, 강화 학습에 유용하다고 입증됐다. AI 분야의 거물인 얀 르쿤Yann LeCun은 GAN이 '지난 10년간 ML에서 가장 흥미로운 아이디어'라고 말했다.[1] 또 다른 GAN 사용 사례와 애플리케이션을 살펴보자.

더 많은 예제 데이터 생성

데이터는 ML의 재료다. 어떤 경우에는 모델에 공급할 데이터를 충분히 얻을 수 없다. GAN을 사용해 더 많은 입력 데이터를 생성하면 모델에 공급할 품질 좋은 데이터를 추가로 생성할 수 있다.

보안

ML은 많은 산업에 활력을 불어넣고 있다. 어떤 분야든 관계없이 사이버 보안은 항상 최고 경영진에게 '최우선 순위'다. 몇몇 보안 공급 업체에서 GAN을 사이버 공격을 처리하는 데 사용한다. 간단히 설명하면 GAN은 가짜 침입을 생성하고, 생성한 침입은 위협을 식별하는 모델을 학습하는 데 사용돼 실제 공격을 차단한다.

---

1 Quora 질문에 대한 얀 르쿤의 답변: *https://www.quora.com/What-are-some-recent-and-potentially-upcoming-breakthroughs-indeep-learning*

데이터 조작

GAN은 '의사 스타일 전송'에 사용될 수 있다. 즉 예를 완전히 수정하지 않고 일부 차원을 수정할 수 있다.

GAN은 음성 애플리케이션에 사용할 수 있다. 음성이 주어지면 GAN은 유명인의 목소리를 재생하도록 학습될 수 있다. 유명한 예로는 도널드 트럼프Donald Trump, 버락 오바마Barack Obama, 모나리자가 있다. 개발자는 GAN을 사용해 영상을 수정해서 그들이 실제로 말한 적 없는 문구를 말하도록 만들었다. 이는 매우 사실적일 수 있다. 혹은 영상이나 이미지를 다른 사람처럼 보이도록 수정할 수 있다. [그림 20-1]은 MIT가 만든 것으로, 트럼프 이미지에 니콜라스 케이지의 얼굴을 삽입했다.

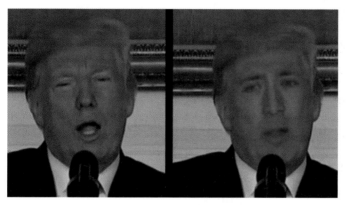

그림 20-1 도널드 트럼프 이미지에 니콜라스 케이지 얼굴을 합성

이러한 기술은 자연어 처리, 음성 처리 등 다른 도메인에도 적용할 수 있다. 예를 들어 GAN은 문장을 약간 수정해 문장의 의미를 변경할 수 있다.

개인 정보 보호

보안 전략의 일환으로 많은 기업이 일부 데이터를 비공개로 유지하기를 원한다. 방위 및 군사 애플리케이션을 예로 들 수 있다. 데이터를 암호화할 때 (예를 들면 일회용 키를 생성하는 데) GAN을 사용할 수 있다.

2016년 구글은 GAN을 더 잘 활용하기 위해 연구를 시작했다. 기본 아이디어는 하나의 신경망에서 패스 키를 생성하고 다른 신경망이 이를 크래킹하려고 시도하는 것이다.

이전 두 장에서는 신경망이 어떻게 작동하는지 살펴봤다. 신경망은 가중치와 편향이 있는 뉴런으로 구성된다. 가중치와 편향은 좋은 학습 모델을 만들기 위해 훈련 과정에서 조정된다. 각 뉴런은 일련의 입력을 받아 어떤 방식으로든 처리한 뒤 값을 출력한다.

계층이 많은 신경망을 **심층 신경망**deep neural network이라고 하며, 심층 신경망을 다루는 AI 분야를 딥러닝이라고 한다.

일반적인 신경망의 주요 단점은 입력 데이터의 구조를 무시한다는 점이다. 모든 데이터는 신경망에 공급하기 전에 1차원 배열로 변환된다. 이는 숫자 데이터에서는 잘 작동할 수 있지만 이미지를 다룰 때는 어려워진다.

그레이스케일 이미지를 생각해보자. 이 이미지는 2D 구조이며 픽셀의 공간적 배열에는 많은 정보가 숨어 있다. 이 정보를 무시하면 기본 패턴을 많이 잃게 된다. 이것이 CNN이 등장하는 이유다. CNN은 이미지를 처리할 때 이미지의 2D 구조를 고려한다.

또한 CNN은 가중치와 편향으로 이뤄진 뉴런으로 구성된다. 이 뉴런은 입력 데이터를 받아 처리한 뒤 출력한다. 신경망의 목표는 입력층의 원시 이미지 데이터에서 출력층의 올바른 클래스로 이동하는 것이다. 일반 신경망과 CNN의 차이점은 사용하는 계층 유형과 입력 데이터를 처리하는 방법이다. CNN은 입력이 이미지라고 가정하므로 이미지의 특정 속성을 추출할 수 있다. 따라서 CNN이 이미지를 처리하는 데 훨씬 더 효율적이다.

CNN의 기초를 다뤘으니 어떻게 구성되는지 살펴보자.

20.2 합성곱 신경망 아키텍처

일반적인 신경망으로 작업할 때 입력 데이터를 단일 벡터로 변환해야 한다. 이 벡터는 신경망에서 입력 역할을 한 다음 신경망의 계층들을 통과한다. 계층에서 각 뉴런은 이전 계층의 모든 뉴런에 연결된다. 또 한 가지 주목할 점은 각 계층 내 뉴런이 서로 연결돼 있지 않다는 점이다. 뉴런들은 인접한 계층 내 뉴런에만 연결된다. 신경망의 마지막 계층은 출력층이며 최종 출력을 나타낸다.

이미지에 이 구조를 사용하면 관리할 수 없게 된다. 예를 들어 256x256 RGB 이미지로 구성된 이미지 데이터 세트를 생각해보자. 3-채널 이미지이므로 $256 \times 256 \times 3 = 196,608$ 가중치가 있다. 이 가중치는 뉴런 한 개에 대한 것이다! 각 계층에는 뉴런이 여러 개 있으므로 가중치 수가 빠르게 증가하는 경향이 있다. 이는 모델이 학습 프로세스 중에 조정할 매개변수가 엄청나게 많아짐을 의미한다. 따라서 매우 복잡하고 시간이 많이 걸린다. 각 뉴런을 이전 계층의 모든 뉴런에 연결하는 것(완전 연결)은 분명히 작동하지 않을 것이다.

CNN은 데이터를 처리할 때 이미지 구조를 명시적으로 고려한다. CNN의 뉴런은 너비, 높이, 깊이로 3차원으로 배열된다. 현재 계층 내 각 뉴런은 이전 계층 출력의 작은 패치에 연결된다. 입력 이미지에 NxN 필터를 오버레이하는 것과 같다. 이는 각 뉴런이 이전 계층의 모든 뉴런에 연결되는 완전 연결 계층과 대조된다.

단일 필터는 이미지의 모든 뉘앙스를 포착할 수 없다. 따라서 모든 세부 사항을 포착하기 위해 이 작업을 M번 수행한다. M 필터는 특성 추출 역할을 한다. 필터의 출력을 보면 가장자리나 모서리 같은 특성을 추출하는 것을 알 수 있다. 이는 CNN의 초기 계층에 해당된다. 신경망 계층을 통해 진행할수록 후반 계층이 더 높은 수준의 특성을 추출한다.

CNN은 딥러닝 네트워크이며 이미지를 인식하는 데 자주 사용된다. CNN이 이미지를 인식하는 방법을 이해하면 작동 방식을 파악하는 데 도움이 된다. CNN은 다른 신경망과 마찬가지로 이미지의 요소에 가중치와 편향을 할당하며, 이러한 요소를 구별할 수 있다. CNN에서 사용되는 전처리는 다른 분류 모델에 비해 적다. 충분히 학습된 기본 방법 필터를 사용하는 경우 CNN을 훈련해 이러한 필터와 특성을 구분할 수 있다.

기본 형태의 CNN 아키텍처는 인간 두뇌의 뉴런과 수상 돌기에 비유할 수 있으며, 시각 피질에서 영감을 얻는다. 개별 뉴런은 시각 영역의 제한된 영역에서 자극에 반응한다. 이 영역을 수용 필드Receptive Field라고 한다. 이러한 필드 그룹은 서로 겹치며, 그 결과 전체 시야를 다룬다.

20.2.1 합성곱 신경망 vs. 퍼셉트론 신경망

이미지는 픽셀 값 행렬이다. 입력 이미지를 평평하게 만들면 어떨까? 예를 들어 7x7 이미지는 49x1 벡터로 병합할 수 있다. 그리고 이 평평한 이미지를 퍼셉트론 기반 신경망에 입력으로 사용할 수 있다.

이 방법은 기본적인 이진(흑백) 입력을 사용할 때 클래스 예측을 수행하면 평균 정밀도를 보일 수 있다. 하지만 전체 픽셀 종속성이 있는 복잡한 이미지라면 정확도가 매우 낮거나 아예 없다.

이해를 돕기 위해 인간이 이미지를 처리하는 방법을 잠시 분석해보자. 다이아몬드 모양(◆)을 포함하는 이미지를 떠올려보자. 우리 뇌는 이미지를 즉각적으로 처리하고 그것이 다이아몬드 모양임을 깨닫는다.

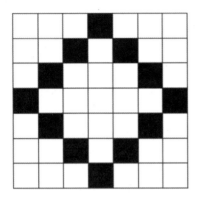

그림 20-2 다이아몬드 모양

평면화하면 어떻게 될까?

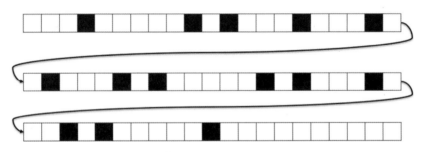

그림 20-3 다이아몬드 모양이지만 평평함

인식하기가 그리 쉽지 않다. 하지만 같은 정보다. CNN이 아닌 기존 신경망을 사용할 때도 비슷한 일이 발생한다. 픽셀이 연속적이었을 때 갖고 있던 정보가 손실된다.

CNN은 관련 필터를 적용해 이미지의 공간적, 시간적 종속성을 캡처할 수 있다. CNN 아키텍처는 매개변수가 적고 가중치가 재사용되므로 데이터 세트에서 더 잘 수행된다.

CNN 아키텍처와 이미지 처리 방법을 이해했으니 CNN을 구성하는 계층을 살펴보자.

20.3 합성곱 신경망 계층 유형

CNN은 일반적으로 다음과 같은 유형의 계층을 사용한다.

- **입력층**: 원시 이미지 데이터를 그대로 사용한다.

- **합성곱 계층(Convolutional layer)**: 입력에 있는 뉴런과 다양한 패치 간의 합성곱을 계산한다(이미지 합성곱을 간단히 복습하려면 *http://web.pdx.edu/~jduh/courses/Archive/geog481w07/Students/Ludwig_ImageConvolution.pdf* 참고). 합성곱 계층은 이전 계층의 출력에서 가중치와 작은 패치의 내적을 계산한다.

- **렐루 계층(Rectified Linear Unit layer)**: 이전 계층의 출력에 활성화 함수를 적용한다. 이 함수는 일반적으로 $max(0, x)$와 같다. 이 계층은 네트워크에 비선형성을 추가해 모든 유형의 함수에 잘 일반화하도록 하기 위해 필요하다.

- **풀링 계층(Pooling layer)**: 이전 계층의 출력을 샘플링해 차원이 더 작은 구조를 생성한다. 풀링은 신경망에서 중요한 부분만 유지하는 데 도움이 된다. 최대 풀링[max pooling]은 주어진 KxK 창에서 최댓값을 선택하는 풀링 계층에서 자주 사용된다.

- **완전 연결 계층(Fully Connected layer)**: 마지막 계층의 출력 점수를 계산한다. 결과 출력의 크기는 1x1xL이며, 여기서 L은 훈련 데이터 세트의 클래스 수다.

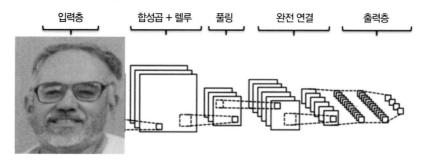

그림 20-4 CNN 계층

신경망의 입력층에서 출력층으로 이동할수록 입력 이미지는 픽셀 값에서 최종 클래스 점수로 변환된다. CNN 아키텍처는 활발한 연구 분야이며 다양한 아키텍처가 제안됐다. 모델의 정확성과 견고성은 계층 유형, 신경망의 깊이, 신경망 내 다양한 계층의 배열, 각 계층에 대해 선택한 기능, 훈련 데이터 등 여러 요인에 따라 달라진다.

20.4 퍼셉트론 기반 선형 회귀 구축

CNN을 구축하기 전에 좀 더 기본적인 모델로 시작하고, CNN을 사용해 개선하는 방법을 살펴보자. 이 절에서는 퍼셉트론을 사용해 선형 회귀 모델을 구축하는 방법을 알아보자. 앞선 장들에서도 선형 회귀를 배웠지만 이 절에서는 신경망 접근 방식을 사용해 선형 회귀 모델을 구축하는 방법을 학습한다.

이 장에서는 텐서플로를 사용한다. 텐서플로는 다양한 실제 시스템을 구축하는 데 널리 사용되는 딥러닝 패키지다. 이 절에서는 작동 방식을 알아본다. 예제로 들어가기 전에 반드시 설치하자(설치 방법은 *https://www.tensorflow.org/get_started/os_setup* 참고).

텐서플로가 설치됐는지 확인한 후 새로운 파이썬 파일을 만들고 다음 패키지를 임포트한다.

```
import numpy as np
import matplotlib.pyplot as plt
import tensorflow as tf
```

데이터 포인트를 몇 개 생성하고 이를 사용해 모델을 학습하는 방법을 살펴보자. 생성할 데이터 포인트 수를 정의한다.

```
# 생성할 포인트 수 정의
num_points = 1200
```

데이터를 생성하는 데 사용할 매개변수를 정의한다. $y = mx + c$와 같은 선형 모델을 사용한다.

```
# y = mx + c를 기반으로 데이터 생성
data = []
m = 0.2
c = 0.5
for i in range(num_points):
    # 'x'를 생성
    x = np.random.normal(0.0, 0.8)
```

데이터에 약간의 변형을 더하기 위해 잡음을 생성한다.

```python
# 잡음 생성
noise = np.random.normal(0.0, 0.04)
```

수식을 사용해 y 값을 계산한다.

```python
# 'y'를 계산
y = m*x + c + noise

data.append([x, y])
```

반복이 끝나면 데이터를 입력 변수와 출력 변수로 분리한다.

```python
# x와 y 분리
x_data = [d[0] for d in data]
y_data = [d[1] for d in data]
```

데이터를 그래프로 출력한다.

```python
# 생성된 데이터를 그래프로 출력
plt.plot(x_data, y_data, 'ro')
plt.title('Input data')
plt.show()
```

퍼셉트론에 대한 가중치와 편향을 생성한다. 가중치는 균일 난수 생성기를 사용하고 편향은 0
으로 설정한다.

```python
# 가중치와 편향을 생성
W = tf.Variable(tf.random_uniform([1], -1.0, 1.0))
b = tf.Variable(tf.zeros([1]))
```

텐서플로 변수를 사용해 수식을 정의한다.

```
# 'y'의 수식을 정의
y = W * x_data + b
```

학습 과정에서 사용할 수 있는 **손실 함수**loss function를 정의한다. 최적화는 이 값을 가능한 한 최소화하려고 한다.

```
# 손실 계산 방법을 정의
loss = tf.reduce_mean(tf.square(y - y_data))
```

경사 하강법 옵티마이저를 정의하고 손실 함수를 정의한다.

```
# 경사 하강법 옵티마이저를 정의
optimizer = tf.train.GradientDescentOptimizer(0.5)
train = opt imizer.minimize(loss)
```

모든 변수를 설정했지만 아직 초기화하지 않았다. 초기화 작업을 하자.

```
# 모든 변수 초기화
init = tf.initialize_all_variables()
```

텐서플로 세션을 시작하고 이니셜라이저를 사용해 실행한다.

```
# 텐서플로 세션을 시작하고 실행한다
sess = tf.Session()
sess.run(init)
```

훈련 과정을 시작한다:

```
# 반복 시작
num_iterations = 10
```

```
for step in range(num_iterations):
    # 세션 실행
    sess.run(train)
```

학습 과정의 진행 상황을 출력해보자. loss 매개변수는 반복을 통해 계속 감소한다.

```
# 진행 과정 출력
print('\nITERATION', step+1)
print('W =', sess.run(W)[0])
print('b =', sess.run(b)[0])
print('loss =', sess.run(loss))
print('b =', sess.run(b)[0])
print('loss =', sess.run(loss))
```

생성된 데이터를 그래프로 그리고 예측된 모델을 위에 오버레이한다. 예제에서 모델은 선이다.

```
# 입력 데이터를 그래프로 출력한다
plt.plot(x_data, y_data, 'ro')

# 예측된 출력 선을 그래프로 출력한다
plt.plot(x_data, sess.run(W) * x_data + sess.run(b))
```

그래프 매개변수를 설정한다.

```
# 그래프 매개변수를 설정한다
plt.xlabel('Dimension 0')
plt.ylabel('Dimension 1')
plt.title('Iteration ' + str(step+1) + ' of ' + str(num_iterations))
plt.show()
```

전체 코드는 linear_regression.py 파일에 있다. 코드를 실행하면 다음과 같은 스크린샷이 나타난다.

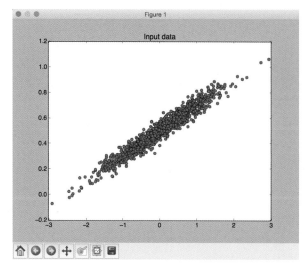

그림 20-5 입력 데이터 그래프

이 창을 종료하면 학습 과정이 표시된다. 첫 번째 반복은 다음과 같다.

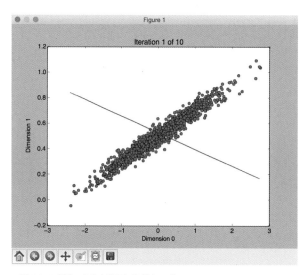

그림 20-6 학습 과정의 첫 번째 반복 그래프

그래프를 보면 선이 완전히 벗어나 있다. 다음 반복으로 넘어가려면 창을 종료한다.

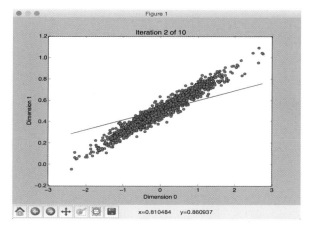

그림 20-7 학습 과정의 후속 반복 그래프

선이 개선되긴 했지만 여전히 벗어나 있다. 창을 닫고 계속 반복해보자.

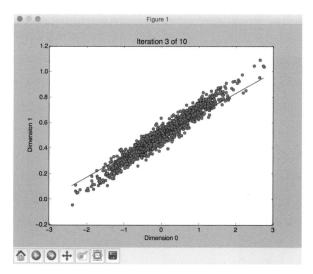

그림 20-8 학습 과정의 또 다른 후속 반복 그래프

선이 실제 모델에 가까워지는 것 같다. 반복할수록 모델이 좋아진다. 여덟 번째 반복은 다음과 같다.

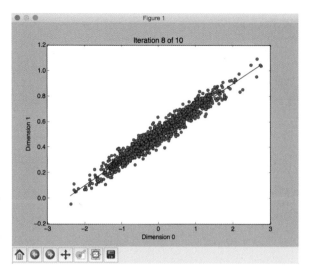

그림 20-9 학습 과정의 여덟 번째 반복 그래프

선이 데이터에 잘 맞는 것 같다. 출력된 내용을 확인하자.

```
ITERATION 1
W = -0.130961
b = 0.53005
loss = 0.0760343

ITERATION 2
W = 0.0917911
b = 0.508959
loss = 0.00960302

ITERATION 3
W = 0.164665
b = 0.502555
loss = 0.00250165

ITERATION 4
W = 0.188492
b = 0.500459
loss = 0.0017425
```

그림 20-10 에폭의 초기 출력

학습이 끝나면 다음과 같은 결과를 볼 수 있다.

```
ITERATION 7
W = 0.199662
b = 0.499477
loss = 0.00165175

ITERATION 8
W = 0.199934
b = 0.499453
loss = 0.00165165

ITERATION 9
W = 0.200023
b = 0.499445
loss = 0.00165164

ITERATION 10
W = 0.200052
b = 0.499443
loss = 0.00165164
```

그림 20-11 에폭의 최종 결과

그림에서 볼 수 있듯 w와 b의 값이 계속 조정되며 손실이 계속 감소한다(너무 작아서 더 이상 감소하는 것을 볼 수 없을 때까지). 예제에서 좋은 결과를 빨리 얻을 수 있다는 점이 흥미롭긴 했지만 이때 우리가 신경망에 제공한 문제는 해결하기가 매우 간단했다. 한 단계 더 해보자.

20.5 단일 계층 신경망을 사용한 이미지 분류기 구축

텐서플로를 사용해 단일 계층 신경망을 생성하고, 이를 사용해 이미지 분류기를 구축하는 방법을 살펴보자. MNIST 이미지 데이터 세트를 사용해 시스템을 구축한다. 손으로 쓴 숫자 이미지를 포함하는 데이터 세트다. 우리의 목표는 각 이미지에서 숫자를 정확하게 식별하는 분류기를 만드는 것이다. 새로운 파이썬 파일을 만들고 다음 패키지를 임포트한다.

```
import tensorflow as tf
from tensorflow.examples.tutorials.mnist import input_data
```

MNIST 이미지 데이터를 추출한다. one_hot 플래그는 레이블에서 원-핫 인코딩을 사용하도록 지정한다. 이는 n개 클래스가 있다면 주어진 데이터 포인트의 레이블은 길이가 n인 배열이 됨을 의미한다. 배열의 각 요소는 주어진 클래스에 해당한다. 클래스를 지정하기 위해 해당 인덱스의 값이 1로 설정되고 나머지는 모두 0이 된다.

```
# MNIST 데이터 얻기
mnist = input_data.read_data_sets ( "./ mnist_data", one_hot = True)
```

데이터베이스 내 이미지는 28x28이다. 입력층을 만들기 위해 1차원 배열로 변환한다.

```
# 이미지들은 28x28이다
# 따라서 뉴런이 784개(28x28=784)인 입력층을 생성한다
x = tf.placeholder(tf.float32, [None, 784])
```

가중치와 편향이 있는 단일 계층 신경망을 생성한다. 데이터베이스에는 고유한 숫자 10개가 있다. 입력층 뉴런 개수는 784개이고 출력층 뉴런 개수는 10개다.

```
# 가중치와 편향이 있는 계층을 생성
# 서로 다른 숫자 10개가 존재한다
# 따라서 출력층은 클래스 10개가 있다
W = tf.Variable(tf.zeros([784, 10]))
b = tf.Variable(tf.zeros([10]))
```

훈련에 사용할 수식을 만든다.

```
# y = W*x + b를 사용해 'y'의 수식을 생성
y = tf.matmul(x, W) + b
```

손실 함수와 경사 하강 옵티마이저를 정의한다.

```
# 엔트로피 손실 및 경사 하강 옵티마이저를 정의
y_loss = tf.placeholder(tf.float32, [None, 10])
loss = tf.reduce_mean(tf.nn.softmax_cross_entropy_with_logits(
        logits=y, labels=y_loss))
optimizer = tf.train.GradientDescentOptimizer(0.5).minimize(loss)
```

모든 변수를 초기화한다.

```
# 모든 변수 초기화
init = tf.i nitialize_all_variables ()
```

텐서플로 세션을 만들고 실행한다.

```
# 세션 생성
session = tf.Session()
session.run(init)
```

배치를 사용해 훈련 과정을 시작하자. 현재 배치에 옵티마이저를 실행한 뒤 다음 배치에 반복한다. 각 반복에서 첫 번째 단계는 다음으로 학습할 이미지 배치를 가져오는 것이다.

```
# 훈련 시작
num_iterations = 1200
batch_size = 90
for _ in range(num_iterations):
    # 다음 이미지 배치를 가져온다
    x_batch, y_batch = mnist.train.next_batch(batch_size)
```

이미지 배치에 옵티마이저를 실행한다.

```
# 이미지 배치에 훈련
session.run(optimizer, feed_dict = {x: x_batch, y_loss: y_batch})
```

훈련 과정이 끝나면 테스트 데이터 세트를 사용해 정확도를 계산한다.

```
# 테스트 데이터를 사용해 정확도를 계산
predicted = tf.equal(tf.argmax(y, 1), tf.argmax(y_loss, 1))
accuracy = tf.reduce_mean(tf.cast(predicted, tf.float32))
print('\nAccuracy =', session.run(accuracy, feed_dict = {
    x: mnist.test.images,
    y_loss: mnist.test.labels}))
```

전체 코드는 파일 **single_layer.py** 파일에 있다. 코드를 실행하면 현재 폴더 내 **mnist_data**라는 폴더에 데이터가 다운로드된다. 이는 기본 옵션이며 입력 인수를 사용해 변경할 수 있다. 코드를 실행하면 다음과 같이 출력된다.

```
Extracting ./mnist_data/train-images-idx3-ubyte.gz
Extracting ./mnist_data/train-labels-idx1-ubyte.gz
Extracting ./mnist_data/t10k-images-idx3-ubyte.gz
Extracting ./mnist_data/t10k-labels-idx1-ubyte.gz

Accuracy = 0.921
```

그림 20-12 정확도 결과

[그림 20-12]가 나타내듯 모델 정확도는 92.1%로 매우 낮다. CNN을 사용해 개선할 방법을 살펴보자.

20.6 합성곱 신경망을 사용한 이미지 분류 구축

이전 절에서는 이미지 분류가 그리 잘 수행되지 않았다. MNIST 데이터 세트에서 92.1%를 얻기는 비교적 쉽다. 훨씬 더 높은 정확도를 얻기 위해 CNN을 사용하는 방법을 살펴보자. 동일한 데이터 세트를 사용하지만 단일 계층 신경망 대신 CNN을 사용해 이미지 분류기를 구축한다.

새로운 파이썬 파일을 만들고 다음 패키지를 임포트한다.

```python
import argparse

import tensorflow as tf
from tensorflow.examples.tutorials.mnist import input_data
```

각 계층의 가중치 값을 생성하는 함수를 정의한다.

```python
def get_weights(shape):
    data = tf.truncated_normal(shape, stddev=0.1)
    return tf.Variable(data)
```

각 계층의 편향 값을 생성하는 함수를 정의한다.

```python
def get_biases(shape):
    data = tf.constant(0.1, shape=shape)
    return tf.Variable(data)
```

입력 형태에 기반한 계층을 생성하는 함수를 정의한다.

```python
def create_layer(shape):
    # 가중치와 편향을 얻어온다
    W = get_weights(shape)
    b = get_biases([shape[-1]])
    return W, b
```

2D 합성곱을 실행하는 함수를 정의한다.

```python
def convolution_2d(x, W):
    return tf.nn.conv2d(x, W, strides=[1, 1, 1, 1],padding='SAME')
```

2x2 최대 풀링 연산을 하는 함수를 정의한다.

```python
def max_pooling(x):
    return tf.nn.max_pool(x, ksize=[1, 2, 2, 1], strides=[1, 2, 2, 1],
                          padding='SAME')
```

MNIST 이미지 데이터를 추출한다.

```python
# MNIST 데이터 추출
mnist = input_data.read_data_sets(args.input_dir, one_hot=True)
```

784개 뉴런을 갖는 입력 계층을 생성한다.

```
# 이미지는 28x28
# 따라서 784개 뉴런(28x28=784)을 갖는 입력층 생성
x = tf.placeholder(tf.float32, [None, 784])
```

이미지의 2D 구조를 활용하는 합성곱 신경망을 사용한다. x를 4D 텐서로 재구성하자. 2차원과 3차원이 이미지 차원을 지정한다.

```
# 'x'를 4D 텐서로 재구성
x_image = tf.reshape(x, [-1, 28, 28, 1])
```

첫 번째 합성곱 계층을 생성한다. 이미지 내 5x5 패치 각각에서 32개 특성을 추출한다.

```
# 첫 번째 합성곱 계층 정의
W_conv1, b_conv1 = create_layer([5, 5, 1, 32])
```

이전 단계에서 계산한 가중치 텐서로 이미지를 합성곱한 다음 편향 텐서를 더한다. 그리고 **렐루**Rectified Linear Unit (ReLU) 함수를 출력에 적용한다.

```
# 가중치 텐서로 이미지를 합성곱하고 편향을 더한 다음 렐루 함수를 적용한다
h_conv1 = tf.nn.relu(convolution_2d(x_image, W_conv1) + b_conv1)
```

이전 과정의 출력에 2x2 최대 풀링 연산을 적용한다.

```
# 최대 풀링 연산을 적용한다
h_pool1 = max_pooling(h_conv1)
```

5x5 패치 각각에 대한 64개 특성을 계산하기 위한 두 번째 합성곱 계층을 생성한다.

```
# 두 번째 합성곱 계층을 정의한다
W_conv2, b_conv2 = create_layer([5, 5, 32, 64])
```

가중치 텐서를 사용해 계산된 이전 계층의 출력에 합성곱을 수행한 다음 편향 텐서를 더한다. 그리고 렐루 함수를 출력에 적용한다.

```
# 가중치 텐서를 사용해 계산된 이전 계층의 출력에 합성곱을 수행한 다음
# 편향 텐서를 더하고 렐루 함수를 출력에 적용
h_conv2 = tf.nn.relu(convolution_2d(h_pool1, W_conv2) + b_conv2)
```

이전 과정의 출력에 2x2 최대 풀링 연산을 적용한다.

```
# 최대 풀링 연산 적용
h_pool2 = max_pooling(h_conv2)
```

이미지 크기는 이제 7x7로 줄게 된다. 1024개 뉴런을 갖는 완전 연결 계층을 생성한다.

```
# 완전 연결 계층 생성
W_fc1, b_fc1 = create_layer([7 * 7 * 64, 1024])
```

이전 계층의 출력을 재구성한다.

```
# 이전 계층의 출력을 재구성
h_pool2_flat = tf.reshape(h_pool2, [-1, 7*7*64])
```

이전 계층의 출력에 완전 연결 계층의 가중치 텐서를 곱한 다음 편향 텐서를 더한다. 그리고 렐루 함수를 출력에 적용한다.

```
# 이전 계층의 출력에 완전 연결 계층의 가중치 텐서를 곱한 다음
# 편향 텐서를 더하고 렐루 함수를 출력에 적용
h_fc1 = tf.nn.relu(tf.matmul(h_pool2_flat, W_fc1) + b_fc1)
```

과적합을 줄이려면 드롭아웃dropout 계층을 만들어야 한다. 확률 값을 위한 텐서플로의 플레이스홀더placeholder를 생성한다. 이는 드롭아웃 중에 뉴런의 출력이 유지될 확률을 지정한다.

```
# 모든 뉴런에 대한 확률 플레이스홀더를 사용하는 드롭아웃 계층을 정의
keep_prob = tf.placeholder(tf.float32)
h_fc1_drop = tf.nn.dropout(h_fc1, keep_prob)
```

데이터 세트의 10개 클래스에 해당하는 출력 뉴런 10개로 판독 계층readout layer을 정의한다. 출력을 계산한다.

```
# 판독 계층(출력층)을 정의
W_fc2, b_fc2 = create_layer([1024, 10])
y_conv = tf.matmul(h_fc1_drop, W_fc2) + b_fc2
```

loss 함수와 optimizer 함수를 정의한다.

```
# 엔트로피 손실과 옵티마이저를 정의
y_loss = tf.placeholder(tf.float32, [None, 10])
loss = tf.reduce_mean(tf.nn.softmax_cross_entropy_with_logits(logits=y_conv,
                        labels=y_loss))
optimizer = tf.train.AdamOptimizer(1e-4).minimize(loss)
```

정확도를 계산하는 방법을 정의한다.

```
# 정확도 계산을 정의
predicted = tf.equal(tf.argmax(y_conv, 1), tf.argmax(y_loss, 1))
accuracy = tf.reduce_mean(tf.cast(predicted, tf.float32))
```

변수를 초기화한 뒤 세션을 생성하고 실행한다.

```
# 세션을 생성하고 실행
sess = tf.InteractiveSession()
init = tf.initialize_all_variables()
sess.run(init)
```

훈련 과정을 시작한다.

```
# 훈련 시작
num_iterations = 21000
batch_size = 75
print('\nTraining the model.')
for i in range(num_iterations):
    # 다음 이미지 배치를 얻어온다
    batch = mnist.train.next_batch(batch_size)
```

50번 반복마다 정확도 상태를 출력한다.

```
# 진행 상황 출력
if i % 50 == 0:
    cur_accuracy = accuracy.eval(feed_dict = {
        x: batch[0], y_loss: batch[1], keep_prob: 1.0})
    print('Iteration', i, ', Accuracy =', cur_accuracy)
```

현재 배치에 옵티마이저를 실행한다.

```
# 현재 배치에 옵티마이저 실행
optimizer.run(feed_dict = {x: batch[0], y_loss: batch[1], keep_prob: 0.5})
```

훈련 과정이 끝나면 테스트 세트를 이용해 정확도를 계산한다.

```
# 테스트 세트를 사용해 정확도를 계산
print('Test accuracy =', accuracy.eval(feed_dict = {
        x: mnist.test.images, y_loss: mnist.test.labels, keep_prob: 1.0}))
```

전체 코드는 cnn.py 파일에 있다. 코드를 실행하면 다음과 같은 결과를 얻는다.

```
Extracting ./mnist_data/train-images-idx3-ubyte.gz
Extracting ./mnist_data/train-labels-idx1-ubyte.gz
Extracting ./mnist_data/t10k-images-idx3-ubyte.gz
Extracting ./mnist_data/t10k-labels-idx1-ubyte.gz

Training the model....
Iteration 0 , Accuracy = 0.0533333
Iteration 50 , Accuracy = 0.813333
Iteration 100 , Accuracy = 0.8
Iteration 150 , Accuracy = 0.906667
Iteration 200 , Accuracy = 0.84
Iteration 250 , Accuracy = 0.92
Iteration 300 , Accuracy = 0.933333
Iteration 350 , Accuracy = 0.866667
Iteration 400 , Accuracy = 0.973333
Iteration 450 , Accuracy = 0.933333
Iteration 500 , Accuracy = 0.906667
Iteration 550 , Accuracy = 0.853333
Iteration 600 , Accuracy = 0.973333
Iteration 650 , Accuracy = 0.973333
Iteration 700 , Accuracy = 0.96
Iteration 750 , Accuracy = 0.933333
```

그림 20-13 정확도 결과

계속 반복하면 [그림 20-14]와 같이 정확도가 점점 증가한다.

```
Iteration 2900 , Accuracy = 0.973333
Iteration 2950 , Accuracy = 1.0
Iteration 3000 , Accuracy = 0.973333
Iteration 3050 , Accuracy = 1.0
Iteration 3100 , Accuracy = 0.986667
Iteration 3150 , Accuracy = 1.0
Iteration 3200 , Accuracy = 1.0
Iteration 3250 , Accuracy = 1.0
Iteration 3300 , Accuracy = 1.0
Iteration 3350 , Accuracy = 1.0
Iteration 3400 , Accuracy = 0.986667
Iteration 3450 , Accuracy = 0.946667
Iteration 3500 , Accuracy = 0.973333
Iteration 3550 , Accuracy = 0.973333
Iteration 3600 , Accuracy = 1.0
Iteration 3650 , Accuracy = 0.986667
Iteration 3700 , Accuracy = 1.0
Iteration 3750 , Accuracy = 1.0
Iteration 3800 , Accuracy = 0.986667
Iteration 3850 , Accuracy = 0.986667
Iteration 3900 , Accuracy = 1.0
```

그림 20-14 정확도 결과

결과를 보면 합성곱 신경망이 단순한 신경망보다 정확도가 훨씬 높음을 알 수 있다. 마지막 절에서 CNN을 사용하지 않았을 때 얻은 정확도와 비교하면 상당히 개선됐다.

20.7 정리

이 장에서는 딥러닝과 CNN을 학습했다. CNN이 무엇이며 왜 필요한지 알아보고 CNN 아키텍처를 살펴봤다. CNN 내에서 사용되는 다양한 유형의 계층과 텐서플로 사용 방법을 배웠다. 텐서플로를 사용해 퍼셉트론 기반 선형 회귀자를 구축했으며 단일 계층 신경망을 사용해 이미지 분류기를 구축했다. 그리고 CNN을 사용해 이미지 분류기를 구축했다.

다음 장에서는 CNN의 형제인 RNN을 알아본다. 현재 RNN은 CNN과 마찬가지로 매우 인기 있다. 이전 모델에 비해 인상적인 결과를 내며 때로는 인간의 능력을 능가하기도 한다.

21 순환 신경망과 기타 딥러닝 모델

Chapter

자연어 처리 및 이해에 자주 사용되는 순환 신경망을 학습한다. 순환 신경망 아키텍처를 살펴보고 어떤 이점과 제한 사항이 있는지 알아본 뒤 간단한 예제를 살펴본다.

이 장의 학습 목표
- 활성화 함수: 계단, 시그모이드, tanh, 렐루
- 순환 신경망 아키텍처와 계층 유형
- 언어 모델링 사용 사례
- 순환 신경망 훈련

이 장에서는 딥러닝과 **순환 신경망**Recurrent Neural Network(RNN)을 학습한다. 이전 장에서 다룬 CNN과 마찬가지로 RNN도 지난 몇 년간 많은 추진력을 얻었다. RNN은 음성 인식 분야에서 많이 사용된다. 오늘날 많은 챗봇은 RNN 기술에 기반을 둔다. RNN을 사용하는 금융시장 예측도 어느 정도 성공을 거뒀다. 예를 들면 일련의 단어가 포함된 텍스트가 있을 때 시퀀스의 다음 단어를 예측하는 목표가 있다.

RNN의 아키텍처와 구성 요소를 살펴본다. 이전 장에서 배우기 시작한 텐서플로를 계속 사용해 RNN을 빠르게 구축한다. 또한 단일 계층 신경망을 사용해 RNN 분류를 구축하는 방법도 배운다.

이 장에서 다룰 내용은 다음과 같다.

- RNN 기초
- RNN 아키텍처
- RNN 계층 유형
- 언어 모델링 사용 사례
- 기본 알고리즘을 사용해 초기 RNN 분류를 구축하는 방법
- 고급 기술을 사용해 RNN을 개선하는 방법

RNN의 기초부터 살펴보자.

21.1 순환 신경망 기초

RNN은 현재 많은 관심을 받고 있는 모델이다. **1.4 '머신러닝의 다섯 가지 그룹'**에서 설명했듯 신경망(특히 RNN)에 대한 연구는 연결주의자 그룹의 영역이다. RNN은 자연어 처리(NLP)나 자연어 이해(NLU) 문제를 해결하는 데 자주 사용된다.

RNN에서 사용하는 수식은 때때로 압도적일 수 있다. RNN의 핵심에 들어가기 전에 다음을 기억하자. 레이서는 자동차를 빠르게 운전하고 경주에서 이기기 위해 자동차의 메커니즘을 완전히 이해할 필요가 없다. 마찬가지로 RNN을 활용하고 때로는 인상적인 작업을 하기 위해 RNN 내부 작동 방식을 완전히 이해할 필요는 없다. 케라스Keras 라이브러리의 창시자인 프랑수아 숄레Francois Chollet는 RNN의 한 형태인 장단기 메모리(LSTM) 신경망을 다음과 같이 설명한다.

> *"LSTM 세포의 아키텍처에 대한 모든 것을 이해할 필요는 없다. 인간으로서 그것을 이해하는 것이 여러분의 일이 돼서는 안 된다. LSTM 세포가 무엇을 하는지에만 신경 쓰자. 그것은 과거 정보를 나중에 다시 주입하도록 허용하는 일이다."*

이제 신경망의 기본 사항을 알아보자. 이름이 나타내듯 신경망은 뇌의 뉴런 구조에서 영감을 얻는다. 신경망의 뉴런은 인간 뉴런의 구조와 기능을 대략적으로 모방한다. 우리는 뇌 구조(특히 뉴런)에 대해 이해하지 못하는 것이 많다. 하지만 기본적으로 뉴런은 입력을 받으며, 임계값에 도달하면 출력이 된다. 수학적 측면에서 인공 뉴런은 수학적 함수의 컨테이너이며 유일한 임무는 주어진 입력을 함수에 적용해 출력을 내는 일이다.

신경망을 자극하도록 하는 요인과 신경망을 자극하는 요인을 배웠다. 이제 신경망을 활성화하는 데 사용하는 일반적인 기능 몇 가지를 알아보자. 이러한 기능은 임계값에 도달하면 활성화되므로 일반적으로 **활성화 함수**activation function이라고 한다. 어떤 종류의 함수든 활성화 함수로 사용할 수 있지만 일반적으로 사용하는 활성화 함수는 다음과 같다.

- 계단 함수
- 시그모이드 함수
- 하이퍼볼릭 탄젠트 함수
- 렐루 함수

이어서 각각을 자세히 살펴보자.

21.1.1 계단 함수

계단 함수step function는 아주 간단한 함수다. 출력이 특정 임계값을 초과하면 함수가 작동한다. 초과하지 않으면 작동하지 않는다. 그래프로 표현하면 다음과 같다:

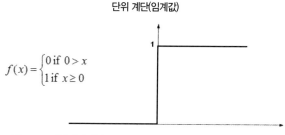

$$f(x) = \begin{cases} 0 \text{ if } 0 > x \\ 1 \text{ if } x \geq 0 \end{cases}$$

단위 계단(임계값)

그림 21-1 단위 계단 함수

x 값이 0보다 크거나 같으면 출력이 1이고, x 값이 0보다 작으면 출력이 0이다. [그림 21-1]에서 볼 수 있듯 계단 함수는 0에서 미분할 수 없다. 신경망은 일반적으로 경사 하강법과 함께 역전파를 사용해 서로 다른 계층의 가중치를 연산한다. 계단 함수는 0에서 미분할 수 없으므로 경사 하강법으로 진행할 수 없으며 가중치를 업데이트하는 데 실패한다.

이 문제를 극복하려면 시그모이드 함수를 사용한다.

21.1.2 시그모이드 함수

시그모이드 함수sigmoid function(로지스틱 함수라고도 함)는 다음과 같이 정의한다.

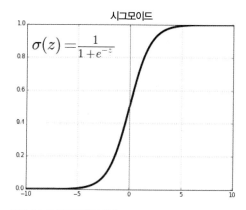

시그모이드

$$\sigma(z) = \frac{1}{1 + e^{-z}}$$

그림 21-2 시그모이드 함수

함숫값은 z(독립변수)가 음의 무한대 경향이 있을 때는 0이 되고, z가 양의 무한대 경향이 있을 때는 1이 되는 형태다.

시그모이드 함수에는 단점이 있다. **경사 소실 문제**vanishing gradient problem가 발생하기 쉽다. [그림 21-2] 그래프가 나타내듯 시그모이드 함숫값은 범위가 0과 1 사이로 작다. 시그모이드 함수에는 가파른 기울기가 있으며, 많은 경우 입력의 큰 변화는 출력의 작은 변화를 생성한다. 이를 경사 소실 문제라고 한다. 신경망 계층 수가 증가하면 문제가 기하급수적으로 증가하므로 이 함수를 사용하는 신경망은 확장하기가 어렵다.

시그모이드 함수를 사용하는 한 가지 이유는 출력이 항상 0과 1 사이이기 때문이다. 따라서 예측 출력이 확률인 모델에 유용하다. 확률은 항상 0과 1 사이이므로 시그모이드 함수를 사용하기에 적절하다.

이제 시그모이드 함수의 문제점을 일부 극복하는 하이퍼볼릭 탄젠트 함수를 살펴보자.

21.1.3 하이퍼볼릭 탄젠트 함수

하이퍼볼릭 탄젠트 함수tanh function는 시그모이드 함수에서 스케일을 조정한 것이다. 출력 범위는 0부터 1이 아닌 −1부터 1이다.

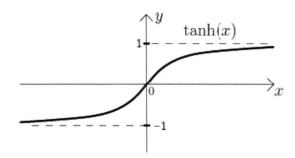

그림 21-3 하이퍼볼릭 탄젠트 함수

시그모이드 함수 대신 하이퍼볼릭 탄젠트 함수를 사용하는 주된 이유는 값이 0을 중심으로 하므로 미분이 더 높기 때문이다. 기울기가 높을수록 학습률이 향상되므로 모델을 더 빨리 학습할 수 있다. 그러나 하이퍼볼릭 탄젠트 함수를 사용할 때도 경사 소실 문제가 여전히 존재한다.

이제 렐루 함수를 알아보자.

21.1.4 렐루 함수

렐루 함수는 CNN과 RNN 모델에서 가장 많이 사용되는 활성화 함수다. 렐루 함수는 음수 입력을 받으면 0을 반환한다. 양수 입력을 받으면 해당 값을 다시 반환한다. 따라서 다음과 같이 작성할 수 있다.

$$f(x) = max(0, x)$$

그래프로 보면 다음과 같다.

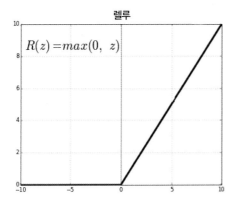

그림 21-4 렐루 함수

렐루 변형 중에서는 리키 렐루^{Leaky ReLU} 구현이 인기가 있다. 양숫값에는 일반 렐루와 동일한 값을 반환하고, 음숫값에는 0을 반환하는 대신 일정한 기울기(1 미만)를 갖는다.

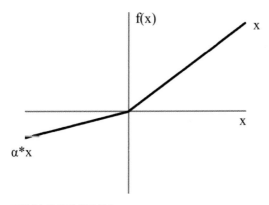

그림 21-5 리키 렐루 함수

이 기울기는 모델을 설정할 때 함수의 사용자가 설정하는 매개변수다. 기울기는 α로 나타낸다. 예를 들어 $\alpha = 0.3$일 때 활성화 함수는 다음과 같다.

$$f(x) = max(0.3 * x, x)$$

리키 렐루는 모든 값에서 x의 영향을 받으므로 모든 입력을 통해 제공된 정보를 더 잘 사용할 수 있다는 이론적 이점이 있다. 이러한 특성과 장점 때문에 딥러닝 실무자와 연구원은 렐루를 활성화 함수로 많이 선택한다.

RNN의 기본 특성과 주요 함수를 알아봤으니 다음 절에서 실제 아키텍처를 살펴보자.

21.2 순환 신경망 아키텍처

RNN의 기본 개념은 시퀀스의 이전 정보를 활용하는 것이다. 전통적인 신경망에서는 모든 입력과 출력이 서로 독립적이라고 가정한다. 하지만 일부 도메인과 사용 사례에서는 이 가정이 맞지 않으며 상호 연결성을 활용할 수 있다.

개인적인 사례를 들어보겠다. 필자는 아내가 처음에 말한 몇 가지 문장을 바탕으로 그 다음에 무엇을 말할지 예측할 수 있다고 믿는다. 필자의 예측 능력은 정확도가 높다고 생각한다. 아내에게 물어보면 다르게 이야기할 수도 있다! 유사한 개념이 구글의 이메일 서비스인 지메일에서 사용된다. 서비스 사용자라면 알겠지만 지메일은 2019년부터 사용자가 입력한 내용을 바탕으로 문장을 완성할 수 있다고 생각할 때 제안을 하고 있다. 제안이 올바르다고 생각하면 간편하게 탭 키만 누르면 문장이 완성된다. 올바르지 않다면 문장을 이어서 작성하면 되며, 지메일은 새 입력에 따라 다른 제안을 제공한다. 이 서비스 구현의 내부에 대해서는 필자도 잘 알지 못하지만, RNN은 이러한 문제에 매우 능숙하므로 RNN 기술을 사용한다고 가정할 수 있다.

RNN을 반복^{recurrent}이라고 부르는 이유는 이러한 알고리즘이 시퀀스의 모든 요소에 대해 동일한 작업을 수행하고 출력이 이전 연산에 의존적이기 때문이다. 또한 RNN은 현재까지 발생한 일과 연산에 대한 정보를 저장하는 '메모리'가 있다고 생각할 수 있다. 이론적으로 RNN이 정보를 가져올 수 있는 시퀀스의 길이에는 제한이 없다. 실제로는 일반적으로 몇 단계만 되돌아보는 방식으로 구현된다. 다음은 RNN을 나타내는 데 일반적으로 사용되는 그림이다.

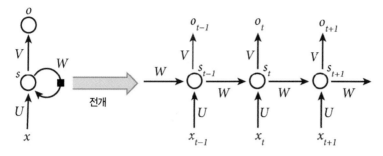

그림 21-6 순환 신경망과 순방향 연산에 포함된 연산 시간의 전개(출처: LeCun, Y. Bengio, Y. Hinton, G. (2015). Deep Learning. Nature.)

[그림 21-6]의 다이어그램은 전체 신경망으로 펼쳐지는 RNN을 나타낸다. 언롤링^{unrolling}이라는 용어는 신경망이 전체 시퀀스에 대해 단계별로 배치됨을 의미한다. 예를 들어 이전 세 단어가 다음 단어를 예측하는 데 사용된다면 신경망은 각 단어에 한 계층씩 3-계층 신경망으로 펼쳐진다. RNN에서 발생하는 연산을 제어하는 공식은 다음과 같다.

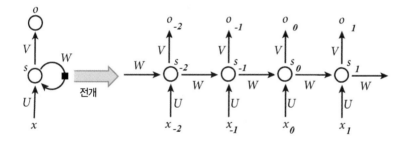

그림 21-7 3-계층 순환 신경망(출처: LeCun, Y. Bengio, Y. Hinton, G. (2015). Deep Learning. Nature.)

x_t는 시간 단계 t의 입력이다. 이 경우 x_1은 문장의 두 번째 단어에 해당하는 원-핫 속성일 수 있다.

s_t는 시간 단계 t에서 **은닉 상태**$^{hidden\ state}$다. 신경망의 메모리로 생각할 수 있다. s_t는 이전 은닉 상태와 현재 단계의 입력을 사용해 연산된다.

$$s_t = f(U_{xt} + W_{st-1})$$

가장 일반적으로 사용하는 함수 f는 하이퍼볼릭 탄젠트 렐루 같은 비선형 함수다. 첫 번째 은닉 상태를 연산하는 데 필요한 $s{-}1$은 일반적으로 0으로 초기화된다.

o_t는 단계 t의 출력이다. 예를 들어 문장에서 다음 단어를 예측하려 할 때 o_t는 어휘 전반에 걸친 확률 벡터가 된다.

$$o_t = softmax(V_{st})$$

이때 몇 가지 주목할 사항이 있다. 은닉 상태 s_t를 신경망의 메모리로 생각할 수 있다. s_t는 이전의 모든 시간 단계에서 발생한 일에 대한 정보를 캡처한다. o_t 단계의 출력은 시간 t의 메모리만을 기반으로 연산된다. 앞서 언급했듯 s_t는 한정된 이전 단계에 대한 정보만 캡처할 수 있어 실제로는 더 복잡하다.

RNN은 계층마다 다른 매개변수를 사용하는 기존 심층 신경망과 달리 모든 단계에서 동일한 매개변수(앞서 본 U, V, W)를 공유한다. 각 단계에서 입력은 다르지만 동일한 작업을 수행하기 때문이다. 그 결과 추적해야 하는 총 매개변수 수가 크게 줄어든다.

다이어그램에는 각 시간 단계에 출력이 있지만 작업에 따라 필요하지 않을 수 있다. 예를 들어 감성 분석을 할 때는 일반적으로 개별 단어가 아닌 전체 문장의 감성에 관심이 있다. 마찬가지로 각 시간 단계에서 입력이 필요하지 않을 수 있다. RNN의 주요 특성은 시퀀스에 대한 정보를 캡처하는 은닉 상태다.

이제 예제를 자세히 살펴볼 차례다. RNN을 사용해 문장에서 다음 단어를 예측하는 방법을 알아본다. 몇 가지 예측을 해보자.

21.3 언어 모델링 사용 사례

목표는 RNN을 사용해 언어 모델을 구축하는 것이다. 의미는 다음과 같다. m개 단어로 이뤄진 문장이 있다고 가정하자. 언어 모델을 사용하면 (주어진 데이터 세트에서) 문장을 볼 확률을 다음과 같이 예측할 수 있다.

$$P(w_1, ..., w_m) = \prod_{i=1}^{m} P(w_i \mid w_1, ..., w_{i-1})$$

즉 문장의 확률은 그 앞에 나온 단어가 주어졌을 때 각 단어의 확률의 곱이다. 예를 들어 'Please let me know if you have any questions(질문이 있으면 알려주세요)'라는 문장의 확률은, 'Please let me know if you have any…'가 주어졌을 때 'questions'의 확률이다. 또 'Please let me know if you have any'의 확률은 'Please let me know if you have…'가 주어졌을 때 'any'의 확률이며, 그다음도 마찬가지다.

이 방법이 왜 유용할까? 특정 문장이 관찰될 확률을 할당하는 것이 왜 중요한가?

첫째, 이러한 모델을 채점 메커니즘으로 사용할 수 있다. 언어 모델을 사용해 다음으로 올 확률이 가장 높은 단어를 선택할 수 있다. 직관적으로 가장 확률이 높은 다음 단어는 문법적으로 옳을 것이다.

언어 모델링에는 중요한 애플리케이션이 있다. 선행 단어가 주어지면 단어의 확률을 예측할 수 있으므로 **자연어 생성**Natural Text Generation(NTG)에 사용할 수 있다. 단어 시퀀스가 주어지면 단어 목록에서 확률이 가장 높은 단어가 제안되고, 전체 문장이 생성될 때까지 프로세스가 반복된다.

앞 수식에서 각 단어의 확률은 모든 이전 단어를 조건으로 한다. 실제 상황에서 모델은 연산이나 메모리 제약 때문에 장기적인 종속성을 갖기 어려울 수 있다. 따라서 대부분의 모델은 일반적으로 이전 단어에서 일부만 보도록 제한된다.

이론은 이 정도로 충분하다. 다음 절에서는 코드 작성을 시작하고 텍스트를 생성하도록 RNN을 훈련하는 방법을 학습하자.

21.4 순환 신경망 훈련

이 장 도입부에서 설명했듯 RNN은 다양한 산업에 광범위하게 응용된다. 이 책에서는 RNN의 기본 메커니즘을 보다 확실하게 이해하기 위해 간단한 예제만 살펴본다.

RNN으로 모델링하려는 입력 데이터는 수학 함수인 코사인 함수다. 먼저 입력 데이터를 정의하고 넘파이 배열에 저장하자.

```python
import numpy as np
import math
import matplotlib.pyplot as plt

input_data = np.array([math.cos(x) for x in np.arange(200)])

plt.plot(input_data[:50])
plt.show()
```

코드는 데이터를 그래프로 출력해 데이터를 시각화한다. 다음과 같은 그래프가 나타난다.

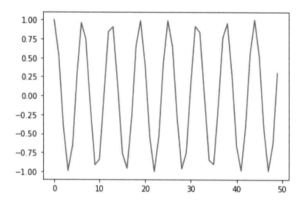

그림 21-8 입력 데이터 시각화

입력 데이터를 두 세트로 분할해 각각 훈련과 검증에 사용하자. 훈련 관점에서 최적의 분할은
아니지만 간단하게 데이터를 중간으로 분할하자.

```python
X = []
Y = []

size = 50
number_of_records = len(input_data) - size

for i in range(number_of_records - 50):
X.append(input_data[i:i+size])
Y.append(input_data[i+size])
```

```
X = np.array(X)
X = np.expand_dims(X, axis=2)

Y = np.array(Y)
Y = np.expand_dims(Y, axis=1)
```

학습된 배열의 결과 형태를 출력해보자.

```
X.shape, Y.shape
```

다음과 같은 결과가 출력된다.

```
((100, 50, 1), (100, 1))
```

이제 검증 세트를 만들어보자.

```
X_valid = []
Y_valid = []

for i in range(number_of_records - 50, number_of_records):
    X_valid.append(input_data[i:i+size])
    Y_valid.append(input_data[i+size])

X_valid = np.array(X_valid)
X_valid = np.expand_dims(X_valid, axis=2)

Y_valid = np.array(Y_valid)
Y_valid = np.expand_dims(Y_valid, axis=1)
```

다음으로 RNN에서 사용할 매개변수를 정의하자. 예를 들어 유닛 100개를 포함하는 은닉층을 정의한다.

```
learning_rate = 0.0001
number_of_epochs = 5
sequence_length = 50
hidden_layer_size = 100
output_layer_size = 1

back_prop_truncate = 5
min_clip_value = -10
max_clip_value = 10
```

그리고 여러 계층 간 연결에 대한 가중치를 정의한다.

```
W1 = np.random.uniform(0, 1, (hidden_layer_size, sequence_length))
W2 = np.random.uniform(0, 1, (hidden_layer_size, hidden_layer_size))
W3 = np.random.uniform(0, 1, (output_layer_size, hidden_layer_size))
```

코드에서 가중치는 다음과 같다.

- W1은 입력층과 은닉층 간의 가중치에 대한 가중치 행렬이다.
- W2는 은닉층과 출력층 간의 가중치에 대한 가중치 행렬이다.
- W3은 RNN 계층(은닉층)에서 공유하는 가중치에 대한 가중치 행렬이다.

RNN에 사용할 활성화 함수는 시그모이드 함수다. 활성화 함수(특히 시그모이드 함수)에 대한 자세한 설명은 **21.1 '순환 신경망의 기초'**를 참조하자.

```
def sigmoid(x):
    return 1 / (1 + np.exp(-x))
```

이제 모든 준비가 끝났으며 모델 훈련을 시작할 수 있다. 25 에폭 동안 반복하자. 결과에서 모델과 실제 데이터가 수렴하기 시작하는 지점을 명확히 볼 수 있다. 수렴이 이뤄지면 훈련을 중지해야 한다. 그렇지 않으면 데이터가 과적합되며, 모델은 훈련 데이터에는 성능이 좋지만 새로운 데이터에는 성능이 떨어진다. 프로그램을 여러 번 실행하자. 데이터가 수렴하기 시작하면 '에폭 수'를 조정할 수 있다.

훈련 중에 수행할 단계는 다음과 같다.

1 훈련 데이터의 손실 확인

 – 포워드 패스 수행

 – 오류 계산

2 검증 데이터의 손실 확인

 – 포워드 패스 수행

 – 오류 계산

3 훈련 시작

 – 포워드 패스 수행

 – 오류 역전파

 – 가중치 업데이트

```python
for epoch in range(number_of_epochs):
    # 훈련 손실 확인
    loss = 0.0

    # 예측을 위해 포워드 패스 수행
    for i in range(Y.shape[0]):
        x, y = X[i], Y[i]
        prev_act = np.zeros((hidden_layer_size, 1))
        for t in range(sequence_length):
            new_input = np.zeros(x.shape)
            new_input[t] = x[t]
            mul_w1 = np.dot(W1, new_input)
            mul_w2 = np.dot(W2, prev_act)
            add = mul_w2 + mul_w1
            act = sigmoid(add)
            mul_w3 = np.dot(W3, act)
            prev_act = act

    # 오류 계산
        loss_per_record = (y - mul_w3)**2 / 2
        loss += loss_per_record
    loss = loss / float(y.shape[0])
```

```python
# 검증 손실 계산
val_loss = 0.0
for i in range(Y_valid.shape[0]):
    x, y = X_valid[i], Y_valid[i]
    prev_act = np.zeros((hidden_layer_size, 1))
    for t in range(sequence_length):
        new_input = np.zeros(x.shape)
        new_input[t] = x[t]
        mul_w1 = np.dot(W1, new_input)
        mul_w2 = np.dot(W2, prev_act)
        add = mul_w2 + mul_w1
        act = sigmoid(add)
        mul_w3 = np.dot(W3, act)
        prev_act = act

    loss_per_record = (y - mul_w3)**2 / 2
    val_loss += loss_per_record
val_loss = val_loss / float(y.shape[0])

print('Epoch: ', epoch + 1, ', Loss: ', loss, ', Val Loss: ', val_loss)


# 모델 훈련
for i in range(Y.shape[0]):
    x, y = X[i], Y[i]

    layers = []
    prev_act = np.zeros((hidden_layer_size, 1))
    dW1 = np.zeros(W1.shape)
    dW3 = np.zeros(W3.shape)
    dW2 = np.zeros(W2.shape)

    dW1_t = np.zeros(W1.shape)
    dW3_t = np.zeros(W3.shape)
    dW2_t = np.zeros(W2.shape)

    dW1_i = np.zeros(W1.shape)
    dW2_i = np.zeros(W2.shape)

    # 포워드 패스
```

```python
for t in range(sequence_length):
    new_input = np.zeros(x.shape)
    new_input[t] = x[t]
    mul_w1 = np.dot(W1, new_input)
    mul_w2 = np.dot(W2, prev_act)
    add = mul_w2 + mul_w1
    act = sigmoid(add)
    mul_w3 = np.dot(W3, act)
    layers.append({'act':act, 'prev_act':prev_act})
    prev_act = act

# 예측의 미분
dmul_w3 = (mul_w3 - y)

# 백워드 패스
for t in range(sequence_length):
    dW3_t = np.dot(dmul_w3, np.transpose(layers[t]['act']))
    dsv = np.dot(np.transpose(W3), dmul_w3)

    ds = dsv
    dadd = add * (1 - add) * ds

    dmul_w2 = dadd * np.ones_like(mul_w2)

    dprev_act = np.dot(np.transpose(W2), dmul_w2)

    for i in range(t-1, max(-1, t-back_prop_truncate-1), -1):
        ds = dsv + dprev_act
        dadd = add * (1 - add) * ds

        dmul_w2 = dadd * np.ones_like(mul_w2)
        dmul_w1 = dadd * np.ones_like(mul_w1)

        dW2_i = np.dot(W2, layers[t]['prev_act'])
        dprev_act = np.dot(np.transpose(W2), dmul_w2)

        new_input = np.zeros(x.shape)
        new_input[t] = x[t]
        dW1_i = np.dot(W1, new_input)
```

```python
        dx = np.dot(np.transpose(W1), dmul_w1)

        dW1_t += dW1_i
        dW2_t += dW2_i

    dW3 += dW3_t
    dW1 += dW1_t
    dW2 += dW2_t

    if dW1.max() > max_clip_value:
        dW1[dW1 > max_clip_value] = max_clip_value
    if dW3.max() > max_clip_value:
        dW3[dW3 > max_clip_value] = max_clip_value
    if dW2.max() > max_clip_value:
        dW2[dW2 > max_clip_value] = max_clip_value

    if dW1.min() < min_clip_value:
        dW1[dW1 < min_clip_value] = min_clip_value
    if dW3.min() < min_clip_value:
        dW3[dW3 < min_clip_value] = min_clip_value
    if dW2.min() < min_clip_value:
        dW2[dW2 < min_clip_value] = min_clip_value

    # 업데이트
    W1 -= learning_rate * dW1
    W3 -= learning_rate * dW3
    W2 -= learning_rate * dW2
```

결과는 다음과 비슷하다.

```
$ python3 balancer.py --help
usage: balancer.py [-h] --input-env {cartpole,mountaincar,pendulum}

Run an environment

optional arguments:
  -h, --help            show this help message and exit
  --input-env {cartpole,mountaincar,pendulum}
                        Specify the name of the environment
```

그림 21-9 5번 에폭을 실행한 RNN 훈련 결과

결과에서 볼 수 있듯 손실과 검증 손실은 에폭마다 계속 감소한다. 더 많은 에폭으로 모델을 실행하면 결과가 확실히 수렴할 것이다.

다음은 10번 에폭을 실행한 예다.

```
Epoch:  1 , Loss:  [[95567.55451649]] , Val Loss:  [[47779.37198851]]
Epoch:  2 , Loss:  [[56854.28788942]] , Val Loss:  [[28423.75551176]]
Epoch:  3 , Loss:  [[28141.02126203]] , Val Loss:  [[14068.13903485]]
Epoch:  4 , Loss:  [[9427.75131975]] , Val Loss:  [[4712.5209022]]
Epoch:  5 , Loss:  [[701.30645776]] , Val Loss:  [[350.32328326]]
Epoch:  6 , Loss:  [[24.4862044]] , Val Loss:  [[12.26924361]]
Epoch:  7 , Loss:  [[27.61131066]] , Val Loss:  [[13.83388386]]
Epoch:  8 , Loss:  [[28.77439377]] , Val Loss:  [[14.45462133]]
Epoch:  9 , Loss:  [[31.02608915]] , Val Loss:  [[15.53625882]]
Epoch: 10 , Loss:  [[25.79425679]] , Val Loss:  [[12.95839331]]
```

그림 21-10 10번 에폭에 대한 RNN 학습 결과

[그림 21-10]에서 볼 수 있듯 에폭 6 이후에 결과가 수렴했다. 최적의 에폭 수를 찾는 일은 시행착오 과정이다. 이 결과에 따르면 6은 대략적으로 알맞은 에폭 수다.

예제는 거의 끝났다. 예측값과 초기 입력 데이터 세트를 그래프로 그리고 어떻게 되는지 살펴보자. 관련 코드는 다음과 같다.

```python
preds = []
for i in range(Y_valid.shape[0]):
    x, y = X_valid[i], Y_valid[i]
    prev_act = np.zeros((hidden_layer_size, 1))
    # 각 시간 단계에 따라
    for t in range(sequence_length):
        mul_w1 = np.dot(W1, x)
        mul_w2 = np.dot(W2, prev_act)
        add = mul_w2 + mul_w1
        act = sigmoid(add)
        mul_w3 = np.dot(W3, act)
        prev_act = act

    preds.append(mul_w3)

preds = np.array(preds)
```

```
plt.plot(preds[:, 0, 0], 'g')
plt.plot(Y_valid[:, 0], 'r')
plt.show()
```

결과는 다음과 같다.

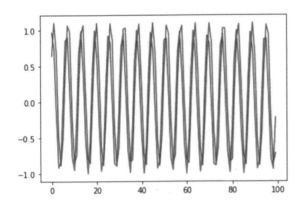

그림 21-11 RNN 학습 예측값과 실제 그래프

[그림 21-11] 그래프에 나타나듯 예측값과 초기값이 상당히 근접하므로 좋은 결과다. RNN은 본질적으로 확률이므로 다음에 예제를 실행해보면 결과가 더 좋을 수도 있고 나쁠 수도 있다. 결과는 다를 수 있다.

마지막으로 평균 제곱근 편차Root Mean Square Error (RMSE) 점수를 계산해보자.

```
from sklearn.metrics import mean_squared_error
math.sqrt(mean_squared_error(Y_valid[:, 0], preds[:, 0, 0]))
```

RMSE는 분산의 제곱근이다. 설명되지 않은 분산의 표준편차로 해석할 수 있다. 반응 변수와 동일한 단위를 갖는 유용한 속성이 있다. RMSE 값이 낮을수록 더 나은 적합성을 나타낸다. 예제에서는 낮은 값을 얻게 되며, 이는 모델이 적절한 예측을 생성함을 의미한다.

```
0.5691944360057564
```

작동 중인 RNN의 간단한 예를 살펴봤다. 예제 코드는 간단한 두 줄짜리 프로그램이 아니었다! 이는 RNN이 구현하기 쉽지 않음을 의미한다. RNN을 복잡한 작업에 적용하는 작업은 어려운 일이다.

또한 RNN은 연산 비용이 크기 때문에 정확한 예측을 생성하려면 시간이 많이 걸릴 수 있다. 적절한 하드웨어를 사용하지 않는다면 연산이 오래 걸린다.

그럼에도 RNN을 통해 많은 혁신이 이뤄졌으며 데이터 과학 커뮤니티는 지속적으로 새로운 애플리케이션을 찾고 있다. 뿐만 아니라 성능과 정확성이 계속 향상되고 있다. 지금까지 설계한 신경망의 성능과 기능을 개선하는 일은 여러분 몫이다. 신경망을 다른 도메인에 적용해볼 수도 있다. 즐거운 코딩을 하길 바란다.

21.5 정리

이 장에서는 계속해서 딥러닝을 학습하고 RNN의 기초를 배웠다. RNN 아키텍처의 기본 개념이 무엇이고 왜 중요한지 살펴봤다. 기본을 다진 후 RNN의 잠재적인 용도를 살펴보고 RNN을 사용해 언어 모델을 구현했다. 처음에는 기본 기술을 사용해 언어 모델을 구현했으며 더 높은 수준의 개념을 이해하고자 모델을 점차 복잡하게 만들었다.

다음 장에서는 강화 학습을 사용해 지능형 에이전트를 만드는 방법을 배운다.

22 강화 학습 – 지능형 에이전트 생성

Chapter

강화 학습의 정의와 모델 내 구성 요소를 살펴본다. 강화 학습 시스템을 구축하는 데 사용하는 기술과 학습 에이전트를 구축하는 방법을 알아본다.

이 장의 학습 목표

- 학습의 의미
- 강화 학습 정의와 사례
- 강화 학습 구성 요소
- OpenAI Gym 패키지

이 장에서는 **강화 학습**reinforcement learning (RL)을 배운다. 먼저 RL의 전제를 살펴보고 RL과 지도 학습의 차이점을 알아본다. RL의 실제 사례를 통해 다양한 형태를 살펴본다. 구성 요소를 비롯해 RL과 관련된 다양한 개념을 학습한다. 그리고 파이썬으로 환경을 만들어 실제로 어떻게 작동하는지 확인한다. 마지막으로 이러한 개념을 사용해 학습 에이전트를 구축한다.

이 장에서 다룰 내용은 다음과 같다.

- 학습의 의미 이해
- 강화 학습 vs. 지도 학습
- RL의 실제 사례
- RL의 구성 요소
- 환경 조성
- 학습 에이전트 구축

RL로 들어가기 전에 먼저 '학습'이 실제로 무엇을 의미하는지 생각해보자. 구현하기 전에 먼저 이해하는 데 도움이 될 것이다!

22.1 학습의 의미 이해

학습이라는 개념은 인공지능의 기본이다. 우리는 기계가 학습 과정을 이해해 스스로 학습하기를 바란다. 인간은 주변을 관찰하고 상호작용을 통해 학습한다. 새로운 장소에 가면 주변을 빠르게 둘러보고 무엇이 일어나는지 알 수 있다.

이때 무엇을 해야 하는지 아무도 가르쳐주지 않지만 우리는 주변 환경을 관찰하고 상호작용을 한다. 환경과 연결을 구축함으로써 다양한 일의 원인에 관한 많은 정보를 수집하는 경향이 있다. 원인과 결과, 어떤 행동이 어떤 결과로 이어지는지, 무언가를 성취하려면 무엇을 해야 하는지를 학습한다.

우리는 언제나 이 학습 과정을 사용한다. 주변 환경에 관한 지식을 수집하고 이에 대응하는 방법을 배운다. 연설자를 예로 들어보자. 훌륭한 연설자는 대중 앞에서 연설할 때 청중이 자신의 말에 어떻게 반응하는지 알고 있다. 청중이 응답하지 않으면 실시간으로 연설에 변화를 줘서 참여를 유도한다. 연설자는 자신의 행동을 통해 환경에 영향을 미치려고 노력한다. 이때 연설자는 행동을 하고 특정 목표를 달성하기 위해 청중과의 상호작용으로부터 '학습'했다고 할 수 있다. 이 학습 과정(환경 관찰, 행동, 행동의 결과 평가, 적응, 다시 행동)은 인공지능에서 기본적인 아이디어이자 많은 주제의 기반이 된다. 이를 기억하고 RL을 알아보자.

RL은 보상을 극대화하기 위해 무엇을 해야 할지 학습하고 상황을 특정 행동에 매핑하는 과정을 의미한다. 대부분의 머신러닝 패러다임에서는 특정 결과를 얻기 위해 학습 에이전트가 취할 행동을 알려준다. 강화 학습에서는 학습 에이전트가 어떤 행동을 해야 할지 알려주지 않는다. 대신 에이전트가 어떤 행동을 해야 가장 높은 보상을 얻는지 시도를 통해 알아내야 한다. 이러한 행동은 즉각적인 보상과 다음 상황에 영향을 미치는 경향이 있다. 즉 이후의 모든 보상도 영향을 받는다.

RL에 대해 생각하는 좋은 방법은 학습 방법이 아니라 학습 문제에 대한 정의를 이해하는 것이다. 문제를 해결하는 방법이면 무엇이든 RL 방법으로 간주할 수 있다. RL은 시행착오 학습과 지연된 보상이라는 두 가지 특성이 있다. RL 에이전트는 두 특성을 사용해 행동 결과로부터 학습한다.

22.2 강화 학습 vs. 지도 학습

현재 많은 연구가 지도 학습에 초점을 맞춘다. RL은 지도 학습과 비슷해 보일 수 있지만 사실 그렇지 않다. 지도 학습은 레이블이 붙은 샘플로부터 학습하는 과정을 말한다. 유용한 기술이지만 상호작용으로부터 학습하기에는 충분하지 않다. 예를 들어 새로운 지형을 탐색하는 기계를 설계할 때 이러한 학습은 도움이 되지 않는다. 사전에 사용할 수 있는 학습 샘플이 없기 때문이다.

새로운 지형과 상호작용함으로써 경험을 통해 학습하는 에이전트가 필요하다. RL은 이러한 경우에 매우 뛰어나다. 에이전트가 새로운 것으로부터 학습하기 위해 상호작용을 하는 탐색 단계를 살펴보자. 얼마나 탐색할 수 있을까? 이때 에이전트는 환경이 얼마나 큰지 알지 못하며, 많은 경우 모든 가능성을 탐색해야 한다. 그렇다면 에이전트는 무엇을 해야 할까? 한정된 경험으로부터 학습해야 할까, 혹은 행동하기 전에 더 탐색해야 할까? 이는 RL에서 주된 과제다.

더 높은 보상을 얻으려면 에이전트는 이미 시도하고 테스트해본 행동을 선호해야 한다. 하지만 그러한 행동을 발견하려면 이전에 선택되지 않은 새로운 행동을 계속 시도해야 한다. 연구원들은 수년에 걸쳐 탐색과 학습 간의 상충 관계를 광범위하게 연구했으며, 이는 여전히 활발한 주제다.

22.3 강화 학습 사례

실제로 RL이 어디에 사용되는지 살펴본다. 여러 사례를 통해 RL이 어떻게 작동하고 어떤 애플리케이션을 구축할 수 있는지 이해하자.

게임

바둑이나 체스 같은 보드게임을 생각해보자. 최선의 수를 결정하려면 플레이어는 다양한 요소를 고려해야 한다. 가능한 경우가 너무 많아 무차별 대입 검색을 할 수 없다. 전통적인 기술을 사용해 게임을 하는 기계를 만든다면 모든 경우를 다루기 위해 많은 규칙을 정해야 한다. RL은 이 문제를 완전히 피해간다. 논리 규칙을 수동으로 지정할 필요가 없다. 학습 에이전트는 단순히 예를 통해 학습해 스스로 게임을 한다. 이 주제에 관한 자세한 내용은 **2장 '인공지능 사용 사례'**를 참조하자.

로봇공학

새로운 건물을 탐험하는 것이 임무인 로봇을 생각해보자. 로봇은 기지국으로 돌아가기에 충분한 전력이 남아 있는지 확인해야 한다. 수집한 정보의 양과 기지국으로 안전하게 돌아가는 능력 간의 균형을 고려해 결정을 내릴지 결정한다. 이 주제에 관한 자세한 내용은 **2장 '인공지능 사용 사례'**를 참조하자.

산업용 컨트롤러

엘리베이터 스케줄링을 생각해보자. 좋은 스케줄러는 최소한의 전력으로 가능한 한 많은 사람에게 서비스한다. 이러한 문제에 관해 RL 에이전트는 시뮬레이션된 환경에서 방법을 학습할 수 있으며, 그 지식을 바탕으로 최적의 스케줄링을 한다.

아기

RL을 활용하는 것은 기계만이 아니다. 아기는 생후 몇 개월간 걷는 법을 배우면서 RL과 거의 동일한 과정을 겪는다. 반복적인 시도를 통해 균형을 잡을 수 있게 되며, 다양한 이동 방법을 시도하고 나서 걷기(혹은 달리기!)가 가장 효율적인 방법임을 깨닫는다.

예시들을 자세히 살펴보면 몇 가지 공통된 특성이 있음을 알 수 있다. 모두 환경과의 상호작용을 포함한다. 학습 에이전트(기계, 아기 등)는 환경에 대한 불확실성이 있더라도 특정 목표를 달성하려고 한다. 에이전트의 행동은 해당 환경의 미래 상태를 변경한다. 환경과 계속해서 상호작용을 함으로써 나중에 사용 가능한 기회에 영향을 준다.

RL이 무엇이며 어떻게 사용되는지 살펴봤으니 이제 작동 방식을 알아보자. 먼저 RL 시스템의 구성 요소를 알아본다.

22.4 강화 학습 구성 요소

RL 시스템에서는 에이전트와 환경 간의 상호작용 외에도 다음과 같은 요소가 작용한다.

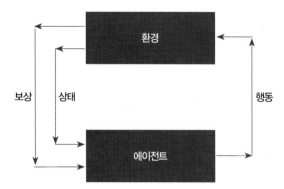

그림 22-1 강화 학습 구성 요소

일반적으로 RL 에이전트는 다음 단계를 수행한다.

1 에이전트 및 환경과 관련된 일련의 상태가 있다. 주어진 시점에서 에이전트는 입력 상태를 관찰해 환경을 감지한다.

2 취해야 할 행동을 규정하는 정책이 있다. 정책은 의사 결정 기능으로 작동한다. 행동은 이러한 정책을 사용하는 입력 상태에 따라 결정된다.

3 에이전트는 이전 단계에 따라 행동을 취한다.

4 환경은 행동에 반응한다. 에이전트는 환경으로부터 강화(보상이라고도 함)를 받는다.

5 에이전트는 보상에 관한 정보를 계산하고 기록한다. 이 보상은 상태/행동 쌍에 따라 얻으므로, 향후 특정 상태가 주어지면 더 많은 보상 행동을 취하는 데 사용할 수 있다.

RL 시스템은 여러 작업을 동시에 수행할 수 있다. 시행착오 검색을 통해 학습하고, 환경 모델을 학습하고, 그 모델을 사용해 다음 단계를 계획한다. 다음 절에서는 인기 있는 프레임워크를 사용해 파이썬으로 작성된 강화 학습 시스템을 직접 살펴보자.

22.5 환경 구축

OpenAI Gym이라는 패키지를 사용해 RL 에이전트를 구축하자(자세한 내용은 *https://gym. openai.com* 참조).

다음 명령으로 pip를 사용해 설치한다(설치에 관한 팁과 트릭은 *https://github.com/ openai/gym#installation* 참조).

```
$ pip3 install gym
```

설치했으면 코드를 작성해보자. 새로운 파이썬 파일을 생성하고 다음 패키지를 임포트한다.

```
import argparse

import gym
```

입력 인수를 파싱하는 함수를 정의한다. 입력 매개변수는 실행할 환경의 종류를 설정하는 데 사용한다.

```
def build_arg_parser():
    parser = argparse.ArgumentParser(description='Run an environment')
    parser.add_argument('--input-env', dest='input_env', required=True,
            choices=['cartpole', 'mountaincar', 'pendulum', 'taxi', 'lake'],
            help='Specify the name of the environment')
    return parser
```

main 함수를 정의하고 입력 인수를 파싱한다.

```
if __name__=='__main__':
    args = build_arg_parser().parse_args()
    input_env = args.input_env
```

입력 인수 문자열을 OpenAI Gym 패키지에 설정된 환경 이름과 매핑한다.

```
name_map = {'cartpole': 'CartPole-v0',
            'mountaincar': 'MountainCar-v0',
            'pendulum': 'Pendulum-v0',
            'taxi': 'Taxi-v1',
            'lake': 'FrozenLake-v0'}
```

입력 인수를 기반으로 환경을 생성하고 리셋한다.

```
# 환경 생성 및 리셋
env = gym.make(name_map[input_env])
env.reset()
```

1000번 반복하고 단계마다 임의의 행동을 취한다.

```
# 1000번 반복
for _ in range(1000):
    # 환경 생성
    env.render()

    # 임의의 행동을 취한다
    env.step(env.action_spac e.sample())
```

전체 코드는 run_environment.py 파일에 있다. 코드 실행 방법을 알고 싶으면 [그림 22-2]
처럼 help 인수를 사용해 실행한다.

```
$ python3 run_environment.py --help
usage: run_environment.py [-h] --input-env
                          {cartpole,mountaincar,pendulum,taxi,lake}

Run an environment

optional arguments:
  -h, --help            show this help message and exit
  --input-env {cartpole,mountaincar,pendulum,taxi,lake}
                        Specify the name of the environment
```

그림 22-2 파이썬 프로그램을 실행하는 명령어

카트폴cartpole 환경으로 실행해보자. 다음 명령어로 실행한다.

```
$ python3 run_environment.py --input-env cartpole
```

실행하면 카트폴이 오른쪽으로 움직이는 창이 나타난다. 다음 스크린샷은 초기 위치를 보여준다.

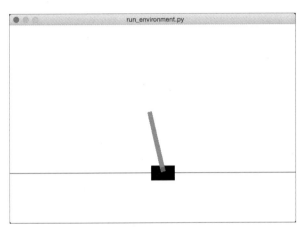

그림 22-3 카트폴 예제 결과

약 1초 뒤에는 다음 스크린샷처럼 움직인다.

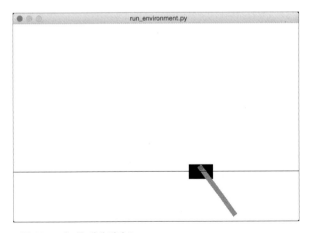

그림 22-4 카트폴 예제 결과 2

마지막에는 다음 스크린샷처럼 카트폴이 창에서 나간다.

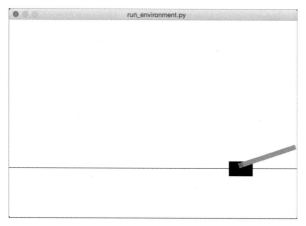

그림 22-5 카트폴 예제 결과 3

mountaincar 인수를 사용해 실행해보자. 다음 명령어를 사용한다.

```
$ python3 run_environment.py --input-env mountaincar
```

코드를 실행하면 처음에는 다음 그림이 나타난다.

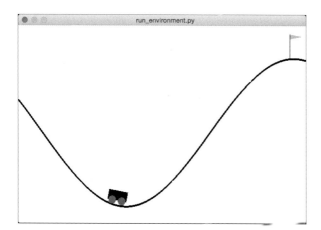

그림 22-6 미운딘 카 예세 결과

몇 초 뒤에는 자동차가 깃발에 닿으려고 더 많이 진동한다.

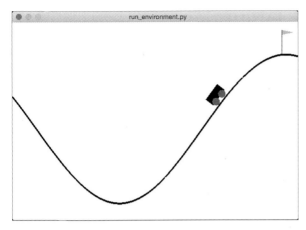

그림 22-7 마운틴 카 예제 결과 2

다음 그림처럼 진행폭이 길어진다.

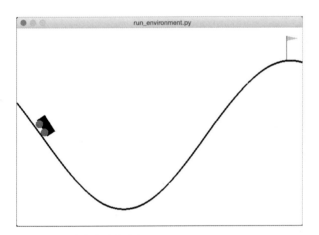

그림 22-8 마운틴 카 예제 결과 3

첫 번째 예제에서는 그다지 흥미로운 일이 일어나지 않았다. 카트폴이 돌아다닐 뿐이었다. 하지만 예제를 통해 우리가 사용하고 있는 RL 프레임워크의 기본을 이해할 수 있었다. 두 번째 예제는 좀 더 흥미로웠다. 실제로 목표(깃발에 닿기)가 있었다. 목표를 달성하는 것은 일반적으로 강화 문제를 구성하는 방법이다. 다음 절에서는 더 흥미로운 예제를 살펴보며 좀 더 복잡한 목표를 세운다.

22.6 학습 에이전트 구축

이 절에서 살펴볼 예제는 이전 절 카트폴 예제를 기반으로 한다. 처음에는 카트폴이 단순히 움직이고 있었다. 이번에는 카트 위에 있는 기둥이 균형을 잡고 똑바로 서 있도록 한다. 더 배울 준비가 됐는가? 그렇다면 시작하자.

먼저 새 파이썬 파일을 만들고 다음 패키지를 임포트한다.

```python
import argparse
import gym
```

입력 인수를 파싱하는 함수를 정의한다.

```python
def build_arg_parser():
    parser = argparse.ArgumentParser(description='Run an environment')
    parser.add_argument('--input-env', dest='input_env', required=True,
            choices=['cartpole', 'mountaincar', 'pendulum'],
            help='Specify the name of the environment')
    return parser
```

입력 인수를 파싱한다.

```python
if __name__=='__main__':
    args = build_arg_parser().parse_args()
    input_env = args.input_env
```

입력 인수를 OpenAI Gym 패키지의 환경 이름과 매핑한다.

```python
    name_map = {'cartpole': 'CartPole-v0',
                'mountaincar': 'MountainCar-v0',
                'pendulum': 'Pendulum-v0'}
```

입력 인수를 기반으로 환경을 생성한다.

```
# 환경 생성
env = gym.make(name_map[input_env])
```

환경을 리셋하며 반복을 시작한다.

```
# 반복을 시작한다
for _ in range(20):
    # 환경 리셋
    observation = env.reset()
```

리셋마다 100번 반복한다. 환경을 설정한다.

```
# 100번 반복
for i in range(100):
    # 환경 설정
    env.render()
```

현재 관찰 내용을 출력하고 사용 가능한 행동 공간에 따라 행동을 취한다.

```
# 현재 관찰 내용을 출력
print(observation)

# 행동을 취한다
action = env.action_space.sample()
```

현재 행동을 취한 결과를 추출한다.

```
# 취한 행동을 기반으로 관찰, 보상, 상태 등 정보 추출
observation, reward, done, info = env.step(action)
```

목표에 도달했는지 확인한다.

```
# 완료했는지 확인
if done:
    print('Episode finished after {} timesteps'.format(i+1))
    break
```

전체 코드는 balancer.py 파일에 있다. 코드 실행 방법을 알고 싶다면 [그림 22-9]처럼 help 인수를 사용해 실행한다.

```
$ python3 balancer.py --help
usage: balancer.py [-h] --input-env {cartpole,mountaincar,pendulum}

Run an environment

optional arguments:
  -h, --help            show this help message and exit
  --input-env {cartpole,mountaincar,pendulum}
                        Specify the name of the environment
```

그림 22-9 파이썬 밸런서 예제를 실행하는 명령어

cartpole 환경을 사용해 코드를 실행해보자. 다음 명령어를 실행한다.

```
$ python3 balancer.py --input-env cartpole
```

코드를 실행하면 카트폴이 균형을 잡는다.

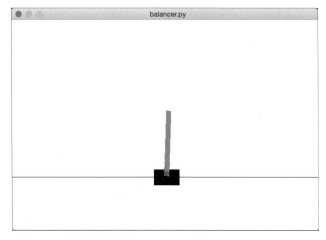

그림 22-10 카트폴 예제 결과 4

몇 초 동안 실행해보면 다음처럼 카트폴이 여전히 서 있다.

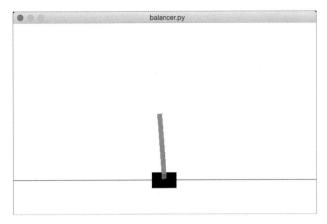

그림 22-11 카트폴 예제 결과 5

많은 정보가 출력된다. 한 가지 에피소드를 살펴보면 다음과 같다.

```
[ 0.01704777  0.03379922 -0.01628054  0.02868271]
[ 0.01772375 -0.16108552 -0.01570689  0.31618481]
[ 0.01450204  0.03425659 -0.00938319  0.01859014]
[ 0.01518717 -0.16072954 -0.00901139  0.30829785]
[ 0.01197258 -0.35572194 -0.00284543  0.59812526]
[ 0.00485814 -0.16056029  0.00911707  0.30454742]
[ 0.00164694 -0.35581098  0.01520802  0.60009165]
[-0.00546928 -0.16090505  0.02720986  0.31223756]
[-0.00868738 -0.35640386  0.03345461  0.61337594]
[-0.01581546 -0.55197696  0.04572213  0.91640525]
[-0.026855   -0.3575021   0.06405023  0.63843544]
[-0.03400504 -0.16332896  0.07681894  0.36659087]
[-0.03727162 -0.3594537   0.08415076  0.68247294]
[-0.04446069 -0.5556372   0.09780022  1.00041801]
[-0.05557344 -0.75192055  0.11780858  1.32214352]
[-0.07061185 -0.55846765  0.14425145  1.06853119]
[-0.0817812  -0.36551752  0.16562207  0.82437502]
[-0.08909155 -0.56247052  0.18210957  1.16423244]
[-0.10034096 -0.75943464  0.20539422  1.50803784]
Episode finished after 19 timesteps
```

그림 22-12 에피소드 출력

에피소드마다 완료하는 데 여러 단계가 필요하다. 출력된 정보를 스크롤하면 볼 수 있다. 예제를 실행하면 카트폴이 (적어도) 대부분의 시간 동안 균형을 잡을 것이다. 이 장에서 다룬 내용으로 바둑에서 알파제로를 이길 수는 없지만, 이러한 시스템을 어떻게 구축하는지에 관한 기초를 배울 수 있었다.

22.7 정리

이 장에서는 RL 시스템을 학습했다. RL의 전제와 설정하는 방법을 알아보고 RL과 지도 학습의 차이점을 이야기했다. RL의 실제 사례를 통해 다양한 시스템에서 RL을 어떻게 사용하는지 살펴봤다. RL의 구성 요소와 에이전트, 환경, 정책, 보상 등 다양한 개념을 배웠다. 그리고 파이썬으로 환경을 만들어 실제로 작동하는지 확인했다. 마지막으로 이러한 개념을 사용해 RL 에이전트를 구축했다.

다음 장에서는 다소 다른 주제로 이동한다. 빅데이터 기술이 어떻게 머신러닝 시스템을 보다 강력하고 효율적으로 만드는지 알아보자.

23 | 인공지능과 빅데이터

Chapter

빅데이터 기술을 적용해 머신러닝 파이프라인을 가속화하는 방법을 알아보고 데이터 세트 수집, 변환, 유효성 검사를 간소화하는 기술을 분석한다. 아파치 스파크를 사용하는 예제를 살펴본다.

이 장의 학습 목표
- 빅데이터의 3V: 규모, 속도, 다양성
- 빅데이터 기술을 사용하는 머신러닝
- 아파치 하둡, 스파크, 임팔라
- NoSQL 데이터베이스

이 장에서는 빅데이터가 무엇이며 인공지능에서 빅데이터 기술을 어떻게 사용할 수 있는지 배운다. 빅데이터가 머신러닝 파이프라인을 가속화하는 데 어떻게 도움이 되는지 알아본다. 또한 몇 가지 예시를 통해 빅데이터 기술을 사용하면 좋은 경우와 과한 경우를 살펴본다. 빅데이터를 사용하는 머신러닝 파이프라인의 구성 요소와 다양한 관련 과제를 알아보고 파이썬으로 환경을 만들어 실제로 어떻게 작동하는지 살펴본다.

이 장에서 다룰 내용은 다음과 같다.

- 빅데이터 기초
- 빅데이터의 세 가지 V
- 인공지능과 머신러닝에 적용되는 빅데이터
- 빅데이터를 사용하는 머신러닝 파이프라인
- 아파치 하둡
- 아파치 스파크
- 아파치 임팔라
- NoSQL 데이터베이스

빅데이터 기초부터 시작하자.

23.1 빅데이터 기초

오늘날 우리는 10년 전에는 거의 하지 않았고 20년 전에는 한 번도 하지 않았던 활동을 정기적으로 수행한다. 이 일을 다시는 못한다는 말을 듣는다면 상당히 혼란스러울 것이다. 아마 오늘도(혹은 적어도 이번 주에는) 이미 몇 번 했을 것이다. 필자가 무엇을 이야기하는지 알겠는가? 바로 구글 검색이다.

구글은 그리 오래되지 않았지만 우리는 현재 구글에 매우 의존하고 있다. 구글은 잡지 출판, 전화번호부, 신문을 비롯해 여러 산업을 뒤집고 혼란에 빠뜨렸다. 요즘에는 궁금한 것이 있으면 구글을 사용해 해결한다. 그 이유는 인터넷에(특히 휴대폰을 통해) 항상 연결돼 있기 때문이다. 구글은 거의 우리 삶의 일부가 됐다.

이 놀라운 지식 발견의 배후에 있는 메커니즘을 생각해본 적이 있는가? 우리 손끝에 말 그대로 수십억 개 문서가 있어 몇 밀리초 만에 접근할 수 있고, 가장 관련성이 높은 문서가 마치 마술처럼 가장 앞에 나타나 이 문서만으로도 답을 얻을 수 있다. 필자는 때때로 구글이 마음을 읽고 있으며 키워드를 입력하기도 전에 무엇을 원하는지 알고 있다는 느낌이 든다.

구글이 이러한 답변을 제공하는 데 사용하는 기본 기술에는 빅데이터가 있다. 빅데이터란 무엇일까? 이름 자체는 별다른 정보를 주지 않는다. '데이터'는 컴퓨터에 저장된 어느 것이든 될 수 있으며 '빅(크다)'은 상대적인 용어다. 빅데이터를 정의하기 전에 주제와 관련해 필자가 좋아하는 비유 한 가지를 소개한다.

그림 23-1 빅데이터 용어

[그림 23-1]의 글을 해석하면 다음과 같다.

"빅데이터는 십대들이 성^{sex}을 바라보는 관점과 같다. 모두가 성에 관해 이야기하지만 사실은 어떻게 하는지 알지 못한다. 다른 사람들이 모두 하고 있다고 생각하기 때문에 자신도 하고 있다고 주장한다."

이는 빅데이터가 사람마다 다른 것을 의미한다는 점을 강조한다. (변화하기 시작했지만) 전통적인 데이터베이스는 저장할 수 있는 정보의 양과 확장할 수 있는 정도가 한정적이었다. 하둡, 스파크, NoSQL 데이터베이스, 그래프 데이터베이스와 같이 새로운 기술을 사용한다면 빅데이터를 사용하고 있는 것이다. 무한한 것은 없지만 이러한 기술은 (내부적으로 확장하는 대신) 외부로 확장할 수 있으므로 훨씬 더 효율적으로, 더 큰 규모로 확장할 수 있다. 무한하게 확장 가능한 것은 없지만 하둡이나 스파크 같은 새로운 기술은 기존 데이터베이스 같은 레거시 기술과 근본적인 차이가 있다. 스노우플레이크^{Snowflake} 같은 공급 업체와 도구의 출현에 따라, 평범한 SQL을 사용해서도 페타바이트 크기의 데이터베이스를 다루는 일이 가능해지기 시작했다.

비즈니스가 성장하고 리소스 요구 사항이 증가함에 따라, 기존 아키텍처를 사용한다면 더 크고 강력한 컴퓨터로 업그레이드해 확장할 것이다. 하지만 이 성장 방법은 예상대로 한계에 도달할 것이다. 하드웨어 제조 업체는 단지 크기만 한 컴퓨터를 생산한다.

반면에 비즈니스에서 새로운 기술을 사용하고 병목현상에 도달했을 때, 컴퓨터 하드웨어를 교체하는 대신 외부로 확장하고 새로운 시스템을 추가해 병목현상을 해결할 수 있다. 성능을 추가하는 것이므로 컴퓨터 자체가 커질 필요는 없다. 일반적으로 이전 컴퓨터와 동일하다. 이 성장 방법은 훨씬 더 확장 가능하다. 잠재적으로 문제를 해결하기 위해 컴퓨터 수백, 수천 대가 함께 작동할 수 있다.

이와 같은 일련의 컴퓨팅 리소스에 의한 공동 작업을 일반적으로 클러스터라고 한다. 클러스터는 균일한 노드의 집합이며, 이때 노드들은 방대한 정형 혹은 비정형 데이터를 저장하거나 분석하는 등 공통 목표로 협업한다. 이러한 클러스터는 일반적으로 저가형 상용 하드웨어에서 오픈 소스 분산 처리 소프트웨어를 실행한다.

이러한 클러스터는 저가형 상용 컴퓨터에서 하둡의 오픈 소스 분산 처리 소프트웨어를 실행한다. 클러스터는 비공유^{shared-nothing} 시스템이리고도 하는데, 노드 간에 공유하는 유일한 리소스가 노드를 연결하는 네트워크이기 때문이다.

클러스터 아키텍처는 데이터 분석 처리 속도를 크게 높일 수 있으며 확장성이 뛰어나다. 클러스터의 처리 능력이 특정 워크로드에 압도되면 노드를 쉽게 추가해 처리량을 높일 수 있다. 또한 클러스터 아키텍처는 본질적으로 내결함성이 있다.

각 데이터 구성 요소는 여러 노드에 중복 복사되므로 단일 노드 장애로 인해 데이터가 손실되지는 않는다. 데이터 손실은 불가능하지는 않지만 가능성이 극히 낮다.

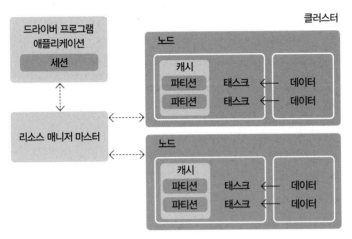

그림 23-2 클러스터와 노드

빅데이터를 더 잘 이해하기 위해 빅데이터 기술을 활용하는 예를 더 살펴보자. 구글 검색을 계속 분석해보자. 구글 검색의 실제 내부 작업은 대부분 독점적이다. 구글 작동 방식에 관한 정확한 세부 정보는 소수 직원만이 알고 있다.

구글 검색의 모든 세부 사항을 완전히 알거나 이해하는 사람은 없을 수도 있다. 사람들은 구글에서 이따금 공개하는 정보를 기반으로 추측을 한다.

작동 방식을 추측하는 일 또한 유익하고 재밌다. 구글의 인터페이스는 쉬운 느낌을 준다. 일련의 단어로 요청을 받고 그에 따른 응답을 반환할 뿐 많은 일을 하지 않는 것 같아 보인다. 필자는 구글 검색 페이지를 처음 봤을 때를 아직도 기억한다. 완전히 혼란스러웠으며 페이지가 로드된 것이 맞는지 의심했다. 당시는 전화 접속 모뎀 시대였고 야후^Yahoo가 구글보다 더 큰 역할을 했다. 최근에 야후 홈페이지를 방문해 아직도 얼마나 복잡한지 봤다면 필자의 말을 이해할 것이다. 사실 간단한 구글 검색 요청 뒤에서는 많은 일이 일어난다. 한 단계 더 들어가보자. 일어나는 일은 다음과 같다.

1 쿼리를 받는다.

2 쿼리를 파싱한다.

3 단어 순서를 설정하고 표준화한다.

4 구글 인덱스에서 정보를 찾는다. 조회를 수행할 때 결과는 다음 사항을 고려해 개인화된다.
   – 개인 취향
   – 이전 검색 기록
   – 구글이 알고 있는 사용자 개인 정보(많음)

5 결과의 순위를 지정한다(이 작업의 대부분은 쿼리가 전송되기 전에 수행됨).

6 응답을 보낸다.

다음은 샘플 쿼리, 찾은 결과 수, 결과를 반환하는 데 걸린 시간이다.

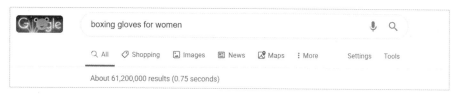

그림 23-3 구글 검색과 찾은 결과 수

중요한 고려 사항 한 가지는 검색어를 제출할 때 구글이 인터넷을 검색하지 않는다는 점이다. 쿼리가 작성될 때쯤, 사용자에게 신속하게 응답하기 위해 많은 작업이 수행됐다. 백그라운드에서 진행되는 활동을 일부 살펴보자.

23.1.1 크롤링

구글이 결과를 제공하려면 사용 가능한 항목을 알아야 한다. 모든 웹 페이지와 웹사이트가 있는 마법의 중앙 저장소는 없다. 따라서 구글은 끊임없이 새로운 사이트와 페이지를 검색해 알려진 페이지 목록에 추가한다. 이 검색 프로세스를 크롤링crawling이라고 한다.

구글이 이전에 크롤링한 페이지는 구글 사이트 목록에 있다. 구글이 알려진 페이지에서 새 페이지로 연결하는 링크를 따라가면 새로운 페이지가 발견된다. 사이트 소유자나 에이전트가 웹사이트를 제출해 구글에서 사이트와 사이트맵을 인식하면 또 다른 페이지가 발견된다.

23.1.2 인덱싱

페이지가 발견되고 구글 사이트 목록에 추가되면 구글은 그 콘텐츠를 이해하려고 한다. 이 과정을 **인덱싱**indexing이라고 한다. 구글은 사이트의 콘텐츠를 분석하고 이미지와 영상을 분류한다.

결과는 구글 인덱스에 저장된다. 이 지수는 빅데이터의 정의를 충족한다. 인덱스를 생성하면 구글은 인터넷을 검색하는 대신 인터넷의 인덱스를 검색한다. 이는 사소해 보일 수 있지만 구글 검색이 빠른 이유다.

이렇게 생각해보자. 도서관에서 책을 찾는 방법은 두 가지다. 카드 카탈로그(오래된 학교 도서관이라면)를 살펴보거나, 찾는 책을 발견할 때까지 통로를 돌아다닌다. 어느 방법이 더 빠르다고 생각하는가? 일반적인 도서관에 있는 정보와 구글에 포함된 데이터를 비교하면 원시 데이터 대신 인덱스를 사용하는 것이 얼마나 중요한지 금방 알 수 있다.

구글은 도서관 카드 카탈로그와 유사하게 작동하지만 '카탈로그'(혹은 인덱스)는 방대한 웹 페이지에 대한 포인터를 포함하며, 지역 도서관 카탈로그의 인덱스보다 훨씬 크다. 구글의 자체 문서에 따르면 인덱스가 100페타바이트 이상이며 그 배수일 가능성이 높다고 한다(자세한 정보는 *https://www.google.com/search/howsearchworks/crawling-indexing* 참조).

호기심이 많다면 *http://www.worldwidewebsize.com*에 들어가보자. 이 멋진 웹사이트는 얼마나 많은 웹 페이지가 인덱싱되는지를 실시간으로 추정한다.

23.1.3 랭킹

사용자가 검색 엔진을 사용해 질문에 대한 답을 찾을 때 구글은 여러 요소를 사용해 가장 관련성이 높은 답변을 제공한다. 이때 중요한 것은 페이지랭크PageRank 개념이다(자세한 내용은 독자에게 맡긴다). 이외에도 구글은 다음과 같은 기준으로 관련성을 결정한다.

- 사용자 언어 설정
- 이전 검색 기록
- 지리적 위치
- 장치의 유형, 제조 업체, 모델(데스크톱 또는 휴대폰)

예를 들어 방갈로르에 있는 사용자가 약국을 검색하면 런던에 있는 사용자가 검색할 때와 다른 결과가 제공된다.

지금까지 구글이 빠른 검색을 위해 선험적으로 수행하는 여러 작업을 살펴봤다. 하지만 이 방법들이 전부는 아니다. 이외에 구글이 검색 속도를 높이는 방법은 무엇이 있을까?

23.1.4 전 세계 데이터 센터

코카콜라 제조법과 마찬가지로 구글은 '비법 소스' 성분에서 일부를 비밀로 유지하려고 한다. 구글은 보유한 데이터 센터의 수와 위치에 관한 세부 정보를 공개하지 않는다. 확실한 점은 데이터 센터가 아주 많으며 전 세계에 있다는 것이다.

구글에 쿼리를 보내면 스마트 네트워크 라우터는 검색 쿼리를 사용자와 가장 가까우며 검색을 수행할 수 있는 데이터 센터로 전달한다(자세한 정보는 *https://netvantagemarketing. com/blog/how-does-google-return-results--so-damn-fast* 참조).

23.1.5 분산 조회

구글에는 많은 데이터 센터가 있으며, 각 데이터 센터에는 수백 대 혹은 수천 대의 상용 서버가 있다. 이러한 컴퓨터는 연결되고 동기화된 방식으로 함께 작동해 사용자 요청을 실행한다. 검색 쿼리가 데이터 센터에 도착하면 마스터 서버는 요청을 수신하고, 차례로 작업을 더 작은 배치로 나누고, 여러 슬레이브 노드에 조회 작업을 할당한다. 각 슬레이브 노드에는 구글 웹 인덱스의 파티션이 할당되며, 쿼리와 가장 관련성이 높은 결과를 반환하는 작업이 할당된다. 이 결과는 마스터 서버로 반환되고, 마스터 서버는 통합된 결과를 요청자에게 다시 보내기 전에 추가로 필터링, 구성, 정렬한다.

쿼리가 구글에 제출되면 이 서버 군의 기능을 일부 활용한다. 이 서버들은 동시 조회를 처리할 수 있다.

23.1.6 맞춤형 소프트웨어

이러한 서버들을 구동하는 중요 소프트웨어는 대부분 구글의 독점 사용을 위해 엔지니어가 맞춤 제작한 것이다. 다음 기능을 포함한다.

- 웹사이트를 크롤링하기 위한 맞춤형 스파이더
- 독점 내부 데이터베이스

- 맞춤형 프로그래밍 언어
- 구글 파일 시스템(GFS) 또는 콜로서스Colossus라고 하는 독점 파일 시스템

빅데이터가 무엇인지 잘 이해했기를 바란다. 이제 약간 혼란스러운 개념이 추가된다. 빅데이터에 영향을 미치는 요인이 데이터 크기만은 아닌 이유를 살펴보자.

23.2 빅데이터의 세 가지 V

얼마 전까지만 해도 애플리케이션에서 생성된 로그를 90일 정도 후에 모두 제거하는 것이 일반적이었다. 최근 기업들은 지금까지 금 덩어리 같은 정보를 버리고 있었다는 사실을 깨달았다. 게다가 스토리지가 매우 저렴해지면서 로그를 보관하는 일이 별것 아니게 됐다. 현재는 클라우드와 인터넷을 비롯한 기술 발전에 따라 더 많은 데이터가 생성된다. 스마트폰부터 IoT 기기, 산업용 센서, 감시 카메라에 이르기까지 데이터를 저장하고 전송하는 장치의 수가 전 세계적으로 기하 급수적으로 증가했고, 그에 따라 데이터 양이 폭발적으로 증가했다.

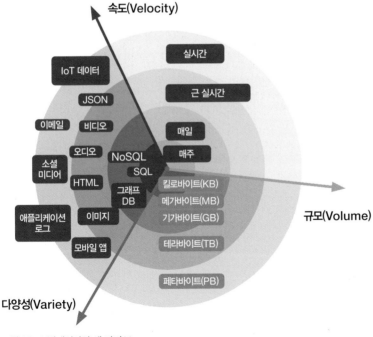

그림 23-4 빅데이터의 세 가지 V

IBM에 따르면 2012년에는 데이터가 매일 2.5엑사바이트씩 생성됐다. 이는 틀림없이 엄청난 숫자다. 데이터의 약 75%는 텍스트, 음성, 영상과 같은 소스에서 오는 비정형 데이터다. 새로 생성되는 데이터의 대부분이 구조화되지 않았다는 사실은 빅데이터에 관한 또 다른 요점을 보여준다. 빅데이터 처리를 어렵게 만드는 특징은 데이터 양만이 아니다. 처리 복잡도를 증가시키는 데이터를 처리할 때는 적어도 두 가지 항목을 더 고려해야 한다. 바로 속도^{velocity}와 다양성^{variety}이다. 흔히 세 가지 $V^{three\ V's}$라고 하는 세 항목을 자세히 살펴보자.

23.2.1 규모

규모는 명백히 빅데이터와 가장 일반적으로 관련짓는 특성이다. 몇 가지 예를 살펴보고 이러한 맥락에서 빅데이터가 어떤 의미를 지니는지 알아보자. 페이스북은 이미지를 저장한다. 페이스북에 관한 몇 가지 통계를 검토해보자.

- 페이스북 사용자는 중국 인구수보다 많다.
- 약 50만 명이 매일 새 프로필을 만든다.
- 페이스북은 약 2,500억 개 이미지를 저장한다.

이것이 바로 빅데이터이고 규모다. 이 수치는 페이스북과 우리를 둘러싼 세계에서 계속해서 더 증가할 것이다. 현재 전 세계에 있는 휴대폰 수가 전 세계 인구수를 초과한다. 그리고 휴대폰은 지속적으로 데이터를 수집해 전 세계의 구글, 애플, 페이스북에 전송한다. 빅데이터 문제는 점점 더 커질 것이다. 요즘 인기가 높아지고 있는 IoT와 스마트홈 기기에 관한 정보를 계속 저장함에 따라 생성되는 데이터의 양에 압도될지 모른다.

23.2.2 속도

속도는 데이터가 들어오는 속도를 나타내는 척도다. 테라바이트와 페타바이트 단위 데이터를 처리하는 일은 하나의 도전이다. 더 큰 문제는 이 데이터가 정적인 것이 아니며 계속 증가한다는 사실이다. 데이터가 생성되는 대로 수신해야 할 뿐 아니라 경우에 따라 처리, 변환, 분석하고 훈련에 사용해야 할 수도 있다.

데이터 양만 걱정해도 된다면 잠재적으로 레거시 기술을 사용해 데이터를 처리하고 작업을 완료할 수 있다. 데이터가 들어오는 속도에 따라 신속하고 효율적인 방식으로 데이터를 처리해야 하며, 무엇보다 중요한 점은 빠른 속도로 사용해 그로부터 통찰을 도출해야 한다는 점이다. 페이스북 예제를 이어서 보자. 이미지 2,500억 개는 확실히 큰 수이고, 나머지 통계도 큰 수라고 볼 수 있다. 하지만 이는 고정된 수가 아니다.

2012년을 분 단위로 생각해보자.

- 매분 댓글 51만 개 게시
- 매분 상태 29만 3,000개 업데이트
- 매분 이미지 13만 6,000장 업로드

얼마나 방대한 양인지 헤아리기 어렵다. 일 단위로는 대략 다음과 같다.

- 매일 댓글 7억 3,500만 개 게시
- 매일 상태 4억 1,200만 개 업데이트
- 매일 이미지 1억 9,500만 개 업로드

페이스북은 요즘 통계를 더 엄격히 숨기므로 최근 통계를 얻기가 어렵다. 페이스북 트래픽에 관한 흥미로운 통계와 기타 인기 있는 사이트는 *http://thesocialskinny.com/100-social-media-statistics-for-2012*에서 더 많이 얻을 수 있다.

페이스북은 데이터를 수집, 처리, 인덱싱, 저장하고 나중에 검색할 수 있어야 한다. 이러한 수치는 어떤 출처를 신뢰하는지와 얼마나 최신 데이터인지에 따라 약간씩 다르다. 페이스북은 최근 정치적 이유로 뉴스에 등장했지만 이에 관한 논쟁은 모두 잊자. 앞서 살펴본 규모와 속도를 고려하면 페이스북이 갖는 기술적 문제(이미지가 모욕적인지, 논란의 여지가 있는지, 정치적인지, 사실인지 아닌지를 식별하는 문제)는 식별하기 어렵다.

수치는 계속 증가하고 있다. 물리학과 마찬가지로 속도뿐만 아니라 가속도도 있을 수 있다.

23.2.3 다양성

옛날에는 데이터를 대부분 간단히 열과 행에 저장했다. 하지만 점점 더 많은 데이터를 수집함에 따라 상황이 달라졌다. 오늘날은 사진, 센서 데이터, IoT 기기 정보, 트윗, 암호화된 패킷, 음성, 영상 등을 수집하고 저장한다. 각각은 서로 매우 다르다. 이 데이터는 예전처럼 깔끔한 행과 열 및 데이터베이스 조인이 아니며 대부분 구조화되지 않았다. 즉 데이터베이스에 쉽게 저장하고 인덱싱할 수 없다.

이해를 위해 간단한 예를 들어보자. 여러분이 변호사이고 중요한 사건에서 원고 변호를 맡았다고 가정하자. 디스커버리discovery[1]의 일환으로 얼마 전 피고 측에서 여러분에게 많은 온라인 파일과 물리적 파일을 보냈다. 여기에는 음성 메시지, 통화 녹음, 이메일, 영상 테이프 증언, 물리적 파일, 이메일(첨부 파일 포함), 컴퓨터 파일이 포함된다.

피고 측은 사건과 관련된 모든 문서를 작성할 법적 의무가 있지만 여러분을 위해 이를 정리할 의무는 없다. 혼란을 더하려고 추가 정보를 보내는 일은 드물지 않다. 피고는 원고가 긍정적인 결과를 얻는 데 핵심이 될 중요한 정보를 여러분이 놓치기를 원할 것이다. 법원은 여러분이 사건을 제출해야 하는 마감일과 이정표를 정한다. 이때 데이터는 규모와 속도 측면에서는 페이스북 수준에 미치지 않지만, 다양성은 대부분의 페이스북 데이터보다 복잡하다. 이것이 여러분의 일을 어렵게 만드는 요인이다.

해결해야 할 작업 몇 가지를 살펴보자. 이때 머신러닝과 빅데이터가 도움이 된다.

1 물리적 파일을 스캔하고 OCR을 수행한다.
2 음성 메시지, 통화 녹음, 영상 테이프 증언을 기록하고 인덱싱한다. 컴퓨터가 읽어서 균일하게 스캔하고 검색할 수 있는 파일로 데이터 형식을 표준화하는 작업이다.
3 이메일에서 첨부 파일을 분리한다.
4 모든 정보를 인덱싱하고 검색 가능하게 만든다(이 프로세스를 지원하는 오픈 소스와 독점 도구로 아파치 솔라Solr, 시네쿠아Sinequa, 일래스틱서치ElasticSearch, 아마존 켄드라Kendra 등이 있다).

이 절에서는 빅데이터 도구를 사용해 문제를 해결하는 방법을 살펴봤다. 문제 해결을 위한 통찰을 얻고, 패턴을 파악하고, 머신러닝을 사용하는 기회를 발견했다. 다음 절에서는 여기에 사용 가능한 실제 도구를 알아보자.

23.3 빅데이터와 머신러닝

전 세계 기술 회사에서 빅데이터 기술을 성공적으로 활용하고 있다. 오늘날 기업들은 빅데이터의 힘을 이해하며, 머신러닝과 함께 사용하면 훨씬 더 강력해짐을 알고 있다. 빅데이터 기술과 결합된 머신러닝 시스템은 데이터를 이전보다 훨씬 더 전략적으로 관리, 분석, 사용하는 등 다

---

[1] 디스커버리란 원고 측과 피고 측이 재판 중에 제시할 증거를 서로 교환하는 과정이다.

양한 방식으로 비즈니스를 지원한다.

기업이 점점 더 많은 데이터를 캡처하고 생성함에 따라 이는 도전과 기회를 동시에 제공한다. 다행히 두 기술은 공생하며 서로를 보완한다. 기업들은 결과 워크로드의 계산적 요구 사항을 증가시키는 새로운 모델을 지속적으로 개발한다. 이와 같은 새로운 사용 사례는 빅데이터의 발전에 따라 처리가 가능해지고 촉진된다. 데이터 과학자들은 현재 아키텍처가 증가된 워크로드를 처리할 수 있다고 본다. 따라서 이러한 데이터를 분석하는 새로운 방법을 제시하며, 현재 사용 가능한 데이터에서 깊은 통찰을 얻는다.

잘 만들어진 알고리즘은 대규모 데이터 세트로 번창한다. 즉 데이터가 많을수록 학습 효과가 높다. 컴퓨팅 파워의 발전과 빅데이터의 출현으로 머신러닝은 점점 더 빠른 속도로 발전하고 있다. 머신러닝 분야에서 빅데이터 분석이 지속적으로 확산됨에 따라 기계와 장치는 더 스마트해지고 인간의 작업을 대신 수행하게 된다.

기업들은 지속적으로 운영을 개선하기 위해 머신러닝 모델을 생성하는 데이터 파이프라인을 만들고 있다. 아마존을 예로 들어보자. 아마존은 구글과 마찬가지로 일부 통계는 공개하지 않지만 다행히 공개한 정보도 있다. 2017년 아마존은 전 세계적으로 50억 개 품목을 배송했다. 즉 하루에 1,300만 개, 초당 최소 150개를 배송했다. 이렇게 많은 데이터를 기존 데이터 기술로 처리하고 머신러닝 모델을 적용한다면, 데이터에 관해 유용한 추론을 하기도 전에 더 많은 트랜잭션을 받게 된다. 아마존은 빅데이터 기술을 사용해 이러한 트랜잭션을 처리하고 머신러닝을 통해 유용한 통찰을 얻는다.

구체적인 예로 아마존의 정교한 사기 방지 알고리즘을 살펴보자. 사기 행위를 적발하는 일은 매우 중요하며, 발생하기 전에 적발하는 것이 이상적이다. 거래량이 많다는 점을 감안하면 검사 중 상당수가 동시에 이뤄져야 한다. 흥미롭게도 아마존은 때때로 사기의 양을 최소화하는 대신 고객 만족도와 서비스 사용성을 극대화한다. 예를 들어 AWS 서비스에서 사기는 대부분 선불카드를 사용할 때 발생한다. 간단하게 사기를 최소화하는 방법은 선불카드 사용을 허용하지 않는 것이다. 하지만 아마존은 이를 계속 허용하고, 그 대신 사용자가 선불카드 지불 방법을 택하더라도 사기를 최소화하는 솔루션을 찾으려고 한다.

흥미롭게도 아마존은 2019년 리인벤트 콘퍼런스에서 프로드 디텍터^{Fraud Detector}라는 새로운 서비스를 발표했다. 프로드 디텍터는 아마존이 사기를 적발하는 데 사용하는 기술 중 일부를 사용하며, 서비스 사용자가 운영과 거래에서 사기를 방지하도록 해준다(서비스에 관한 자세한 정보는 *https://aws.amazon.com/fraud-detector* 참조).

앞선 절들에서는 빅데이터 기술이 그 자체로 얼마나 강력한지 배웠다. 이 절에서 중요한 점은 머신러닝이 빅데이터 클러스터가 성공적으로 수행하고 대규모 병렬 방식으로 처리할 수 있는 워크로드임을 이해하는 것이다. 하둡 스택을 비롯한 여러 빅데이터 스택에는 머신러닝 구성 요소(예를 들면 아파치 머하웃Apache Mahout)가 내장돼 있지만, 이것만 사용해서 머신러닝 모델을 훈련해야 하는 것은 아니다. 이러한 스택을 사이킷런, 시아노Theano, 토치Torch, 카페, 텐서플로 등 최고의 ML 라이브러리와 결합할 수 있다.

빅데이터가 머신러닝 모델을 생성하는 데 어떻게 유용한지 살펴봤다. 현재 가장 인기 있는 빅데이터 도구들을 자세히 알아보자.

23.3.1 아파치 하둡

하둡Hadoop은 아파치 소프트웨어 재단Apache Software Foundation 산하에 있는 인기 있는 오픈 소스 프레임워크다. 대규모 데이터 세트를 처리, 변환, 분석하기 위한 여러 컴퓨터 시스템의 네트워킹을 용이하게 한다(다음 절에서 자세히 설명한다). 아파치 스파크라는 새로운 하둡 구성 요소가 출현함에 따라 이 데이터를 처리하는 다른 방법들이 생겼지만, 처음에는 맵리듀스MapReduce 프로그래밍 패러다임을 사용해 많은 워크로드를 처리했다.

하둡 프레임워크는 페이스북, 넷플릭스 등 여러 포춘 500대 기업에서 사용된다. 하둡은 머신러닝 도구를 비롯해 다양한 기술 솔루션이나 타사 소프트웨어와 통합할 수 있다.

하둡은 확장 가능한 빅데이터 솔루션을 구축하기 위한 최고의 오픈 소스 도구다. 대규모 분산 데이터 세트와 함께 작동할 수 있으며 다른 기술이나 프레임워크와 쉽게 통합할 수 있다. 이제 하둡 에코시스템의 핵심 개념을 알아보자.

맵리듀스

하둡 코어는 맵리듀스에 크게 의존한다. 맵리듀스는 병렬 분산 클러스터 컴퓨팅을 사용해 대용량 데이터 세트를 처리, 변환, 생성하는 데 사용하는 프로그래밍 디자인 패턴이다. 맵리듀스 모델은 분산된 리소스를 조정하고, 여러 작업을 병렬로 실행하고, 노드 간의 통신과 데이터 전송을 동기화함으로써 대규모 데이터 세트를 처리한다. 노드 간에 데이터를 복제해 개별 노드가 다운될 때 이를 적절하게 처리한다.

맵리듀스는 다중 노드 클러스터 아키텍처 모델의 컨텍스트에서만 실제로 의미가 있다. 맵리듀스 이면의 아이디어는 많은 문제를 매핑과 축소라는 두 단계로 나눌 수 있다는 것이다.

맵리듀스 구현은 맵 요소와 축소 요소로 구성된다. 맵 요소는 매핑, 필터링과(혹은) 정렬을 수행하며(예를 들어 여러 가정용품 이미지를 대기열에 매핑한다. 용품 유형마다 대기열 하나), 축소 요소는 이를 요약한다(각 대기열에 있는 이미지 수를 세어 가정용품의 빈도를 알려준다).

아파치 하이브

하둡 에코시스템을 구성하는 요소는 여러 가지이며, 이를 전부 다루는 책이 있다. 매니시 쿠마 Manish Kumar와 첸철 싱Chanchal Singh이 집필한 『Mastering Hadoop 3』(Packt, 2019)를 추천한다. 구성 요소 대부분은 이 책의 범위에 포함되지 않는다. 우리가 다룰 중요한 구성 요소는 **아파치 하이브**Apache Hive다.

아파치 하이브는 하둡 위에 구축돼 데이터 쿼리와 분석을 지원하는 데이터 웨어하우스 소프트웨어 구성 요소다. 하둡에서 지원하는 다양한 데이터베이스와 파일 시스템에 저장된 데이터를 가져오는, SQL과 유사한 인터페이스를 지원한다. 하이브가 없으면 복잡한 자바 코드로 필요한 맵리듀스 로직을 구현해야 한다. 아파치 하이브는 자바 코드에서 복잡한 저수준 코드를 구현하지 않고도 기존 SQL과 유사한 쿼리(HiveQL)를 제공한다.

대부분의 데이터 웨어하우징 애플리케이션은 SQL 기반 쿼리 언어를 지원하므로, 하이브는 SQL 기반 애플리케이션을 하둡으로 쉽게 이식하도록 해준다. 하이브는 페이스북에서 처음 개발했지만 이제는 하둡 에코시스템에 통합됐으며 포춘 500대 기업들에서 사용된다.

23.3.2 아파치 스파크

아파치 스파크 Apache Spark는 아파치 소프트웨어 재단 산하에 있는 인기 있는 오픈 소스 프레임워크다. 많은 사용 사례에서 하둡 대신 스파크를 사용해 동일한 문제를 해결할 수 있다.

하둡이 먼저 개발됐으므로 인지도가 더 높고 많이 사용된다. 하지만 많은 경우에 스파크가 좋은 대안이 된다. 주된 이유는 하둡이 대부분 디스크의 HDFS에 파일을 읽고 쓰는 방식으로 처리하는 반면, 스파크는 탄력적인 분산 데이터 세트(RDD)라는 개념을 사용해 램의 데이터를 처리하기 때문이다.

탄력적인 분산 데이터 세트

탄력적인 분산 데이터 세트 Resilient Distributed Dataset(RDD)는 스파크의 기본 구성 요소이며 다음과 같은 특성이 있다.

- 불변성
- 분산
- 디스크 저장소가 아닌 메모리에 상주

RDD의 데이터 세트는 논리 파티션으로 분할되며 클러스터 내 여러 노드에 중복 저장된다. 이러한 개체는 사용자 정의 클래스일 수 있다. 처음에 RDD는 스칼라 언어로만 만들 수 있었지만 현재 자바와 파이썬도 지원된다.

RDD는 불변의 분할된 레코드 집합이며 일련의 결정적 작업을 통해 생성된다. RDD는 병렬 및 대규모로 작동할 수 있는 탄력적인 인메모리 개체 집합이다.

RDD는 다음 두 가지 방법으로 생성한다.

1 드라이버 프로그램 내 기존 세트를 병렬화한다.
2 외부 디스크 스토리지의 데이터 세트를 참조한다(예를 들면 공유 파일 시스템, S3, HBase, HDFS 혹은 하둡 호환 입력 형식을 지원하는 기타 외부 데이터 소스).

스파크의 스파크는 RDD 개념을 사용해 보다 빠르고 효율적인 맵리듀스 작업을 수행한다. 스파크 두 번째 버전에서는 데이터 세트 처리를 단순화하는 보다 간단한 데이터 구조가 지원된다. 이를 **데이터프레임**DataFrame이라고 한다.

데이터프레임

스파크의 새로운 추상화는 데이터프레임이다. 데이터프레임은 RDD의 대체 인터페이스로, 스파크 2.0을 도입하면서 처음으로 시원됐나. 두 인터페이스는 다소 유사하다. 데이터프레임은 데이터를 이름이 붙은 열로 구성한다. 개념적으로 관계형 데이터베이스의 테이블이나, 파이썬의 판다스 패키지 또는 R의 데이터프레임과 동일하다. 따라서 데이터프레임은 RDD보다 사용하기가 쉽다. RDD는 유사한 열 수준 헤더 참조 집합을 지원하지 않는다.

데이터프레임은 다음과 같이 다양한 데이터 소스에서 생성된다.

- 하이브의 구조화된 데이터 파일(예를 들면 파케이^{Parquet}, ORC, JSON)
- 하이브 테이블
- 외부 데이터베이스(JDBC를 통해)
- 기존 RDD

데이터프레임 API는 스칼라, 자바, 파이썬, R에서 사용 가능하다.

스파크 SQL

스파크의 스파크 SQL은 하둡의 하이브와 같다. 스파크 SQL을 사용하면 스파크 프레임워크 사용자는 기존 관계형 데이터베이스의 SQL 테이블과 매우 유사한 데이터프레임을 쿼리할 수 있다.

스파크 SQL은 RDD, 데이터프레임, 외부 소스에 저장된 데이터를 쿼리할 수 있도록 이러한 데이터 소스에 균일한 인터페이스를 생성한다. 통일된 인터페이스를 제공하면 개발자가 HDFS 파일, S3, 기존 데이터베이스 등 다양한 소스에 복잡한 SQL 쿼리를 쉽게 생성할 수 있다.

스파크 SQL을 사용하면 구체적으로 다음과 같은 작업을 수행할 수 있다.

- 가져온 데이터와 기존 RDD에 SQL 쿼리를 실행한다.
- 아파치 파케이 파일, ORC 파일, 하이브 테이블에서 데이터를 가져온다.
- RDD와 데이터프레임을 하이브 테이블이나 아파치 파케이 파일로 출력한다.

스파크 SQL에는 컬럼 스토리지, 비용 기반 옵티마이저 및 쿼리 속도를 높이기 위한 코드 생성 기능이 있다. 스파크 엔진을 사용해 수천 개의 노드를 지원할 수 있다.

스파크 SQL은 수정 없이 하이브 쿼리를 실행할 수 있다. 하이브 프런트엔드와 메타 스토어를 재작성해 기존 하이브 데이터와 완벽하게 호환된다.

23.3.3 아파치 임팔라

어떤 면에서는 스파크와 유사하게, **아파치 임팔라**^{Apache Impala}는 아파치 하둡에서 실행되는 클러스터에 저장된 데이터를 위한 오픈 소스 **대규모 병렬 처리**^{massively parallel processing}(MPP) SQL 엔진이다. 아파치 하둡 위에서 실행된다.

임팔라는 확장 가능한 병렬 SQL 데이터베이스 엔진을 하둡에 제공해 아파치 HBase, 아마존 S3, HDFS에 저장된 데이터에 (개발자가 데이터를 읽기 전에 이동하거나 변환할 필요 없이) 지연 시간이 짧은 SQL 쿼리를 생성하고 실행하도록 해준다.

임팔라는 하둡과 쉽게 통합되며 맵리듀스, 아파치 하이브, 아파치 피그^{Apache Pig}를 비롯한 하둡 스택 도구에서 사용하는 파일 형식, 데이터 형식, 메타데이터, 보안 및 리소스 관리 프레임워크를 지원한다.

분석가와 데이터 과학자는 임팔라를 사용하며 SQL, BI 도구는 물론 머신러닝 라이브러리, 패키지, 도구를 통해 하둡에 저장된 데이터를 분석한다. 그 결과 대규모 데이터 처리(맵리듀스를 통해)가 된다.

데이터 세트를 특수 시스템으로 마이그레이션하지 않고도, 동일한 데이터와 메타데이터를 사용해 동일한 시스템에서 쿼리를 실행할 수 있다. 단순한 분석을 수행하려고 독점 파일 형식으로 변환하지 않아도 된다.

다음과 같은 기능을 지원한다.

- HDFS, 아파치 HBase를 지원한다.
- 다음과 같은 하둡 파일 형식을 읽는다.
  - 텍스트(CSV, JSON, XML)
  - 파케이 파일
  - 시퀀스 파일
  - Avro
  - LZO
  - RCFile
- 하둡 보안을 지원한다(예를 들면 커버로스^{Kerberos} 인증).
- 아파치 센트리^{Apache Sentry}를 통한 세분화된 역할 기반 인증을 지원한다.
- 아파치 하이브의 메타데이터, ODBC 드라이버, SQL 구문을 사용한다.

임팔라와 그 역사에 관한 자세한 내용은 임팔라 설명서(*https://impala.apache.org*)나 위키백과(*https://en.wikipedia.org/wiki/Apache_Impala*)를 참조하자.

다음 절에서는 대규모 데이터 세트 처리를 크게 개선하는 중요한 기술 한 가지를 더 분석한다. NoSQL 가 무엇인지 살펴보자.

23.4 NoSQL 데이터베이스

NoSQL 데이터베이스 유형을 자세히 알아보기 전에 NoSQL 데이터베이스가 무엇인지 이해하자. 아주 좋은 이름은 아니지만 더 나은 이름을 찾기도 어렵다. 이름이 나타내듯 NoSQL 데이터베이스는 SQL 데이터베이스가 아닌 데이터베이스를 말한다. 다양한 데이터베이스 기술로 구성되며, 이 기술들은 더 큰 워크로드와 더 크고 다양한 데이터 세트를 처리하는 제품에 대한 수요에 따라 구축됐다.

데이터는 중요한 자원이며 다양한 장소에 존재한다. 처리하고 분석해야 하는 데이터 예로는 로그 파일, 오디오, 영상, 클릭 스트림, IoT 데이터, 이메일 등이 있다. 기존 SQL 데이터베이스에는 데이터를 사용하기 전에 구조화된 스키마가 필요하다. 또한 오늘날 쉽게 이용 가능한 상용 저장소와 처리 능력을 활용하도록 제작되지 않았다.

23.4.1 NoSQL 데이터베이스 유형

문서 데이터베이스

문서 데이터베이스document database는 반정형 데이터를 저장하는 데 사용한다. 문서document라고 하는 복잡한 데이터 구조와 쌍을 이루는 키를 사용한다. 문서는 기본 값(정수, 불리언, 문자열 등), 키-값 쌍, 키-배열 쌍, 심지어는 중첩된 문서와 같은 다양한 데이터 구조를 포함한다.

그래프 데이터베이스

그래프 데이터베이스graph database는 데이터를 표현하고 저장하기 위한 속성, 노드, 에지가 있는 시맨틱 쿼리에 그래프 구조를 사용한다. 그래프 데이터베이스의 강점은 데이터 내의 관계다.

다음은 몇 가지 사용 사례다.

- 페이스북에 포함된 정보와 네트워크 내 친구 간의 관계.
- 거래, 고객, 은행 계좌. 예를 들면 계정 X를 사용하는 고객 A가 계정 Y를 사용하는 고객 B에게 돈을 보낸 정보.
- 가정의 조상에 관한 정보. 이때 관계는 배우자, 형제, 자매, 부모, 자녀, 삼촌 등이다.

그래프 데이터베이스의 예는 다음과 같다.

- Neo4J
- 아파치 지래프Apache Giraph
- 타이거그래프TigerGraph
- 아마존 넵튠Amazon Neptune
- 애저 코스모스 DBAzure Cosmos DB

키-값 데이터베이스

키-값 데이터베이스key-value database는 가장 단순한 NoSQL 데이터베이스 유형이다. 데이터베이스 내 항목이 각각 속성 이름(혹은 키)과 값을 사용해 저장된다. 몇 가지 예는 다음과 같다.

- Riak
- RocksDB
- 아파치 이그나이트Apache Ignite
- 버클리 DBBerkeley DB
- ArangoDB
- 레디스

와이드 컬럼 데이터베이스

와이드 컬럼 데이터베이스wide-column database는 대규모 데이터 세트 쿼리에 최적화돼 있으며, 행 대신 데이터 열을 함께 저장한다. 예로는 카산드라와 HBase가 있다.

가장 인기 있는 NoSQL 데이터베이스를 자세히 살펴보자.

23.4.2 아파치 카산드라

아파치 카산드라 Apache Cassandra는 오픈 소스 분산형 NoSQL 데이터베이스로, 방대한 데이터를 처리할 수 있다. 처리를 위해 많은 상용 서버를 사용할 수 있는 수평적 아키텍처를 활용한다. 아키텍처에 단일 장애점이 없으므로 고가용성을 제공한다. 카산드라는 여러 데이터 센터와 지역에 있는 클러스터에 의존한다. 비동기식 마스터리스 복제를 사용하며 사용자에게 지연 시간이 짧은 작업을 제공한다.

어비내쉬 레쉬맨Avinash Lakshman(아마존 다이나모DB 작성자 중 한 명)과 프라샨트 말릭Prashant Malik은 처음에 페이스북에서 카산드라를 개발했다. 페이스북은 카산드라를 오픈 소스 프로젝트로 출시했고, 카산드라는 2010년에 최상위 아파치 프로젝트가 됐다.

23.4.3 몽고DB

몽고DBMongoDB는 수평 확장 가능한 문서 지향 데이터베이스다. JSON 데이터 형식을 사용해 데이터를 저장한다. 웹사이트 데이터를 저장하는 데 자주 사용되며 콘텐츠 관리나 캐싱 애플리케이션에도 널리 사용된다. 복제와 고가용성 구성을 지원해 데이터 손실을 최소화한다.

몽고DB는 쿼리 유형에 따라 고성능 시스템이 될 수 있다. C++로 작성됐으며 인덱스를 완벽하게 지원하고 쿼리 언어가 풍부하다. 데이터 센터에서 고가용성을 제공하도록 구성된다.

23.4.4 레디스

레디스는 오픈 소스 NoSQL 데이터베이스이며 키-값 저장소다. 해시, 세트, 문자열, 정렬된 세트, 키 목록을 지원하므로 데이터 구조 서버라고도 한다. 레디스는 원자적 연산 실행을 지원한다(해시에 있는 값 증가, 교차 계산 설정, 문자열 추가, 차이, 합집합 등). 인메모리 데이터 세트를 활용해 높은 성능을 달성하며 파이썬, 자바, 스칼라, C++ 등 가장 많이 사용되는 프로그래밍 언어 대부분을 지원한다.

23.4.5 Neo4j

Neo4j는 Neo4j 사에서 개발한 그래프 데이터베이스 관리 시스템으로 2010년 2월에 처음 출시됐다. 네이티브 그래프 저장과 처리 내에서 ACID 호환 트랜잭션을 지원한다. Neo4j는 아마 가장 인기 있는 그래프 데이터베이스일 것이다.

Neo4j에는 오픈 소스 버전과 유료 버전이 있다. 오픈 소스 버전은 GPL3 라이선스 오픈 소스 '커뮤니티 에디션'으로 제공되는 반면, 상용 라이선스를 사용하면 온라인 백업과 고가용성 확장을 사용할 수 있다. 또한 Neo는 상업 조건에 따라, 이러한 확장 기능을 사용하는 Neo4j에 라이선스를 부여한다.

Neo4j는 자바로 구현되며 트랜잭션 HTTP 엔드포인트나 이진 '볼트' 프로토콜을 통해 사이퍼 쿼리 언어를 사용해, 가장 많이 사용되는 언어들을 지원한다.

이외에도 수십 가지 데이터베이스가 있으며, 이 책에서는 일부만 간단히 살펴봤다. 책에서 다룬 개념을 사용해 데이터 과학 프로젝트를 보다 잘 준비히기를 바란다.

23.5 정리

이 장 도입부에서는 빅데이터의 핵심과 기본 개념을 통해 기초를 쌓았다. 다양한 빅데이터 관련 기술을 살펴보고 그 기술들의 조상인 하둡을 알아봤다. 또한 오늘날 시장에서 가장 인기 있는 빅데이터 도구인 스파크를 알아봤다.

마지막으로 빅데이터 구현에 일반적으로 사용되는 기술인 NoSQL 데이터베이스를 다뤘다. NoSQL 데이터베이스 엔진은 포춘 500대 기업 중에서 가장 큰 워크로드들과 가장 일반적인 웹사이트들에서 사용될 만큼 성능이 뛰어나다.

오늘날 놀랍고 흥미로운 머신러닝 애플리케이션이 매우 많으며, 우리는 그중 일부만 살펴봤을 뿐이다. 책을 통해 머신러닝 관련 개념들을 잘 이해하는 것도 중요하지만, 그보다는 이 책이 여러분의 호기심을 자극하고 이 멋진 주제에 대한 관심을 불러일으켰기를 바란다.

이 책 속의 지식으로 여러분이 어떤 일을 하게 될지 궁금하다. 이 책이 흥미롭고, 재미있고, 유용했기를 바란다. 그리고 필자가 책을 집필하며 느낀 재미만큼 여러분도 재미있게 읽었기를 바란다. 지속적인 성공을 기원한다.

INDEX

INDEX

INDEX